Hufkurs für Reiter

Armin Kasper

Hufkurs für Reiter

Hufkunde · Hufpflege
Hufschutz

Franckh-Kosmos

Mit 66 Schwarzweißfotos von Philipp Bepler (1), Siggi Burmann (2), Robert Claus (6), Fa. G.E. Forge & Tool Inc. (1), Edi Gerten (2), Armin Kasper (52), Hannelore von Jürgensonn-Kasper (1), Fa. Ramikal (1).
22 Farbfotos von Robert Claus (1), Martina Dehn (1), Armin Kasper (18) und Paul Schaupeter (2).
Die 80 Zeichnungen stammen von Hannelore von Jürgensonn-Kasper, Morbach.

Umschlaggestaltung von Atelier Reichert, Stuttgart, unter Verwendung von Aufnahmen von Robert Claus und Armin Kasper.

Die Deutsche Bibliothek – CIP-Einheitsaufnahme

Hufkurs für Reiter : Hufkunde, Hufpflege, Hufschutz / Armin Kasper. [Mit Schwarzweißfotos von Philipp Bepler ... Zeichn. von Hannelore Kasper]. – Stuttgart : Franckh-Kosmos, 1994
ISBN 3-440-06713-0
NE: Kasper, Armin: Bepler, Philipp

ISBN 3-440-06713-0
Lektorat: Sigrid Eicher
Herstellung: Siegfried Fischer, Stuttgart
Printed in Germany/Imprimé en Allemagne
Satz: Typobauer Filmsatz GmbH, Ostfildern
Druck und Binden: PDC, Paderborner Druck Centrum, Paderborn

Hufkurs für Reiter

Zu diesem Buch

Es gibt Menschen, die laufen herum und wollen, daß ihnen geholfen wird – und es gibt die, die ständig helfen. Zu den letzteren gehört Armin Kasper, und aus diesem Grund liegt vor Ihnen ein Buch, mit dem Sie sich und Ihrem Pferd selbst helfen können.
Ob im Wettkampf, im Gelände, auf der Weide oder im Stall – Pferde haben immer wieder einmal Probleme mit ihren Beinen, ihren Hufen. Die Meinungen der Fachleute (Tierarzt, Hufschmid, Halter, Reiter) gehen dann oft weit auseinander. Diese Tatsache und Probleme bei den eigenen Pferden inspirierten Armin Kasper, das Thema selbst in den Griff zu bekommen. Er schaute den Besten auf die Finger: Sportreitern, Distanzreitern, Wanderreitern, Westernreitern, Überlebenstrainern, Tierärzten und Hufschmiden.
Mit sachkundigen Dozenten wurden Seminare und Kurse rund ums Reiten, Halten, Füttern und um die Gesundheit von Pferden organisiert, aber ein Fachgebiet blieb immer offen – der Huf. So wurde die Idee seiner Hufkurse geboren, und damit konnte vielen Interessenten geholfen werden. Das nachfolgende Werk ist ein niedergeschriebener Hufkurs und beinhaltet alles, was Sie rund ums Pferd wissen sollten.
Armin, Danke für diese hervorragende Arbeit. Es ist ein Fachbuch, ein Sachbuch, ein Geschichtsbuch, ein Handbuch und eines der besten Pferdebücher, die ich kenne.

(Klaus Ditzig)
Westerntrainer, Hufschmid

Als ich vor etlichen Jahren – noch als Studentin – im allerersten VFD-Hufkurs unter Anleitung von Armin Kasper meinen ersten Pferdehuf fachgerecht bearbeitet hatte, war das ein tolles Gefühl. Ich nahm jede Menge Wissen und Anregungen mit nach Hause, und die Neugier nach mehr war geweckt. In der Literatur gab es allerdings wenig, was dem Wunsch des Freizeitreiters, sich fortzubilden, entgegenkam.
Um so erfreulicher ist es, daß der Hufkurs für Reiter nun auch in schriftlicher Form vorliegt. Anschaulich und leicht verdaulich macht er dem Leser die Zusammenhänge zwischen dem Huf, seiner Funktion und allem, was dazugehört, klar – ohne großes Fachchinesisch, immer praxisbezogen, sozusagen direkt von der Reiterfront.
Ich wünsche diesem Buch eine große Verbreitung, zum Wohl unserer Pferde.

(Lioba Wagner)
prakt. Tierärztin

Armin Kasper ist eine zentrale Persönlichkeit, „die graue Kompetenz", in der deutschen Wanderreiter-Szene. Vielen wichtigen Ereignissen und Institutionen der Wanderreiterei gab er sachliches Profil:
– dem Ausbildungswesen in der Vereinigung der Freizeitreiter in Deutschland e.V. (VFD),
– dem ersten großen Sternritt in Deutschland, dem Treck nach Trier 1984,
– dem wettkampfmäßigen Wanderreiten in der VFD,
– dem VFD-Trekker-Cup und nun
– der Deutschen Wanderreiter-Akademie.
Wenn wir im November 1993 in Reckenthal das 10jährige Jubiläum des HUFKURSES MIT ARMIN KASPER feiern, werde ich an 1983 zurückdenken, als Armin Kasper zum erstenmal seine Schüler durch die Sachlichkeit und Logik seiner Thesen, durch seine Vortragstechnik, sein sorgfältig zusammengestelltes Anschauungsmaterial und die lehrreichen praktischen Übungen begeisterte.

Damals war ich der Meinung, die Qualität seines Hufkurses sei nicht mehr verbesserungsfähig, aber ich mußte beobachten, wie sich Armin Kasper von Jahr zu Jahr steigerte. Das vorliegende Buch ist die logische Konsequenz seiner Entwicklung. Ich werde das Buch allen Reitern – nicht nur den Wanderreitern – vorbehaltlos empfehlen. So erreicht das kompetente Fachwissen von Armin Kasper eine größere Schar von Menschen – zum Wohl der Pferde.
Wenn Armin Kasper in Zukunft seine Lehrtätigkeit rund ums Pferd auf den Rahmen der Deutschen Wanderreiter-Akademie beschränkt, dann freue ich mich auf unser gemeinsames Wirken.
Ich habe Armin Kasper viel zu danken.

(Herbert Fischer) Diplom-Volkswirt,
berufsmäßiger Wanderritt-Führer, Leiter der
Deutschen Wanderreiter-Akademie

I. Wie alles begann

Der Winter war früh gekommen in diesem Jahr. Über Nacht hatte es eine geschlossene Schneedecke gegeben, naß und pappig. Dann legte sich der Frost darüber.
Unser Besuch am Stall bot eine große Überraschung: Faxi, der Isländer, stand mitten auf der Weide, eine dicke Schneeschicht auf dem Rücken. Was war geschehen? Beim Näherkommen entdeckten wir die Schneeballen unter seinen Hufen, die sein Stockmaß um 10 cm veränderten. Beim Führversuch torkelte er richtig.
Der Hufkratzer brachte keine Lösung, so fest hatte sich der nasse Schnee zusammengedrückt. Mit „schwerem Gerät" schließlich gelang es, die Klumpen zu entfernen, doch nach dem 20-Meter-Marsch zum Stall waren sie wieder da. Der barfußlaufende Weidekamerad hatte diese Probleme nicht, und uns wurde klar: Das liegt an den Hufeisen!
Das Telefonat mit dem Schmied war enttäuschend. Er sagte etwas von Sommerreifen und lebensgefährlicher Rutschpartie, und außerdem gehe auf der Höhe, die er überqueren müsse, überhaupt nichts, bevor nicht der Schneepflug dagewesen sei.
Verständlich, aber was nun?
Der Isi müßte im Stall bleiben können, aber da war keine Tür. Wir entdeckten zum erstenmal Nachteile an der Offenstallhaltung. Nein, die Eisen mußten runter! Nach Stunden, nach Stun-den! hatten wir sie schließlich runtergequält. Zerschundene Hände, ein blauer Nagel, ein lahmes Kreuz waren die Folgen. Dazu kam die Ironie des zuschauenden Weide- und Stallbesitzers: „Ja, ja, die Akademiker mit den zwei linken Händen!"
Spätestens da wurde mir klar: Das passiert dir nicht noch einmal! Doch es kam noch schlimmer. Dem ersten Schnee folgte eine lange Frostperiode. Alles war knüppelhart gefroren. Die Hufe des Isis sahen an Weihnachten aus wie angenagt: Überall ausgebrochen, wahrscheinlich war auch der Strahl zu hoch, wahrscheinlich stimmte auch die Fußachse nicht ... ich konnte das damals noch nicht sehen, weil ich es nicht kannte. Jedenfalls lief das bedauernswerte Pferd wie auf Eiern. An Reiten war natürlich nicht zu denken. Und jetzt wurde mein Gedanke damals im November zum Schwur: Das passiert dir nicht noch einmal – das nicht!
Und so war es dann auch. Ich besorgte mir nach und nach Literatur über den Huf. Ich fragte meinem Schmied Löcher in den Bauch (Sie erinnern sich doch noch, Herr Bohn?), ich nötigte ihn, mich wenigstens einen Nagel pro Huf selber schlagen zu lassen, ich mietete stundenweise eine Schlosserwerkstatt mit Esse und Amboß und begann, alte Eisen zu bearbeiten, ich besuchte alle Hufkurse, die angeboten wurden. Und dann brauchte ich ein Pferd zum Üben.
„Meinen Faxi kriegst Du nicht", sagte meine Frau. „Bohre lieber Dübellöcher für das Regal in der Speisekammer!" Jammerschade, daß der „heilige" Faxi nicht zur Verfügung stand. So ein ruhiges, braves, geduldiges Pony wäre für mich ideal gewesen, ideal auch die Hufgröße, der Winkel der Hufwand, deutlich abgehoben die weiße Linie – ideal zum problemlosen Nageln. Nein, meine Frau war dagegen, mit Recht! Sie wußte noch nicht, daß es mir diesmal ernst war. Längst hatte mich der Hufbazillus gepackt. Sie hätte es wissen müssen, denn auf der Equitana war nur interessant, was mit dem Huf zusammenhing: Dr. Endes Präparate, die Schmiedevorführung, das Werkzeug.
Über Reiter, Pferde, Sättel konnten wir uns auf der Heimfahrt nicht unterhalten. Ich hatte nur auf Hufe geschaut.
Daheim erwartete mich Torro, mein eigenes Pferd, sehr problematisch im Umgang. Er konnte den Unfall, den er beim Vorbesitzer hatte, nicht vergessen. Entsprechend verlief auch der erste Beschlag, für den wir, aus Rücksicht auf den alten Schmied, einen jüngeren geholt hatten. Torro ließ sich danach nie wieder von Fremden beschlagen.

So schwierig er auch war und trotz der Gefahren für Leib und Leben, in die er mich einige Male gebracht hat — heute bin ich froh, daß ich ihn hatte. Er hat mich gelehrt, daß Geduld wichtig ist und Vertrauen und Konsequenz und Wissen und Können, wenn man am Huf arbeiten will. All das, was als Schwerpunkt in meinem Hufkurs angeboten wird, habe ich mit ihm erarbeitet, durch ihn (die Notwendigkeit) erkannt, seinetwegen angewendet.
Heute hängt sein Fell bei mir an der Wand, seine Knochen dienen im Kurs als Anschauungsmaterial. Denn auch das hat er mir gezeigt: Das Arrangement mit einem Pferd — auch wenn es schwierig ist — darf nicht im Laufenlassen gipfeln. Reiten muß man schon, auch als Freizeitreiter. Diese Erkenntnis kam für ihn leider zu spät, und so endete sein Leben im 12. Jahr wegen Hufknorpelverknöcherung, weil er auch unter dem Reiter stets nur auf der Vorhand ging.
Für den Isi sollte der alte, bewährte Schmied wieder kommen, doch der war inzwischen eingeschnappt, weil er gehört hatte, daß ein anderer . . . Hickhack, Futterneid, Berufsehre?!? Also ging ich den Weg konsequent zu Ende und wurde Selbstversorger für zwei Pferde in Sachen Hufbeschlag.
Einige Jahre später wurde ich Landessportwart der VFD in Rheinland-Pfalz und war zuständig für die Ausbildung der Gelände- und Wanderreiter. Für unsere Ausbildungsseminare suchten wir Fachreferenten. Für das Referat „Hufkunde/Hufschutz“ warben wir mit der folgenden Anzeige:

Vereinigung der Freizeitreiter in Deutschland e.V. Landesverband Rheinland-Pfalz
Wir sind der Verband der Gelände- und Wanderreiter. Unsere Mitglieder sehen in ihrem Pferd kein Sportgerät, sondern einen Freund, mit dem sie ihre Freizeit in Gottes freier Natur erleben. Den VFD-Mitgliedern liegt ein pferdgerechter Hufbeschlag bzw. Hufschutz am Herzen.

Wir suchen einen Hufschmied
- der Pferde liebt
- der Erfahrung hat im Umgang mit Pferden und in der Haltung von Pferden
- der selbst reitet oder fährt
- der sein Handwerk im Sinne eines pferdegerechten Hufbeschlags beherrscht
- der bereit ist, auf die Wünsche seiner Kunden einzugehen.

Wir sind bereit, einen jungen Hufschmied zu fördern bzw. bei der Existenzgründung zu unterstützen.

Zu unserer großen Überraschung meldete sich ein (1!) Schmied, und der auch nur deshalb, weil er ganz in der Nähe der damaligen Geschäftsstelle wohnte. Beschlagen wolle er schon, aber Vorträge halten, nein, das könne man nicht von ihm verlangen.
„Mach es doch selbst“, sagte Herbert Fischer, der damalige erste Vorsitzende. „Was man kann, kann man auch erklären!“ Der Schritt zum Weitergeben all dessen, was ich für mich gelernt hatte, wurde vollzogen, der erste Hufkurs im Rahmen der VFD-Ausbildung abgehalten, weitere folgten. Immer mehr Interessenten mit ähnlichen Schicksalen und Erlebnissen kamen, und alle — jedenfalls die meisten — hatten ein Ziel: Sie wollten als Reiterinnen und Reiter weiterkommen, anknüpfen am traditionellen Pferdewissen und in diesem speziellen Fachbereich Partner des Schmiedes werden.

Wie ist es mit Ihnen?

Sie haben meinen Hufkurs nun in gedruckter Form vor sich. Sie können Ihre Wünsche und Vorstellungen nicht mitteilen, ich kann nicht im Gespräch darauf eingehen. Deshalb mein Vorschlag: Gestalten Sie sich Ihren Kurs selbst. Es ist zum Beispiel nicht weiter schlimm, wenn Sie die folgende Abhandlung über die Entwicklungsgeschichte vorerst überspringen und sich dafür mit einem anderen Kapitel beschäftigen.
Überhaupt sollten Sie das Buch so lesen, wie Sie gerne möchten: Schmökern Sie darin herum, schauen Sie sich die Bilder und Zeichnungen an, lesen Sie sich hier und da etwas fest. Da die einzelnen Kapitel weitgehend in sich abgeschlossen sind, können Sie sich Ihr persönliches „Menü“ zusammenstellen. Lesen Sie z. B. die Kapitel II und V, übertragen Sie die Erkenntnisse in Kapitel VI, und wenden Sie das Erkannte danach bei Ihrem Pferd an. Wenn Sie bei der Umsetzung feststellen, daß Ihnen die eine oder andere Information fehlt, lesen Sie im entsprechenden Kapitel etwas intensiver nach, wie Sie sehen werden, auch mit Gewinn.
Wenn Sie merken, daß sich bei Ihnen so etwas wie ein Überblick einstellt, wenn Sie erkennen, wie die Querverbindungen laufen, oder wenn Sie sogar selbst welche herstellen können, wenn Sie während des Zuschauens

beim Beschlag etwas sehen, was Sie vorher noch nie bemerkten, dann sind Sie auf dem richtigen Weg und reif, an Ihrem Pferd mit der nötigen Vorsicht praktisch zu arbeiten. Und Sie werden sehen, es ist gar nicht so schwer!

Leider kommt man bei der Darstellung der theoretischen Grundlagen nicht darum herum, wissenschaftliche, d. h. für den Laien z.T. wenig anschauliche Namen zu nennen, da es keine anschaulichen deutschen Bezeichnungen gibt. Man müßte sie erfinden. Also müssen wir uns, um Gesprächspartner für den Hufschmied (und Tierarzt) werden zu können, den einen oder anderen Begriff merken und in unseren Wortschatz aufnehmen. Das gilt besonders für die Teile des Skeletts und des Hufs sowie für die Fachausdrücke, die der Schmied für sein Werkzeug, das Eisen und den Beschlagvorgang verwendet.

Lassen Sie sich dadurch nicht irritieren und vor allem nicht abhalten, auch schwierigere Textpassagen zu lesen. Die wichtigsten Vokabeln tauchen immer wieder auf und werden bald Bestandteil Ihres Wortschatzes sein. Unterstützen Sie diesen Merkvorgang, indem Sie die notwendigen Begriffe mit Textmarker hervorheben. Trauen Sie sich ruhig – dieses Buch ist keine Bibel! Und wenn Sie Kritik üben möchten, Fragen haben oder Anregungen, dann suchen Sie das Gespräch mit mir auf einem meiner Hufkurse oder schreiben Sie.

Ich bin selbst noch ein Suchender und Lernender auf dem Weg zum Pferd – Ihnen vielleicht auf dem Spezialgebiet „Huf" ein paar Schritte voraus. Aber ich bin bereit, meinen bisher zurückgelegten Weg zurückzugehen, Sie „bei der Hand" zu nehmen und Sie die ersten Schritte zu führen.

Folgen Sie mir also erst einmal unvoreingenommen auf meinem Weg. Entscheiden Sie, ob dies auch Ihr Weg sein kann, den Sie später selbständig weitergehen können, zum Wohl Ihres Pferdes.

Herzlich willkommen im Hufkurs!

II. Angsthasen leben länger
Die Entwicklungsgeschichte des Pferdes

Hyracotherium oder Eohippus

Die wissenschaftliche Erforschung der Entwicklungsgeschichte unseres Pferdes begann mit einem Irrtum, und das kam so: 1839 erhielt der englische Zoologe Richard Owen einen kleinen Zahn, den ein Ziegelbrenner gefunden hatte. Wenig später brachte ihm ein Amateurforscher aus Kent einen vollständigen Tierschädel. Nach eingehender Untersuchung der Überreste stellte Owen Ähnlichkeiten mit den Schliefern fest, murmeltierähnlichen Säugetieren. Sie leben noch heute in Afrika und Westasien teils als Felsen-, teils als Baumtiere und sind trotz ihrer geringen Körpergröße mit den Elefanten am nächsten verwandt. Zusammen mit diesen und den Seekühen gehören sie zu der zoologischen Ordnung der Fasthuftiere.
Owen nannte das bis dahin unbekannte Tier *Hyracotherium*, was soviel wie „schlieferartiges Tier" bedeutet, und beschrieb es als ein dem Hasen oder anderen furchtsamen Nagetieren ähnliches Wesen. Die Proportionen des Schädels und die kleinen, rundhöckrigen Zähne eines Blattfressers legten diese Vermutung nahe. Aber Owen hatte sich gründlich geirrt.
Knapp 40 Jahre später fand der Amerikaner Othniel Charles March auf seiner Suche nach Dinosaurierüberresten immer wieder Skelette von Urpferden.
1876 entdeckte er die Überreste einer besonders kleinen Form, die er an den Anfang seiner Ahnenreihe stellte. Und weil die Überreste aus der zweiten Epoche des Tertiärs, dem Eozän, stammten, taufte er den Ahnherrn seiner Knochensammlung *Eohippus*, d. h. Pferd aus dem Eozän.
Einige Jahre später konnte Marchs Rivale Edward Drinker Cope zu seiner eigenen Genugtuung nachweisen, daß *Eohippus* mit dem von Owen beschriebenen „Schliefertier" identisch ist. Da in der Wissenschaft der Entdecker einer Form diese auch benennen darf, trägt das älteste bekannte Urpferd heute den ebenso falschen wie schwierigen Namen *Hyracotherium*. Unter Pferdefreunden aber heißt es weiterhin Eohippus, Pferd des Eozäns. Nur die Altphilologen unter den Reitern nennen es auch poetisch „Pferdchen der Morgenröte", weil das Eozän nach Eos, der griechischen Göttin der Morgenröte, benannt ist.
Für alle, die mit den Epochen der letzten beiden Erdzeitalter so ihre Schwierigkeiten haben – ich denke da vor allem an meine jungen Leser –, hier eine kleine Eselsbrücke, die ein Pferdenarr nie vergißt: **P**ferde, **E**sel **O**der **M**ulis **P**lagen **P**latte **H**ufe.
Die Anfangsbuchstaben der Wörter stehen jeweils für die Anfangsbuchstaben der Epochen: **P**=Paläozan, **E**=Eozän, **O**=Oligozän, **M**=Miozän, **P**=Pliozän, **P**=Pleistozän, **H**=Holozän.
Wenn sich Owen auch in der Zuordnung des Tieres geirrt hatte, seine Charakterisierung stimmte.
In der Tat war *Eohippus* ein Hasenfuß, hatte er doch weder Zähne noch Klauen, um sich zu wehren, und das in einer Zeit, wo einige Fortgeschrittene der Evolution das Gegenseitig-Auffressen erfunden hatten als zusätzliche Möglichkeit, ihre Energiebilanz zu si-

Abb. 1: Die Entwicklungsgeschichte (Evolution) des Pferdes

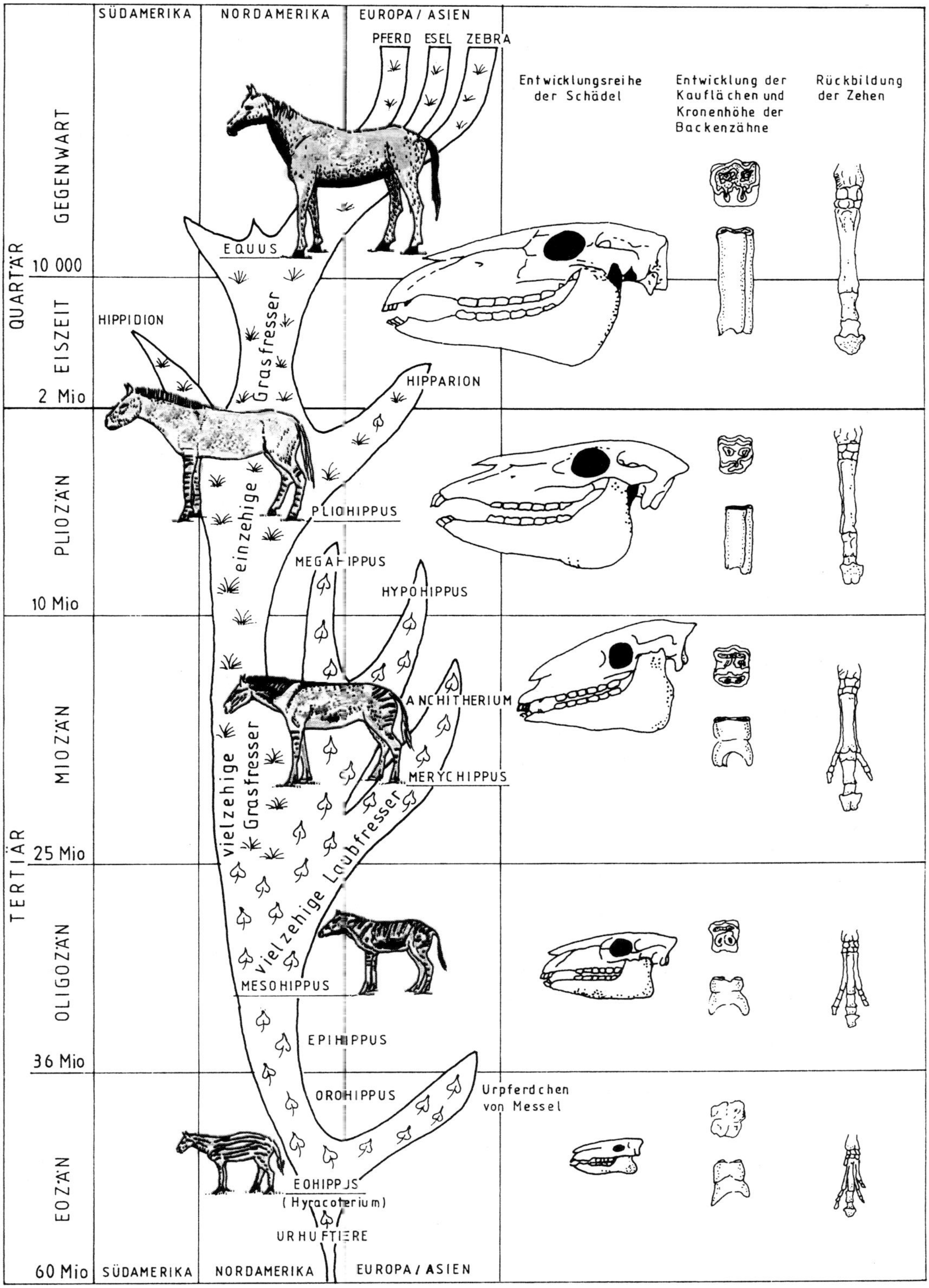

SÜDAMERIKA
NORDAMERIKA
EUROPA / ASIEN
PFERD
ESEL
ZEBRA
Entwicklungsreihe der Schädel
Entwicklung der Kauflächen und Kronenhöhe der Backenzähne
Rückbildung der Zehen
QUARTÄR
GEGENWART
10 000
EISZEIT
2 Mio
PLIOZÄN
10 Mio
MIOZÄN
25 Mio
TERTIÄR
OLIGOZÄN
36 Mio
EOZÄN
60 Mio
EQUUS
Grasfresser
HIPPIDION
HIPPARION
einzehige
PLIOHIPPUS
MEGAHIPPUS
HYPOHIPPUS
ANCHITHERIUM
MERYCHIPPUS
vielzehige Grasfresser
vielzehige Laubfresser
MESOHIPPUS
EPIHIPPUS
OROHIPPUS
Urpferdchen von Messel
EOHIPPUS
(Hyracotherium)
URHUFTIERE
SÜDAMERIKA
NORDAMERIKA
EUROPA / ASIEN

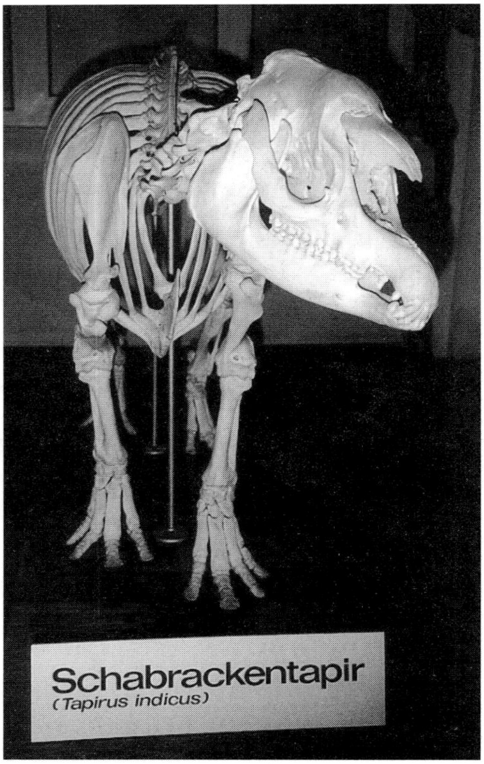

Abb. 2: Der Tapir als Waldbewohner mußte sich die Mehrgliedrigkeit seiner Füße bewahren. Deutlich ist der verstärkte Mittelstrahl zu erkennen, der beim Pferd im Laufe der Entwicklung zum alleintragenden Element wurde. Auch der Tapir hat kein Schlüsselbein.

chern. Brave Pflanzenfresser, noch dazu wenn sie so klein und wehrlos waren wie *Eohippus*, mußten sich da vorsehen.
So ist es kein Wunder, wenn schon zu Beginn seiner Evolution die Wachsamkeit und die Fluchtbereitschaft fundamentale Bestandteile der Psyche des Urpferdes wurden.
Dieser Aspekt wird uns noch oft begegnen, denn durch die Änderung der Lebensräume wurde das Fluchtverhalten des Stammvaters im Überlebensprogramm der ganzen Art festgeschrieben. Als Mittel des Selbstschutzes ist es bis heute wirksam.
Eohippus gehört zu den frühesten Formen der Unpaarhufer, die im Eozän mit 14 Familien eine dominierende Stellung unter den Pflanzenfressern einnahmen. In Konkurrenz zu den Paarhufern waren sie jedoch weniger erfolgreich, so daß heute nur noch die Tapire, die Nashörner und die Pferde existieren.
Die Paar- und Unpaarhufer bildeten unabhängig voneinander den ursprünglichen fünfzehigen Säugetierfuß zu einem besonders geeigneten Laufwerkzeug um. Hierbei wurde bei den Unpaarhufern die Last nach und nach auf die mittlere Zehe verlegt. Bei den Paarhufern trifft die Fußmittelachse in den Zwischenraum der dritten und vierten Zehe, die sich die Aufnahme der Last teilen. *Eohippus* stand am Anfang dieser Entwicklung und hatte noch an den Vorderfüßen vier, an den Hinterfüßen drei Zehen, die jeweils von einem kleinen Huf umschlossen waren. Die Lastverteilung auf mehrere Zehen war auf das Leben in feuchten Urwäldern ausgerichtet, der bewegliche runde Rücken ermöglichte das Durchschlüpfen und Ducken im Unterholz, die flachkronigen Backenzähne dienten dem Zerquetschen blattreicher Nahrung.
50 Millionen Jahre sollte es dauern, bis aus diesem etwa 40 cm hohen, scheuen Waldbewohner *Equus caballus*, das große, einhufige, lauffreudige Weidetier Pferd, werden würde.

Das Messeler Urpferdchen

Die verschiedenen Formen des *Eohippus* verzweigten sich in Nordamerika und über die damalige Landbrücke der Beringstraße nach Asien und Europa.
Die beiden in der Grube Messel bei Darmstadt gefundenen Arten, von denen die größere in ausgewachsenem Zustand etwa einen Meter, die kleinere sogar nur einen halben Meter lang war, repräsentieren einen frühen Seitenast des Pferdestammbaums. Die verschiedenen Arten starben am Ende des Eozäns aus unerfindlichen Gründen aus. Der Hauptstamm entwickelte sich für die nächsten ca. 40 Millionen Jahre in Nordamerika.
Die Funde bei Messel 1975 waren eine Sensation. Der Weichkörper der Skelette war in einem Maß erhalten, wie es bei fossilen Pferden bisher nicht bekannt war.
Eine Überraschung ergab die Untersuchung eines dunklen Flecks im Hinterleib. Unter

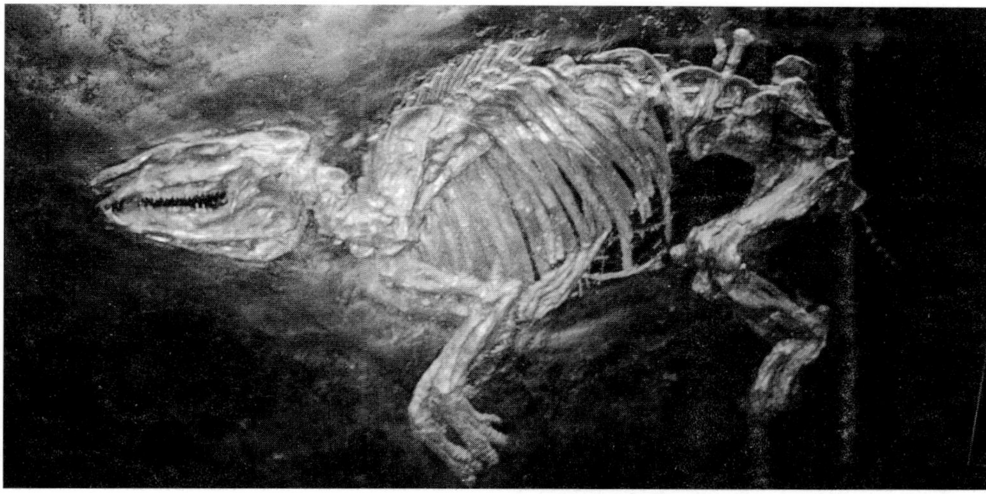

Abb. 2 a: Messeler Urpferd: Abdruck

dem Elektronenmikroskop stellte sich heraus, daß es sich um Mageninhalt handelte, und zwar um Laubblätter, Blütenblätter und Pollen.
Die letzte Mahlzeit des Messeler Pferdchens ermöglichte zum erstenmal in einem konkreten Fall den direkten Nachweis, daß die frühen Equiden tatsächlich Laubfresser waren, was man bisher nur aufgrund des Gebisses vermuten konnte. Eine späte Genugtuung für all die Forscher, denen man die Fähigkeit abgesprochen hatte, lediglich aufgrund einzelner Fundstücke das Aussehen und die Lebensweise eines ausgestorbenen Tieres bestimmen zu können.
Von den Unpaarhufern hat sich das Urpferdchen am stärksten verändert. Gehirn, Gebiß, Gliedmaßen und Füße, Körperform, Größe und Gewicht wurden nach und nach den sich ändernden Lebensbedingungen angepaßt. Die Zeiträume dieser Veränderungen können wir uns überhaupt nicht vorstellen. Die Umformung der körperlichen Merkmale, den Entwicklungsfortschritt also, kann man sich nicht langsam genug denken.

Die Laubfresser

In den ersten 15 Millionen Jahren nach dem Auftauchen des *Eohippus* passierte entwicklungsmäßig kaum etwas. Die ersten Nachfahren, *Orohippus* und *Epihippus*, waren nur geringfügig größer und wiesen noch die gleichen Merkmale auf wie ihr Ahnherr.
Erst gegen Ende des Eozäns vor ca. 40 Millionen Jahren zeigte sich die erste nachweisbare anatomische Veränderung: Die primitive Gehirnstruktur der Urform begann sich in Richtung auf ein intelligentes Säugetiergehirn zu verändern.
Da die eurasischen Gattungen der Eozän-Pferde (die Paläotherien) inzwischen ausgestorben waren, vollzog sich die Weiterentwicklung der Equiden nur in Nordamerika.
Mesohippus, der Hauptvertreter im Oligozän, erreichte schon die Größe eines Schäferhundes. Er hatte an den Vorderbeinen nur noch drei Zehen, die gemeinsam das Körpergewicht trugen. Die mittlere Zehe ist schon deutlich stärker ausgeprägt und läßt die weiteren Schritte zur Einhufigkeit erahnen.
Mesohippus ist wegen seiner kleineren Auftrittfläche kein typischer Bewohner eines weichen, sumpfigen Untergrundes mehr. Wir müssen seinen Lebensraum in höhergelegenen, trockeneren Gebieten suchen, obwohl er wie die Eozänpferdchen noch immer Blattfresser mit entsprechenden Zähnen ist.
Allerdings deutet sich auch in seinem Gebiß eine Veränderung an: Die sechs Backenzähne schließen sich zu einer Kauleiste zusam-

men, und die Lücke zwischen den Schneidezähnen und den Mahlzähnen, das Diasthema, vergrößert sich.
Pferde vom Typ des *Mesohippus* halten sich in Nordamerika und in der alten Welt etwa 20 Millionen Jahre lang, bevor sie aussterben.
In der nächsten Epoche, dem Miozän, tritt *Miohippus* auf den Plan.
Bei ihm finden wir ebenfalls drei Zehen mit einem ausgeprägten mittleren Zehenstrahl, aber eine insgesamt mechanisch widerstandsfähigere Konstruktion des Fußes.
Trotz dieser Veränderungen sind *Mesohippus* und *Miohippus*, die größten dreizehigen Equiden, noch deutlich Geschöpfe des Waldes, die sich von Blättern und weichen Pflanzen ernähren.
Unter den weiterhin laubfressenden Arten befand sich das *Anchitherium*, das sich als erste Art nach dem *Eohippus* wieder nach Eurasien verbreitete. Zu den Anchitherienformen gehört auch das größere *Hypohippus* und die riesenhafte nordamerikanische Form des *Megahippus*. *Archäohippus* war dagegen ein echter Winzling.
Obwohl die Laubfresser so viele verschiedene Arten hervorbrachten, konnte doch keine überleben. Sie waren für den Lebenskampf in einer sich verändernden Umwelt nicht genügend gerüstet und endeten alle in einer entwicklungsgeschichtlichen Sackgasse!
Im Miozän setzte ein deutlicher Temperaturrückgang ein. Die tropischen Wälder, die seit Beginn des Tertiärs den größten Teil der Erde bedeckten, zogen sich zurück. Neue Küsten entstanden durch die Vergrößerung der Gletscher und den Rückzug des Meeres, Gebirge falteten sich auf.
Das nachfolgende kühlere und trockenere Wetter verschob die Baumgrenze noch weiter. Schließlich entstanden weite Grasflächen, die späteren Prärien, Pampas, Savannen und Steppen.
Die dreizehigen Equiden spalteten sich in verschiedene Gruppen auf. Einige blieben beim gewohnten Waldleben und starben aus, andere versuchten, sich an das Leben auf Grassteppen anzupassen, hatten aber keinen Erfolg.

Die Grasfresser

Eine in dieser Zeit lebende Übergangsform zwischen Laub- und Grasfressern wurde der Stammvater der weiteren Entwicklung: der *Parahippus*.
Bei ihm begann die Entwicklung der hochkronigen Zähne, die das lebenslange Kauen harter Grasstengel aushielten. So konnte sich *Parahippus* der beginnenden Änderung der Vegetation gut anpassen. Auch diese Art hatte noch drei Zehen, die seitlichen waren jedoch schon deutlicher reduziert und kamen vermutlich nur noch im schnellen Lauf mit dem Boden in Berührung.

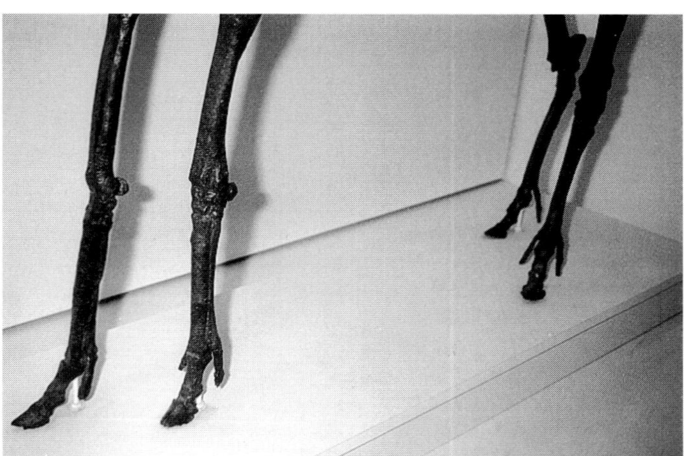

Abb. 3: Die Beine des dreizehigen Merichippus

Mit der Folgeform *Merichippus* begann vor rund 20 000 Jahren die Entwicklung zum modernen Pferdetyp.
Bei *Merichippus* kam es zu zahlreichen anatomischen Veränderungen, die den Equiden erst die Möglichkeit zur weiteren Eroberung des Raumes boten, der für Pferde typisch ist: der Steppe.
Die unteren Abschnitte der Extremitäten streckten sich. Die Seitenzehen wirkten nur noch bei stärkerer Belastung unterstützend. Die mit *Parahippus* begonnene Hochkronigkeit der Zähne war abgeschlossen, die Oberflächenmuster waren komplizierter, die Kauleiste war zu einem widerstandsfähigen Kauapparat geworden.
Der Abstand zwischen Schneide- und Bakkenzähnen wurde größer, der Kopf dadurch länger. Die Stabilität des Schädels verbesserte sich dadurch, daß die Augenhöhlen hinten von einer Knochenspange geschlossen wurden.
All diese Veränderungen sind als Anpassung an die im Miozän beginnende Verbreitung der offenen Graslandschaften zu sehen und weisen *Merichippus* und seine Verwandten als die ersten spezialisierten Steppentiere aus.
Von den zahlreichen Merichippusarten ist das ponygroße *Hipparion* wohl die interessanteste. Herden von Hipparionen zogen über die Beringstraße nach Eurasien und Afrika und hielten sich dort bis zur Einwanderung der Equus-Arten ca. 10 Millionen Jahre lang. Dann starb zuerst die europäische, wenig später auch die afrikanische Variante aus. Die Hipparionen werden auch „Klunkerpferdchen“ genannt, weil der verstärkte und verlängerte mittlere Zehenstrahl den ohnehin reduzierten Seitenzehen selbst bei schnellem Lauf keinen Kontakt mehr zum Boden erlaubte. Sie hingen wie nutzlose „Klunker“ seitlich herab.
Der letzte für die stammesgeschichtliche Entwicklung wichtige Equide ist *Pliohippus*, der erste echte Einhufer.
Die bei *Parahippus* noch halbfunktionellen Seitenzehen, die bei *Merichippus* schon funktionslos herabhingen, sind jetzt zurückgebildet. Nur die funktionslosen Griffelbeine, die auch das moderne Pferd noch besitzt, erinnern noch an die einstige Mehrgliedrigkeit des Fußes. Die kräftigen Unterkiefer tragen hochkronige Zähne mit kräftigen Schmelzfalten in einem komplizierten Oberflächenmuster, mit denen man auch harte Grasstengel aufschließen kann.
Mit der Unterart *Hippidion* gelangte gegen Ende des Pliozäns vor etwa 10 Millionen Jahren zum erstenmal eine nordamerikanische Unpaarhuferart auch nach Südamerika, nachdem sich beide Kontinente durch die Landbrücke von Panama vereinigt hatten.
In Südamerika gab es während der gesamten Tertiärzeit ebenfalls pferdeähnliche Tiere. Die einheimischen Arten wurden jedoch von den einwandernden Hippidionen verdrängt und starben aus.
Zu Beginn des Pleistozäns, also vor etwa 1–2 Millionen Jahren, waren die Weiterentwicklungen des *Pliohippus* unseren heutigen Wildpferden ähnlich. Riesige Equus-Herden wanderten zu Beginn des Pleistozäns vor den großen Eiszeiten nach Südamerika und über die Landbrücke der Beringstraße nach Eurasien.
In Südamerika verdrängten die Equus-Formen die Nachfahren des *Pliohippus*. In Asien, Europa und Afrika wurde das *Hipparion* von seinem ökologischen Platz verdrängt, den es ca. 10 Millionen Jahre als einziger Vertreter der Equiden besetzt hielt.
So bildete die Gattung *Equus* den einzigen Stamm aller heute noch lebenden Einhufer. Frühe Arten verstreuten sich weit über die alte Welt. Ihre Untergruppen enthielten eine Vielfalt von Formen, aus denen sich nicht nur die Zebraarten, sondern auch die Vorfahren des Hauspferdes und die eselähnlichen Equiden entwickelten.
Die Entstehungsgeschichte des wichtigsten Tieres in der Geschichte der Menschheit ist bis heute wissenschaftlich noch nicht ganz gesichert. Einig ist man sich jedoch über die Tatsache, daß im Verlauf der letzten großen Eiszeit die Equiden relativ schnell von der modernen Spezies *Equus Przewalskii* gebildet wurden, die ganz Europa und Asien in großer Zahl bevölkerte.
Einige tausend Jahre nach der Eiszeit, vor etwa 5000 Jahren, lernte der Mensch schließlich, seinen bisherigen Fleischlieferanten zu zähmen und zu benutzen.
Die Entwicklungsgeschichte des Pferdes ist zwar nicht ganz lückenlos fossil zu belegen, trotzdem gilt sie als Paradebeispiel der Re-

Abb. 4: Zwischen diesen beiden liegen ca. 50 Millionen Jahre Entwicklungsgeschichte: Eohippus und Przewalski-Pferd.

konstruktion eines Tieres von seiner Urform bis in die Gegenwart über einen Zeitraum von ca. 50 Millionen Jahre.
Was bringt uns aber dieses Wissen?
Wer seinen Blick dafür schärft, kann ein Tier nicht nur durch die Beobachtung seines Verhaltens, sondern auch durch die Betrachtung seiner Gestalt verstehen.
Gerade weil auf Anhieb keine Gemeinsamkeiten in der Gestalt des *Eohippus* mit der Gestalt des *Equus caballus*, des reitbaren Pferdes unserer Tage, zu erkennen sind, gibt ein Rückblick auf die einzelnen Stufen seiner Gestaltentwicklung auch Aufschluß über die Eigenarten unseres heutigen Pferdes.

III. Statik und Mechanik
Die Anatomie des Pferdes

Vom Equus zum Hippus

In den meisten Pferdebüchern wird die Entwicklung vom *Eohippus* zum *Equus* allein an der Veränderung der Gliedmaßen dargestellt. Wie wir aber gehört haben, spielt die Veränderung der Zähne eine ebenso große Rolle, wenn nicht sogar eine noch entscheidendere.
Denn Pferde in der Art des *Merichippus* mit 3 Zehen, von denen die Afterzehe bei weichem Geläuf oder schnellem Lauf einen Teil des Gewichts übernahm, waren von der Anatomie des Fußes her ihrer Umwelt eigentlich recht gut angepaßt. Deswegen dürfen wir uns die Entfaltung der Pferde nicht als gradlinige Entwicklung vorstellen, sondern als Ausbreitung mehrerer Zweige von Pferdeartigen, die auf jeweils andere Art ihr Überleben sichern wollten.
Eine sogenannte Stammlinie, wie sie in der Zeichnung auf Seite 13 der Anschaulichkeit wegen dargestellt ist, ergibt sich nur dann, wenn man möglichst ähnliche Formen aneinanderreiht. Sie mußten deswegen noch nicht zwingend aus der vorhergehenden Art hervorgegangen sein. Oft waren sie, wie *Parahippus*, nur Vertreter einer anfangs unbedeutenden Nebenlinie. Auch die Tatsache, daß sich neben den Unpaarhufern auch Paarhufer entwickelten, die diesen an Schnelligkeit in nichts nachstanden, spricht für die Tatsache, daß die Millionen Lebensformen Millionen Lebensvarianten der Natur darstellen.
Und so ist es auch richtig zu sagen, daß das Pferd im Laufe von Jahrmillionen ein in seiner Umwelt extrem angepaßtes und hochspezialisiertes Tier geworden ist. In dieser Anpassungsfähigkeit sehen einige Wissenschaftler sogar den Grund, daß das Pferd selbst in der unnatürlichen Umwelt, die ihm der Mensch bietet, bis heute überlebt hat.
Eohippus, das scheue Tier des Unterholzes, ging noch auf Fußballen wie ein Hund. Seine Hufe am Ende der vier Vorder- und drei Hinterzehen waren nicht mehr als stumpfe Klauen. Sein gebogenes Rückgrat ermöglichte das Ducken im Unterholz.
Die Gliedmaßen waren im Verhältnis zur Körpergröße recht lang und seitlich beweglich, weil Elle und Speiche am Vorderbein, Schien- und Wadenbein am Hinterbein noch getrennt waren.
Equus dagegen hat ein ziemlich starres, wenig gewölbtes Rückgrat. Die Knochen im Oberteil der Gliedmaßen sind relativ kurz und kräftig, die im Unterteil haben sich gestreckt. Der ehemalige Sohlengänger ist mit Beginn der Einhufigkeit zum Zehenspitzengänger geworden, die alten Fußballen haben sich zum Strahl gewandelt.
Augen, Gebiß, Größe, Gewicht, Gliedmaßen – alles hat sich verändert und neue Funktionen übernommen. Wir wollen uns das Gehirn etwas genauer anschauen und die wichtigsten Stufen seiner Veränderung im Zeitraffer abspulen. (Warum wir auch etwas über das Gehirn wissen müssen, wenn wir am Huf arbeiten, wird in Kapitel V erläutert.)
Eohippus besaß ein sehr primitives und noch recht unspezialisiertes Gehirn, das im Gegensatz stand zu der gut angepaßten Struktur des übrigen Körpers. Erst gegen Ende des Eozäns tauchte bei *Orohippus* das typische Säugetiergehirn auf.
Diese Erweiterung ist bei *Mesohippus* und den nachfolgenden Arten immer deutlicher festzustellen, wie man aus Abgüssen der Schädelinnenflächen beweisen kann.
Das für Huftiere charakteristische Gehirn entwickelte sich erst bei *Merychippus* im späten Miozän.
Im Pliozän kann man bei allen Pliohippus-Ar-

ten schon von einem modernen, wenn auch kleinen Pferdehirn sprechen. Das Gehirn von *Equus* zu Beginn des Pleistozäns ist fast identisch mit dem Gehirn der heutigen Pferde.
Seit etwa 1 Million Jahre also hat sich das Gehirn des Pferdes, seine Leistungsfähigkeit insbesondere, nicht verändert. Es ist, wie alles am Pferd, zur Perfektion entwickelt, allerdings nur für die von der Natur vorgesehenen Bedürfnisse des Pferdes. Wer mehr will, muß vorher trainieren.

Die Gliedmaßen

Typisch für alle Säugetierarten sind die ursprünglich fünfzehigen Extremitäten, die jede Art für sich und ihre speziellen Bedürfnisse umgeändert hat.
So sind der Flügel der Fledermaus, die Grabhand des Maulwurfs, die Flosse des Fisches und der Huf des Pferdes jeweils Abbilder der Umwelt, in der sich das Bewegungsorgan entwickelt hat.
Der Mensch ist so gesehen ein wenig spezialisiertes Wesen, da in seiner Greifhand noch alle fünf Strahlen der primitiven Vorform enthalten sind. Aber gerade diese Nicht-Spezialisierung erhebt den Menschen heute über alle Lebewesen, mit denen er eine gemeinsame Urform hat. Der Pferdefuß ist demgegenüber ein Beispiel für eine extreme Spezialisierung. Er vereinfachte und versteifte sich zugunsten größerer Unempfindlichkeit und höherer Laufgeschwindigkeit. Dafür verlor sein Träger die Fähigkeit des Greifens und des Kletterns.
Die neuerworbene Fuß-Bein-Konstruktion hatte weiterhin den Nachteil, daß die meisten Stellen des Körpers nicht mehr zum Kratzen oder zum Verscheuchen von Parasiten erreicht werden konnten. Diese Aufgaben werden nach und nach vom Langhaar und von einer sehr beweglichen Haut übernommen.

Abb. 5: Die Gleichartigkeit (Homologie) der Gliedmaßen. „Die Flosse des Fisches ist im gleichen Sinne ein Abbild des Wassers, wie der Flügel des Vogels ein Abbild der Luft und der Huf des Pferdes ein Abbild des flachen Steppenbodens ist." (Konrad Lorenz)

Die Vorhand

Die Knochen und Gelenke der Vorhand sind durch die extreme Spezialisierung des Pferdes zum Steppenlauftier geprägt. Das platte, annähernd dreieckige Schulterblatt bildet mit seinem Knorpelfortsatz den Rest eines ursprünglich dreigliedrigen Schultergürtels. Es liegt ohne direkte Knochenverbindung flach an Brustkorb und Widerrist an und wird durch Sehnenplatten und großflächig ansetzende Muskeln gehalten. Somit hängt der Rumpf zwischen den beiden Schulterblättern und schwingt optimal gefedert in dieser sehnig-muskulösen „Hängematte".
Eine Verbindung vom Brustbein zum Schultergelenk, wie es beim Menschen das Schlüsselbein darstellt, fehlt. Sie würde die Stoßdämpfung in diesem Bereich nur stören, Hindernissprünge mit harter Landung wahrscheinlich unmöglich machen.
Das nach hinten-unten wegstrebende Oberarmbein bildet mit dem Schulterblatt einen Winkel von etwa 95 Grad an der Beugeseite. Muskeln, Sehnen und Bänder halten das Schultergelenk in dieser Normalstellung, die

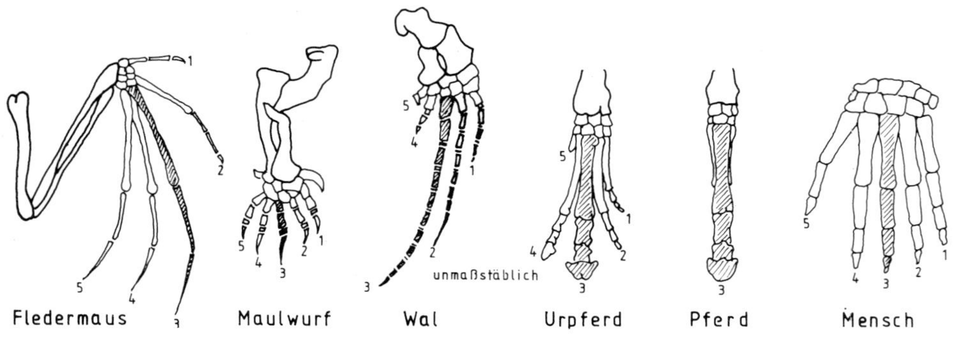

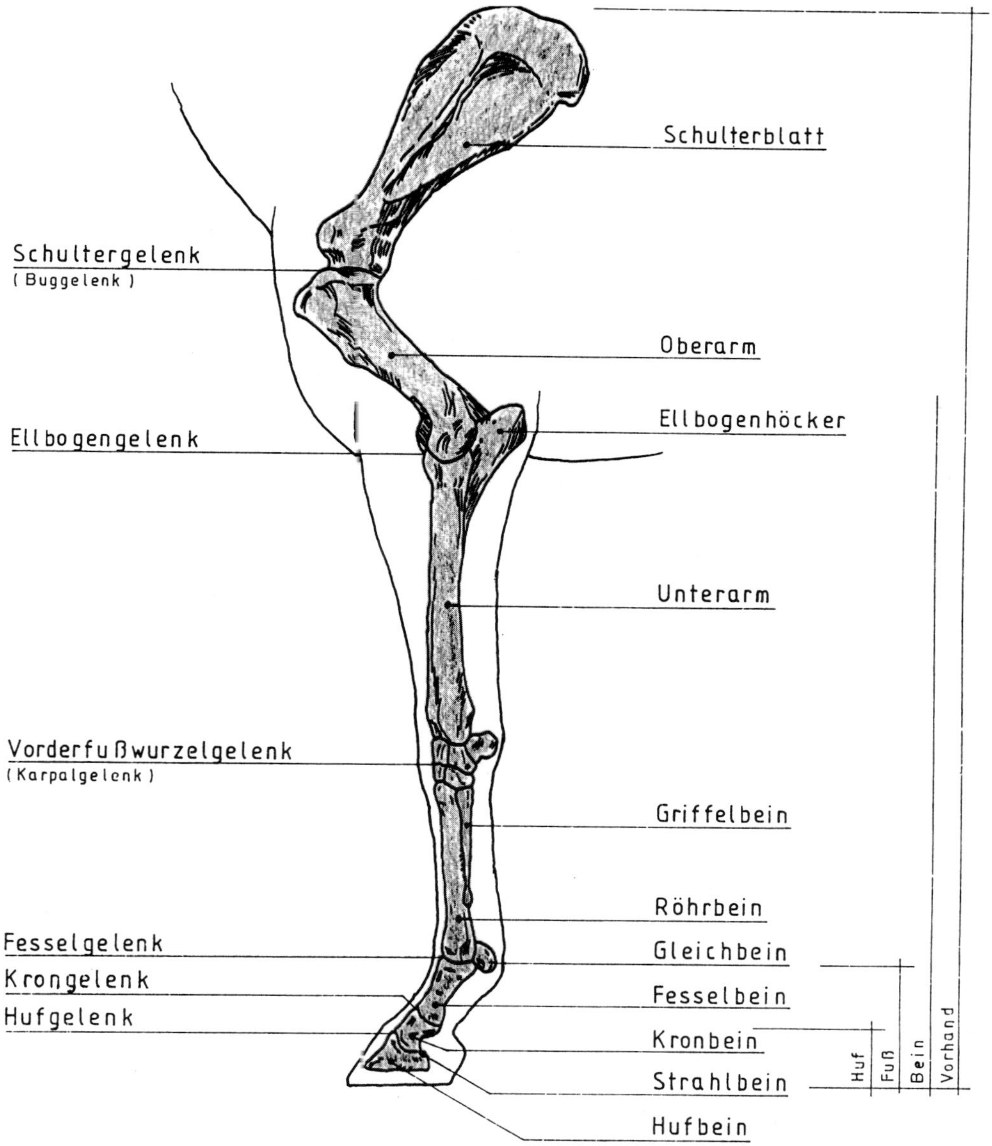

Abb. 6: Das Skelett der Vorhand

allgemein als „hervorragende stoßbrechende Mittelstellung" gilt.

Obwohl dieses Gelenk ein Kugelgelenk geblieben ist, wird es durch die stark sehnig durchsetzten Muskeln zum fast reinen Streck- und Beugegelenk. Dadurch wird es in seiner ehemaligen Funktion als Drehgelenk eingeschränkt. Gewonnen wird eine sichere und große Bewegungsfreiheit nach vorn, die eine raumgreifende Fortbewegung ermöglicht.

Den tragfähigen Unterarm bilden Elle und Speiche, die bereits im Miozän miteinander

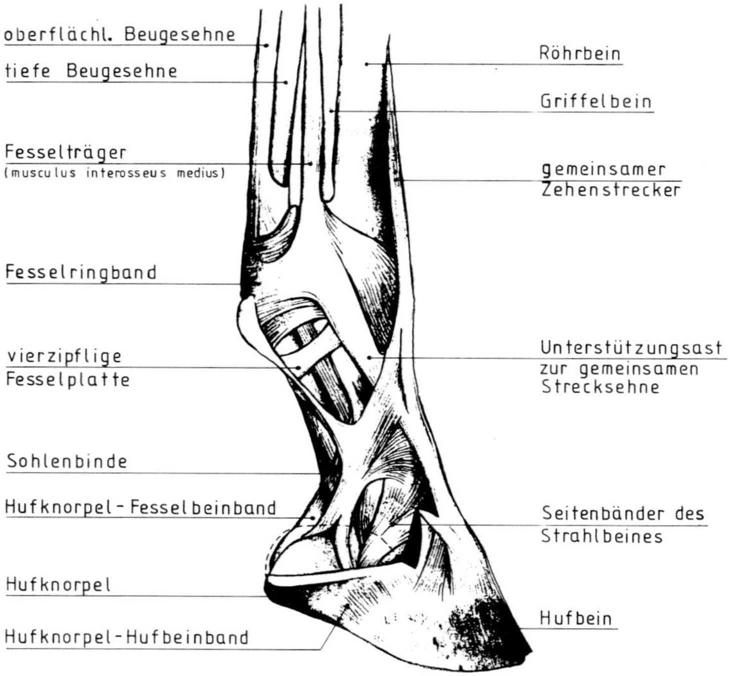

Abb. 7: Der Bandapparat des Fußes

verwachsen sind. Dadurch wurde der Unterarm zwar sehr stabil, konnte sich aber nicht mehr drehen.
Die Bewegung der Vorhand des Pferdes ist also schon vom Schultergelenk an auf ein gerades Vor- und Zurückpendeln der Gliedmaße eingeschränkt.
Der Ellbogenhöcker blockiert das Gelenk nach hinten. Damit steht der Unterarm in Normalstellung nahezu senkrecht unter der Last. Der Drehpunkt des Ellbogengelenks ist für Sie besonders wichtig. Von dort nämlich müssen Sie ein Lot fällen, wenn Sie die Stellung eines Pferdes richtig beurteilen wollen. Mehr darüber in Kapitel IV.
Das sogenannte Knie, richtig Vorderfußwurzelgelenk oder Karpalgelenk genannt, wird von sieben kleinen, würfelförmigen Knochen gebildet. Sie sind in zwei Reihen versetzt übereinander angeordnet. Da die senkrecht aufeinanderstehenden Gelenkflächen von Unterarm und Röhrbein zur Stoßdämpfung nicht geeignet sind, übernehmen die dazwischengeschalteten Fußwurzelknöchelchen diese Aufgabe. Sie verschieben sich nach dem Auffußen geringfügig und unterstützen die in den unteren Gelenken ebenfalls angelegte Pufferwirkung.
Die Verschiebung wird von einer Vielzahl elastischer Bänder und der Gelenkkapsel unterstützt und begrenzt. Die Hauptbewegung des Fußwurzelgelenks, das Strecken und Beugen, stützen starke Seitenbänder, die an der Innen- und Außenseite deutlich fühlbar sind.
Das starke Röhrbein, wegen seiner Form auch Kanonenbein genannt, trägt innen und außen noch die sogenannten Griffelbeine. Sie sind die letzten Überreste des 2. und 4. Strahls der ehemals viergliedrigen Laubfresser.
Mit dem Fesselgelenk beginnt der eigentliche Fuß des Pferdes. Das längere Fesselbein und das etwa um die Hälfte kürzere Kronbein lenken die Statik der Vorhand nach vorn um; das Hufbein übernimmt die Fußung.
Das Fußskelett wird durch sogenannte Sehnenbeine (Sesambeine) vervollständigt. Die beiden Gleichbeine liegen von hinten am Fesselgelenk an, wo sie als Führung der tiefen Beugesehne dienen. Das Strahlbein sitzt un-

ten am Hufgelenk (Verbindung von Hufbein und Kronbein) und lenkt dort die tiefe Beugesehne zu ihrem Ansatzpunkt am Hufbein um.

Das Krongelenk (Verbindung zwischen Kronbein und Fesselbein) besitzt kein Sehnenbein.

Die drei Zehengelenke (Hufgelenk, Krongelenk, Fesselgelenk) übernehmen den wichtigsten Beitrag zur Stoßdämpfung. Das Fesselgelenk ist ein rein einachsiges Wechselgelenk, geschaffen für eine rasche und sichere Vor- und Rückwärtsbewegung.

Am Krongelenk, vor allem aber am Hufgelenk müssen wegen der Bodenunebenheiten kleine Seitwärtsbewegungen möglich sein. Diese beiden Gelenke sind daher als Sattelgelenke ausgebildet, die Unebenheiten in bescheidenem Rahmen seitlich aus-

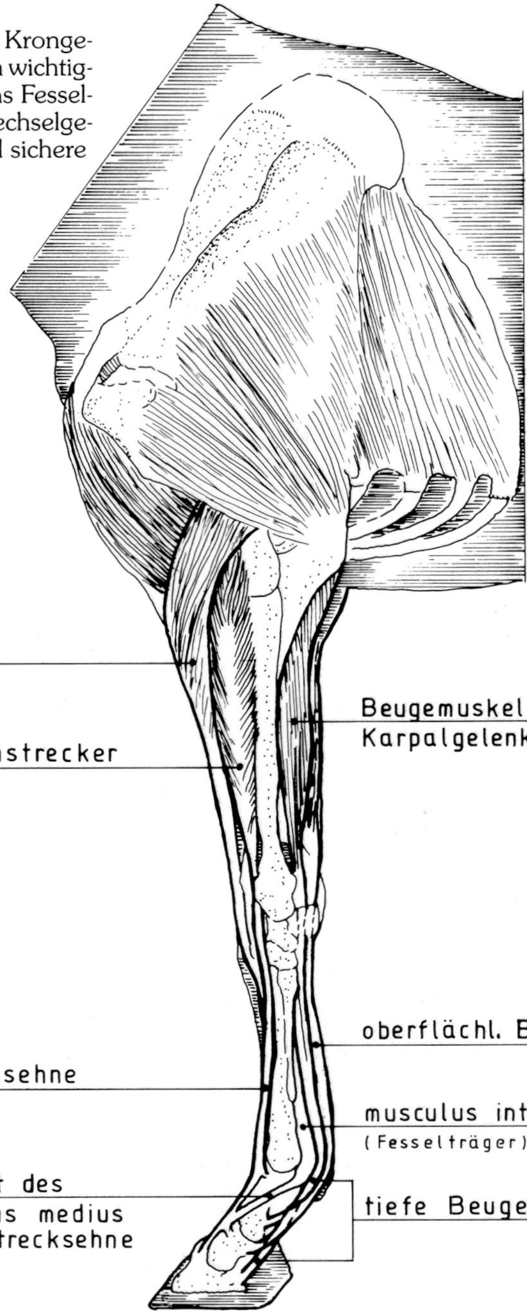

Abb. 8: Muskeln und Sehnen der Vorhand

gleichen können. Der Zehenwinkel des Vorderfußes beträgt etwa 45 Grad (Hinterfuß etwa 50 Grad) zur Bodenfläche.
Ein Einknicken des Fußes im Stand wird durch einen kräftigen Bandapparat verhindert. Hauptbestandteil dieses Fesseltrageapparates ist beim erwachsenen Pferd ein rein sehnig gebauter Muskel *(musculus interosseus medius)*. Er setzt am Fußwurzelgelenk an und verläuft zwischen Röhrbein und tiefer Beugesehne zum Fesselgelenk. Dort spaltet er sich in verschiedene Seitenstränge auf, die innen und außen um das Fesselbein herum den Gewichtsdruck an die vorne gelegene Zehenstrecksehne abgeben. Andere Seitenstränge verteilen die Last an die Hinterseite der Fessel und an das Kronbein. Die Gleichbeine wirken dabei beim Durchtreten dem übermäßigen Gewichtsdruck entgegen.
Dies alles führt bei Belastung zu einer Versteifung aller Zehengelenke und damit zu einem sicheren Auffußen, weil Kron-, Huf- und Fesselgelenk über gemeinsame Gelenkbänder und gemeinsame z.T. gegengleich wirkende Streck- und Beugesehnen gekoppelt sind.
Dieses phantastische Ineinanderspielen von Knochengerüst, Gelenken, Sehnen und Bändern verleiht dem Pferdefuß die Fähigkeit, mehr als das eigene Körpergewicht im Galoppsprung mit einem Fuß kurzzeitig aufzufangen und wieder abzustemmen.
Im Springsport allerdings sehen wir, daß die Belastung nicht grenzenlos gesteigert werden kann. Für Hoch-Weit-Sprünge, die in der Natur nicht vorkommen, sind Pferdebeine auf Dauer nicht konstruiert. Deshalb werden die meisten Springpferde auch nicht alt.
Der **Fuß** ist bei einem Fluchttier der Teil des Beines, der sich am schnellsten bewegen muß. Dies hat das Pferd durch die Reduzierung der Seitenzehen, durch die Ausbildung eines kräftigen Röhrbeins und durch das Zusammenwachsen von Elle und Speiche zu einem stabilen Unterarm erreicht.
Damit wurde der eingeschlagene Weg vom Sohlengänger zum Zehenspitzengänger — konsequent, möchte man sagen — zu Ende geführt. Da ein leichter Fuß weniger Energie verbraucht, hat die Natur durch die Konzentrierung der Muskulatur auf den oberen Beinbereich das Gewicht weiter reduziert.
Die rein sehnige Ausbildung der Fußmuskulatur ermöglicht dem Pferd ein ermüdungsfreies Stehen und sicheres Auftreten des Fußbereiches, denn Sehnen und Bänder können nicht ermüden!

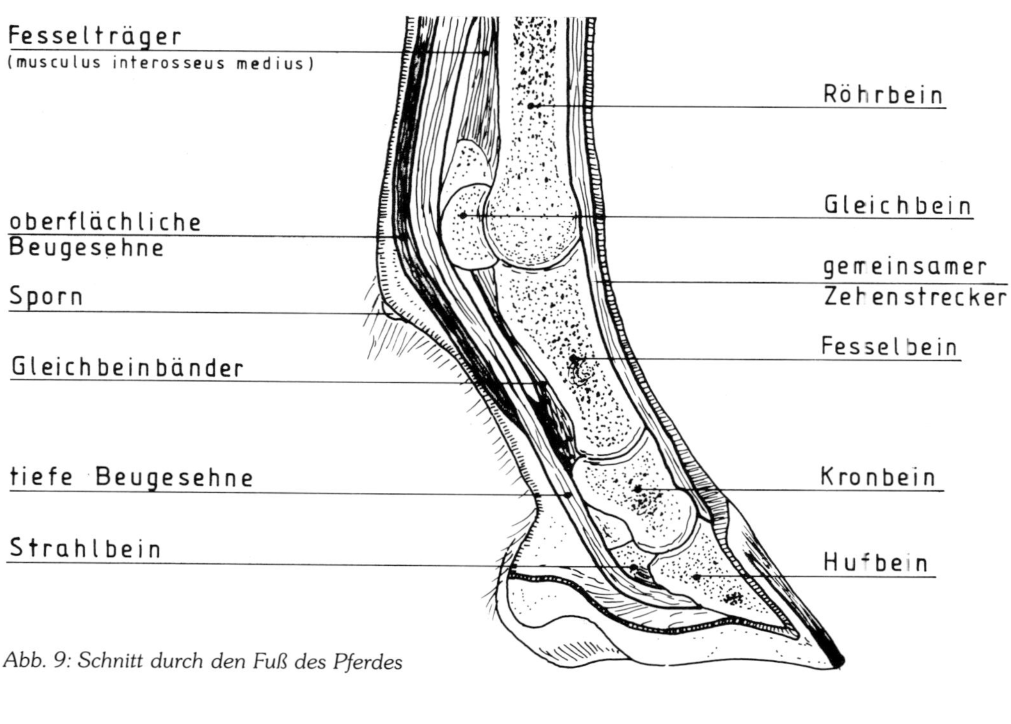

Abb. 9: Schnitt durch den Fuß des Pferdes

Bevor sie überlastet sind, streiken die höher angesetzten Muskeln und bewahren so den lebenswichtigen unteren Teil des Beines vor Überanstrengung. Denn auch während der Entwicklungsgeschichte galt: Das Pferd ist nur so gut wie sein schlechtester Fuß!
Die rein sehnige Ausbildung der Fußmuskulatur aber bringt noch einen weiteren Vorteil: Im schnellen Lauf wird im Moment des Durchtretens der Fessel etwa 25 Prozent der Fußungsenergie im Band- und Sehnenapparat gespeichert und nach der Belastung zum Abfußen wiederverwendet. Dieser Trick erlaubt dem Pferd eine kräftesparende Fortbewegung, die sich optisch in einem spielerisch-tänzerischen Auffußen zeigt, wie es besonders den Arabern eigen ist. Sie können, wie man sagt, auf dem blanken Busen einer Frau tanzen, ohne ihn zu verletzen.

Die Hinterhand

Die beiden Hüftbeine und das zwischen ihnen liegende Kreuzbein bilden den knöchernen Beckengürtel.

Abb. 10: Das Skelett der Hinterhand

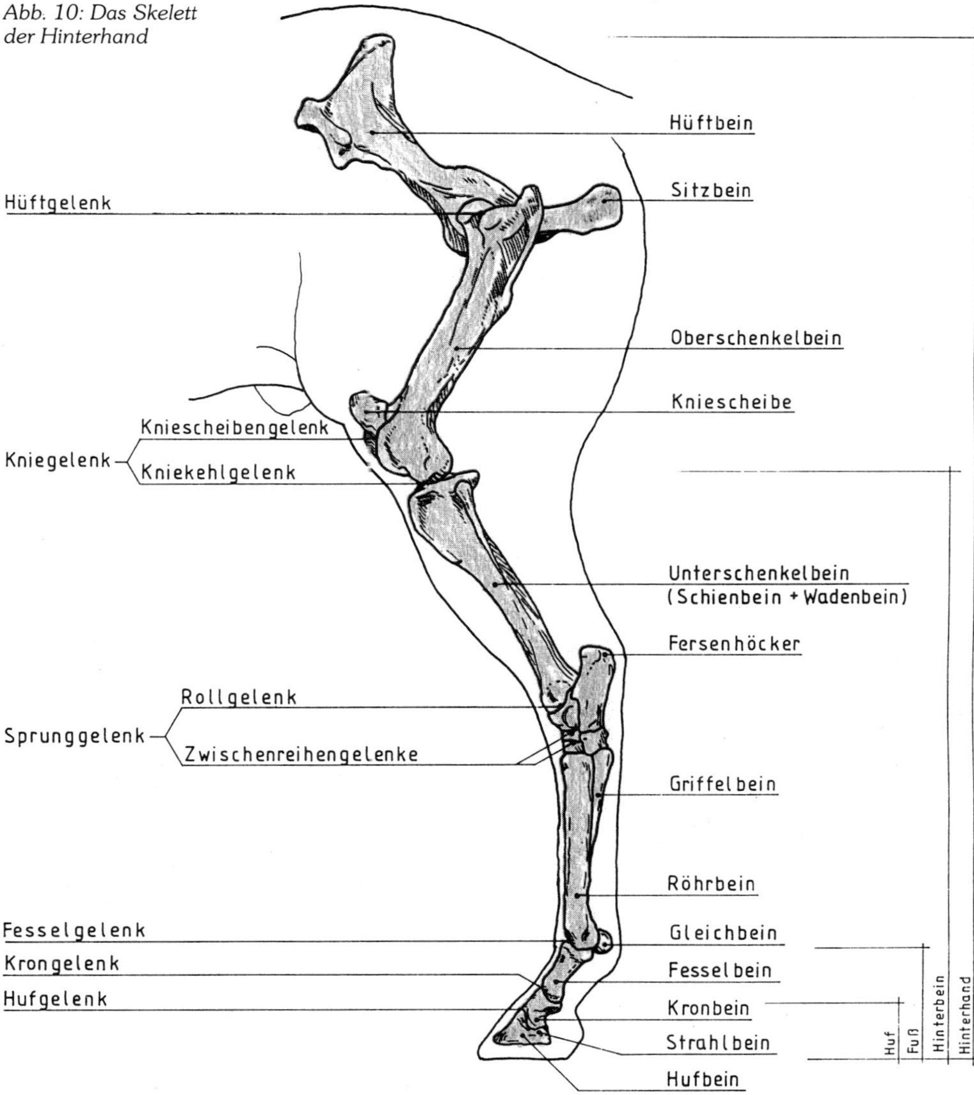

Jedes Hüftbein setzt sich aus dem vorne seitlich abstehenden Darmbein, dem Schambein und dem Sitzbein zusammen. In der Verknöcherungszone dieser drei Teile liegt das Hüftgelenk.
Der Beckengürtel besitzt über das straffe Kreuz-Darmbein-Gelenk eine starre Verbindung zur Wirbelsäule. Damit ist die Übertragung der Schubkraft aus der Hinterhand auf den gesamten Körper gewährleistet.
Andererseits wird durch das Untertreten der Hinterhand unter das Gewicht eine bestimmte Körperhaltung des Pferdes hervorgerufen. Dieser Umstand wird uns noch öfter begegnen, wenn es um die Belastung und ihre Folgen geht. Er sei hier lediglich schon einmal erwähnt.
Das lange Oberschenkelbein ist der stärkste Knochen des Pferdeskeletts. Sein Kopf bildet mit der Pfanne des Hüftbeines das erste bewegliche Gelenk der Hinterhand. Als Kugelgelenk ausgebildet, müßten neben Streckung und Beugung auch Seitwärtsbewegungen möglich sein. Aber wie beim Schultergelenk der Vorhand verhindern auch hier außerordentlich starke Muskeln und ein zusätzliches Band am Hüftgelenk größere Bewegungen seitwärts und beschränken die Bewegungsmöglichkeiten auf die beiden Hauptrichtungen „Beugung nach vorn" und „Streckung nach hinten".
Diese anatomische Besonderheit ist der Grund für die Unruhe vieler Pferde beim Beschlagen, denn sie wird beim Aufhalten kaum berücksichtigt.
Am unteren Ende des Oberschenkels sitzt die handtellergroße Kniescheibe als Sehnenbein; sie verhindert eine Überstreckung des Kniegelenkes.
Der nach hinten wegstrebende Unterschenkel besteht aus dem starken Schienbein und dem angewachsenen Wadenbein. Durch die Länge des Unterschenkels wird das Sprunggelenk hinter das Schwerelot gedrückt, das vom Hüftgelenk aus gefällt wird.
Das Sprunggelenk ist noch komplizierter gebaut als das Vorderfußwurzelgelenk und von daher auch wesentlich anfälliger gegen Verschleiß. Die Fußwurzelknochen sind in drei Etagen übereinander angeordnet und bewirken durch ihre Verschiebung gegeneinander eine Stoßbrechung.
Der Mittelfuß und die Zehenknochen entsprechen denen der Vorhand. Unterschiede zeigen sich nur in der größeren Länge des Röhrbeins, in der spitz-oval gestalteten Form des Hufbeins und des Hufs und in der steileren Fußachse.
Die drei großen Hinterhandsgelenke (Hüftgelenk, Kniegelenk, Sprunggelenk) mit ihren abwechselnd nach vorn und hinten offenen Gelenkwinkeln ermöglichen die Bewältigung zweier Aufgaben: Bei der Streckung der Gelenke gewinnt das Pferd durch Verlängerung des Beins aus der Hüfte eine große Schrittlänge. Zum zweiten bieten die wechselseitigen Beugewinkel eine ideale Voraussetzung zur Federung und zur Aufnahme der Last, wenn das Pferd so von hinten nach vorne geritten wird, daß sich die Winkel der Hanke (Hüftgelenk und Kniegelenk) beugen. In der geringen Hankenbeugung liegt der Grund für den frühen Verschleiß der Vorhand!

Der Huf

Wie alle Säugetiere trägt auch das Pferd am Ende seiner Gliedmaßen, besser gesagt am Ende seiner verbliebenen Mittelzehe, einen hornigen Schutz.
Bei unserer Greifhand schützt nur ein Nagel das Fingerende, beim Pferd umschließt eine Hornkapsel das gesamte Zehenende.
Biologisch gesehen ist der Hornschutz ein „Hautanhangsgebilde", denn er ist wie die Haare lediglich eine Sonderform der Haut.

Abb. 11: Nagel-, Krallen- und Hufhorn sind Sonderformen der Haut.

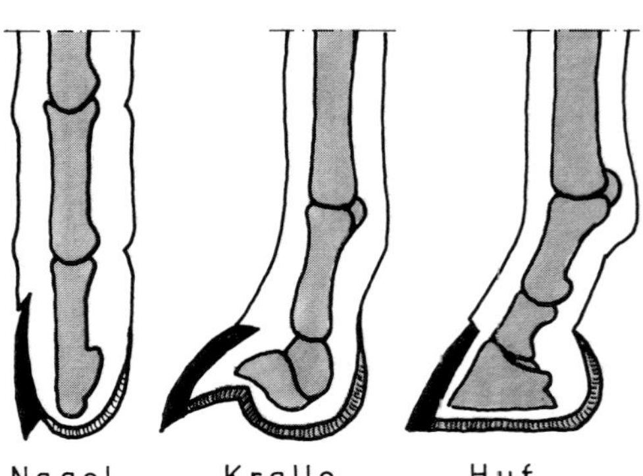

Hautverdickungen bilden sich bei allen Säugetieren an den Stellen, die häufig starkem Druck und/oder Bodenreibung ausgesetzt sind, auch beim Menschen. Denken wir nur an die Schwielen an der Hand von Landwirten oder Schmieden oder an die Hornsohlen der Eingeborenen, die ihr Leben lang barfuß laufen. Sie alle zeigen uns, daß die Haut trainierbar ist und sich den Anforderungen anpassen kann.
Das bedeutet für uns und unser Pferd: Auch der Huf, seine Widerstandsfähigkeit, ist trainierbar, wir müssen ihm nur genügend „Training" verschaffen.
Wenn Sie darüber jetzt schon etwas mehr wissen wollen, dann springen Sie in Kapitel VIII.

Die Lederhaut

Auch der Aufbau der Haut ist im Prinzip bei allen Säugetieren gleich. Es gibt eine mehrschichtige Oberhaut mit einer mehr oder weniger dicken obersten Hornschicht. Darunter liegt die Lederhaut. Anschließend folgt die Unterhaut.
Mit den Bezeichnungen Ober- und Unterhaut kann man noch etwas anfangen. Der Ausdruck „Lederhaut" aber weckt meist falsche Vorstellungen, denn diese Haut ist weder so dick noch so unempfindlich wie Leder. Im Gegenteil!
Gerade dieser Teil der Haut ist mit Blutgefäßen und Nerven gut versorgt. Deswegen ist er im Huf auch unter der Bezeichnung „das Leben" bekannt.
Ein anderer Ausdruck lautet „Fleischteil". Aber auch dieser Name ist irreführend, denn es handelt sich nicht um Fleisch. Er ist lediglich auf die Rotfärbung der Lederhaut zurückzuführen, die auf der reichlichen Blutversorgung beruht.
Die Lederhaut hat die Aufgabe, ständig neues Horn zu bilden. Dazu trägt sie auf ihrer Oberfläche feine Blättchen (fälschlicherweise auch Blutblättchen genannt), im Sohlenbereich feine Zöttchen. Jeder von außen zu sehende hornige Teil des Hufes wird von der Lederhaut erzeugt, über der er liegt: also die Hornsohle von der Sohlenlederhaut, der Strahl von der Strahllederhaut, das Saumband von der Saumlederhaut.
Eine Ausnahme macht die Hornwand (Hornglocke). Sie wird von der Kronlederhaut erzeugt und wächst von dort nach unten (siehe auch: Hornwachstum)

Der Hufaufbau

Wenn wir den Huf in Gedanken von innen nach außen aufbauen, können wir uns diese Strukturen besser vorstellen.
Im Mittelpunkt sitzt das Hufbein, das als einziger Knochen des Skeletts keine eigentliche Knochenhaut besitzt. An diesem haftet die sensitive, also empfindliche, Lederhaut, die mit Nerven und Blutgefäßen durchzogen und in der rauhen Oberfläche des Hufbein-Knochens durch zahlreiche Fasern fest verwurzelt ist.
Stellen wir uns diese Lederhaut vereinfacht wie ein auf dem Hufbein aufliegendes Klettband vor. Stellen wir uns weiter vor, die Innenseite der Hornkapsel sei mit einem Klettband ausgekleidet, und stecken wir nun in Gedanken das umkleidete Hufbein in die ausgekleidete Hornkapsel! Die innige Verbindung, die die beiden Klettbandoberflächen miteinander eingehen, entspricht in etwa der Verbindung, die zwischen den hornigen Plättchen der äußeren Lederhaut und den „Fleischplättchen" der sensitiven Lederhaut hergestellt wird.
Aber damit nicht genug. Betrachtet man die einzelnen Blättchen mit einer Lupe, so entdeckt man, daß die anscheinend glatten Seitenflächen zahlreiche kleine Querleisten aufweisen. Sie werden Nebenblättchen genannt. Die mit bloßem Auge sichtbaren Blättchen heißen deswegen auch Hauptblättchen.
Die erste (primäre) Verbindung wird also durch eine zweite (sekundäre) Verzahnung verstärkt. Der Sinn dieser Einrichtung liegt darin, eine sehr große Kontaktfläche zu schaffen.
Denn – hier muß das Gewicht des Pferdes getragen werden. Das Hufbein wird nämlich nicht durch die Sohle in der Hufkapsel gehalten, wie man glauben könnte, sondern es hängt in der Kapsel, gehalten durch die sehr innige Verbindung des Aufhängeapparates der Blättchenschicht!!!
Man muß sich das einmal vorstellen: Auch wenn wir die Hufsohle entfernen würden, bliebe das Hufbein in der Hornkapsel fest verankert. Wie ist das möglich?
Eine kleine Rechenaufgabe hilft uns, das Un-

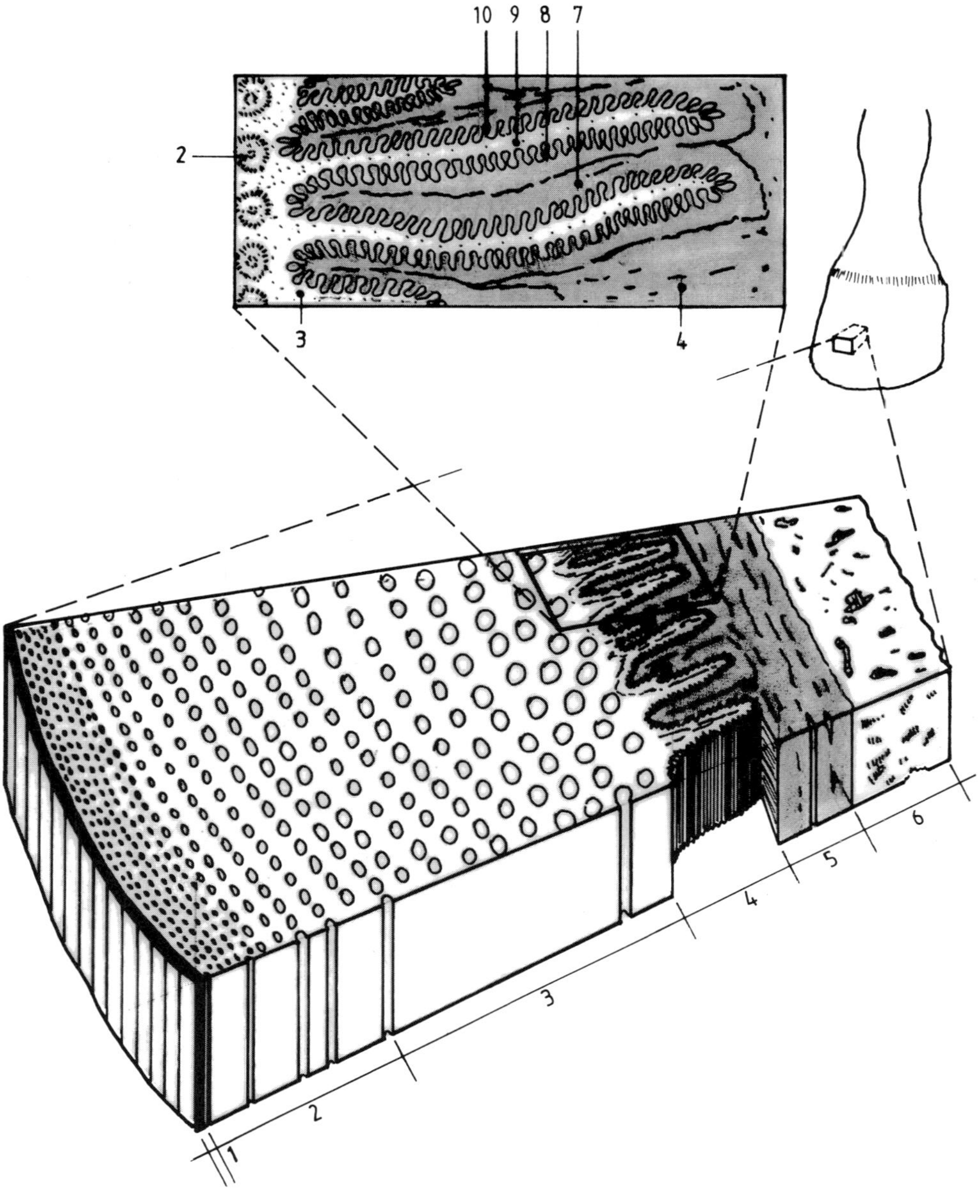

1 Glasurschicht
2 Schutzschicht (stratum tectorium) mit Hornröhrchen
3 Verbindungsschicht (stratum medium) mit Hornröhrchen
4 stratum lamellatum (Lamellenschicht)
5 Lederhaut
6 Hufbein
7 Blättchen der Lederhaut
8 Nebenblättchen der Lederhaut
9 Blättchen der Schutzschicht
10 Nebenblättchen der Schutzschicht

Abb. 12: Der Aufbau der Hornwand

Abb. 13: Die Hornkapsel (vgl. auch Abb. 21)

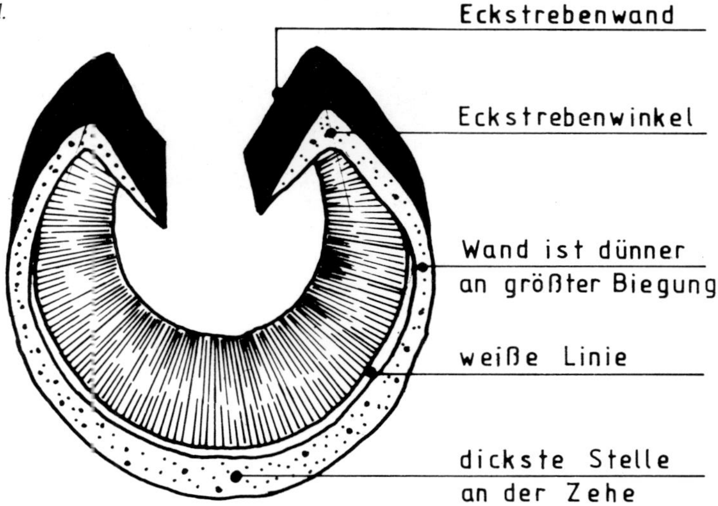

begreifliche zu begreifen. Rechnen wir für jedes Hauptblättchen mit einer Kontaktfläche von 1 qcm, so ergibt das bei durchschnittlich 600 Blättchen eine Fläche von 600 qcm. Rechnen wir weiter für je 100 Nebenblättchen eine Kontaktfläche von 1 qcm, so ergibt das bei durchschnittlich 6000 Nebenblättchen noch einmal 60 qcm. Das sind insgesamt 660 qcm pro Huf.
Das Hufbein wird durch diese Kontaktfläche in der Hornglocke gehalten, und das in jeder Gangart!
Allein diese Tatsache sollte schon Grund genug sein, den Huf unseres Pferdes wie einen Augapfel zu hüten. Denn wird die Verbindung dieser im Grunde zarten Strukturen einmal gelöst, z. B. im Verlauf einer Entzündung, wie dies bei der Hufrehe der Fall ist, entstehen oft Schäden, die selbst Tierarzt und Schmied mit vereinten Kräften nicht mehr beheben können.

Die Hornkapsel

Die schützende Hornkapsel bildet keinen vollständigen Kreis, sondern ist im hinteren Teil scharf nach vorn abgeknickt. Die Knickstelle heißt Eckstrebenwinkel, das zur Sohle weiterlaufende Wandstück nennt man Eckstrebe. Sie hat die Funktion, die Ecke zu stützen (abzustreben), und darf deswegen nur so weit gekürzt werden, wie sie über die Sohlenfläche ragt. Schwächt man sie, wird der Drang der Hornkapsel, sich zusammenzuziehen, unterstützt. Ein Zwanghuf ist die Folge.

Die Wand der Hornkapsel besteht aus drei Schichten, der äußeren schützenden Glasurschicht, der eigentlichen Wand und den Hornblättchen.
Die Hornkapseln von Vorder- und Hinterhuf sind unterschiedlich geformt. Der Vorderhuf ist in der Regel runder, der Hinterhuf spitzer an der Zehe. Lungwitz hat zur Gedächtnisstütze als erster die Form eines Hühnereies als Grundlage für die Hufform dargestellt.

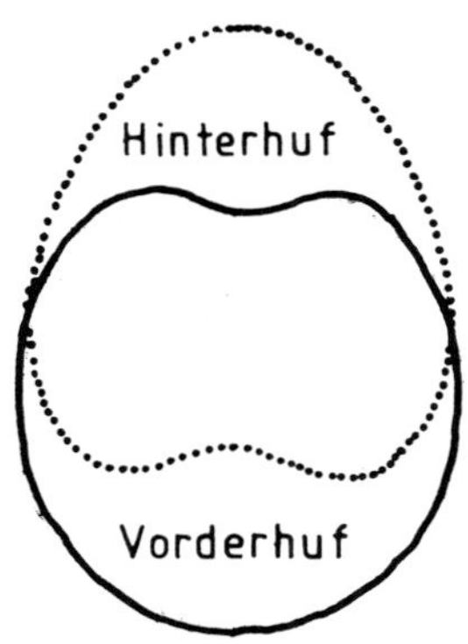

Abb. 14: Das Lungwitz-Ei

Danach entspricht der mehr runde Teil des Eies dem regelmäßigen Vorderhuf, der mehr spitze Teil dem Hinterhuf.

Die Hufsohle

Die Hufsohle ist beim regelmäßigen Huf nach innen gewölbt, und zwar am Hinterhuf mehr als beim Vorderhuf.

Die hornige Sohle ist mit der Sohlenlederhaut nicht mit Lamellen, sondern mit kleinen Zotten verbunden. Das ändert aber nichts am Prinzip der innigen großflächigen Verbindung zwischen den inneren (hier Sohlenlederhaut) und den äußeren (hier Sohle) Strukturen.

Das Sohlenwachstum zeigt sich im Abblättern der obersten Schicht, wenn die von den Zöttchen gebildeten Hornfasern eine gewisse Länge erreicht haben. Dieses natürliche Abblättern flacher Hornschichten ist notwendig, damit die Sohle ihre natürliche Wölbung behält, denn sie nützt sich dort, wo sie tiefer liegt als der Tragrand, durch Reibung nicht ab.

Die Sohle hat die Aufgabe,

- die empfindlichen inneren Strukturen zu schützen,
- durch Nachgeben unter Belastung den Hufmechanismus zu unterstützen,
- mit ihrem vorderen Rand Gewicht zu tragen.

Um diese Aufgaben erfüllen zu können, muß die Sohle so stark wie möglich sein. Leider variiert die Sohlenstärke selbst bei Pferden gleicher Rasse beträchtlich. Bei manchen ist sie empfindlich dünn und nachgiebig, bei anderen, leider bei den wenigsten, fest und belastbar.

Bei einem Warmblutpferd mittlerer Größe kann man von einer durchschnittlichen Sohlenstärke von 7 mm ausgehen. Das ist nicht viel.

Deswegen ist das Ausschneiden der Sohle des schönen Aussehens wegen ein Kunstfehler und sollte nicht geduldet werden. Lediglich die Untersuchung der Sohle mit dem Rücken des Hufmessers und das Wegkratzen der losen obersten Schicht ist erlaubt.

Die weiße Linie

Die weiße Linie stellt die Verbindung zwischen dem Wandhorn und dem Sohlenhorn dar. Sie wird erzeugt durch das Zusammenwachsen des unteren Endes der Wandlederhautplättchen mit den Zöttchen der Sohlenlederhaut.

Sie ist ein wichtiges anatomisches Merkmal, denn sie zeigt die Lage der sensitiven Blättchen, die beim Nageln weder verletzt noch

Abb. 15: Die sensitiven und nicht sensitiven Teile des Hufs, Sohlenansicht

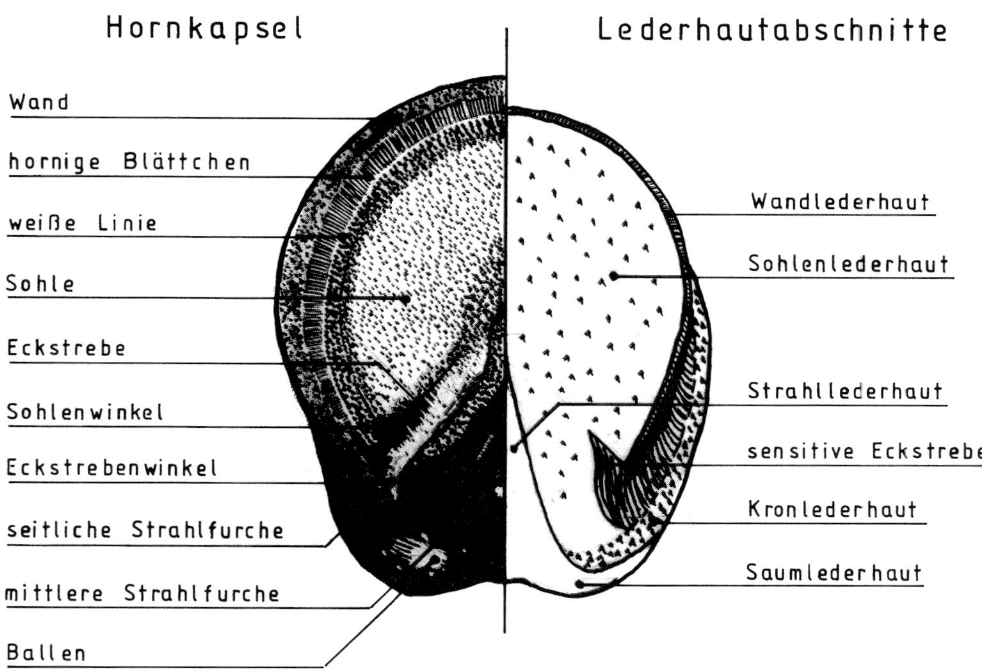

gedrückt werden dürfen. Die weiße Linie und der Winkel der Hufwand geben Aufschluß darüber, wie ein Hufnagel angesetzt und wie er getrieben werden muß.
Kenntnisse der Anatomie sind also unerläßlich für die Arbeit am Huf. Fehler, die das Pferd in Form von Schmerzen ertragen muß, sind meist auf mangelnde Kenntnis der theoretischen Voraussetzungen zurückzuführen, weniger auf handwerkliches Unvermögen (mehr darüber beim „Sagimex-Workshop", Kapitel XV).

Der Strahl

Der Strahl besteht aus elastischem Horn. Er ist mit seinen beiden äußeren und der mittleren Strahlfurche ziehharmonikaartig angeordnet.
Der Strahl gehört mit den Ballen und dem Kronsaum (Saumband) zu den Weichhornteilen des Hufs. Er enthält mehr Feuchtigkeit als andere Hornteile des Hufs.
Die Strahlspitze, die härter ist als die Basis, dient als Tastorgan und stimuliert die Nervenenden des darunter liegenden Strahlpolsters.
Man sollte ihn daher nur so weit zurückschneiden, daß seine Tragefläche bei Belastung mit dem Boden Kontakt hat. Nur so kann er seine Rolle als Stoßbrecher im Hufmechanismus spielen.

Das Hornwachstum

Die Erneuerung des Horns ist die wichtigste physiologische Funktion des Pferdehufs. Wie bei der Haut, deren „Anhangsgebilde" der Huf ja ist, schuppen die oberen Teile ab, und aus der Tiefe wird neues Material gebildet.
Beim Pferdehuf unterscheiden wir hartes Horn: Wand und Sohle. Dieses Horn soll vor allem dem Abrieb entgegentreten und schützen.
Daneben finden wir auch weiches Horn: weiße Linie, Kronrand, Strahl, dessen Hauptaufgabe es ist, den Hufmechanismus zu unterstützen und in Zusammenarbeit mit dem Strahlpolster (Hufkissen) und den Hufknorpeln als „Shock-Absorber" zu fungieren.
Die Härte des Horns ist abhängig vom Wassergehalt und vom Gehalt an Keratin (= Eiweißkörper des Horns mit hohem Schwefelgehalt, Gerüststoff für Widerstandsfähigkeit gegenüber mechanischen Eingriffen).

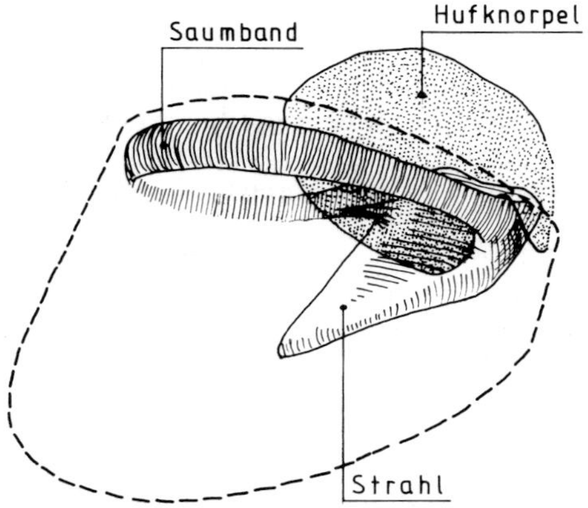

Abb. 16: Strahl und Kronsaum hängen zusammen.

Wenn der Keratingehalt wächst, nimmt der Wassergehalt und damit die Elastizität des Horns ab.
Ein Vergleich von Wand- und Strahlhorn macht dies deutlich.

	Wasser	**Keratin**	**sonst.**
Wandhorn	16%	82%	2%
Strahlhorn	42%	56%	2%

Der wichtigste Hornlieferant ist die Kronlederhaut; dort entsteht das Wandhorn, das die Hauptlast trägt.
Wie Abb. 12 zeigt, besteht das Wandhorn aus drei Teilen:
a) Das *Stratum tectorium*, die Schutzschicht. Diese dünne Schicht, die sich aus sehr engen, dicht aneinandergedrängten Hornröhrchen zusammensetzt, ist für die Festigkeit, Widerstandskraft und Wasserundurchlässigkeit der äußeren Hornwand verantwortlich.
Wir werden bei der Hufpflege noch einmal auf diese Tatsache eingehen müssen, sollten aber jetzt schon in Erinnerung behalten: Hier kann nichts rein und nichts raus!
Der hauchdünne äußerste Teil wird Glasurschicht genannt; sie versiegelt die Wand zusätzlich. Diese Schicht sollte bei der Zubereitung des Hufs so wenig wie möglich beschädigt werden, damit die tiefergelegenen Hornschichten vor dem Austrocknen geschützt bleiben und damit das äußere stabile Röhrchenhorn nicht aufweicht und instabil wird.

b) Im mittleren Teil, dem *Stratum medium*, ist der Durchmesser der Hornröhrchen etwas größer, und das Kitthorn, das die Röhrchen zusammenhält, nimmt einen größeren Raum ein.
c) Der dritte Teil, *Stratum lamellatum*, besteht aus den unempfindlichen hornigen Blättchen, den Lamellen.
An diesen Blättchen gleitet die Hornwand nach unten! Ja, Sie haben richtig gelesen! Wie sonst sollte eine Verletzung oder ein Nagelloch im Laufe der Zeit am Tragrand zu finden sein und dann nach unten herauswachsen?
Aber wie ist das möglich?
Gerade haben Sie sich an den Gedanken gewöhnt, daß das Hufbein durch die innige Verzahnung der Lamellenschicht gehalten wird, schon müssen Sie sich vorstellen, daß das ganze Gefüge nicht festhängt, sondern rutscht. Ist das kein Widerspruch?
Im Prinzip schon. Aber schauen Sie sich doch einmal Ihren Daumennagel an, und ziehen Sie daran. Sie spüren, er ist an der Wurzel und an den Seiten fest eingebettet und mit der darunterliegenden Haut fest verwachsen. Durch die Nageldecke können Sie sogar die darunterliegende gut durchblutete Lederhaut sehen. Sie müßten schon Gewalt anwenden, um den Nagel von dort zu entfernen.
Und doch verschiebt er sich jeden Tag ein winziges Stück nach vorn. Er rutscht gleichsam auf der Haut, mit der er verbunden ist, entlang; er wächst.

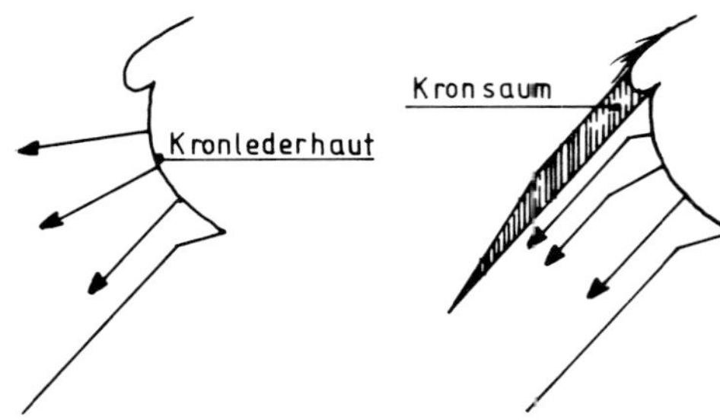

Abb. 18: Der Einfluß des Kronsaums auf die Wachstumsrichtung der Hornröhrchen

Abb. 17: Das Wachstum der Hornwand

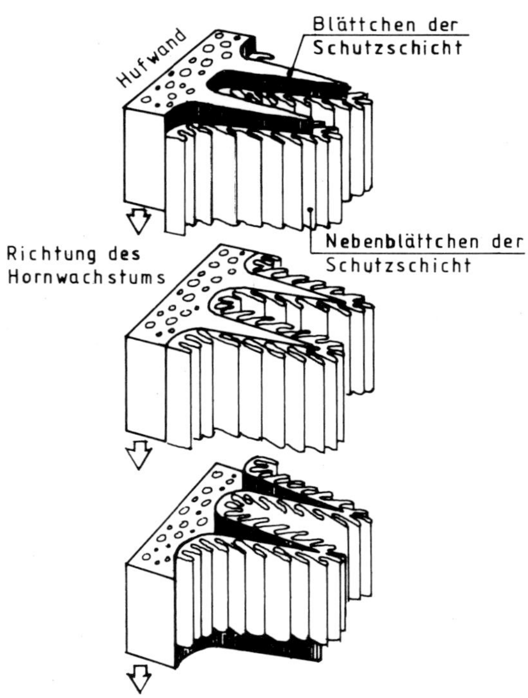

Genauso ist es beim Huf.
Der Huf (genauer die Hufwand) wird wie der Nagel von seiner Wachstumszone aus „weggestoßen".
Um noch einmal genau zu sein: Die an den Zöttchen der Kronlederhaut entstehenden Hornröhrchen werden durch das nachfolgende neue Horn weggedrückt.
Und wohin? Nicht nach unten, wie man vermuten müßte, sondern senkrecht zur Kronlederhaut. Das aber müßte bedeuten, der Huf würde immer flacher.
Hier kommt nun der Kronsaum ins Spiel. Er lenkt die flache Richtung der neuen, noch formbaren Hornröhrchen nach unten ab.
Auch hier, wie beim Hufmechanismus, sehen wir, wie sinnvoll jedes einzelne Teil ins Ganze eingefügt ist, und wir merken, wie wichtig es ist, alles in einem stabilen und funktionellen Zustand zu halten.
Den Einfluß des oft unterschätzten Kronsaumes kann man übrigens durch das Anbringen eines elastischen Bandes über der Krone leicht beweisen. Nach ein paar Tagen wächst

eine Rille in der Wand nach unten, ein Zeichen für den einwirkenden Druck.
Schlußfolgerung: Hornwachstum kann man nur erzielen, wenn man den treibenden und richtungsweisenden Kronbereich dazu anregt. Dies kann durch Bewegung geschehen (das wäre das natürlichste) oder durch künstliche Stimulation.
Diese erreicht man durch das Einreiben leicht reizender Mittel wie Lorbeeröl oder Jod in den Kronsaum. Man verursacht also eine leichte Reizung, auf die der Körper mit vermehrter Durchblutung und vermehrtem Wachstum reagiert. Aber bitte mit aller Vorsicht und nur zweimal die Woche!

Der Hufmechanismus

Wie wir bei der Betrachtung der Anatomie der Vorder- und Hintergliedmaßen sehen konnten, besteht eine Beziehung zwischen dem Bau der Gliedmaßen und ihrer Funktion. Diese Beziehung wird bei der Betrachtung des Hufmechanismus noch deutlicher. Der Huf bietet durch den Bau der Hornkapsel einerseits genügend Festigkeit, um den Fußungsdruck auszuhalten. Andererseits muß schon im Huf selbst ein Teil der enormen Druck- und Stoßkräfte aufgefangen werden, die in der Bewegung die stützenden Beine belasten.
Die Stoßbelastung steigert sich im Quadrat der Geschwindigkeit, doppelte Geschwindigkeit erzeugt also eine vierfache Belastung der Hufe und der Gliedmaßen. Deshalb verfügt das Pferd vom Schultergürtel abwärts über die bereits angesprochenen stoßbrechenden anatomischen Besonderheiten.
Eine Sonderstellung aber nimmt der Hufmechanismus ein. Die sich im Prinzip gegenseitig ausschließenden Forderungen „Festigkeit" und „Nachgiebigkeit" führten beim Huf im Laufe seiner Entwicklung zu einem baulichen Kompromiß, und zwar zu einer abwechselnden Anordnung von Harthorn- und Weichhornabschnitten, zur Ausbildung der elastischen Hufknorpel und eines als Kissen wirkenden Strahlpolsters.
Die Wissenschaftler sind sich über die Bewegungsvorgänge zwischen diesen einzelnen Hufteilen nicht ganz einig. Das muß uns aber nicht weiter stören, wenn wir nur bei der Arbeit am Huf folgende Erkenntnisse nicht aus den Augen verlieren:
Der durch das Körpergewicht auf die Gliedmaßen nach unten gerichtete Druck wird in

Abb. 19: Die Einwirkung des Körpergewichts auf den Huf
Prüfen Sie Ihr Wissen, und benennen Sie alle Teile! Die Anfangsbuchstaben helfen Ihnen. In Kapitel IV erfahren Sie, was geschieht, wenn dieses ausgewogene Parallelogramm der Kräfte durch Vernachlässigung des Hufs gestört wird.

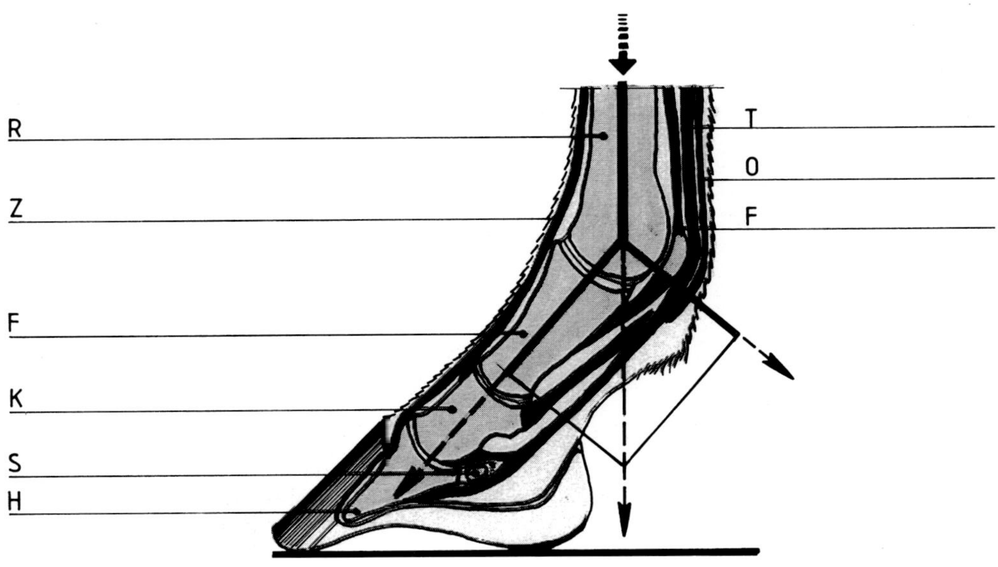

Höhe des Fesselgelenks in zwei Komponenten zerlegt. Ein Teil des Drucks wird durch Fesselbein, Kronbein und Hufbein auf die vordere Bodenfläche des Hufbeins übertragen.
Die andere Komponente wirkt über die Gleichbeine auf die Beugesehnen, vor allem auf die tiefe, die ihrerseits den Zug auf ihre Ansatzfläche an der Bodenseite des Hufbeins überträgt.
Durch die beiden einwirkenden Komponenten wird das Hufbein nach unten gedrückt und nach rückwärts gezogen. Dies führt zu einer Verengung des Kronrandes im vorderen Hufbereich, der, wie wir bereits gehört haben, durch die Blättchenschicht mit dem Hufbein außerordentlich fest verbunden ist.
Gleichzeitig mit der Last von oben wird der Huf dem Gegendruck des Bodens ausgesetzt, der seine Wirkung auf den Tragrand, den vorderen Teil der Sohle, die Eckstreben und den Strahl ausübt. Durch diese Belastung von beiden Seiten entstehen im Huf komplizierte Bewegungsvorgänge der einzelnen Teile und Formveränderungen der Hornkapsel, die für die Stoßbrechung und die Versorgung des Hufs von großer Bedeutung sind.
Seit Pferde beschlagen werden, weiß man von der Bewegung des Hufs, die sich als Scheuerrinnen und blanke Stellen auf der Hufseite der Eisen zeigt. Aber erst in den letzten Jahrzehnten konnte man mit Hilfe ungulographischer Messungen die Bewegungen in den einzelnen Hufabschnitten auch sichtbar machen (Näheres dazu lesen Sie im Kapitel XIII).

Folgendes wurde durch den Ungulographen (= Dehnungsmeßgerät) bewiesen:
Bei Belastung (Abb. 20 A)
- verengt sich die Zehenwand im Bereich der Krone (Abb. 20 B),
- bleibt die untere vordere Hälfte der Hornkapsel bewegungslos (das ist der Bereich in dem genagelt werden darf),
- findet an der „toten Linie", einer Verbindungslinie zwischen der weitesten Stelle des Kronrandes und des Tragrandes, keine Formveränderung statt (bis hierhin darf genagelt werden; hier sitzt der hintere Rand eines Seitenaufzuges),

Abb. 20: Der Hufmechanismus

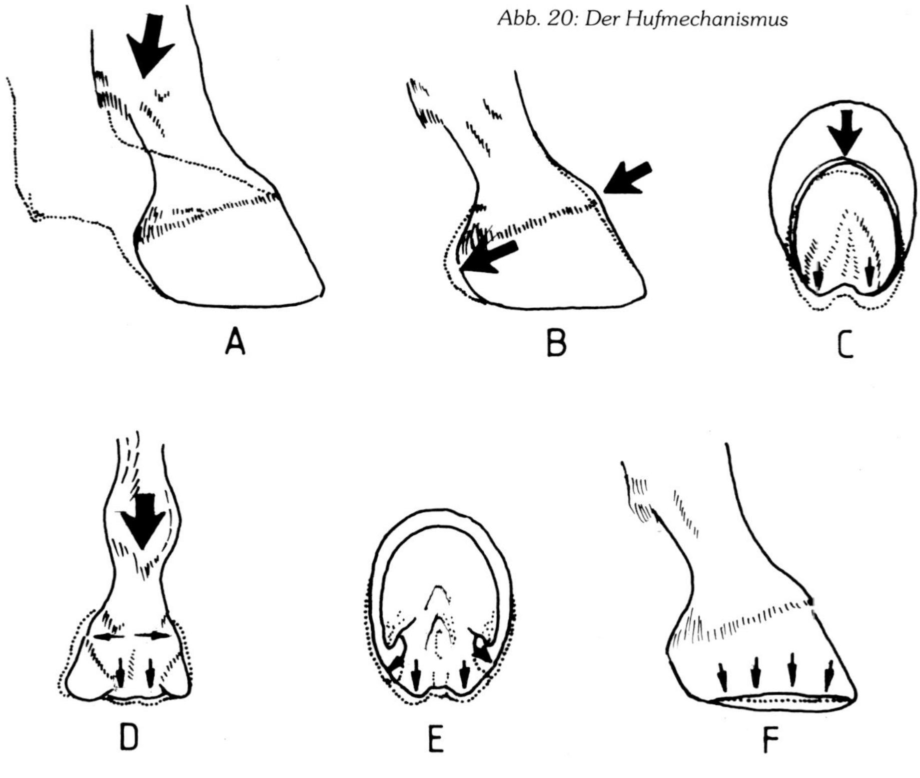

Abb. 21: Die Hornkapsel steht unter Spannung und hat die Tendenz, sich im Trachtenbereich zusammenzuziehen. Dieses Präparat zeigt, was passiert, wenn Eckstreben, Sohle und Strahl fehlen.

- erweitert sich (Abb. 20 B, C, E) die hinter der weitesten Stelle liegende Trachtenwand am Kronrand und am Tragrand (hier darf kein Aufzug sitzen, hier darf nicht genagelt werden, das Hufeisen darf hier nicht nach innen abfallen),
- senken sich die Ballen (Abb. 20 D),
- flacht sich die Sohle etwas ab (Abb. 20 F),
- senkt sich der Strahl und hat Kontakt mit dem Boden.

Bei Entlastung, also nach dem Abfußen, kehren alle Teile wieder in ihre Ausgangslage zurück.
Für die Erweiterung der hinteren Hufhälfte hatte man bisher folgende Erklärung: Der Bodendruck wirkt über Strahl, Strahlpolster und Hufknorpel auf die im hinteren Bereich dünnere Wand der Hornkapsel und treibt diese auseinander. Diese Theorie wird in der neueren Hufliteratur jedoch verworfen.
Wie soll das weiche, schwammige Strahlpolster die Trachtenwand auseinanderdrücken können?
Außerdem könnte der Druck des Strahlpolsters nur dann richtig wirksam werden, wenn ein Ausweichen der schwammigen Masse unmöglich wäre. Das ist aber nicht der Fall, denn das Strahlpolster könnte sich ohne weiteres in Richtung Ballengrube erweitern. Dadurch aber würde der vom Strahl aufgenommene Druck auf die Knorpel und die Hufwand so gering, daß diese keinesfalls nachgeben würde.
Weiterhin müßte bei jeder Belastung eine Quetschung der empfindlichen Lederhaut zwischen den Hufknorpeln und der Hornwand stattfinden. Auch dies ist jedoch nicht der Fall, darf auch nicht sein, weil Quetschungen immer mit Schmerzen einhergehen.
Zum vierten müßte die Erweiterung des hinteren Hufabschnitts dann besonders ausgeprägt sein, wenn das Pferd in weichem Boden läuft, der einen entsprechend starken Druck auf die gesamte Sohlenfläche von unten erzeugen würde.
Die Dehnungsmessungen haben jedoch ergeben, daß im Gegenteil gerade auf festem Boden (Asphalt) größere Bewegungsvorgän-

ge in der Hornkapsel nachgewiesen werden konnten, und das auch dann, wenn der Strahl den Boden nicht berührte.
Damit wurde bewiesen, daß der Strahl keine aktive Rolle im Hufmechanismus spielt.
Die Ursache für die Erweiterung der Hornkapsel ist also hauptsächlich im Aufhängeapparat zu suchen: Die Kapsel reagiert auf den Zug des an ihr aufgehängten Hufbeins mit einer Öffnung des hinteren Bereiches.
Ein Grund mehr, peinlich genau darauf zu achten, daß in diesem Bereich keine Defekte auftreten.
Auch wenn der Strahl die Rolle eines „Auseinandertreibers" beim Hufmechanismus verloren hat — es gibt keinen Grund, ihn zu vernachlässigen. Seine Bedeutung als Stoßbrecher, Gleitschutz und vor allem als Gegenspieler der Hornkapsel ist ungebrochen.
Die Hornkapsel hat aufgrund ihrer Form die Tendenz, sich im hinteren Bereich zusammenzuziehen. Pferde mit verkümmertem Strahl neigen daher immer zu Trachtenzwanghufen, das sind Hufe, bei denen die Trachten so eng zusammenliegen, daß sie einen Zwang, d. h. eine Quetschung der Lederhaut hervorrufen (siehe Seite 63 rechts unten).
Ein gut ausgebildeter Strahl, der beim Auffußen Kontakt zum Boden herstellen kann, fördert zusätzlich zur Bewegung der Hornkapsel die Durchblutung der Lederhaut. Bei jeder Erweiterung entsteht eine saugende, beim Verengen eine pressende Phase, die den Blutkreislauf in den hornerzeugenden Teilen der Lederhaut fördert.
Normalerweise übernehmen Muskeln den Weitertransport des Blutes im Venengeflecht, indem sie Druck auf die Vene ausüben und das Blut so bis zur nächsten Venenklappe befördern. Da es aus Gründen, die wir bereits kennen, am Pferdefuß aber keine Muskeln gibt, hilft sich die Natur mit diesem Trick.
Wenn Ihr Hufschmied Ihnen demnächst also in Anspielung auf diese Tatsache die Frage stellt: „Wie viele Herzen hat ein Pferd?", dann antworten Sie ihm, ohne zu zögern: „Fünf!" und achten Sie darauf, daß er die Aufgabe der vier „Hilfsherzen" nicht durch seinen Beschlag behindert.

IV. Tanzmeister und Wandgänger
Die Stellung der Gliedmaßen

Die Beurteilung des Reitpferdes

Interieur-, Exterieur- und Konstruktionsmerkmale bestimmen den Wert des Pferdes. Viele Lehrbücher aber stellen immer noch einseitig nur das Gebäude (Exterieur) in den Vordergrund und legen für seine Beurteilung ein Schema fest. Was diesem Schema entspricht, ist gut, Abweichungen sind schlecht.
Die Bewegungsdynamik des Pferdes und damit seine Qualität als Reitpferd wird aber nicht nur vom Gebäude bestimmt, sondern von vielerlei Faktoren, nicht zuletzt natürlich auch vom Zustand seiner Beine und Hufe.
Von allen Faktoren aber ist das Exterieur am wenigsten zu beeinflussen, da es in hohem Maße erblich bedingt ist. Trotz intensiver Zuchtbemühungen weisen nur wenige Pferde ein völlig fehlerfreies Exterieur auf. Trotzdem sind sie leistungsfähig.
„They run with all bones", sagen die Engländer und geben auch Pferden eine Chance, die nicht so ganz korrekt gebaut sind.
Und die Spanier: „Man trifft wohl in keinem Land der Erde so viele korrekt stehende Pferde wie in Deutschland." Das ist aus ihrem Munde aber kein Lob. Sie sagen das in dem Bewußtsein, daß man nur in wenigen Gegenden der Welt so angenehme, intelligente und rittige Pferde findet wie in Spanien und Portugal.
Woran liegt das?
Spanier und Portugiesen legten schon von jeher mehr Wert auf das Interieur eines Pferdes als auf das Exterieur, dem manchmal sogar eine zu geringe Bedeutung beigemessen wird.
Die Zuchtauswahl auf Charaktermerkmale, zu denen neben „distinción" (Adel) und „nobleza" (Erscheinung) auch der „fondo", die Widerstandskraft gegenüber Witterung, mangelhafter Fütterung oder übertriebener Anforderung durch den Menschen gehört, macht auch vor Zugpferden, ja selbst vor Eseln und Mulis nicht halt. Bei uns spielte der Formalismus wahrscheinlich schon immer eine zu große Rolle. Der Grund liegt zweifellos darin, daß es leichter ist, das Exterieur zu besehen, als innere Werte auszumachen.
Wir müssen uns daher bei der Beurteilung der Gliedmaßen und der Hufe davor hüten, zu Fehlerguckern zu werden. Wir müssen lernen, Fehler, die noch im Toleranzbereich liegen, von denen zu unterscheiden, die schwerwiegende Schwächen darstellen, und dürfen die anderen Merkmale eines guten Pferdes nicht vergessen. Geraten Sie auch nicht in Panik, wenn Sie jetzt, da Sie langsam einen Blick für die korrekte Stellung entwickeln, bei Ihrem Pferd eine Abweichung davon entdecken. „They run with all bones." Achten Sie in Zukunft nur darauf, daß diese Abweichung sich nicht weiter in Richtung „Schwäche" entwickelt, und nehmen Sie auf eine etwaige Schwachstelle beim Reiten Rücksicht. Haben Sie z. B. ein Pferd mit deutlich kuhhessiger Stellung, können Sie keinen korrekten *Sliding Stop* verlangen.
In der Pferdezucht entwickelte man immer wieder Idealmodelle für bestimmte Anforderungen. Die früheren deutschen Warmblutrassen sind dafür ein gutes Beispiel. Leider sind fast alle zum deutschen Einheits-Warmblut umgezüchtet worden: braun, annähernd fehlerfrei, groß und eines spektakulären Trabes mächtig, den kaum einer reiten kann.

Die meisten Reiterinnen und Reiter heute halten sich ihr Pferd aus emotionaler Verbundenheit. Die wenigsten bewegen sich im großen Sport. Sie suchen Ausgleich vom Alltag, Verbundenheit mit einem faszinierenden Lebewesen, das Naturerlebnis als Gelände- und Wanderreiter.
Sie suchen dafür ein Pferd, einen 1-PS-Golf oder einen 1-PS-Mercedes, je nach Belieben und Geldbeutel. Aber alle suchen mit Sicherheit ein interessantes, aufmerksames, ausdauerndes und treues Pferd, ein Pferd, das sie bequem in den Sattel setzt, einen geregelten Bewegungsablauf anbietet, durchlässig ist für reiterliche Einwirkungen und anständig vorwärtsgeht; das Ganze möglichst noch mit ein wenig Chic, weil Eitelkeit nicht ganz ausgeschlossen werden kann.
Beim Kauf aber achtet man simpel fehlersuchend (weil dazu erzogen) nur auf Äußerlichkeiten. „Aber, gnädige Frau, sehen Sie denn nicht, daß der kleine Schimmel vorn rechts nicht ganz korrekt steht?“
Später quält man sich dann auf einem formalistisch korrekten Braunen von 1,76 m Stock, den man besteigen muß wie den Mount Everest und der einen bei jeder Trabverstärkung unter die Hallendecke beutelt.
Wir sollten aufhören mit allen gedankenlos nachgeplapperten und nachgeschriebenen Fehlern im Fundament, die bei Licht besehen keine sind.
Eine kurze, stramme Fessel wird als haltbar angesehen, eine lange als grober Fehler. Dabei ist es genau umgekehrt, vorausgesetzt, daß die Fesselköpfe stark genug ausgeprägt sind.
Die kurze, meist steile Fessel gibt die Auffußenergie fast ungebrochen an die Gelenkflächen weiter; das Pferd ist hart zu sitzen. Auch intensivstes Training wird daran nichts ändern.
Eine lange Fessel mit ausgeprägten Fesselköpfen puffert die Energie zum großen Teil ab; das Pferd ist gut zu sitzen.
Sehnen und Bänder sind trainierbar. Fehlerhaft ist nur die lange, weiche Fessel mit kleinem Fesselkopf. Aber selbst hier kann mit Training und mit reduziertem Körpergewicht von Pferd und Reiter die Schwachstelle oft gut kompensiert werden.
Falsch ist es auch, von einem Senkrücken zu sprechen, wenn die Wirbelsäulenbrücke vor dem Widerrist zweckmäßig eingetieft ist und eine gute Sattellage bietet. Selbst leichte Verstellungen sind nicht so nachteilig, wie man oft hört. Die schweizerische Remontekommission kaufte früher auch Pferde, die vorn nach außen (zehenweit) verstellt waren. Sie hielten nach entsprechender Ausbildung meist lange.
In den Vollblut-Nationalgestüten Englands und Irlands entsprechen die Hauptbeschäler nur in den seltensten Fällen den deutschen Exterieurvorstellungen, und doch sind sie auserwählt, die Vollblutzucht zu erhalten und womöglich zu verbessern.
Der Hippologe Joachim Köhler berichtete in seinem Artikel „Mehr Reitqualität“ (St. Georg 1/87) nicht ohne Schmunzeln von den 450 Hengsten (später Wallachen) und Stuten, die im damaligen Hauptgestüt Trakehnen vorwiegend wegen „exterieurmäßiger Unzulänglichkeiten“ aus der Zucht entfernt wurden.
Diese Tiere wurden im Gespanndienst bei der Holzabfuhr eingesetzt. Früh morgens fuhren die Gespanne ins ca. 30 km entfernt gelegene Forstgebiet Rominten, rückten die Stämme zum Verladen und kamen abends mit schwerer Last wieder in Trakehnen an, Jahr für Jahr in der Winterzeit.
In einem Veterinärbericht über diese Strapazen ist vermerkt, daß nur ganz edle, stahlharte Pferde eine solche Leistung längerfristig erbringen können. Was konnten dann die korrekten Trakehner leisten, wenn sich schon die krummen so hervorragend bewährten?
Ein völlig fehlerfreies Pferd, das wissen wir, gibt es nicht („Wer Pferde sucht und Frauen ohne Mängel. . .“). Wir sollten also bei der Beurteilung der Gliedmaßen und Hufe davon ausgehen, daß es a) wirkliche Fehler, b) vermeintliche Fehler und c) belanglose Fehler gibt. Unter diesen drei Möglichkeiten abwägen zu können ist eine Kunst.
Die folgenden Gesichtspunkte sollen helfen und Ihnen die Beurteilung und Einschätzung von Reitpferden erleichtern:

a) Die Bereitschaft des Pferdes, mit sich umgehen, sich reiten/fahren und sich fordern zu lassen;
b) ausgewogenes Temperament, angemessenes Wesen und Nervenstärke;

c) gute Sattellage und Sitzqualität durch Elastizität und Geschmeidigkeit;
d) harmonischer, fließender Bewegungsablauf, Durchlässigkeit;
f) angemessene Trage- und Schubkräfte;
g) ausgeprägte Gelenke, Stellung, Hufe.

Wenn von a–f alles stimmt oder nach Abstrichen noch ausreichend stimmt, hat man fast alles beachtet, was im wesentlichen zu einer Urteilsfindung notwendig ist. Erst dann kommt der Begutachtung letzter Teil: das Gebäude, insbesondere die Stellung.

Die Verteilung der Last

Deutliche Fehlstellungen der Beine bzw. der Knochen sind meist genetisch bedingt oder Folge einer frühen Krankheit oder falscher Aufzucht. Sie sind wesentlich schwieriger zu korrigieren als Huf- oder Fußstellungen. Meist sind sie überhaupt nicht zu reparieren und stellen eine lebenslange Schwachstelle dar. Solche Pferde, wenn sie denn schon aufgezogen werden, müssen entsprechend schonend geritten oder gefahren werden.
Abweichungen oberhalb des Fesselgelenks kann man nur – wenn überhaupt – in den ersten zwei Lebensjahren ändern. Abweichungen unterhalb des Fesselgelenks können noch bis etwa drei Jahre in geringem Umfang beeinflußt werden. Danach ist mit einer dauerhaften Änderung der Knochen- und Gelenkstruktur nicht mehr zu rechnen. Statt dessen kann man bei solchen Pferden durch eine korrekte Stellung mehr kaputt machen, als der ursprüngliche Defekt dies vermag.
Eine plane Fußungsfläche und ein Geradestellen des Hufs sind oft das einzige, was man tun kann. Ein korrekt gestellter Huf unterstützt das gerade Wachstum des Beins und ermöglicht uns, das Tier während seines Wachstums so nah wie möglich am Idealzustand zu halten. Ein ideal gebautes Pferd belastet in Normalstellung alle vier Beine gleichmäßig. Verbindet man die Außenseiten der Hufe, so entsteht ein Rechteck (bei manchen Pferden ein Trapez, wenn die Hinterhand etwas weiter auseinandersteht als die Vorhand).
Vor dem Kreuzungspunkt der Diagonalen liegt der Schwerpunkt des Pferdekörpers. Da die Vorderhufe dichter am Schwerpunkt liegen, sind sie stärker belastet. Bedingt durch das Gewicht von Kopf und Hals tragen sie etwa 60%, die Hinterhufe etwa 40% des Gesamtgewichts. Allein aus dieser Erkenntnis läßt sich erklären, warum die Vorhand beim Reitpferd wesentlich anfälliger ist für Defekte als die Hinterhand.
Denn wird nun das zusätzliche Reitergewicht nicht von der Hinterhand übernommen, getragen, sondern weiterhin, wie es die Natur des Pferdes vorsieht, der Vorhand zugeschoben, dann ist die Vorhand deutlich überlastet. Reitergewicht und 60% des Eigengewichtes des Pferdes können bei jungen Pferden schon klammes Gehen verursachen; der Hufrollenschaden ist dann nur eine Frage der Zeit.

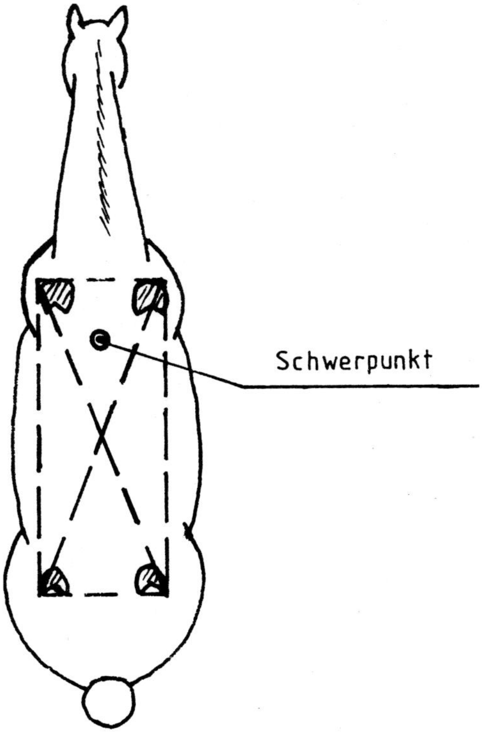

Abb. 22: Das Belastungsrechteck

Einem jungen Pferd sollte man also in der Reitausbildung schonend beibringen, welche Haltung es einzunehmen hat, wenn es Gewicht tragen soll.
Die Hinterhand sollte so weit unters Gewicht gebracht werden können, bis das Gewichtsverhältnis wenigstens wieder 60:40, besser noch 50:50 beträgt. Damit kann ein Reitpferd leben und alt werden. Wenn nicht, geht es mit der Zeit auf der Vorhand kaputt (das Schicksal meines Torro sollte Ihnen zu denken geben), und kein Schmied und kein Tierarzt kann bei Entdeckung des Schadens dann noch etwas ändern.
Wenn Sie erfahren möchten, wie sich die geforderte Haltung anfühlt, müssen Sie nur mit Ihrem Hinterteil 20 cm tiefer gehen, die Hüfte und die Knie beugen und jetzt ein paar Schritte laufen. Das ist unangenehm und belastet die Oberschenkelmuskulatur. Aber auch der *Gluteus maximus*, der bei vielen von uns fast zum reinen Sitzmuskel degeneriert ist, wird in Mitleidenschaft gezogen.
Genauso empfindet es auch das Pferd. Diese Haltung fordert die Gelenke der Hinterhand und Muskeln, die dafür erst trainiert werden müssen. Aus diesem Grund entziehen sich die Pferde gern der Versammlung und der Gewichtsaufnahme durch die Hinterhand. Man muß sie schulen, trainieren, sie in Seitengängen reiten und ihnen zeigen, welche Haltung sie einnehmen sollen.
Bei Ihrem Selbstversuch sind Sie sicher ins Hohlkreuz ausgewichen, da Sie automatisch den Kopf gehoben haben. Auch das Pferd versucht in dieser Art auszuweichen und verspannt sich, wenn man diese Übung zu früh, zu schnell und zu stark verlangt.
Allerdings kann das Pferd kein Hohlkreuz machen, wenn die Hinterhand unter dem Gewicht steht, da bei ihm das Becken fester mit der Wirbelsäule verbunden ist als bei uns. Es wird also, wenn es die Übung richtig ausführt, den Rücken wölben. Dies können wir ihm erleichtern, indem wir ihm deutlich machen, daß es sich vorne etwas beizäumen muß.
Manchen Pferden muß man die gewünschte Kopfhaltung recht deutlich zeigen. Man darf allerdings nicht vergessen, daß das junge Pferd erst allmählich beigezäumt werden kann, da sich die Genickmuskeln erst strek-

Abb. 23: Die regelmäßige Stellung der Beine

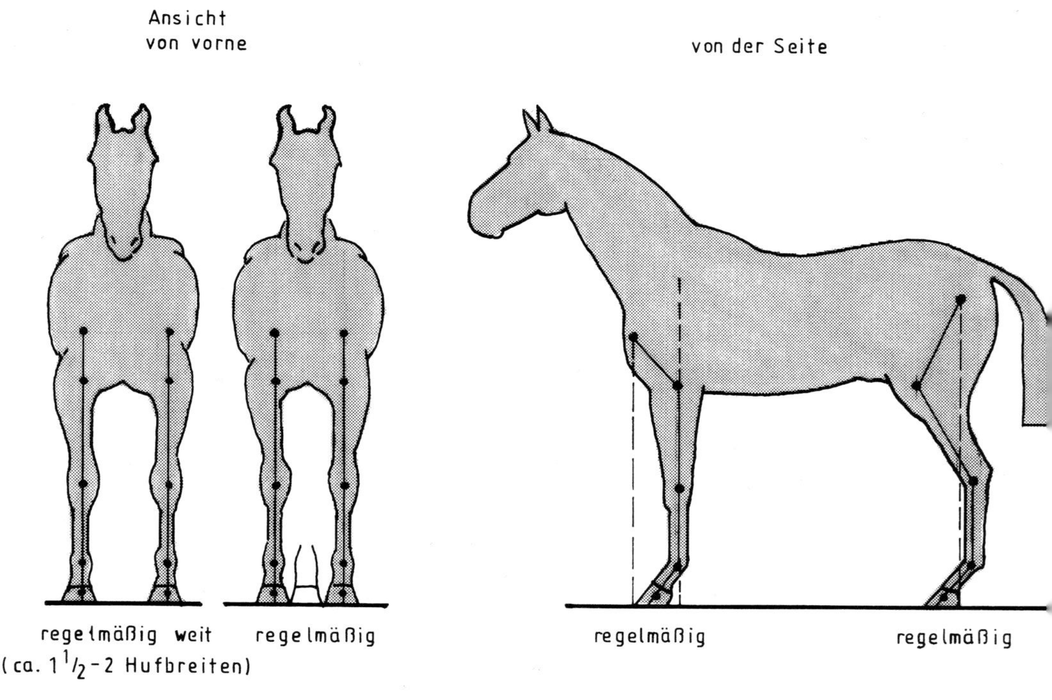

ken und die Ohrspeicheldrüsen im Laufe der Zeit hinter den Ganaschen verschwinden müssen.
Falsch wäre es, die Gewichtsaufnahme durch die Hinterhand allein durch das Beizäumen des Kopfes, womöglich sogar durch Schlaufzügel, Tie-down oder ähnliche Krükken erzwingen zu wollen. Nein, umgekehrt ist es richtig.
Das Pferd wird von hinten nach vorn geritten und wird, wenn man es richtig macht, seine Hanken (erinnern Sie sich noch?) mit der Zeit ein wenig beugen, wegen der festen Bekkenverbindung den Rücken wölben und das Reitergewicht tragen, die Wölbung über das gespannte Nackenband fortsetzen und sich selbst beizäumen.
Jetzt tritt das Pferd „durchs Genick" (ich habe lange nicht verstanden, was dieser Ausdruck bedeuten soll), setzt den Reiter wie von selbst hin, und dieser hat nichts in der Hand als das Gewicht der Zügel.
Ein solchermaßen gerittenes Pferd wird die Eisen der Hinterhufe stärker ablaufen als die Vordereisen. Es kann u. U. sogar zeitweise vorne barfuß und nur hinten geschützt laufen.

von hinten

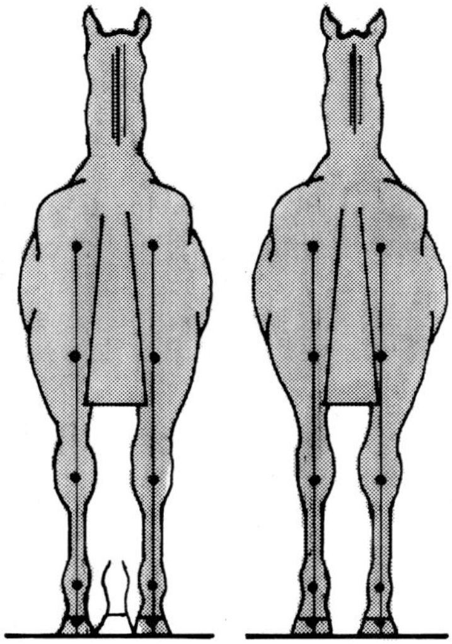

regelmäßig regelmäßig eng (weniger als 1 Hufbreite)

Wenn sich der Huf oder der Hufschutz Ihres Pferdes also vorne stärker abnutzt als hinten, sollten Sie etwas für Ihre reiterliche Ausbildung tun!

Die Stellung der Gliedmaßen

Wie sieht nun die angestrebte und selten erreichte ideale oder regelmäßige Stellung aus, an der wir uns orientieren müssen?
„Die Vorderbeine stehen regelmäßig, wenn sie den Rumpf senkrecht unterstützen." So lautet ein oft zitierter Merksatz. Wann aber ist dies der Fall?
Zwei Hilfslinien machen uns die Sache leicht. Zuerst errichten wir eine Senkrechte direkt vor der Hufspitze. Sie sollte, wenn das Pferd regelmäßig steht, das Buggelenk (Schultergelenk) treffen. – Zur Kontrolle fällen wir ein Lot von der Mitte des Schulterblattes durch das Ellbogengelenk, das Vorderfußwurzelgelenk (Karpalgelenk) und das Fesselgelenk. Das Lot sollte hinter den Ballen den Boden treffen.
Laufen beide Linien miteinander parallel, steht das Bein von der Seite betrachtet senkrecht unter dem Rumpf.
Nun müssen wir aber auch noch von vorn kontrollieren, denn das Pferd könnte sein Bein ja seitlich herausstellen, wie dies bei der bodenweiten Stellung z. B. der Fall ist. Hier lautet der Merksatz: „Das Vorderbein steht von vorn betrachtet regelmäßig, wenn eine gedachte senkrechte Linie durch das Schultergelenk die Gliedmaße und den Huf halbiert." Fällen wir also wieder ein Lot aus dem Schultergelenk und beobachten, ob es genau an der Mitte der Hufspitze den Boden trifft.
Wenn das Pferd den Rumpf nicht nur mit den Beinen senkrecht stützt, sondern auch noch eine regelmäßige Stellung hat, dann paßt ein Huf gleicher Größe in den Abstand zwischen beiden Vorderhufen.
Schwere Pferde haben meist eine regelmäßig weite Stellung. d. h. hier könnte man $1\frac{1}{2}$ oder sogar zwei Hufe dazwischenschieben; leichte, blütige Pferde mit schmaler Brust haben oft eine regelmäßig enge Stellung.

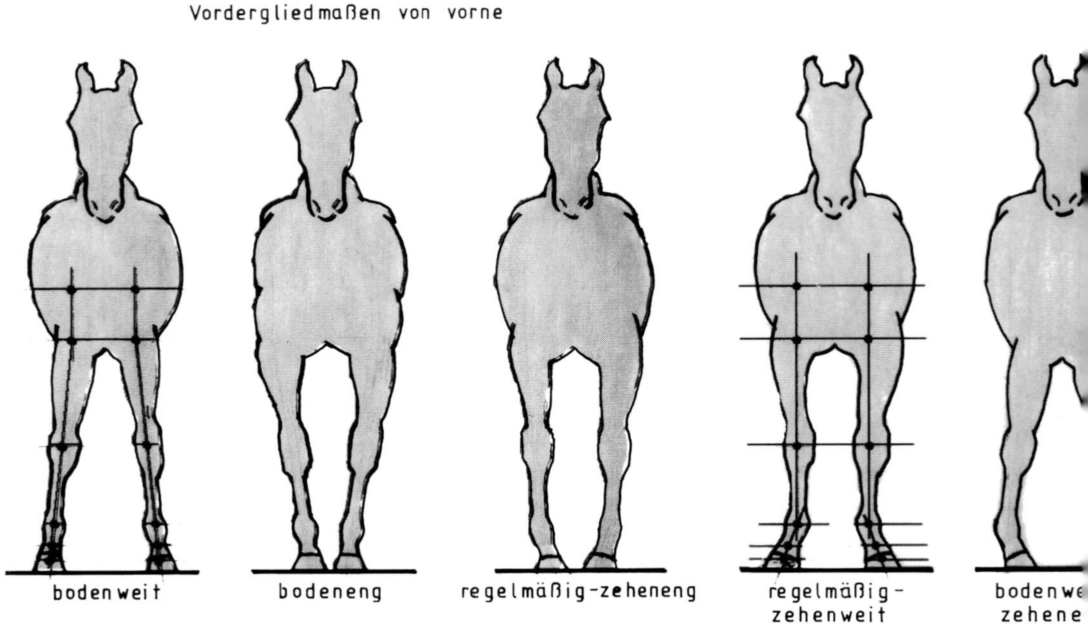

Im Telegrammstil:

Symptome der regelmäßigen Stellung:
Das Gewicht des Pferdes lastet senkrecht über dem Fuß und verteilt sich gleichmäßig auf die Huftragefläche.

Ursachen der regelmäßigen Stellung:
Das Pferd hat gute Erbanlagen, die Elterntiere wurden gut gewählt, es hat eine gute Hufpflege, wird ausgewogen ernährt und artgerecht gehalten.

Behandlung der regelmäßigen Stellung:
Weiterhin artgerechte Haltung, ausgewogene Fütterung und Hufpflege, die sich auf die Erhaltung des guten Zustandes beschränken kann.

Entsprechendes gilt auch für die Hintergliedmaßen:
„Das Hinterbein steht regelmäßig, wenn das Gewicht des Pferdes gleichmäßig über die Bodenfläche des Hufes verteilt ist; das ermöglicht eine gleichmäßige Belastung der Gelenkflächen und eine ausgeglichene Spannung im Sehnen- und Bandapparat." Das wäre der entsprechende Merksatz.

Die Hilfslinie ist ein vom Hüftgelenk gefälltes Lot. Es berührt den vorderen Rand der Röhre und trifft im Idealfall hinter den Ballen auf den Boden.
Bei der Beurteilung der Hintergliedmaßen von rückwärts spricht man von einer regelmäßigen Stellung, wenn das vom Sitzbeinhöcker gefällte Lot die Gliedmaße und den Huf halbiert.
Wie an der Vordergliedmaße unterscheiden wir auch hier eine regelmäßige, eine regelmäßig weite und eine regelmäßig enge Stellung.
Alle von dieser regelmäßigen Form abweichenden Stellungen, wie sie auf Abb. 24—27 dargestellt sind, haben eines gemeinsam: Sie belasten Gelenkflächen, den Sehnen- und Bandapparat, den Fußungsbereich des Hufs anders, als es von Natur aus vorgesehen ist. Das Ergebnis sind Gelenksveränderungen, angeschwollene Sehnen, schräg wachsende Hufe. Alle diese Veränderungen sind als belanglose Fehler einzustufen, je dichter die Veränderung noch am Ideal liegt, und als schwerwiegende Fehler, je weiter vom Ideal entfernt die Abweichung anzusiedeln ist.
Versehen Sie nun jedes Gelenk in den Abb. 24—27 mit einem Punkt. Fällen Sie die entsprechenden Lote bzw. errichten Sie die

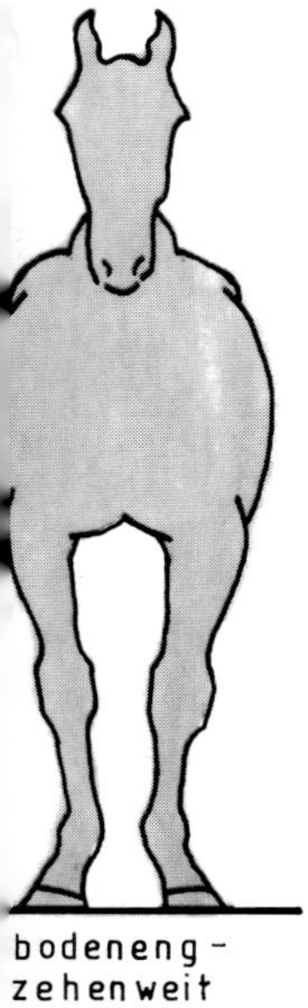

Abb. 24 (linke Seite) u. 25 (oben links): Die unregelmäßige Stellung der Vorderbeine von vorn

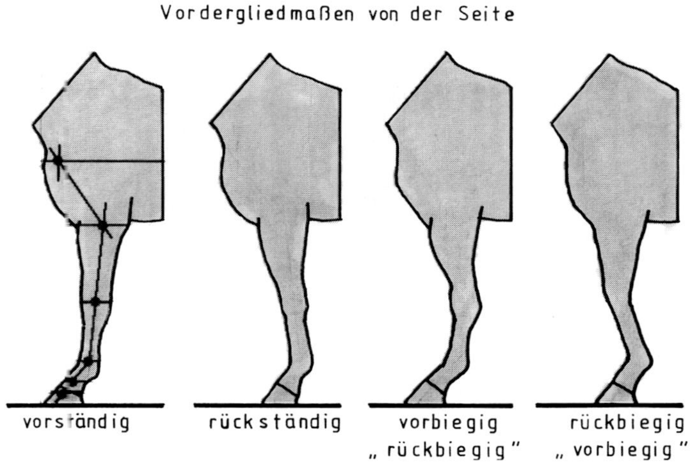

Abb. 26: Die unregelmäßige Stellung der Vorderbeine von der Seite

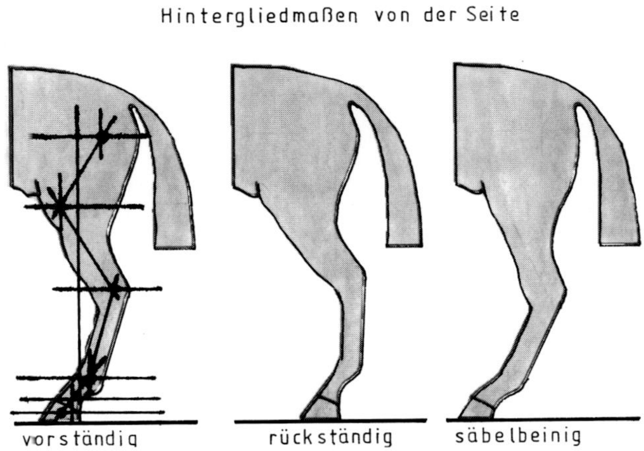

Abb. 27: Die unregelmäßige Stellung der Hinterbeine von der Seite

Senkrechten wie in Abb. 23. Je weiter die beiden Linien auseinanderliegen, desto stärker ist die Belastung der jeweiligen Gelenk- und Hufseite.
Weiter ins Detail sollten wir an dieser Stelle aber nicht gehen, da wir an der Stellung der Gliedmaßen in der Regel nichts ändern können. Ansprechen möchte ich aber doch noch die bärenfüßige und die kuhhessige Stellung der Hinterhand, da beide oft unterschiedlich bewertet werden.

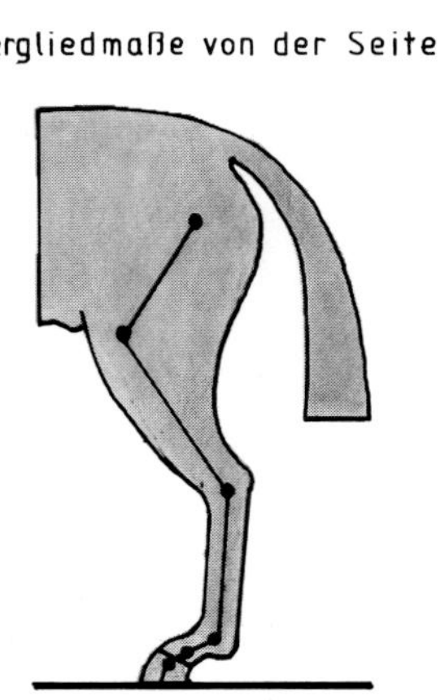

Abb. 28: Die bärenfüßige Stellung

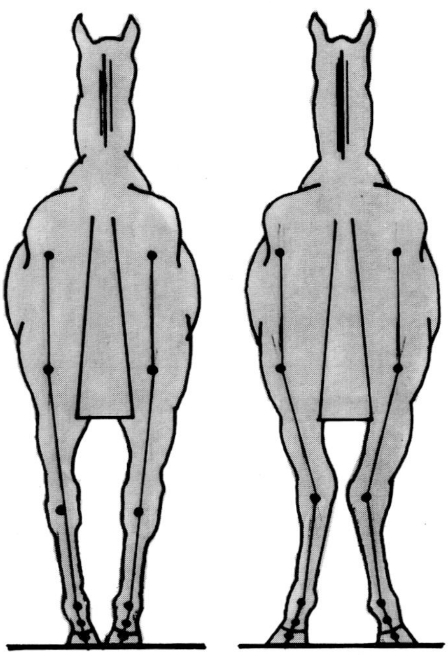

Abb. 29: Unregelmäßige Stellung der Hinterbeine von hinten

Die allgemein als bärenfüßig bezeichnete Fehlstellung kann an allen Gliedmaßen vorkommen, besonders jedoch an den Hinterbeinen. Kron- und Fesselbein bilden bei dieser Fehlstellung eine fast waagerechte Linie, wodurch starke Belastungen auf die jeweiligen Gelenksflächen, auf die Sehnen und Bänder entstehen.
Diese Stellung entsteht aus einer spitz gewinkelten Fessel und einem stumpf gewinkelten Huf. Bei Kutschpferden wird sie weniger ungünstig beurteilt als bei Reitpferden. Dort spricht man auch von Durchtrittigkeit. Die Bezeichnung „bärenfüßig" ist eigentlich nicht treffend, weil der Bär ein Sohlengänger ist (siehe Seite 45).
Schwere Pferde mit breitem Becken neigen zur O-Beinigkeit, schmale neigen dazu, die Hintergliedmaßen x-beinig mit einer gleichzeitigen Drehung vom Sprunggelenk an nach außen zu stellen. Man bezeichnet diese Stellung als kuhhessig, weil sie bei Paarhufern öfter vorkommt.
Diese Stellung wird von den einen als eine der ungünstigsten Stellungen für die Hinterhand bezeichnet, da die starke Anspannung der inneren Sprunggelenksflächen zu Spaterkrankung führen kann. Andere weisen aber darauf hin, daß die Kuhhessigkeit bei vielen naturnahen Rassen zu finden ist und dort als Garantie für Trittsicherheit im Gelände angesehen wird.
Auch viele Pferde mit Spezialgangarten zeigen diese Stellung, die es ihnen ermöglicht, seitlich an den Vorderbeinen vorbeizutreten, ohne sich zu greifen. Gerade bei dieser Stellung muß man die bereits erwähnte Unterscheidung zwischen echtem Fehler und tolerierbarer Abweichung vom Ideal anstellen.
Fehlstellungen der Beine, d.h. also Abweichungen der Knochen und Gelenkflächen vom Ideal, sind nur in den ersten zwei Lebensjahren durch entsprechende Aufzucht auf geeignetem Untergrund, genügend Bewegung und ausgewogene Ernährung in geringem Umfang zu beeinflussen.
Beim erwachsenen Pferd muß man der Fehlstellung durch entsprechend reduzierte Belastung Rechnung tragen. Viele im Toleranzbereich liegende Abweichungen sind gut kompensierbar, wenn man das junge Pferd nicht zu früh belastet und Knochen, Gelenke, Sehnen und Bänder in einem Aufbautraining vom 3.–5. Lebensjahr zu maximal möglicher Stabilität führt.
Lassen Sie sich auch beim jungen Pferd nicht durch Äußerlichkeiten wie Stockmaß oder Muskelaufbau täuschen. Die erste Belastung darf erst einsetzen, wenn die Wachstumsfuge im Vorderfußwurzelgelenk geschlossen ist. Fahren Sie mit dem Daumennagel vorn über das Gelenk von oben nach unten. Solange Sie noch eine „Rinne" spü-

Rechts oben: Skelett des Messeler Urpferdes

Unten links: Skelett eines Pferdes der Eiszeit

Unten rechts: Sohlengänger Bär und Spitzengänger Pferd. Beachten Sie die Homologie der Gliedmaßen (siehe auch Abb. 5).

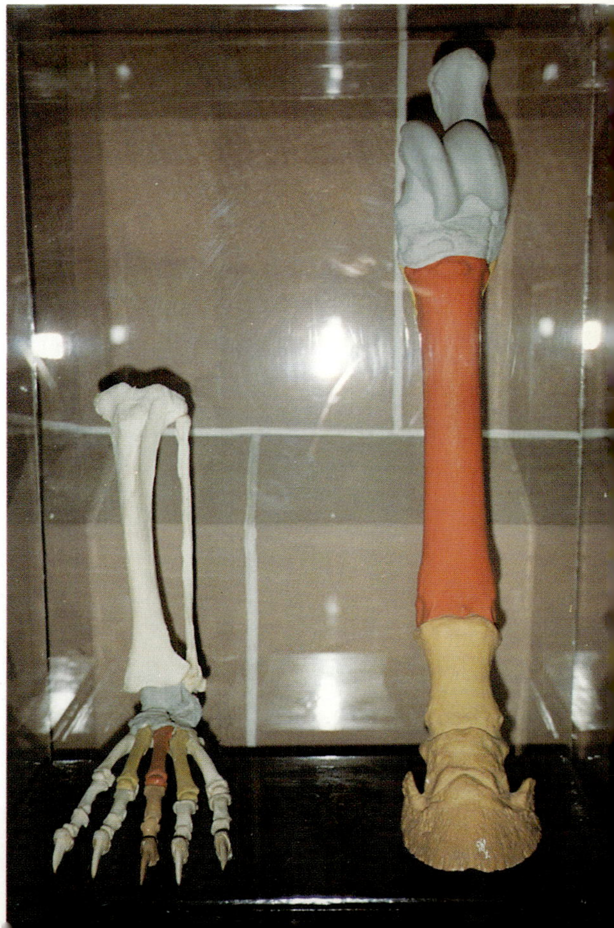

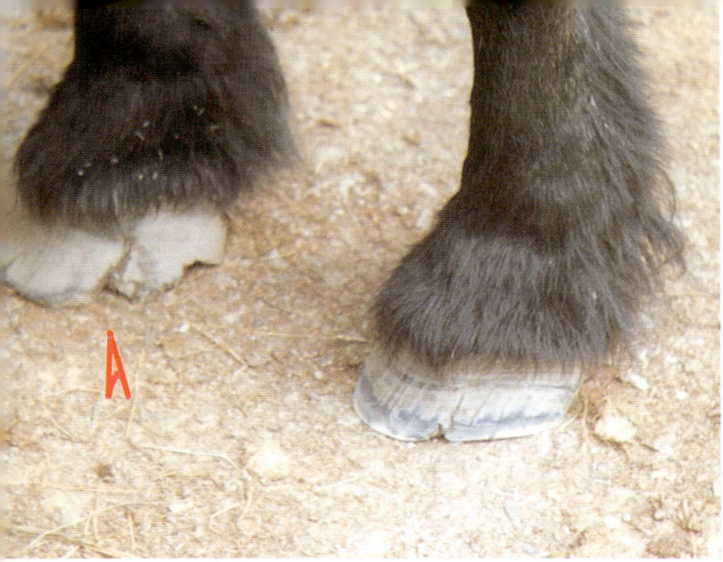

Oben links: Vernachlässigter Huf einer Kaltblutstute. Kaltblüter müssen schon recht früh und danach regelmäßig korrigiert werden, damit sich der Huf richtig formt und sich unter der meist schnell zunehmenden Körperlast nicht verbiegt.
Hier hat sich die Seitenwand beider Vorderhufe nach innen gedrückt und ist eingerissen. Nach dem Einsatz der Raspel sieht der linke Vorderhuf zwar noch nicht gut, aber immerhin schon besser aus.

Oben rechts: Die Nagellöcher des letzten Beschlags sind bis zum Tragrand heruntergewachsen. Der Tragrand bricht an diesen Schwachstellen nach außen weg. Das ist nicht so schlimm, wie es aussieht: Auf diese Weise kürzt sich auch der Huf des wildlebenden Pferdes. Mit wenigen Raspelstrichen ist die Tragrandkante berundet.

Unten: Strafbare Form der Vernachlässigung
Hier hat der Zug der tiefen Beugesehne zur dauerhaften Überkötung geführt. Eine VFD-Wanderreitergruppe entdeckte 1990 dieses bedauernswerte Tier. Es wurde nach Einschaltung des Tierschutzes von seinem Leiden erlöst.

Abb. 30: Belastung beim Longieren auf engen Zirkeln

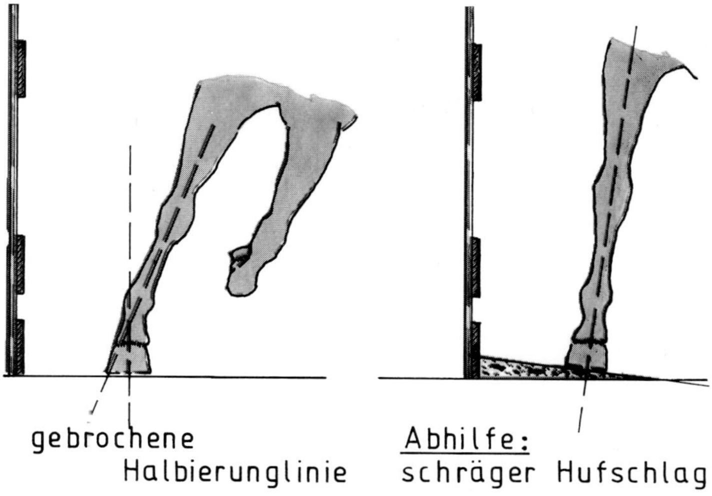

ren, ist das Knochenwachstum nicht abgeschlossen, das Pferd noch nicht reif für den Reiter.
Sehnen und Bänder, die das Knochengerüst stützen, sind zu Anfang noch „weich". Deswegen muß das Aufbautraining, auch das Belastungstraining für den Huf, nach Abschluß des Knochenwachstums langsam erfolgen. Sehnen und Bänder sind trainierbar. Die Halbwertzeit beträgt ca. ein Jahr. Danach ist bei entsprechendem Training die Hälfte des Gewebes durch neues, der Belastung angepaßtes Gewebe ersetzt. Für den Gesamtumbau von einer „weichen" zu einer belastbaren Sehne brauchen Sie also 2 Jahre. Das ist der Grund, warum Distanzpferde erst ab 6 auf die mittlere und erst ab 8 Jahre auf die lange Distanzstrecke dürfen.
Ein Muskel, dies zum Vergleich, hat eine Halbwertzeit von ca. 100 Tagen, ist also relativ schnell zu trainieren. Nehmen Sie daher den bemuskelten Pferdekörper nicht zum Maßstab für die Belastung, vor allem nicht bei jungen Pferden.
Selbst Knochen sind trainierbar. Die Knochenbälkchen richten sich nach der Belastung aus. Nur aus diesem Grund ist die Korrektur einer Gliedmaßenabweichung in der Wachstumsphase möglich; danach nicht mehr.
An dieser Stelle noch eine Bemerkung zum Longieren. Falsche Arbeit mit dem jungen Pferd an der Longe ist mindestens so schädlich wie zu frühes Reiten. Die Nachteile für Beine und Hufe sind aus Abb. 30 ersichtlich. Ein Pferd, das in einem relativ engen Zirkel gearbeitet wird, belastet seine Gelenke sehr einseitig. Eine leichte Abhilfe kann der schräg angelegte Hufschlag bringen.

Huf- und Fesselstand

Die Huf- und Fußstellung (vom Fesselgelenk abwärts) kann im Gegensatz zur Gliedmaßenstellung relativ leicht verändert werden. Dadurch hat der Pferdehalter die Möglichkeit, das gerade Beinwachstum des jungen Pferdes zu unterstützen und Abweichungen von der Ideallinie im Toleranzbereich zu halten. Wie man dies tut, wird in Kapitel IX beschrieben. Vorher aber sollten Sie die Idealstellung und die möglichen Abweichungen kennengelernt haben.
Vier Linien helfen uns dabei, die richtige Stellung des Hufs und der Fessel zu finden.

1. Die Fessellinie

Die Fessellinie ist von der Seite gesehen eine gedachte Linie, die durch die Mitte des Fesselbeins läuft; sie wird beeinflußt durch die Stellung des Schulterblattes und läuft parallel zu deren Mittelgräte.

2. Die Zehenlinie

Die Zehenlinie ist die vordere Begrenzungslinie der Zehenwand. Sie läuft im Idealfall mit der Fessellinie parallel.

3. Die Trachtenlinie

Die Trachtenlinie ist die hintere Begrenzung der Trachtenwand. Sie läuft im Idealfall mit der Zehenlinie und der Fessellinie parallel.

4. Die Halbierungslinie

Die Halbierungslinie (von vorn gesehen) ist eine gedachte Linie, die vom oberen Ende des Fesselbeins durch die Mitte des Fesselbeins, des Kronbeins und des Hufbeins bis zur Hufzehe verläuft. Sie halbiert im Idealfall den Huf in zwei gleich große Teile.
Die Halbierungslinie verläuft senkrecht zu einer Waagrechten, die durch die Hufkrone verläuft, und zur Bodenfläche.
Mit Hilfe dieser gedachten Linien ist man in der Lage, den obersten Grundsatz aller guten Hufschmiede zu erfüllen. Er heißt:

Der Huf ist von vorn, von hinten und von der Seite zum Fesselstand passend zu machen.

Wie die Gliedmaßenstellung, so ist auch die Zehenstellung dem Pferd angeboren und sollte nur in begrenztem Umfang verändert werden. Da die Abnutzung des Hufhorns von den verschiedensten äußeren Einflüssen (Boden, Reitweise. . .) abhängt, ist die Anzahl der vorkommenden Abweichungen von der Idealform beachtlich.
In dieser Veränderlichkeit aber liegt die Bedeutung der Hufzubereitung und des Hufschutzes.

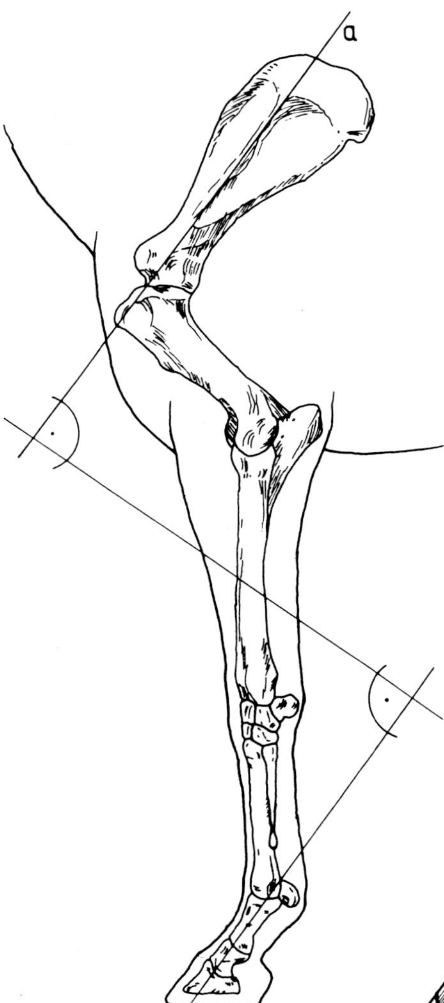

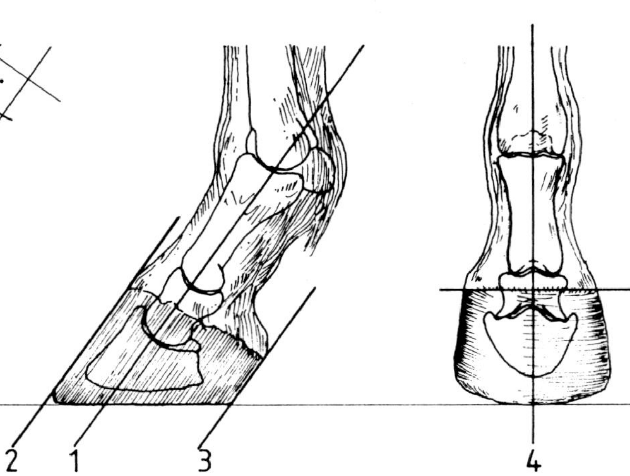

Abb. 31: Vier Linien helfen uns, die richtige Stellung des Hufs und der Fessel zu finden.

a = Schulterblatt-Winkel
1 = Fessellinie
2 = Zehenlinie
3 = Trachtenlinie
4 = Halbierungslinie

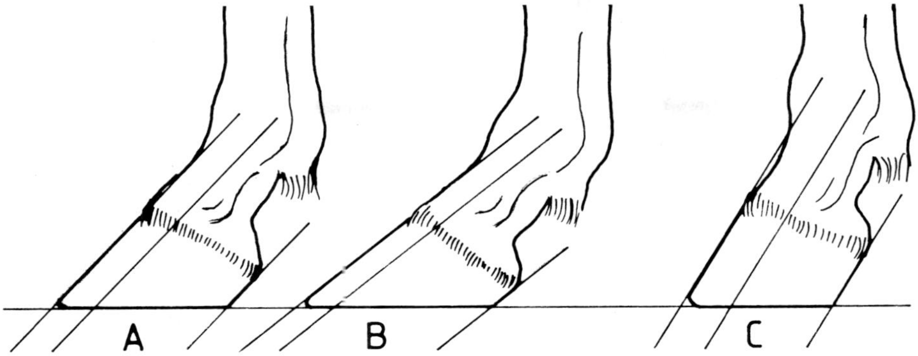

Abb. 32: Der Huf paßt zum Fesselstand: A: normaler Stand, B: flacher Stand, C: steiler Stand

Von der Seite gesehen paßt der Huf zum Fesselstand, wenn die Fessellinie mit der Zehenlinie und der Trachtenlinie parallel verläuft. Dabei unterscheiden wir zwischen ideal stehender Achse (45–50 Grad vorn, 50–55 Grad hinten), der flachen Achse (weniger als 45 Grad vorn, 50 Grad hinten) und der steilen Achse (mehr als 50 Grad vorn, 55 Grad hinten).

Ist die Fessellinie ungebrochen, darf die Hufstellung nicht verändert werden, auch wenn sie flacher oder steiler als ideal steht.

Dies wäre wieder ein Merksatz, den man beherzigen sollte. Denn man könnte ja auf den Gedanken kommen, z. B. ein flacher als normal stehendes Pferd vor einem Distanzritt steiler zu stellen, um die Belastung der Beugesehnen zu verringern. Oder man könnte sich wünschen, die steile Fessel eines recht hart gehenden Pferdes flacher zu stellen, um zu mehr Reitqualität zu kommen.

Dies wäre jedoch ein großer Fehler. Denn auch hier darf man, wie an anderer Stelle erwähnt, nicht nur den Huf sehen, sondern das ganze Pferd.

Die Fußstellung von der Seite gesehen, also der Fesselstand, korrespondiert mit der Stellung des Schulterblatts und den Winkeln des Schulter- und des Ellbogengelenks.

Diese Knochen und Gelenke sind auf maximalen Hub, beste Stoßdämpfung und größte Beschleunigung der Gliedmaße ausgelegt – zumindest im Idealfall. Aber auch hier gibt es Unterschiede. Je steiler die Schulter, desto steiler steht auch die Fessel. Pferde mit dieser Stellung haben einen stumpfer gewinkelten Huf und setzen den Vorderfuß schon nach kurzer Flugphase wieder auf. Alles paßt zusammen.

Die steil gestellte Schulter und die Fessel fangen Bodenstöße kaum ab und führen zu vermehrter Beanspruchung und Erschütterung der Gelenkflächen. Eine solche Vorhand darf nicht im Huf allein flacher gestellt werden, weil sonst das fein aufeinander abgestimmte System aller Gelenkwinkel nicht mehr stimmt.

Genausowenig kann man eine flache, aber ungebrochene Zehenachse steiler stellen. Ein Schmied, der sich auf einen solchen Wunsch seines Kunden einläßt, erreicht gerade das Gegenteil, denn die Änderung des von der Natur vorgegebenen Winkels wirkt sich immer nachteilig aus und führt zu Lahmheiten, im Extremfall zu Dauerschäden. Der Schmied würde beide verlieren, das Pferd und den Kunden!

Was bei der Stellung der Gliedmaßen als Fazit sozusagen bereits erwähnt wurde, gilt auch bei der Stellung des Fußes: Alle Abweichungen von der regelmäßigen idealen Stellung bedeuten eine mehr oder weniger ungleichmäßige Belastung der Gelenke und eine mehr oder weniger ausgeglichene Spannung der Sehnen und Bänder, und zwar sind Belastungen und Spannungen um so ungünstiger, je weiter sich die Stellung vom Ideal entfernt hat.

Die gebrochene Zehenachse

Brechungen der Zehenachse sind in der Regel auf Vernachlässigung der Hufpflege oder des Hufbeschlags zurückzuführen.

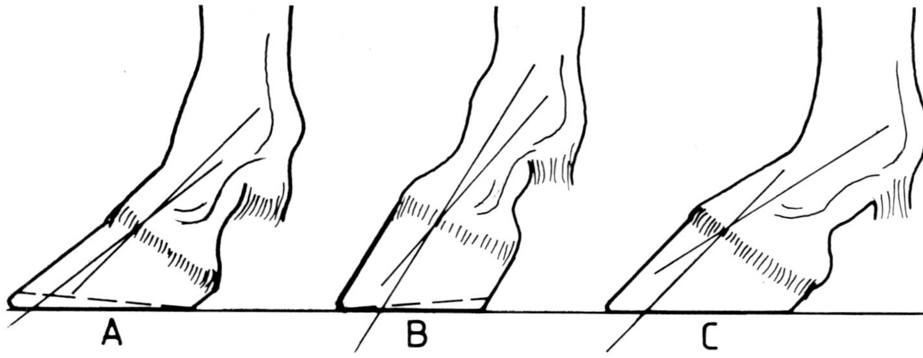

Abb. 33: Der Huf paßt nicht zum Fesselstand. A: Hufachse nach vorn gebrochen, B: Hufachse nach hinten gebrochen, C: flache Fesselachse.

Lediglich der „Umformungshuf" macht hier eine Ausnahme. Hier vollzieht sich eine natürliche Anpassung des Hufs an den Fesselstand. Bei einer allmählich steileren Stellung der Fessel (bei abnehmendem Bodendruck z. B. oder unter dem Einfluß der tiefen Beugesehne) formt sich der Huf um und nimmt die zur steileren Fessel passende stumpfe Hufform an. Hervorgerufen wird diese Eigentümlichkeit durch die Änderung der Belastungsrichtung im Bereich der Krone, also im Entstehungsbereich der Hornwand.
Da die Fessellinie senkrecht auf den Kronrand treffen muß, um die statisch günstigste Verteilung der Last zu gewährleisten, und da die Krone richtungsweisend ist für das Röhrchenhorn, muß sich die Hufform bei einer Änderung der Belastungsrichtung ebenfalls ändern. (In Kapitel III wurde erwähnt, daß man diese Richtungsänderung auch künstlich hervorrufen kann, erinnern Sie sich?)
Die folgenden Abweichungen im Bereich des Fußes sind möglich:

A. Hufachse nach vorn gebrochen
Symptome: Die Fessellinie ist steiler als die Zehenlinie. Der Huf ist zu spitz.
Ursache: Die Zehe ist zu lang, die Trachten sind zu kurz.
Behandlung: Nur die Zehe kürzen. Wenn dies nicht reicht, muß der Huf beschlagen und durch Unterlegen eines Keiles zum Fesselstand passend angehoben werden.

B. Hufachse nach hinten gebrochen
Symptome: Die Fessellinie ist schräger als die Zehenlinie. Der Huf steht zu stumpf. Belastung im vorderen Bereich.
Ursache: Zu kurze Zehe, zu hohe Trachten.
Behandlung: Trachten vermehrt kürzen.

C. Hufachse liegt flach
Symptome: Die Fessellinie liegt deutlich flacher als die Zehenlinie, bärenfüßig, starke Belastung des Hufgelenks.
Ursache: Meist erblich veranlagt, Bänder und Sehnenschwäche.
Behandlung: Der Huf kann (und darf) zum Fesselstand nicht passend gemacht werden.

Hufformen

Der regelmäßige Vorder- und Hinterhuf

Zwischen dem regelmäßigen Vorderhuf und dem regelmäßigen Hinterhuf bestehen folgende Unterschiede:
Der regelmäßige Vorderhuf ist niedriger und weiter als der entsprechende Hinterhuf. Die Seitenwände verlaufen am Vorderhuf etwas schräger zum Boden (dies wird später beim Nageln noch einmal wichtig werden).
Von der Seite betrachtet beträgt das Verhältnis der Zehenwand zur Trachtenwand am

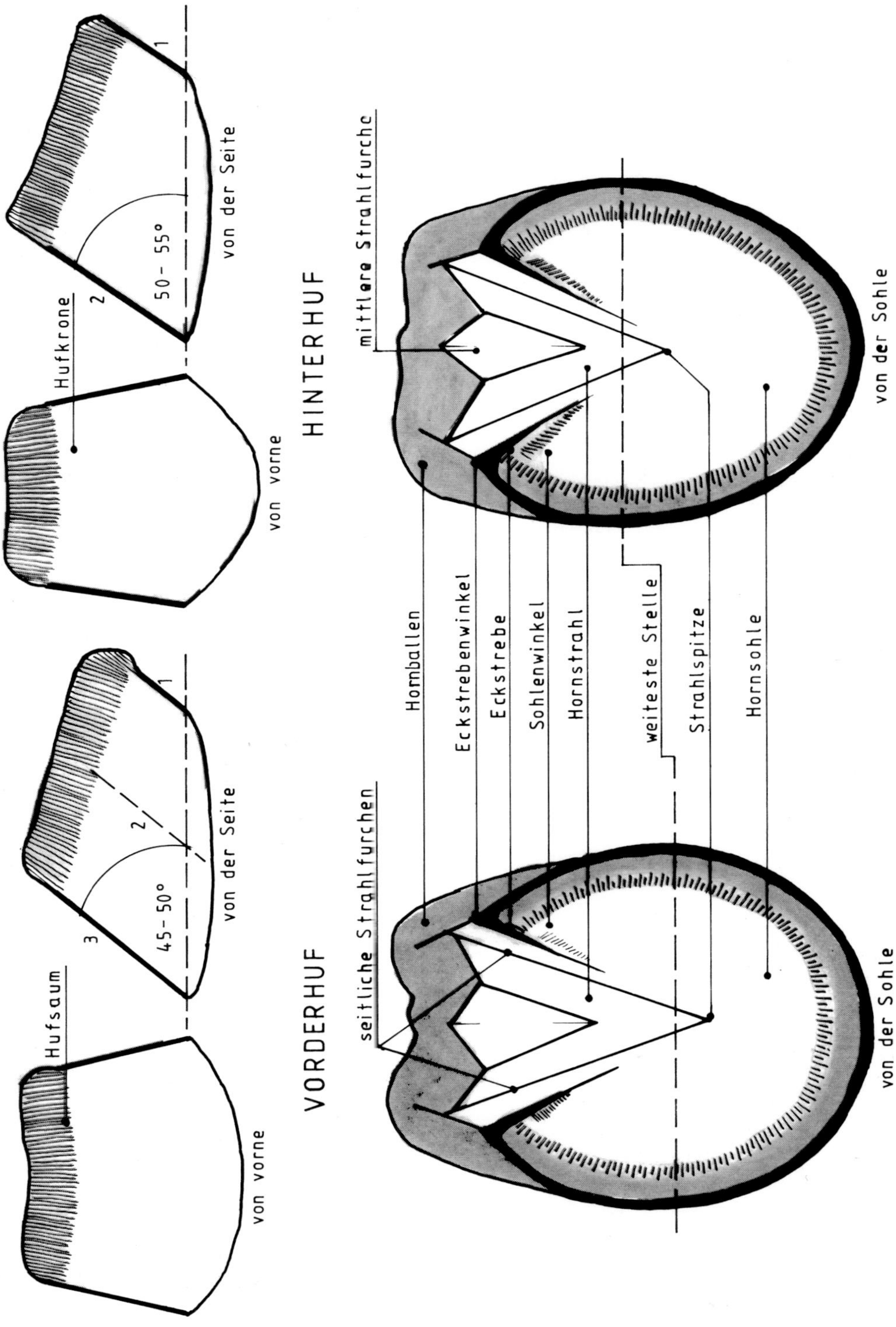

Abb. 34: Der regelmäßige Vorder- und Hinterhuf

niedrigeren Vorderhuf 3:1, am höheren Hinterhuf 2:1.
Die Zehenwand bildet mit dem Boden am Vorderhuf einen Winkel von 45–50 Grad, am Hinterhuf einen Winkel von 50–55 Grad.
Der Hinterhuf ist also steiler gestellt als der Vorderhuf.
Von vorne betrachtet ist der Vorderhuf weiter als der Hinterhuf.
Die Sohlenfläche des Vorderhufs ist mehr rund, die weiteste Stelle liegt etwa in Höhe der Strahlspitze. Die Sohle ist mäßig gewölbt.
Beim Hinterhuf ist die Form des Tragrandes mehr spitz-rund (vgl. das „Lungwitz-Ei"), die weiteste Stelle liegt vor dem hintersten Drittel. Die Sohle ist stärker gewölbt, der Strahl ist etwas breiter, und die Trachten stehen etwas mehr auseinander als beim Vorderhuf.
Bei beiden Hufen kann man häufig feststellen, daß die innere Wand etwas steiler steht als die äußere.

Der unregelmäßige Huf

Die Form des Hufs ist oft rasseabhängig. Schwere Pferderassen haben im allgemeinen weite Hufe, leichte und edlere Rassen neigen mehr zum engen Huf.
Bei der Ausbildung der Hufform ist die Bodenbeschaffenheit ausschlaggebend. Schwerer, feuchter Boden begünstigt die Ausbildung weiter Hufe, trockener, fester Untergrund begünstigt die Entstehung enger Hufe.
Weiterhin bedingt die Gliedmaßenstellung bestimmte Hufformen. So verlangt z. B. die vorständige und vorbiegige Stellung einen spitzeren Huf, während die rückständige und rückbiegige Stellung eine stumpfere Hufform provoziert.

Der spitze Huf

Beim spitzen Huf liegt der Winkel zwischen Zehenwand und Boden unter 45 Grad vorn und unter 50 Grad hinten. Häufig sind die Zehenwand und die Trachtenwand nicht mehr parallel, was zu einer vermehrten Belastung der hinteren Hufabschnitte führt.
Diese Hufform tritt häufig auf bei regelmäßiger Stellung mit langer weicher Fesselung und bei vorständiger und vorbiegiger Gliedmaßenstellung.

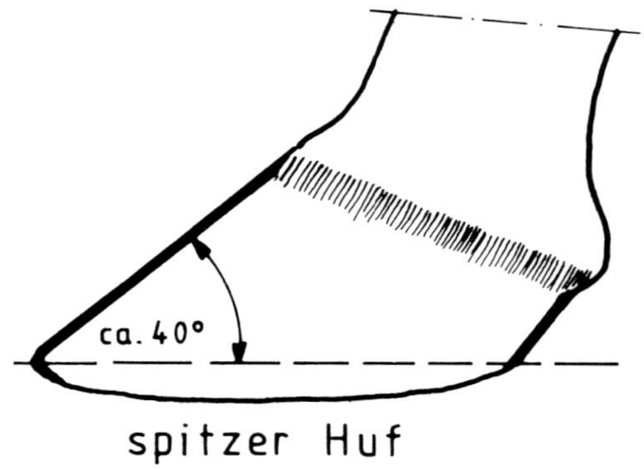

Abb. 35: Der spitze Huf

Abb. 36: Der stumpfe Huf

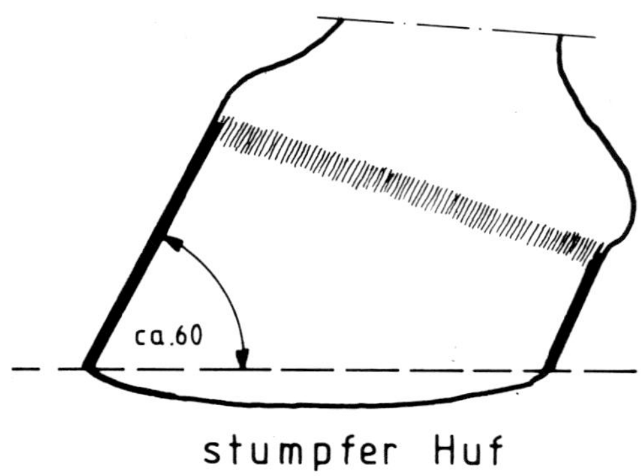

Der stumpfe Huf

Er stellt das Gegenteil zum spitzen Huf dar und tritt häufig auf bei regelmäßiger Stellung mit steiler Fesselung sowie bei .... und .... Stellung. (Wie heißt die Lösung? Schreiben Sie für jeden Punkt einen Buchstaben. Ein Tip: Vergleichen Sie Abb. 24–26.)

Der enge Huf

Beim engen Huf stehen die Seitenwände steiler als beim regelmäßigen. Enge Hufe sind in der Regel höher und haben eine stärker gewölbte Sohle. Der Strahl liegt oft sehr tief ohne Kontakt zum Boden.
Enge Hufe haben meist ein sehr festes Horn.

Abb. 37: Der enge und der weite Huf

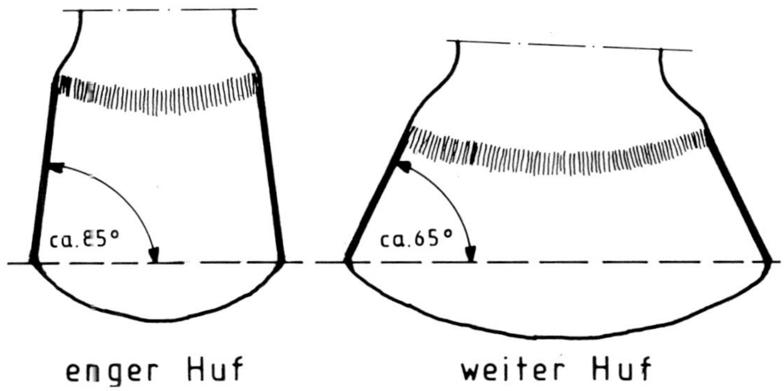

Bei Betrachtung von der Seite kann der enge Huf sowohl eine spitze als auch eine regelmäßige oder stumpfe Form aufweisen.

Der weite Huf

Der weite Huf ist niedrig, die Seitenwände stehen schräger zum Boden als beim normalen Huf, die Sohle ist meist flach, der Strahl kräftig und breit, die Festigkeit des Wandhornes läßt meist zu wünschen übrig und ist zum Barfußlaufen wenig geeignet. Oft ist der weite Huf mit der spitzen Form kombiniert, was ihn besonders anfällig macht, vor allem dann, wenn er zu einem schweren Pferd gehört.

Der halbeng-halbweite Huf

Diese Abweichung weist sowohl von vorn als auch von der Bodenfläche in der einen Hufhälfte die Merkmale eines engen, in der anderen die Merkmale eines weiten Hufs auf. Dieser Huf wird bei der bodenweiten, bodenengen, o-beinigen, x-beinigen, zehenweiten und zehenengen Stellung angetroffen. Der engere Wandabschnitt liegt dabei immer auf der Seite, die die meiste Belastung zu tragen hat. Betrachten Sie daraufhin Abb. 105, und überlegen Sie, welche Hufseite die steilere, welche die flachere ist.

Der diagonale Huf

Diese Hufform hat ihren Namen daher, daß die diagonal gegenüberliegenden Hufabschnitte a) stärker gestreckt oder b) stärker gerundet sind.
In den gestreckter verlaufenden Wandabschnitten stehen die Wände steiler. Diese Hufform entsteht durch die Drehung der Gliedmaßen beim Fußen; sie findet sich hauptsächlich an den Vorderhufen.

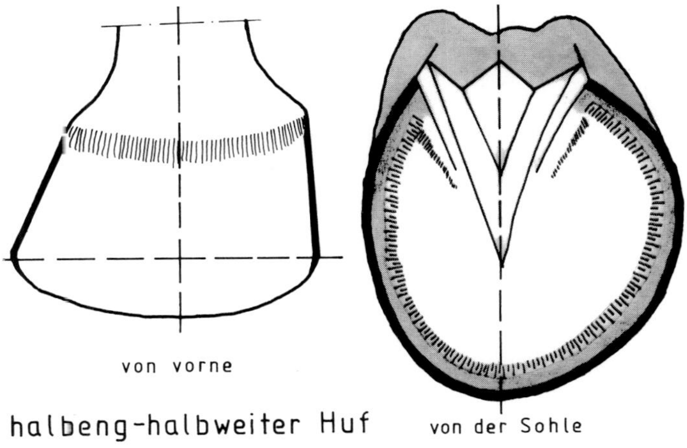

Abb. 38: Der halbeng-halbweite Huf

Krankhaft veränderte Hufformen

Es ist für den Pferdehalter besonders wichtig, „normal“ abweichende Hufformen von krankhaften Veränderungen unterscheiden zu können. Immer dann, wenn sich die Hufform sehr deutlich vom Ideal unterscheidet, ist Vorsicht geboten.

Flachhuf und Vollhuf

Pferde mit weiten Hufen, vor allem wenn sie schwer sind, neigen zum Flachhuf, also zu einem übermäßig weiten Huf, bei dem die Sohle keine Wölbung mehr aufweist und mit dem Tragrand auf einer Ebene liegt. Da, wie wir bereits wissen, die Sohle eine durchaus wichtige Rolle im Gefüge der Hufstatik spielt, ist die Verteilung der Kräfte beim Vollhuf gestört.
Der kräftig entwickelte Strahl überragt den Tragrand und nimmt mehr Last auf, als er soll. Die schräg verlaufenden, recht schwachen Seitenwände brechen oft aus. Der Huf ist insgesamt empfindlich und ohne Schutz kaum leistungsfähig. Wenn sich die in der Regel dünne Sohle durch den Druck der Körperlast nach unten durchwölbt, entsteht aus dem Flachhuf ein Vollhuf.
Dabei wölbt sich je nach Ausprägung der Rand des Hufbeins wie eine Hutkrempe nach oben. Pferde mit Vollhuf gehen daher immer klamm, meist lahm. Selbst eine Verwendung mit Sonderbeschlag auf weichem Boden ist schon ein Fall für den Tierschutz.

Der Trachtenzwanghuf

Hier liegt eine Einengung der Hufkapsel im Bereich der Trachten vor. Es können beide Hufhälften (beidseitiger Trachtenzwang) oder nur eine (einseitiger Trachtenzwang) betroffen sein (siehe Seite 63 unten).
Beim einseitigen Trachtenzwang kommt es zusätzlich noch zu einer Verschiebung des Ballens nach oben.
Beim Trachtenzwang des engen Hufs ist meist eine Vernachlässigung der Hufpflege mit folgender Strahlfäule Ausgang der Veränderung. Die Trachtenwände ziehen sich ein. Auch mangelnde Bewegung, enge Hufe, zu langes Liegenlassen der Eisen begünstigen die Entstehung des Zwangs. Beim Trachtenzwang des weiten Hufs rollen sich die meist wenig stützfähigen Trachtenwände ein oder schieben sich schräg unter. Dabei wird die Lederhaut der Sohle und der Wand im Bereich des Eckstrebenwinkels gequetscht. Hufzubereitungsfehler wie zu starkes Kürzen der Trachten oder Herausschneiden der Eckstrebe begünstigen die Entstehung. Höherstellen des Hufs im Trachtenbereich und lange Schenkelenden beim Eisen können Abhilfe schaffen. Trachtenwachstum erzielt man auch mit alternativem Hufschutz, da

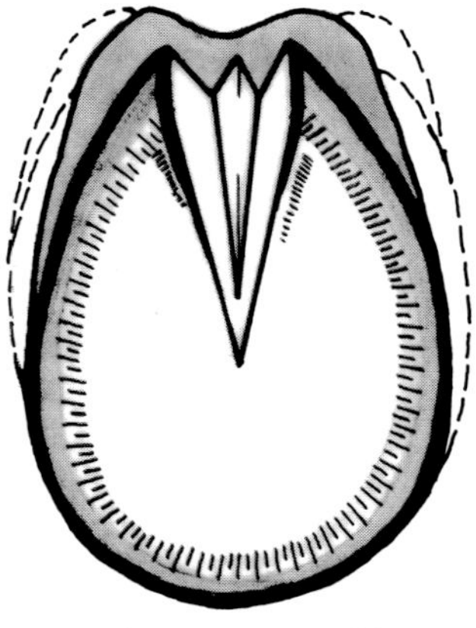

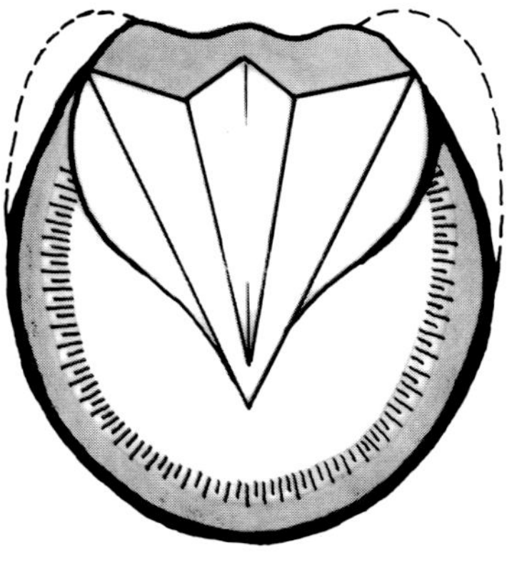

Abb. 39: Trachtenzwanghufe

Abb. 40: Zwanghufe

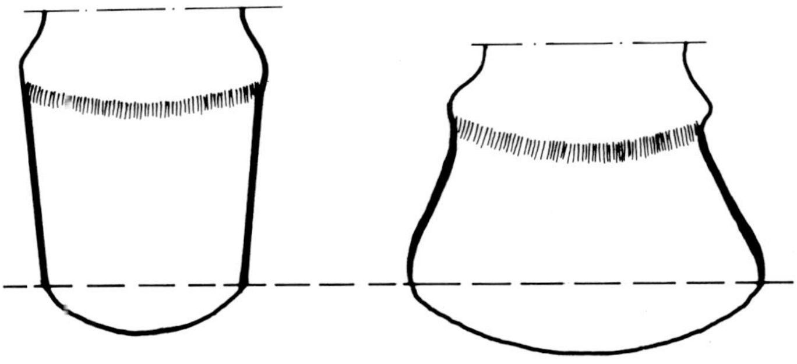

sich auf der Kunststoffoberfläche das Horn nicht abreibt.

Der Sohlenzwanghuf

Dieser Huf ist in seinem Längsdurchmesser verkürzt und an der vorderen Wand krallenartig verkrümmt. Die Sohle ist vor der Strahlspitze sehr druckempfindlich. Aus diesem Grund gehen Pferde mit Sohlenzwang in weichem Boden deutlicher lahm.

Der Tragrandzwanghuf

Enge Hufe neigen manchmal dazu, noch enger zu werden, so daß der Durchmesser am Kronrand größer ist als am Tragrand.
Diese Hufform tritt oft bei Pferden auf, die während der Aufzucht keine ausreichende Bewegung auf entsprechend festem Boden hatten. Bei ihnen unterbleibt die Umformung des Fohlenhufs, der nach der Geburt wie ein Tragrandzwanghuf aussieht. Regelmäßige Hufkorrektur und ausgiebige Bewegung auf abwechselnd festem und weichem Untergrund können beim jungen Pferd eine Änderung bewirken.

Der Kronenzwanghuf

Hier befindet sich eine Verengung unterhalb der Krone, oft nur im Bereich der Trachtenwand. Diese Formveränderung kann bei Pferden mit weiten Hufen auftreten, wenn diese einem plötzlichen Wechsel von weichem auf harten Boden unterzogen werden.

Der Bockhuf

Der Bockhuf ist ein stumpf gewinkelter Huf mit hohen Trachten und stark gewölbter Sohle. Im Extremfall bildet die Zehenwand mit dem Boden einen rechten Winkel.
Der Bockhuf beim Fohlen entsteht durch starke Abnutzung der Zehenwand bei gleichzeitigem intensivem Längenwachstum der Zehenknochen. Daraus resultiert vorübergehend eine leichte Verkürzung der tiefen Beugesehne. Beim Fohlen ist diese Tendenz

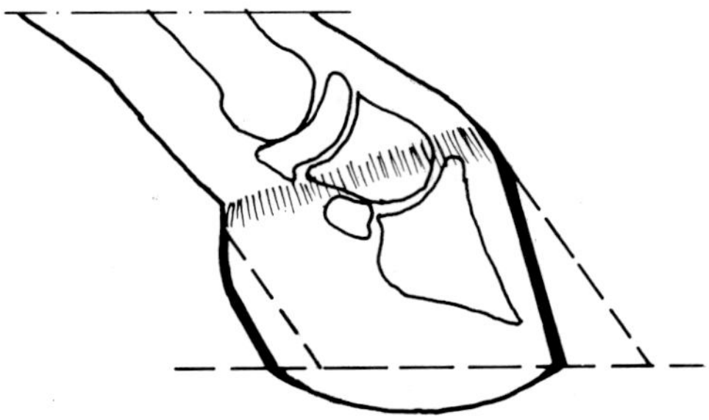

Abb. 41: Bockhuf beim Fohlen

durch Kürzen der Trachten, durch einen Sonderbeschlag resp. Hufschutz oder durch einen operativen Eingriff heilbar.
Der Bockhuf bei älteren Pferden kann eine Begleiterscheinung von chronischen Sehnen- oder Gelenkerkrankungen sein. Er stellt auf jeden Fall eine Schwachstelle dar.

Die Stellung beeinflußt den Gang

Betrachten wir den Fuß von der Seite in Bewegung, so sollte im Normalfall der Huf beim Abrollen über die Zehenspitze angehoben, in einem gleichmäßigen Bogen vorgeführt und gleichmäßig breitflächig wieder aufgesetzt werden.
Bei der normalen Hufform und normaler Stellung erreicht der Huf in dem Moment den höchsten Punkt des Bogens, in dem das bewegte Bein (Hangbein) am Stützbein vorbeigeführt wird.

Abb. 42: Gliedmaßenführung von der Seite
Oben: bei regelmäßiger Bein- und Hufstellung;
Mitte: bei vorständiger oder vorbiegiger Stellung und spitzen/flachen Hufen;
Unten: bei rückständiger oder rückbiegiger Stellung und stumpfen/steilen Hufen.

Ist die Hufzehe aber zu lang, wird das Abheben beeinflußt. Das Pferd geht dann im Prinzip so wie der Clown im Zirkus, der sich mit seinen überlangen Schuhen bewegt wie der Storch im Salat.
Eine lange Zehenwand führt zu verzögertem Abheben des Fußes, das Pferd muß ja sein Gewicht über die lange Fußzehe „stemmen“. Durch diesen Krafteinsatz wird der Huf nach dem Abrollen deutlich nach oben gezogen und erreicht den höchsten Punkt des Bogens schon vor dem Vorbeiführen am Standbein. Die aufgewendete Energie führt im Vergleich zu einem Pferd mit normalen Hufen zu einem langen, raumgreifenden Schritt.
Beim langen Huf, dazu wenn er flache Trachten hat (also am Ende einer überlangen Beschlagperiode), liegt der Schwerpunkt hinter der Strahlspitze. Die zusätzliche Anstrengung, die zur Überwindung des verlängerten Hebelarms nötig ist, belastet die Beugesehne, den Fesselträger und die Gleichbeine sehr stark.
Hat ein Pferd einen kurzen Huf und hohe Trachten, so kippt er recht leicht über die relativ kurze Zehe ab und wird rasch nach vorn

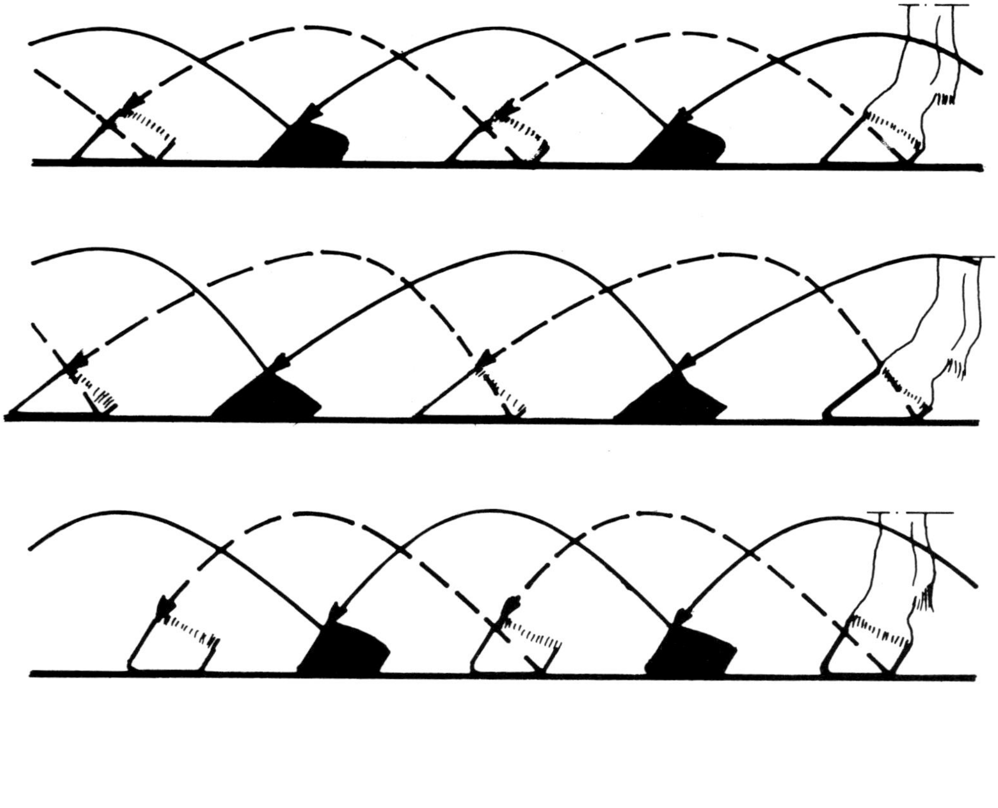

geführt. Er erreicht daher den höchsten Punkt des Bogens erst, nachdem er am Stützbein vorbeigeschwungen ist. Da der kurze Huf recht abrupt und steil aufsetzt und in der Regel von einer steilen Fessel und einer steilen Schulter begleitet wird, läuft das Pferd mit meist kurzen Schritten recht hart.
Der Lastschwerpunkt liegt beim kurzen Huf vor der Strahlspitze, wodurch die Belastung der Beugesehnen und der Gleichbeine verringert wird. Es kommt jedoch zu einer verstärkten Stoßbelastung der Gelenkflächen, wodurch Knorpelschäden, Schaden und Arthrosen gefördert werden.

Stellung und Hufform beeinflussen den Gang. Wenn Sie mehr darüber wissen wollen, wie Ihr Pferd läuft, können Sie dies mit Hilfe der Technik erreichen. Gemeint ist eine Video-Kamera, die, wenn man sie nicht selbst besitzt, für wenig Geld in ziemlich jedem Elektro-Fachgeschäft geliehen werden kann.
Mein Vorschlag: Organisieren Sie ein kleines Fest mit Reiterinnen/Reitern und Pferden, und filmen Sie dabei die Beine der Pferde beim Vorführen. Bei der späteren Wiedergabe in Zeitlupe eröffnet sich Ihnen eine neue Welt.

V. Panik statt Reflektion
Die Psychologie des Pferdes

Wie die ersten Kapitel zeigten, ist das Pferd vom Bau seiner Extremitäten, von der Gestalt seines Körpers und von der Ausbildung seiner Sinne hervorragend für ein Leben in der offenen Landschaft gerüstet.
Es ist in seinen vielen Varianten in der Lage, sowohl in den schneereichen Kältezonen Nordeuropas als auch in den trocken-heißen Wüsten Asiens zu existieren. Aber ein sinnvoll konstruierter Körper allein war keine Garantie fürs Überleben, hätte nicht auch eine Anpassung im Verhalten stattgefunden.
Eohippus war ein flüchtiger, scheuer Einzelgänger. *Equus* ist ein wachsames Herdentier mit ausgeprägtem Sozialverhalten.
So wie das Pferd in seiner äußeren Gestalt als optimal angepaßt an seinen Lebensraum angesehen werden muß, so ist es auch mit seiner Psyche, mit Aktion und Reaktion optimal auf das Steppenleben im Herdenverband eingestellt. Dieser Umstand wird bis heute viel zuwenig berücksichtigt, und so bleiben dem uninformierten und unerfahrenen Pferdebesitzer oder Schmied bei Verhaltensschwierigkeiten oft nur Gewaltmaßnahmen, obwohl ein bißchen Überlegung eher zum Ziel führen würde.

Botschaften

Das Pferd kann keine Fehler machen – aus seiner Sicht!
Bestimmte Verhaltensweisen, die wir so gern zu Untugenden stempeln, sind vom Standpunkt des Pferdes sehr wohl zu begründen. Was aber macht es uns so schwer, das Pferd in seiner Art, in seinem Wesen, richtig zu verstehen, zu begreifen? Es ist das Gehirn, das unsrige und das des Pferdes, und seine Botschaften.
Die Natur hat im Laufe der Entwicklung drei Gehirnschichten hervorgebracht: das Stammhirn, das Zwischenhirn und das Großhirn. Jedes dieser drei Hirne ist als Reaktion auf die Herausforderung einer neuen, sich ändernden Umwelt einzustufen. Die drei Formen sind zwar nacheinander entstanden, haben sich aber nicht abgelöst. Es hat vielmehr eine Aufgabenerweiterung stattgefunden, wobei die jeweils frühere Form nach wie vor die Aufgaben wahrnimmt, für die sie ursprünglich geschaffen wurde.
Eine Verletzung des Stammhirns wäre also sofort tödlich, weil davon so lebenswichtige Funktionen wie Atmung oder die Steuerung der Körpertemperatur betroffen wären.
Ich habe schon erwähnt, daß ein Organismus durch die Ausbildung bestimmter Formen der Extremitäten (als Huf, als Flügel oder Hand) auf eine sich ändernde Umwelt reagiert. Diese Ausbildung sagt etwas über die Beschaffenheit dieser Umwelt (ein Huf entwickelt sich nicht im Wasser; dort braucht man eine Flosse). Wir können also für die Entwicklung des Hufs sicher annehmen, daß der Untergrund fester wurde.
Auch das Verhalten der Tiere mußte sich an dieser sich ändernden Umwelt orientieren. Es mußte eine Steuerungszentrale für die Koordination der Bewegungen in dieser neuen Umwelt entwickelt werden. Und dieses Organ schuf sich die Natur im Zwischenhirn.
Damit war die Angst in das Leben der Tiere eingezogen – die Angst als Signal vor drohender Gefahr.
Diesem Zwischenhirnsignal „Angst“ waren die ausschließlich oder vorwiegend vom Zwischenhirn bestimmten Lebewesen widerstandslos ausgeliefert. Was das Programmarchiv an Erfahrungen einer Tierart über einen unvorstellbar langen Zeitraum gespeichert hat, wurde jedem Individuum als Reaktionsmuster mitgegeben.
Nur wer dieses Muster besaß, nur wer – ohne

nachzudenken — blitzschnell reagierte, konnte am Leben bleiben und sich fortpflanzen. Ein allein oder vorwiegend vom Zwischenhirn bestimmtes Wesen kann also nichts falschmachen, es reagiert schematisch, unfrei, nach vorgefertigten Mustern. Ein solch beschränktes Tier ist das Pferd! Diese Erkenntnis sollten wir nie vergessen.
Schon Goethe, der ein großer Freund des Pferdes war, hat sich verwundert darüber geäußert: *Das Pferd steht als Tier sehr hoch, doch seine bedeutende weitreichende Intelligenz wird auf wundersame Weise durch gebundene Extremitäten beschränkt. Ein Geschöpf, das bei so bedeutenden, ja großen Eigenschaften sich nur im Treten, Laufen, Rennen zu äußern vermag, ist ein seltsamer Gegenstand.*
Mit der Herausbildung des Großhirns beim Affen-Menschen oder Menschen-Affen begann das kritische Überdenken der Situation.
Jetzt reagierte man nicht mehr nur auf bestimmte Auslöser (Schatten, Geräusche) mit einem festgelegten Handlungsprogramm. Jetzt wurden die Einzelsignale erst im Großhirn analysiert, ehe Handlungsanweisungen an die Ausführungsorgane gesendet wurden.
Diese Fähigkeit dürfen wir vom Pferd aber nicht verlangen, es ist kein Großhirn-Tier.
Der Mensch schon. Trotzdem ist er kein ausschließlich rationales Wesen, denn alle drei Hirnformen sind auch beim Menschen bis auf den heutigen Tag voll in Aktion.
Ich sage nur: Zahnarzt!
Jeder zehnte Bundesbürger fürchtet sich so sehr vor dem Zahnarzt, daß er trotz Schmerzen nicht rechtzeitig zur Behandlung geht. Untersuchungen ergaben: Der ängstliche Mensch wird blaß, zittert, die Pupillen weiten sich, der Puls steigt, ebenso der Blutdruck und die Atemfrequenz, der elektrische Hautwiderstand verändert sich infolge Schweißbildung.
Diese Angst mit all ihren äußerlichen Merkmalen tritt reflexartig auf. Sie ist dem Einfluß des Willens weitgehend entzogen. Sie steigert sich noch, wenn wir uns der drohenden Gefahr nicht durch Flucht (wir sitzen bereits im Zahnarztstuhl) entziehen können.
Entdecken Sie Parallelen zum Verhalten Ihres Pferdes?
Was sind die Folgen eines unterdrückten Fluchtverhaltens?
In der Natur kommt als Reaktion auf eine Gefahr nach dem Adrenalinstoß entweder der Angriff oder die Flucht, auf jeden Fall aber eine Umsetzung in eine schweißtreibende körperliche Aktivität. Domestiziert wie wir sind, getrauen wir uns am Arbeitsplatz z.B. nach einem Anpfiff durch den Vorgesetzten weder das eine noch das andere. Wir bleiben stumm, unbeweglich und scheinbar friedlich. Aber was passiert in uns?
Wir ballen die Faust „in der Tasche", d.h. wir antworten schon mit Muskelreaktionen, meist aber Verkrampfungen der Nacken- und Rückenmuskulatur, mit Magenkrämpfen. Auch Verkrampfungen des Herzmuskels sind möglich und besonders gefährlich, wenn sie nicht durch rasche Aktionen wieder aufgehoben werden.
Das übliche Verfahren: Man läßt seine Wut an anderen aus. Besser wäre es natürlich, man verschaffte sich rasch körperliche Bewegung.
Schlechtestes Verfahren: Man nimmt alles reaktionslos hin und belastet später die Krankenkasse.
Ein Beispiel vom Pferd:
Die zuständigen Hormone für Angriff und Flucht — Adrenalin und Noradrenalin — bewirken auch die Einstellung der Verdauungstätigkeit. Der Darminhalt rutscht daher ohne Entzug der Flüssigkeit einfach durch („Und jeder Schreck purgiert mich von Natur" — Kleist: Der zerbrochene Krug).
Achten Sie einmal darauf, wie viele Pferde sich z.B. beim Verladen buchstäblich „in die Hosen machen". Auch kurz nach dem Eintreffen des Schmieds zeigen viele Pferde, daß ihnen die bevorstehende Prozedur auf den Magen oder auf den Darm geschlagen ist. Die Konsistenz der Pferdeäpfel läßt dabei auf den Grad der Erregung schließen. Spaßvögel unter meinen Kursteilnehmern bestimmen mittlerweile die Wirkung von Schmied und Tierarzt auf die Pferdepsyche mit Hilfe der „Äppelanalyse". Sie lesen in den Pferdehaufen wie im Kaffeesatz — es soll sogar schon eine Tabelle geben.
Viel Menschliches ist, wie wir gesehen haben, im Tier und viel Tierisches im Menschen. Nur Hinterwäldler sehen darin eine Abwertung des *Homo sapiens.*

Soll man also den Pferden das Denken überlassen, nur weil sie die größeren Köpfe haben? Nein, die Großhirnreaktionen in Form von Vorüberlegungen müssen schon wir anstellen!

Das Selbstschutzprogramm

Die Überlebensstrategien der Säugetiere laufen meist in Programmen ab, mit denen in erster Linie Nahrungsaufnahme, Brutpflege und Fortpflanzung gesteuert werden.
Für die Arbeit am Huf ist vor allem die Kenntnis eines weiteren Programms Voraussetzung: die Kenntnis des Selbstschutzprogramms.
Dieses Programm wurde entwickelt, als nach dem Zeitalter der Dinosaurier einige pflanzenfressende Pelztiere begannen, sich auf fleischliche Kost umzustellen. Ein wehrloses und noch dazu gut schmeckendes Tier wie das Urpferdchen konnte nur durch erhöhte Wachsamkeit und ständige Fluchtbereitschaft überleben. Selbst die späteren größeren Formen, die sich mit Zähnen und Hufen bis zu einem gewissen Grad wehren konnten, hatten gegen ein Raubtier letztlich keine Chance.
Ihr bester Überlebensschutz war daher die Flucht. Und so könnte man die Entstehung aller bisher genannten körperlichen Merkmale (reduzierte Zehenzahl, leichter Fuß, stoßbrechende Gelenke, Stützfunktion der Vor- und Tragefunktion der Nachhand) als ursächlich abhängig von der Fluchtbereitschaft des Pferdes ansehen. Auch andere körperliche Merkmale wie der auf Bewegung spezialisierte Rundumblick, das vorzügliche Gehör, Vitalkapazität und Herzvolumen, geringe Magengröße und hochsitzendes, kleines Euter könnten in diese Begründung eingeordnet werden.
Der Selektionsdruck, der das Überlebensprogramm des Pferdes prägte, förderte die Fluchtreaktion so sehr, daß sie zum fundamentalen Bestandteil der Psychologie des Pferdes wurde.
Die körperlichen Veränderungen ermöglichten eine sofortige Umsetzung des Reizes in konkrete körperliche Bewegung, d. h. schnell starten und, wenn es sein mußte, ausdauernd rennen.
Wie lebenswichtig dieser Fluchtreflex für die Erhaltung der Art war, erkennen wir daran, daß auch heute, nach 5000 Jahren züchterischer Selektion durch den Menschen, dieser für uns so nachteilige Reflex noch nicht herausgezüchtet werden konnte.
Sicher zeigen beim Menschen großgewordene Pferde diesen Fluchtreflex nur noch im Ansatz, aber viele Unfälle gerade mit Stallpferden sind darauf zurückzuführen, daß sie in einer für sie fürchterlichen Situation nach diesem Programm reagieren müssen.
Hauspferde, Stallpferde insbesondere, sind meist nicht in der Lage, ihre Reizreaktionen natürlich ablaufen zu lassen. Sie können aufgrund der Haltung nur in Ausnahmefällen fliehen oder kämpfen. Wir sollten sie also gar nicht erst in eine solche Streßsituation bringen.
Um als Mittel des Selbstschutzes wirksam werden zu können, muß das Fluchtverhalten leicht, d. h. automatisch und reflexhaft als Muskelreaktion ablaufen können. Wir neigen dazu, dieses Verhalten als feige zu bezeichnen, weil wir aufgrund unserer weiterentwickelten Gehirnstruktur die Gefahr erst abschätzen, die jeweilige Lage kritisch überdenken können, ehe wir reagieren. Aber unser Verhalten ist das eines Jägers. Tiere, die seit Millionen von Jahren immer nur Beute waren, haben dazu keine Zeit.
Kurze Reaktionszeit bedeutete Leben, und hierin liegt die biologische Ursache des Verhaltens, das wir gerne als Feigheit abtun.
Aber das Pferd führt zu unserem Glück nicht nur solche Instinkthandlungen aus, sondern es kann lernen. Es kann mit Hilfe seines gut entwickelten Erinnerungsvermögens durch Erfahrung klüger werden, wenn diese Erfahrungen gut sind.
Alle Dressur des Pferdes beruht auf seinem Erinnerungsvermögen und darauf, daß es für gute Leistungen belohnt, für unerwünschtes Verhalten getadelt wird. Im Idealfall sollte der Wegfall der Belohnung den Tadel darstellen, vor allem bei jungen Pferden, denen wir die Intelligenz eines etwa 8jährigen Kindes unterstellen können, nicht aber dessen Vernunft.
Wir müssen also unterscheiden zwischen an-

geborenen Instinkten und durch uns erworbene Erfahrungen, denn das Gesamtverhalten setzt sich aus dem instinktiven Verhalten und dem Erlernten zusammen.
Wir können unser Pferd also so erziehen, daß ihm als Reaktion nicht immer nur die Flucht einfällt. Die „Nagelprobe“ ist dann der erste Besuch des Schmiedes.

Sozialverhalten

Wie kann sich ein Tier am Leben erhalten und genug Zeit zum Fressen aufbringen, wenn es ständig auf der Hut sein muß, nicht selbst gefressen zu werden?
Die Lösung, die sich bei allen Steppentieren herausgebildet hat, ist das Leben in der Herde. Wenn *ein* Partner die eigene Überlebenschance schon um 50% erhöht, wieviel mehr dann eine Herde!
Und so kommt es, daß folgende Bedürfnisse als „Lebensaufgabe“ des Pferdes genannt werden können: fressen, sich fortpflanzen, im Mittelpunkt der Herde stehen.
Herdentiere sind in die Gemeinschaft eingebunden und deren Gesetzen unterstellt; sie sind für sich allein gar nicht vollwertig. Deswegen wird das Verhalten sozial lebender Tiere ausschließlich von den sozialen Kontakten, dem Verständigungsvermögen und der Verständigungsbereitschaft bestimmt.
Wenn das junge Pferd erst einmal gelernt hat, den Menschen nicht mehr zu fürchten, überträgt es die angeborenen und erworbenen Verhaltensweisen auch auf uns und mit der Zeit auch auf andere.
Pferdegerechtes Dominieren also ist der Schlüssel zum richtigen Umgang mit dem Pferd, pferdegerechtes Dominiert-Werden ersetzt dem Pferd die Sicherheit, die es im Herdenverband genießt.
Für die Arbeit am Huf bedeutet diese Erkenntnis:
Ein Lauftier/Fluchttier, das aus dem Gleichgewicht gebracht wird (durch falsches Aufhalten z.B.) ist in seiner natürlichen Sicherheit gestört und widersetzt sich geistig (psychisch) und körperlich (physisch) dem Verursacher.
Oder umgekehrt:
Wenn das junge Pferd trotz der neuen Umgebung, der ungewohnten Geräusche, der fremden Leute zwar gespannt ist, aber nicht verspannt, und alles Klopfen, Raspeln etc. von Fremden duldet, im Vertrauen auf seinen Herrn, der fellkraulend an seinem Kopf steht, leise Beschwörungen murmelt und in ruhigem Vertrauen auf die vorhergegangene Ausbildung jetzt abruft, was vorher -zig mal geübt wurde, wenn das Pferd also trotzdem ruhig bleibt, dann war die Ausbildung richtig und der Zeitpunkt des ersten Beschlages nicht falsch gewählt.

Körpersprache

So wie Pferde ihre sozialen Gefühle auf den Menschen übertragen, der sie richtig dominiert, so beziehen sie uns auch in ihre Kommunikation mit ein. Da sich Pferde untereinander durch Laute verschiedener Abstufungen verständigen, lernen sie leicht, auch auf unsere Stimme zu reagieren.
Allerdings ist ihnen die Bedeutung eines Wortes wohl nicht annähernd so bewußt wie einem Hund, doch vermögen sie auf den Klang besonders gut zu achten. Sensible Pferde reagieren oft stärker auf ein scharfes Stimmkommando als auf einen Klaps mit der Gerte.
Pferde scheinen Gesang und Musik zu lieben, und es gibt viele alte Ausbildungsanweisungen, in denen Musik zur Erzeugung einer guten Stimmung vor oder während der Ausbildung verlangt wird.
Wenn das Tier auch nicht in unseren menschlichen Begriffen denkt, wenn es uns auch nichts über seinen Seelenzustand erzählen kann, so spricht es doch eine deutliche Sprache, wir müssen sie nur verstehen lernen.
Sozial lebende Tiere haben bestimmte Körpersignale entwickelt, um ihren emotionalen Zustand mitzuteilen. Da sie sich ständig beobachten, um diese Signale rechtzeitig zu bemerken, sind diese so unauffällig, daß sie von einem oberflächlichen Betrachter meist nicht wahrgenommen werden.
Dressierte Tiere reagieren auf kleinste Zeichen mit der Hand oder der Peitsche so gut, daß der Zuschauer glaubt, ein im menschlichen Sinne intelligentes Wesen vor sich zu haben.

Der berühmte Kluge Hans soll auf diese Art seine beachtlichen Rechenkunststückchen vorgeführt haben.
Bei der Körpersprache müssen wir die Körperhaltung und die Signale, die mit Schweif, Ohren und Kopf gegeben werden, unterscheiden.
Besonders auffällig ist die Pose der **Alarmbereitschaft**.
Das Pferd nimmt eine gespannte, wache Körperhaltung an, reckt sich hoch, wittert in die Richtung der drohenden Gefahr, bläst den Atem schnarchend aus, stellt den Schweif und macht einige nervöse Tritte auf der Stelle. (Hat sich Ihr Pferd beim letzten Impftermin nicht genauso verhalten?)
Jedes einzelne Signal bedeutet für andere Herdenmitglieder – ob sie nun Sichtkontakt haben oder nicht –: Aufpassen!
Die Summe der Signale bedeutet: Alarm! Eine Flucht steht unmittelbar bevor. Ein junges Pferd, das sich beim Näherkommen des Schmieds so benimmt, ist sicher noch nicht bereit, einen Fuß zu geben, denn es würde sich ja der Möglichkeit zu fliehen selbst berauben. Gewalt wüde in dieser Situation die Wachsamkeit des Pferdes umschlagen lassen in Aufregung, Angst oder sogar Panik, auf die es wegen seines Überlebensprogrammes nur mit Flucht reagieren kann. Es wird sich losreißen oder, wenn es sicher angebunden ist, sich zur Wehr setzen und ausschlagen, da es dem vermeintlichen Angreifer nicht entfliehen kann.
Diese Signale sind so offensichtlich, daß sie auch der Laie nicht übersehen kann; sie werden in der Regel auch richtig gedeutet. Meist wird aber die erkannte Angst des jungen Pferdes nicht respektiert, da der Besitzer in der Annäherung der ihm bekannten Person keine Gefahr sieht.
Wir müssen also lernen, zu denken wie ein Pferd, wenn wir unser Pferd mit Erfolg erziehen und ausbilden wollen.
Daß Pferde auf die Signalwirkung von Körperlinien (Silhouetten) achten, zeigt ein einfaches Experiment.
Ziehen Sie bei der nächsten Begegnung mit Ihrem Pferd einen Hut, einen Mantel o. ä. an, den das Pferd noch nicht kennt, oder nehmen Sie einen Regenschirm mit. Die Reaktion Ihres Pferdes auf Ihre neue Silhouette zeigt Ihnen, wie stark sein Nervenkostüm ist. Womöglich zeigt es Ihnen bei Ihrer Annäherung die ganze Stufenleiter seiner Erregung, angefangen mit einer kaum sichtbaren Verspannung bis zum kurzen Fluchtgalopp über die Koppel.
Beobachten Sie, wenn Sie dies bisher noch nicht bewußt getan haben, alle Erregungszeichen Ihres Pferdes, und lernen Sie so Ihr Pferd und seine Reaktionen besser kennen und einschätzen.
Fortgeschrittene Pferdeleute haben sogar gelernt, im Gesicht des Pferdes zu lesen, was nicht einfach ist, da das Pferd keine Mimik im menschlichen Sinne zeigt. Mit etwas Übung aber ist jeder Interessierte in der Lage, Spannung, Konflikt, Unsicherheit, Schmerz oder Ablehnung im Gesicht eines Pferdes zu erkennen.
Schauen Sie sich die Bilder auf Seite 46, 72 und 73 sowie die Abb. 43 und 91 an, und versuchen Sie, den Gesichtsausdruck zu bestimmen. Je besser dies im Laufe der Zeit gelingt, desto unproblematischer wird der Umgang mit Ihrem Pferd, auch bei der Arbeit am Huf.
Und noch ein Hinweis zum Schluß des Kapitels: In der Gebärdensprache kann das Pferd nicht lügen!
Wir übrigens auch nicht, und wenn Ihr Nachbar demnächst zu Ihnen sagt: „Ich finde es toll, daß Sie jetzt auch am Huf arbeiten!" und sich dabei die Nase reibt, dann meint er es nicht so, wie er es sagt.

Zur rechten Seite:
Dülmener Hufe (vgl. dazu Seite 82)

VI. Immer mit der Ruhe
Die Vorbereitung des Jungpferdes

Die Vorbereitung des Pferdes auf die Arbeit am Huf hat mit praktischer Arbeit am Huf zunächst recht wenig zu tun, genau genommen überhaupt nichts.
Der Mensch hat das Pferd jahrtausendelang benutzt. Er hat sich aber bemerkenswert wenig Gedanken darüber gemacht, was in dessen Kopf vorgeht. Und so ist denn meistens nach der Einstellung verfahren worden: Wenn dein Pferd genügend Angst vor dir hat, wird es dir schon gehorchen.
Das, was unsere Pferde aber vor uns empfinden sollen, ist nicht Angst, sondern Respekt; der Fachmann spricht hier von Furcht.
Nur die wenigen großen Pferdeleute, deren Wissen wenigen Auserwählten an den Reiterakademien vermittelt wurde, nur die erkannten das Wesen des Pferdes richtig und formulierten: „Das Pferd kann und will verstehen, was du von ihm erwartest. Gib du ihm nur die psychische und physische Möglichkeit, es dir zu beweisen.“ (Pluvinel)
Heute erkennen wir im Bereich der Freizeitreiterei wieder eine Besinnung auf diese Einstellung. Keiner muß sich mehr mit dem Pferd beschäftigen. Aber viele derjenigen, die es tun, tun es umfassend und werden mit der Zeit zu gebildeten horsemen/horsewomen.
Auch die Tatache, daß in den letzten Jahren immer mehr Bücher auf den Markt kommen, die sich mit der Psyche des Pferdes und mit seiner Grundausbildung befassen, ist ein Beweis für diesen begrüßenswerten Trend.
Und deswegen beginnt die Vorbereitung des Pferdes auf die Arbeit am Huf zuerst einmal im Kopf des Pferdehalters.

Linke Farbseite:
Hufkurs-Teilnehmer in vorbildlicher Haltung bei der Arbeit am Vorder- und am Hinterhuf

Das Pferd mag einen noch so zweckentsprechenden Körperbau haben, es wird erst durch die fachgerechte Erziehung zu einem nützlichen Gebrauchspferd. Das ist aber eine vorwiegend psychische Angelegenheit.
Im Gegensatz zu anderen Haustieren, die auf Milch-, Woll- oder Fleischleistung gezüchtet wurden, brauchen wir das Pferd zur Arbeitsleistung. Und hier fallen die seelischen Regungen des Tieres, seine Stimmungen, viel stärker ins Gewicht. Sehr deutlich kommt die Vernachlässigung der Pferdepsyche in der Reitvorschrift der Kavallerie zum Ausdruck. Und da der militärische Vorläufer auch heute noch mächtig nachwirkt, hält die Beachtung der Pferdepsyche erst nach und nach Einzug in die heutigen offiziellen Vorschriften. Die so wichtige Grundausbildung des jungen Pferdes fehlt meist völlig.
Die Reitlehren für Privatleute, z. B. die des Franzosen François Robichon de la Guérinière, haben diesem Bereich schon immer mehr Bedeutung beigemessen. Diese Tradition wird heute eher in der Freizeitreiterszene fortgeführt, weil man dort offen ist, sich rückbesinnen kann auf Wesentliches und nicht so militärisch-traditionsbehaftet denkt wie die „richtigen“ Reiter in den Reitschulen.

Die Methode

Es gibt im Grunde nur zwei Formen der Ausbildung: die Vergewaltigung oder die schrittweise Gewöhnung im Sinne einer planmäßigen Dressur.
Vergewaltigungsmethoden wurden überall dort angewendet, wo genügend Pferde zur Verfügung standen und der Tod eines einzelnen Tieres nicht ins Gewicht fiel.
Aus dem Wilden Westen kennen wir das Einbrechen junger Pferde mit Gewalt, obwohl

Abb. 43: Vergewaltigung eines Fohlens durch drei Profis: Ohrenbremse, hochgebogene Schweifrübe, stark überdehntes Karpal- und Fesselgelenk. Time is money – *der Schmied hat keine Zeit, Ihr Pferd zu erziehen!*

dies nie typisch war für den *Western horseman* (für die heutige seriöse Westernszene übrigens auch nicht).
Das Einbrechen (to break up) muß eigentlich im Sinne von „absetzen" verstanden werden und bedeutet, daß das junge Pferd mit seinen bisherigen Lebensgewohnheiten „brechen" muß.
Die zuverlässigste Methode ist zweifellos die Methode der kleinen Schritte im Sinne der Gewöhnung. Kleine Schritte kann das Pferdehirn „verdauen"; der spätere Gebrauchswert des Pferdes hängt stark von dieser ersten Lernphase ab. Leider gibt es viel zu wenig Grundschul-Reitlehrer, so daß viele Pferdebesitzer diese wichtige Phase überspringen.
Die Autorität, die zur Erziehung gehört, erreicht der Mensch durch pferdegemäßes Abrufen der verlangten Übungen, durch Belohnung und durch Wegfall der Belohnung. Dazu ist nicht nur Wissen und Können, sondern auch ein Teil Begabung erforderlich.
In Kapitel X wird dargestellt, welche Zwangsmittel dem Schmied zur Verfügung stehen, die es ihm gestatten, ohne große Verletzungsgefahr am Huf eines ungezogenen Pferdes zu arbeiten.
Alle diese Maßnahmen sehen vor, das Pferd über einen mehr oder weniger großen Schmerz gefügig zu machen – eine ebenso dumme wie gefährliche Einstellung.
Dumm, weil das Pferd auch in Zukunft ähnliche Handlungen immer wieder mit Schmerz in Verbindung bringen wird. Gefährlich, weil vor allem ängstliche Pferde zu Reaktionen getrieben werden, die Gefahren für den Aufhalter und den Schmied heraufbeschwören.
Wenden Sie daher bei der Vorbereitung Ihres Pferdes auf Hufpflege und Hufschutz die Erkenntnisse an, die im Kapitel „Psychologie" dargestellt wurden. Lesen Sie jetzt erst dort noch einmal nach (oder auch in einem der angeführten Bücher), wenn Ihnen die Zusammenhänge nicht mehr klar sind.

Sind Ihnen die Zusammenhänge noch bewußt, werden Sie sicher den Unterschied zwischen konsequenter Erziehung und Zwangsmaßnahme erkennen können.
Die meisten Pferde, die aus einem Vertrauensverhältnis heraus an die Arbeit am Huf gewöhnt werden, widersetzen sich nicht. Sie dulden nach und nach alle Maßnahmen, die notwendig sind. Nur müssen bei dieser Ausbildung die Lernschritte u. U. noch kleiner sein als später beim Einreiten, weil wir dem Pferd ja die Möglichkeit, sich einem unheimlichen Geschehen durch die Flucht zu entziehen, nehmen.
Solange das Pferd also beim Absetzen des Hufs nicht unser Kommando abwartet, solange darf noch kein Nagel eingeschlagen werden, da er sonst womöglich seine blutige Bahn durch unsere Hände oder unseren Oberschenkel zieht.
Da wir aber dem jungen Pferd und seinem Huf nichts Besseres bieten können als Barfußlaufen und da wir als verantwortungsbewußte Pferdehalter, Reiter, Züchter und Fahrer unser Pferd frühestens mit drei Jahren anreiten, mit vier Jahren einreiten und erst mit fünf Jahren belasten, brauchen wir vor diesem fünften Jahr keinen zusätzlichen Hufschutz. Und auch während des Aufbautrainings nur dann, wenn der Untergrund, auf dem wir reiten müssen, das Hufhorn zu stark abnutzt.
Bis dahin aber sollte jedes Pferd so weit erzogen sein, daß es alle Arbeiten am Huf geduldig über sich ergehen läßt, ohne daß Zwangsmaßnahmen nötig sind.
Wie aber sieht die Ausbildung des jungen Pferdes bis dahin aus?

Das Anfassen

Ein Fohlen, dessen Fuß sich nicht in den ersten Tagen von selbst aufrichtet (bei entsprechender Haltung, versteht sich), sollte als Steak zwischen den Zähnen eines Fleischfressers landen – und wenn es die Ihren sind! Schockiert? Verschließen Sie die Augen bitte nicht vor der Realität! Ein solcher Fuß, der nur mit Hilfsmitteln aufgerichtet werden kann, wird ewig eine Schwachstelle bleiben. Weicht dazu das Bein auch noch von der idealen Stellung ab, reicht zum Abzählen der Lebensjahre eine Hand.
Wie wollen Sie ein solches Pferd später belasten, ohne angelaufene Sehnen, geschwollene Fesselköpfe oder im Extremfall einen Niederbruch zu riskieren?
Wollen Sie mit einem solchen Stutfohlen später züchten? Womöglich noch mit einem Hengst, der die „Hufrolle" im Stammbuch führt? Nein! Ich weiß, allein schon der Gedanke tut weh, aber wenn der natürliche Feind fehlt, haben wir die Pflicht, einem solchen Tier spätere Leidensjahre zu ersparen.
Wenn sich die Gelenke also gut aufgerichtet haben, könnte man den Fohlenhuf eigentlich bis zum Absetzen des Fohlens in Ruhe lassen. Wenn das Tier nicht im Stall auf Einstreu gehalten wird, sondern auf der Weide, wo es mit Artgenossen herumtoben kann, ist auch Fäule im Huf nicht zu befürchten.
Oft aber sind nach 3–4 Monaten schon kleine Korrekturen notwendig, auch die Kontrolle des relativ weichen Fohlenhufs auf eingetretene Gegenstände sollte nicht vergessen werden. Dies macht es notwendig, den kleinen Kerl schon relativ früh an das Aufheben der Beine zu gewöhnen (siehe Seite 66).
Diese Übung darf aber nicht die erste sein. Zuerst muß das Fohlen handzahm werden. Man beginnt damit, es überall anzufassen, und krault es, indem man mit den Fingerspitzen die Lippenbewegung der Mutter nachahmt. Nach kurzer Zeit wird das Fohlen sich nicht mehr entziehen. Ist die erste Angst überwunden, geht die kraulende Hand an den Beinen hinunter immer tiefer und berührt schließlich den Huf. Wenn das Fohlen diese Berührung duldet, beginnen wir am Sporn unter dem Fesselgelenk leicht hochzudrükken. Reagiert das Tier mit einem ruckartigen Anheben der Gliedmaße, wird gelobt.
Mehr aber können wir ohne vorherige Führausbildung nicht machen, da das Fohlen sonst lernen würde, sich unseren Einwirkungen zu entziehen. Deswegen verbietet es sich von selbst, den Huf in diesem Stadium mit Kraft anzuheben und festzuhalten.
Fohlen können sich noch nicht selbst ausbalancieren. Es kommt sogar vor, daß sie in falscher Einschätzung ihrer Balance beim Toben ausrutschen und hinfallen. Grundfalsch wäre es auch, Kindern die Pflege zu überlassen. Fohlen sollten stets von einer erfahrenen Person in die ersten Ausbildungsschritte eingeführt werden.

Das Führen

Für die erste Führausbildung kann man sich der sehr humanen, sehr pferdegerechten Methode à la Linda Tellington-Jones bedienen, sehr schön beschrieben und illustriert z. B. von Christiane Gohl („Ein Fohlen aus unserer Stute"). Ihr einziger Nachteil: Für den Anfang braucht man einen Helfer. Hat man diesen nicht zur Hand, bedient man sich des *Baby-Ropes*. Mit diesem einfachen Hilfsmittel ist man nicht auf Helfer angewiesen und kann trotzdem dem Fohlen die Überlegenheit des zweibeinigen Herdenchefs deutlich machen.
Und so geht man vor: Der vordere Teil des offenen Seils wird um die Brust gelegt und wirkt als Bremse gegen unkontrolliertes Davonstürmen; der hintere Teil führt um die Hinterhand und wirkt als „Komm-mit". Die beiden Enden und den mittleren Teil faßt man über dem Rücken zusammen und transportiert das Fohlen wie einen Koffer mit vier Beinen.

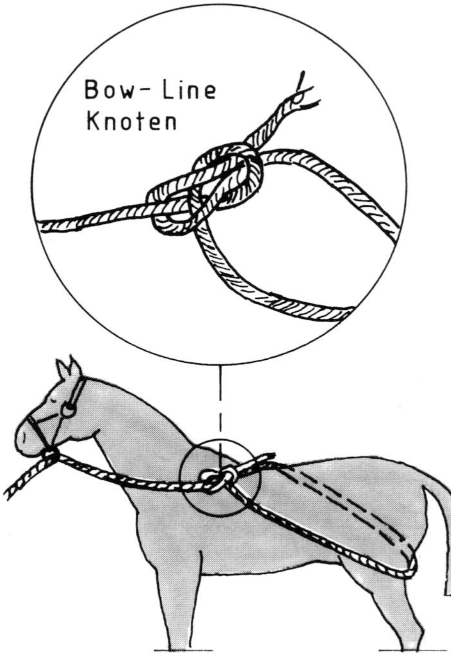

Abb. 45: Der Komm-mit-Strick

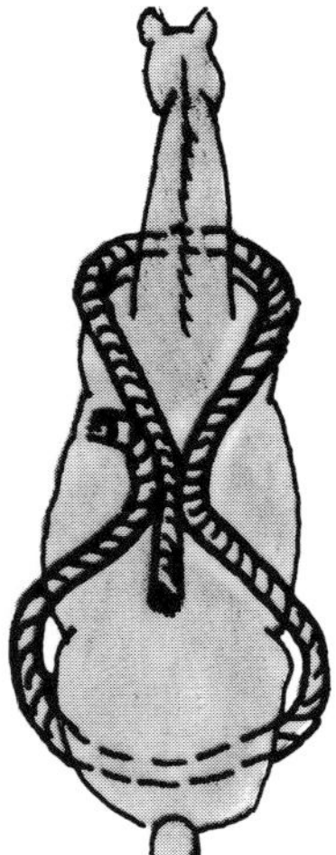

Abb. 44: Das Baby-Rope

Fohlen kann man noch nicht gleich am Halfter führen. Den Zug am Führstrick würde das junge Tier mit Rückwärtstreten oder sogar Steigen quittieren. Deshalb wird das Fohlen auch nach der Gewöhnung an das Halfter eine Zeit lang mit dem Baby-Rope weitergeführt.
Hat das Fohlen gut gelernt, macht man einen Führstrick ans Halfter, faßt diesen mit der linken Hand und bedient ihn passend zu den Hilfen, die die rechte Hand dem Fohlen über das Baby-Rope vermittelt. Also: einige Zupfer auf die Hinterhand zum Vorwärtsgehen, einige Zupfer auf die Brust und am Halfter zum Stehenbleiben.
Nach und nach werden die Signale mit dem Baby-Rope reduziert. Geht das Fohlen schon recht willig mit und läßt sich auch am Halfter schon ein bißchen lenken, ersetzen wir das Baby-Rope durch einen *Komm-mit-Strick*. Diese etwa stockmaßgroße Schlinge wird um die Hinterhand gelegt und beim Führen entweder mit der linken Hand angezupft oder durch das Halfter geführt. Der Zug am Komm-mit erspart dann den Zug am Halfter, dem manche Fohlen noch lange Zeit durch Rückwärtstreten auszuweichen versuchen.

Das Hufeheben

Während der Führausbildung gewöhnen wir unser Fohlen immer einmal wieder daran, den Huf auf Kontakt mit der Hand kurz anzuheben. Nun kommt auch der Befehl: „Gib Huf!" dazu. Immer, wenn das Fohlen reagiert,

selbst wenn die Reaktion nicht wie gewünscht ausfallen sollte, wird gelobt.
Das Fohlen lernt so, daß man etwas von ihm will. Und es lernt, auf die Stimme zu hören, und erkennt am Tonfall, ob es sich gut oder weniger gut verhalten hat. Das ist für ein Fohlen schon eine ganze Menge!
Wenn wir das Gefühl haben, das Tier weiß, was wir von ihm wollen, machen wir den nächsten Schritt. Wir halten den Fuß für einen kurzen Moment fest, ohne ihn aber mit der Hand fest zu umschließen und ohne ihn höher zu heben, als das Fohlen es anbietet. Wichtig ist, daß das Tier nie das Gefühl hat, aus dem Gleichgewicht gebracht zu werden. Hilfreich wäre in dieser Phase ein Partner, der auf der Kruppe oder der Schulter der gegenüberliegenden Seite seine Hand auflegt, während wir den Huf halten, und einen gelinden Gegendruck aufbaut.
Spielt das Fohlen bei der Führausbildung gut mit und haben Sie einen deutlichen Fortschritt in der Ausbildung erkannt, halten Sie eines Tages beim Führen in einer Ecke oder neben einer Wand (optische Gleichgewichtshilfe), drehen sich um, legen Ihren linken Arm über die Kruppe des Fohlens, fahren mit der rechten Hand am Hinterbein entlang, heben es an der Röhre an und falten es unter der Hüfte mit leichtem Druck zusammen.
Das Fohlen baut einen leichten Gegendruck auf, bleibt aber sonst ohne Angst stehen. Nach etwa 20 Sekunden geben Sie dem Druck nach. Das Fohlen streckt sein Bein nach hinten heraus, um es zu entspannen. Sie folgen dieser Bewegung mit leichter Hand und setzen das Bein ab, bevor das Fohlen vorwärts gehen will. Danach drehen Sie sich in Führposition und gehen ein paar Schritte neben dem Fohlen her. Genug für heute. Das Fohlen erhält eine Pause zum Nachdenken; das andere Bein heben Sie erst am nächsten Tag.
Diese Übung spielen Sie während der nächsten Tage immer wieder durch, bis das Fohlen eine gewisse Sicherheit und Routine erkennen läßt.
Dann erfolgt der nächste Schritt. Gehen Sie nach dem Absetzen des Hinterbeins nicht los, sondern bleiben Sie stehen. Hat das Fohlen diese Veränderung verstanden und bleibt es ebenfalls stehen, nutzen Sie den Moment, in dem das Hinterbein abgesetzt und belastet wird, zum Anheben des Vorderbeins der gleichen Seite.
Am Anfang muß man sich auf eine Rückwärtsbewegung einstellen, deswegen genügt es fürs erste, wenn das Fohlen den Huf willig vom Boden löst. Später umgreifen Sie die Fessel und heben das Vorderbein nach hinten-oben, so daß der Unterarm senkrecht steht und das Röhrbein waagrecht liegt.
Selbst bei älteren Jungtieren sollten wir immer erst einen Hinterhuf anheben. Warum? Das Pferd steht normalerweise mit allen vier Hufen unter seinem Gewicht, wobei die Vorhand ca. . . %, die Hinterhand etwa . . % des Körpergewichts trägt. (Sie erinnern sich?)
Pferde, die ihr Gleichgewicht noch nicht gefunden haben, fallen oft auf die angehobene Vorhand wie in ein Loch, sie legen sich auf den Aufhalter, wobei der Huf oft herunterschlägt und mit der Spitze auftrifft. Hufbeinbrüche können die Folge sein.
Selbst wenn das Pferd mit einem Nachstellschritt der Hinterhand das Gleichgewicht wieder herstellen kann, wird es aufgeregt sein und ein weiteres Anfassen nur widerwillig dulden.
Machen wir uns noch einmal klar: Ein Pferd, das aus dem Gleichgewicht gebracht wird, widersetzt sich physisch und psychisch dem Verursacher. Für ein Fluchttier gibt es nichts Schlimmeres, als, aus dem Gleichgewicht gebracht, nicht mehr fliehen zu können. Die Reaktion darauf ist bei jungen Tieren immer hektisch, oft panisch.
Geben Sie Ihrem Pferd also die Chance, sein Gleichgewicht selbst herzustellen, indem Sie zuerst die weniger belastete Hinterhand aufheben.
Und: Ziehen Sie den Fuß nie gegen den Widerstand des Pferdes nach oben!
Pferde sind in der Regel stärker als Menschen. Vermeiden wir jede Situation, in der sie das erkennen könnten.
Lassen wir unser Pferd daher mitspielen, und üben wir das Hufegeben so lange, bis das Pferd schon auf ein Zeichen mit dem Zeigefinger oder ein akustisches Signal jedes gewünschte Bein anhebt. Manche Pferde brauchen als Zwischenschritt noch das Antippen mit der Gerte am jeweiligen Bein. Auch das können wir üben. Das Pferd gewöhnt sich dabei gleich an diesen überlangen Zeigefinger, den wir auch sonst noch einsetzen.

Das Anbinden

Irgendwann werden Sie die Arbeit am Huf auch ohne Helfer ausführen wollen. Dafür müssen Sie Ihr junges Pferd anbinden.
Dies ist meist mit einiger Aufregung verbunden, denn hier spürt das Pferd zum erstenmal, daß es in seiner Freiheit eingeschränkt wird, und zwar massiv. Je besser das Pferd vorher dem Zug des Komm-mit oder dem Zupfen am Halfter gefolgt ist, um so schneller wird es beim Anbinden nachgeben. Ohne Kampf sollte es mit Fohlen gehen, die nach der Tellington-Methode ausgebildet wurden. Sonst gehen Sie folgendermaßen vor:
Binden Sie Ihr Pferd in vertrauter Umgebung, am besten neben einem ruhigen Altpferd und auf nicht rutschigem Untergrund an. Fohlen sollten grundsätzlich immer die beruhigende Nähe der gut ausgebildeten Mutter spüren.
Binden Sie nur dort an, wo wirklich nichts, aber auch gar nichts bricht oder reißt. Das Pferd muß sich mit seinem ganzen Gewicht gegen Halfter, Strick und Haken legen können.
Das Pferd muß zu Anfang lernen, daß es auf gar keinen Fall loskommt, wenn es einmal angebunden ist, auch wenn es sich auf die Hinterhand setzt.
Gehen Sie mit voller Vorsicht zu Werke. Wirbelbrüche, Verrenkungen im Bereich des Nackens sind möglich, wenn das Pferd auf diese Übung nicht genügend vorbereitet ist. Nehmen Sie daher ein Strickhalfter, das die Zugkraft anatomisch richtig hinter die Ohren lenkt (siehe Titelbild). Sichern Sie auf alle Fälle doppelt mit Halfter und Halsriemen und festen Stricken und Haken.
Auch die Anbindehöhe spielt eine Rolle. In alten Schmieden findet man oft noch Ringe in Kniehöhe, die für Kühe gedacht waren. Pferde bindet man in Höhe des Widerristes an, wenigstens aber so hoch, wie der Halsansatz ist.
Die Länge des Anbindestrickes sollte in etwa der Kopflänge entsprechen. So kann ein steigendes Pferd sich nie im Anbindestrick verfangen, und bei Zug nach hinten wird der Hals gerade gestreckt.
Die mexikanischen Charros gehen nach der Methode vor, die schon Xenophon empfohlen hat. Das ungerittene, noch halbwilde Pferd wird immer am Hals angebunden, und zwar von oben. Der Strick läuft meist über einen 2–3 m hohen Ast und wird dann am Stamm festgebunden. Der Wildling wird danach mit langstieligen weichen Besen aus sicherem Abstand an die Gegenwart des Menschen und seine Berührung gewöhnt. Nimmt das Pferd die Lektion an, bekommt es eine Belohnung in Form einer Möhre, nimmt es die Lektion nicht an, entfällt die Belohnung. Niemals wird das junge Tier bestraft, so wild es sich auch gebärdet.
Wie stark Ihr Pferd sich wehren wird, hängt von seinem Charakter ab. Ist es eine Kämpfernatur, wird es sich unter Umständen spektakulär wehren. In diesem Fall sollten Sie die Wand, den Baum, woran Sie Ihr Pferd binden, durch Decken o.ä. etwas entschärfen, um Verletzungen vorzubeugen.
Widersetzliche Jungpferde, aber auch ängstliche, überreagierende Fohlen sollten Sie beim erstenmal mit einem zusätzlichen Puller-Strick anbinden. Dieses Verfahren hat den Vorteil, daß auch ein steigendes Pferd sich immer wieder selbst herunterholt und vor den Anbindepunkt stellt. Die Verletzungsgefahr am Kopf ist zu beachten, bleibt jedoch gering, wenn der Puller-Strick einige Zentimeter kürzer ist als das Anbindeseil. Ist Ihr Pferd weniger kämpferisch veranlagt, wird es sich nach einigen kräftigen Rucken am Seil in sein Schicksal fügen.

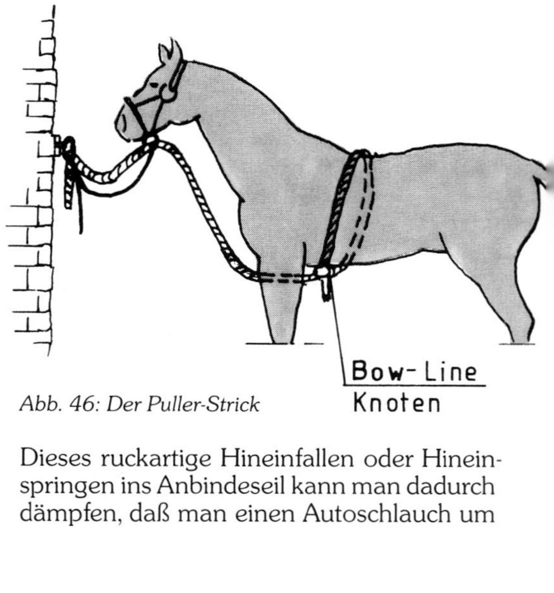

Abb. 46: Der Puller-Strick

Dieses ruckartige Hineinfallen oder Hineinspringen ins Anbindeseil kann man dadurch dämpfen, daß man einen Autoschlauch um den Anbindepfosten schlingt und an ihm das Anbindeseil befestigt.

Das Jungpferd

Der so oft geforderte humane Umgang mit dem Pferd wird häufig falsch verstanden im Sinne von nachsichtig, antiautoritär.
Mit alledem aber kann ein Pferd nichts anfangen. Eine pferdegerechte Ausbildung darf deshalb nicht an menschlichen Maßstäben gemessen werden, sondern an „pferdlichen". Und das heißt in erster Linie konsequent sein, auch hart, wenn das Pferd danach verlangt, aber immer in Ruhe und aus einer Position der Überlegenheit heraus. Das junge Pferd will sich unterordnen und sich dem anvertrauen, der ihm Schutz gibt. Wir müssen also in allen Lebenslagen der Boß sein. Pferde, vor allem junge, ungestüme, sind als Knuddeltiere denkbar ungeeignet.
Soziale Kontakte (Beschnuppern usw.) sollten nur nach Einladung geduldet werden, und was das beliebte Sich-Schubbeln-Lassen anbetrifft, das viele, vor allem weibliche, Pferdenarren als Liebesbeweise interpretieren – finden Sie es wirklich ein Kompliment, von Ihrem Pferd als Schubbelpfahl angesehen zu werden?
Auch das Verhalten „Dankbarkeit" ist nicht pferdetypisch. Diese Sichtweise entspringt der Tendenz des Menschen, seine Umgebung zu vermenschlichen, besonders aber die ihn umgebenden Tiere. Und: Pferde werden nicht besser dadurch, daß wir sie belohnen für nichts. Andererseits begreifen sie Belohnung als Lob nach einer Anforderung sehr wohl. Das hilft Ihnen entscheidend weiter bei der Vorbereitung des Jungpferdes auf die Arbeit am Huf, die wir als erste Schulung für alle die Anforderungen begreifen können, die wir später noch an das Pferd stellen.
Junge Tiere wie junge Menschen lieben die spielerische Erprobung ihrer Kräfte. Pubertäre Jugendliche lassen die Muskeln spielen und neigen zu Übertreibungen, ältere gehen sich aus dem Weg oder aufs Ganze. Nie gibt es beim Tier „politisches" Taktieren. Das dürfen wir beim Umgang mit dem Pferd nie vergessen.
Mit Fohlen und Einjährigen kann ich noch spielerisch üben und sollte das auch tun. Die 2- und 3jährigen muß ich schon überzeugen, besonders wenn sie als Fohlen nicht schon gut erzogen wurden. Die beim Menschen so beliebten Kompromisse sind fehl am Platz. Ich darf auch nicht heute so und morgen so sein, sondern muß immer in der Rolle bleiben, die ich spielen muß: Herdenchef – großmütig dem Jungvolk gegenüber, konsequent gegen die aufbegehrende Jugend. Autorität.
Diese Erziehung geschieht im 2. und 3. Lebensjahr ebenfalls vom Boden aus, von dort, wo wir selbst standfest sind. Alles, was das junge Pferd ohne störendes Reitergewicht lernt, lernt es gut. Die Art und Weise, wie das Pferd an jedem Ort und zu jeder Zeit seine Hufe gibt, kann Gradmesser für den Fortschritt der Gesamtausbildung sein.

Die Belastung

Binden Sie Ihr Pferd immer einmal wieder zur Übung an. Gehen Sie aber zu Anfang nie arglos auf Ihr junges angebundenes Pferd zu, denn Ihre Annäherung könnte als (erneute) Bedrohung aufgefaßt werden. Ein panisches Aufbäumen könnte die Folge sein.
Lassen Sie Ihr Pferd eine Zeitlang am Strick angebunden stehen, und verrichten Sie indessen in seiner Nähe einige Arbeiten. Nach und nach nähern Sie sich dann auch mit den Geräten, die Sie benutzen, schleifen mit den Gabelzinken über den Boden, kehren mit dem Besen bis dicht an seine Hufe und unter seinem Bauch; immer gerade so viel, daß es das Pferd erträgt, ohne weglaufen zu wollen. Putzen Sie Ihr angebundenes Pferd, legen Sie ihm alle möglichen Gegenstände auf den Rücken, ziehen Sie Seile zwischen seinen Beinen durch usw. usw. Gehen Sie immer nur gerade so weit, wie Ihr Pferd noch mitspielt. Denken Sie daran: Die Schritte können nicht klein genug sein in dieser Ausbildungsphase, und vergessen Sie das Lob nicht.
Sie meinen, das habe nichts mit der Arbeit am Huf zu tun? Auf den ersten Blick nicht, da haben Sie recht. Aber wenn Sie diese Vorarbeiten richtig, in aller Ruhe und so lange machen, bis Ihr Pferd ohne Probleme angebun-

den steht und sich aussacken oder auslappen (mit einem Sack, Tuch oder Kleidungsstück berühren oder abstreichen) läßt, dann bringt auch das Hufegeben keine Probleme. Ihr junges Pferd hat gelernt, ohne aus dem Gleichgewicht zu kommen, daß von Ihnen keine Gefahr droht, und das ist in dieser Phase das Wichtigste.
Sie werden die Bestätigung für das gewachsene Vertrauen auch beim Hufeauskratzen erhalten. Viele junge Pferde sind an Sohle und Strahl so sensibel (ohne Schmerz zu spüren), daß sie den Einsatz des Hufkratzers nicht dulden wollen. Beschränken Sie den Kontakt daher zuerst auf ein leichtes Abklopfen von Tragrand, Sohle und Strahl. Beginnen Sie mit dem Auskratzen der Strahlfurchen erst dann, wenn Ihr Pferd auf das Klopfen nicht reagiert.
Und: Halten Sie den Huf nie so lange, bis Ihr Pferd ihn wegzieht. Trainieren Sie schon von Anfang an immer und immer wieder das aktive Absetzen auf Kommando. Loben Sie Ihr Pferd nach jedem kleinen Manöver, klopfen Sie ihm den Hals, und zeigen Sie, daß Sie mit ihm zufrieden sind. Sobald Ihr Pferd begriffen hat, was Sie wollen, wird alles zum Kinderspiel.

Abb. 47/1: Die Erziehung des Jungpferdes
Jede Gelegenheit, die sich bietet, sollten wir zur Erziehung unseres Pferdes nutzen. Hier wurden die Neugier des 3jährigen Andalusiers „El Cid" und seine Vorliebe für Brot aus der Hand für ein kleines Gehorsamsspiel ausgenutzt.
In Erwartung eines Leckerbissens leckt sich El Cid die Lippen. Der Fotograf ist im Moment aber wichtiger — weil fremd — als der „Chef". Augen und Ohren richten sich daher auf den Neuen. Die vorgestreckte Hand (optisches Signal für die Bereitschaft zur Kontaktaufnahme) und die schnipsenden Finger (akustisches Signal) sollen die Aufmerksamkeit auf den „Chef" lenken.

Abb. 47/2: Im Vertrauen darauf, daß in der Nähe des „Leittieres" nichts passiert, erwidert El Cid die Kontaktaufnahme und beschnobert die Hand, wie er in der Natur die Nase eines Gefährten (naso-nasaler Kontakt) beschnuppern würde. Rechtes Auge und rechtes Ohr aber sind nach wie vor auf die neue Situation (Fotograf mit Kamera) gerichtet. Die Aufmerksamkeit ist also immer noch geteilt.

Abb. 47/3: Auch nachdem sich der Fotograf etwas zurückgezogen hat, bleiben Auge und Ohr auf ihn gerichtet. Die Körperhaltung aber signalisiert: keine Fluchtbereitschaft — im Vertrauen auf das „Leittier". Die seitlich abgeklappten Ohren zeigen eine gewisse Unsicherheit.

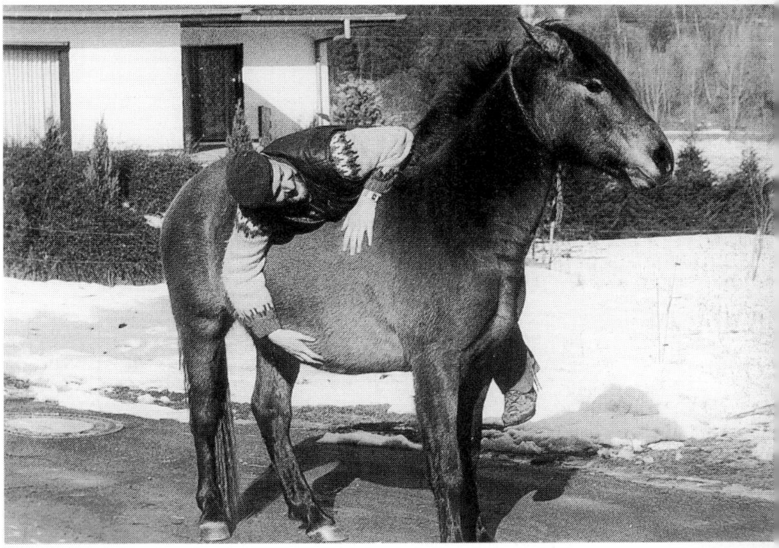

Abb. 47/4: Erst als die Situation sich ändert, kommt Spannung in den Körper. Das Auge taxiert weiterhin den Fremden mit der Kamera, die Ohren verfolgen das Tun des „Chefs". Die gespannte Vorhand, der eingeklemmte Schweif und die verspannte Maulpartie zeigen, daß die Lernsequenz „Leittier auf dem Rücken" gerade erst begonnen wurde. Das bisher erworbene Vertrauen aber hält das Pferd am Ort, ohne daß es angebunden ist. Dies ist in dieser Situation wohl der größte Vertrauensbeweis für ein Pferd, das bis vor 6 Monaten noch frei und ohne Kontakt zum Menschen in einer Herde lebte.

Abb. 47/5: Nach so viel Aufregung wird gelobt und gekrault. Das Pferd, nach erneut erworbenem Vertrauen, gibt sich ganz der an der richtigen Stelle kraulenden Hand hin und entspannt sich im Bewußtsein der schützenden Nähe des „Leittieres". Auch das Näherkommen des Fotografen, das Klicken der Kamera wird jetzt nicht mehr als Bedrohung empfunden. Das zur Seite geneigte, leicht gespannte Ohr zeigt aber, daß das Pferd immer noch eine gewisse Wachsamkeit beibehält.
In solchen und ähnlichen alltäglichen Situationen lernt das Pferd Gehorsam auf eine ihm verständliche Weise. Je kleiner die Lernschritte sind und je öfter bekannte Lernsequenzen geübt werden, desto schneller begreift das Pferd. Schnelle oder große Lernschritte, Lernsprünge womöglich, überfordern das Pferd und treiben es in Fluchtreaktionen, die gerne als Ungehorsam bewertet werden.

Viele Pferde antizipieren dann, d. h. sie nehmen das, was sie gelernt haben, schon vorweg, sie kommen Ihrem Kommando zuvor. Sie zeigen wie kleine Kinder stolz und aufgeregt, was sie schon können, und erwarten dafür eine Belohnung. Lassen Sie Ihrem Pferd dieses Antizipieren nicht durchgehen. Loben Sie nicht, wenden Sie sich ab, und beginnen Sie erneut, bis das Pferd auf Ihr Kommando wartet. Wenn Sie hier nicht konsequent sind, führt das Pferd *Sie* vor, statt umgekehrt. Das wird dann später beim Reiten oder Fahren zum echten Problem. Wenn Sie aber konsequent sind, dann haben Sie bald ein Pferd, um das Sie jeder beneidet!

Die Ausbildungsbasis

Machen Sie sich gerade vor der ersten Belastungsübung (Aussacken mit Plastiktüten z. B.) noch einmal folgendes klar: Ihr Verhalten als Oberpferd beeinflußt in starkem Maße das Verhalten des Zöglings. Bevor Sie also das Anbinden und Hufegeben verlangen, vergewissern Sie sich in der Führausbildung, ob Ihr Pferd Sie als Chef akzeptiert. Geht es mit, wenn Sie gehen und es durch Zupfen dazu auffordern? Bleibt es stehen, wenn Sie stehenbleiben, ohne daß Sie mit ihm kämpfen müssen und es sich wie ein Luftschiff am Haltetau um Sie herumdreht?
Weicht es Ihnen aus, ohne davonzustürmen, wenn Sie auf es zugehen, um eine Rechtskurve einzuleiten?
Wenn Sie diese Fragen mit „Ja" beantworten können, dürfen Sie anbinden und belasten.
Noch einmal zum Verhalten. Nichts beruhigt ein am Anbindestrick tobendes Pferd besser als ein ruhiger Weidegenosse nebenan und ein Chef, der ebenfalls ruhig daneben stehenbleibt, sich ein Liedchen pfeift oder die Pferdesure murmelt.
Auf keinen Fall dürfen Sie in Bewegung geraten, auch wenn Ihnen das Herz bis zum Hals klopft, schon gar nicht, um dem tobenden Pferd zu Hilfe zu eilen. Denken Sie vorher an alle Eventualitäten – niemand kennt Ihr Pferd besser als Sie –, und lassen Sie dann die Übung ablaufen. Selbst wenn das Pferd hinfallen sollte, gönnen Sie ihm diese Erfahrung! Auch Pferde lernen aus Fehlern, sie dürfen diese negativen Erfahrungen nur nicht mit uns in Verbindung bringen.
Dieser wichtige Ausbildungsabschnitt muß sehr vorsichtig und ruhig ausgeführt werden. Das junge Pferd sollte sich keinesfalls verletzen, es sollte seine Angst überwinden lernen und Zutrauen zum Menschen fassen. Dazu müssen die Ausbildungsschritte klein und die Anforderungen so gestellt sein, daß sie erfüllbar sind. So wächst Vertrauen – die Basis für die weitere Arbeit am Huf, für die weitere Ausbildung überhaupt ist geschaffen.

VII. Der Lack ist ab
Die Pflege des Hufs

Ohne Huf kein Pferd

(Ein Vortrag, zu halten bei jeder sich bietenden Gelegenheit – zum Wohl der Pferde)

Sehr geehrte Damen und Herren,
es ist eigentlich beschämend, daß eine so einfache Tatsache wie die, daß es ohne guten Huf kein gutes, leistungsfähiges Pferd geben kann, hier Gegenstand einer öffentlichen Gesprächsrunde/Thema eines Vortrags/Diskussionsgrundlage usw. ist. Denn wir als Eingeweihte wissen, daß hinter dieser Tatsache die Erkenntnis steht, daß eben viele Hufe nicht gut und damit viele Pferde nicht gut sind.
Aber wie kommt das?
Was machen wir falsch, daß eine Diskussion über eine Binsenweisheit Zuschauerränge füllt oder in abgewandelter Form Titel zweier vielbeachteter Bücher ist?
Warum genügt heute der Huf oft nicht unseren Ansprüchen, heute, wo wir keine Kriegszüge mit Pferden unter Extrembedingungen mehr führen, heute, wo das Pferd nur in den wenigsten Fällen den Lebenserwerb seines Herrn sichern muß? Warum genügt der Huf heute oft nicht einmal den Anforderungen des „normalen" Freizeitreiters?
Lassen Sie mich aus der Sicht eines Reiters pauschal mit ein paar Behauptungen antworten:

- Wir züchten verkehrt.
- Wir halten verkehrt.
- Wir pflegen verkehrt.
- Wir beschlagen verkehrt!

Eine Behauptung will ich hier begründen: Wir pflegen verkehrt!
Was verstehen wir eigentlich unter Pflege? Wenn wir Menschen das Wort „Pflege" hören, erwacht in uns sofort die Vorstellung von Sauberkeit und Wohlgeruch, die dadurch entstehen, daß wir verschiedene Pflegemittel benutzen.
Unbewußt übertragen wir unsere menschlichen Vorstellungen auf das Pferd und verfahren dort ähnlich: Wir bürsten, saugen, shamponieren, zupfen Tasthaare, rasieren Nüsternhaare, fetten und ölen!
Es würde uns nie einfallen, uns Sand auf den Kopf zu streuen, um die Haare zu reinigen, und bei der Vorstellung, uns im Schlamm wälzen zu müssen, stehen uns dieselben zu Berge.
Das Pferd allerdings liebt diese Beschäftigungen.
Es wälzt sich mit Vorliebe in Sand und Staub und hat nichts dagegen, wenn sein Körper mit einer Schlammkruste bedeckt ist. Seine Vorstellungen von Sauberkeit decken sich in keiner Weise mit der des Menschen, seine Vorstellungen von Pflege schon überhaupt nicht.
Auf den Huf bezogen heißt das: Hier gibt es eigentlich nichts zu pflegen, was die Natur nicht besser könnte, wenn wir ihr nur Gelegenheit dazu gäben! Wir dürfen auch Hufpflege deswegen nicht mit Sauberkeit gleichsetzen – im Gegenteil!
Das beste Hufpflegemittel der Welt – so sagt Sadko Solinski – ist feuchter Lehm (Erde oder Dreck, wenn Sie so wollen). Was wir beseitigen müssen, ist der Mist, der am Horn klebt, wenn die Pferde so gehalten werden, daß sie ihren eigenen Kothaufen nicht ausweichen können, und Jauche, wenn unser Pferd zu den bedauernswerten Geschöpfen gehört, die in einem Wohnklo hausen müssen.
Wir aber denken oft beim Wort „Hufpflege" an die Pflege unseres Fußschutzes. Der aber besteht – im Gegensatz zum Huf – ganz aus totem Material, aus Leder. Dieses Leder aber

braucht Pflegemittel, die es geschmeidig machen, damit sich unser Fuß nicht eingeengt fühlt, dieses Leder braucht Fett, das es wasserabweisend macht, damit unser Fuß nicht naß wird.
All dies aber ist — auf den Huf bezogen — falsch!
Nun wäre das nicht weiter schlimm, wenn es nicht auch noch schädlich wäre.
Um also einen guten Huf zu erhalten oder einen schlechten zu einem guten umwandeln zu können, müssen wir abkommen von den auf den Menschen bezogenen Vorstellungen. Zu einem guten Huf kommen wir, wenn wir Hufpflege sehr viel umfassender sehen und begreifen:
Hufpflege ist letzten Endes die Summe aller Maßnahmen, die — gewollt oder ungewollt — auf den Huf einwirken.
Wir müssen wieder lernen, die Natur des Pferdes zu begreifen, denn der Huf ist das Ergebnis einer jahrmillionenlangen Entwicklung, das Endprodukt einer gnadenlosen Testreihe.
Der Huf ist ausgerichtet auf die natürliche Umwelt des Pferdes, und alle züchterischen Maßnahmen haben ihn in Bau und Funktion nicht verändert.
Wenn wir trotzdem Probleme haben, dann deswegen, weil wir uns zu weit entfernt haben von der Natur des Pferdes, weil wir glauben, nur das richtige Pulver füttern, nur die richtige Salbe einreiben zu müssen, um die Probleme in den Griff zu bekommen.
Und so können wir auch am Beispiel des teilweise zum Prestigeobjekt verkommenen Pferdes und seiner verweichlichten Hufe erkennen, daß wir nicht ungestraft gegen die Natur arbeiten dürfen.
Um hier Abhilfe schaffen zu können, müssen wir wieder zurück zur Natur des Pferdes, wie wir überhaupt die Natur wieder mehr ins Kalkül ziehen müssen, wenn wir uns nicht selbst aus dieser Welt hinauskatapultieren wollen.
Ich danke Ihnen für Ihre Aufmerksamkeit.

Wild- und Hauspferd — ein Vergleich

Vor ungefähr 5000 Jahren riß der Mensch den gesellig lebenden Pflanzenfresser Pferd aus seinem natürlichen Lebensraum heraus und machte das Steppentier im Laufe der Zeit zum Höhlenbewohner. Vergleichen wir daher auf der Grundlage unseres Wissens über Entwicklungsgeschichte und Psychologie das natürlich lebende Pferd mit seinem domestizierten Vetter im Stall, und ziehen wir ein Fazit.

Körperhaltung

Zeeb und Schäfer haben durch ihre Untersuchungen an halbwegs wild lebenden Pferden nachgewiesen, daß Pferde über 12—16 Stunden eine sog. „physiologische“ (natürliche) Haltung einnehmen. Diese von vielen als „eselhaft“ bezeichnete Haltung zeigt sich in einer gestreckten Kopf-Hals-Rücken-Oberlinie.
Hierbei trägt die stützende Vorhand . . . aber das wissen Sie ja bereits.
Beim Fressen mit tiefem Kopf bleibt das statische Belastungsverhältnis annähernd gleich. Für den Hufbereich bedeutet diese Haltung eine starke Belastung der Zehe und eine Entlastung der Trachten bei mäßig angespannten Sehnen und Bändern.
Beim Abrollen dringt die Hufspitze leicht in den Boden ein und nutzt sich dabei ab. Wildlebende Pferde kürzen ihren Huf auf diese Weise. Pferde, wie die amerikanischen Mustangs oder die australischen Brumbies, die auf relativ festem Untergrund leben, laufen sich so eine deutliche Zehenrichtung an.
Das Stallpferd ist meist zu einer unphysiologischen Körperhaltung gezwungen. Oft muß es seine Körner noch aus der Krippe, das Rauhfutter noch aus der Raufe fressen. Kontaktaufnahme mit den Artgenossen rechts und links findet nur bei hohem Kopf statt, dort, wo die Boxenwand nur vergittert und nicht verbrettert ist. Wird das Pferd nicht richtig geritten, so latscht es in „natürlicher“ Haltung ohne Zügelkontakt, oft auch mit hohem Kopf und herausgedrücktem Unterhals bei falscher Zügeleinwirkung, weiterhin auf der Vorhand, wie die Natur es befiehlt.

Fazit:
Die unnatürliche Körperhaltung mit hohem Kopf und durchgedrücktem Rücken verlagert im Bereich des Hufs die Belastung weg von der Zehe auf die Trachten.

Eine Überlastung der tiefen Beugesehne und der Trachtenregion ist die Folge. Wird der Huf über längere Zeit vernachlässigt, d. h. wird die Zehe nicht entsprechend gekürzt oder wird der Beschlag zu lange liegen gelassen, verändert sich der Huf zum Spitzhuf. Wird der Strahl zu stark beschnitten, kann ein Trachtenzwanghuf entstehen. Eine Entzündung der Hufrolle ist vorprogrammiert.

Das Gebiß

Die Zähne des wildlebenden Pferdes sind auf das lebenslange Kauen harter Gräser und Stengel angelegt. Sie werden 12–16 Stunden am Tag benutzt.
Die Anzahl der dabei durchgeführten Kauschläge ist im Überlebensprogramm des Pferdes gespeichert.
Das Hauspferd in Stallhaltung erreicht die Befriedigung durch stundenlanges Kauen in der Regel nicht. 1 kg Kraftfutter wird mit einem Drittel der Kauschläge zerrieben, die das Pferd für die gleiche Menge Heu oder Stroh bräuchte. Viele Pferde erhalten das ihnen zustehende Futtergewicht allein in Form sogenannten Fertigfutters, da dies Arbeitsersparnis bedeutet und der Heubauch vermieden wird.

Fazit:
Viele Pferde sind allein deswegen nicht ausgeglichen, weil sie ihr Kaubedürfnis nicht befriedigen können. Sie reagieren mit Ersatzhandlungen wie Holznagen, Krippensetzen, Weben usw.
Ein unausgeglichenes Pferd wird immer Schwierigkeiten bei der Arbeit am Huf machen.

Das Stockmaß

Obwohl die Natur gigantische Sonderformen von Equiden entwickelt hat, blieb das Stockmaß der echten Einhufer immer unter 1,60 m, meist sogar deutlich darunter. Der züchterische Einfluß des Menschen veränderte das Pferd vor allem in seiner Gestalt. So wurden je nach Bedarf langrückige Pferde für die Kampfwagen, kurzrückige für die Kavallerie, schwere für gepanzerte Ritter, leichte für Flachrennen gezüchtet.
Die reinen Zuchtprodukte, wie sie seit etwa 300 Jahren bestehen, zeichnen sich alle durch ein deutlich höheres Stockmaß aus. So wie in der Entwicklungsgeschichte die Zunahme an Größe und Gewicht auch eine Veränderung des Bewegungsapparates erforderlich machte, so hätte sich auch bei der Zucht großer Pferde die Basis mitverändern müssen.
Untersuchungen der Biomechanik des Pferdes haben ergeben, daß ein Tier, das man doppelt so groß züchtet, ohne seine Proportionen zu verändern, sechzehnmal schwerer wird. Die absolute Stärke der Knochen, Sehnen und Muskeln nimmt dabei aber nur um das Vierfache zu (Preuschoft, S. 17).
Fazit:
Tatsächlich kann man davon ausgehen, daß die Grenze der mechanischen Belastbarkeit unserer auf Größe gezüchteten Sportpferde erreicht ist.
Diese Annahme wird unterstützt, wenn man sich die Zahl der Hufrollenerkrankungen gerade bei Großpferden veranschaulicht. Freizeitreiter, die meist mit kleineren, naturbelasseneren Pony- und Pferdetypen beritten sind, haben diese Probleme weit seltener, vor allem dann, wenn sie ihre Reitweise entsprechend einrichten.

Das Nahrungsangebot

Das Nahrungsangebot für wildlebende Pferde ist meist ständig vorhanden und sehr abwechslungsreich.
Keine Pferdeweiden der Welt, auch nicht Mustangreservate von Zehntausenden von Hektar, können die Weite der ursprünglichen Steppe und ihr Nahrungsangebot ersetzen.
Wildlebende Pferde konnten sich zu jeder Tageszeit das holen, was ihnen schmeckte: Blätter von Bäumen und Büschen, Gräser der verschiedensten Art, auch saure, zur Abwechslung Kräuter und Heilpflanzen.
Die große Vielfalt der Pflanzen, vor allem natürlich die Vielfalt der Gräser, brachte mit ihren unterschiedlich tiefen Wurzelbereichen Nährstoffe auch aus den tiefsten Bodenschichten ins Angebot.
Das Pferd in Menschenhand wird im Vergleich dazu recht einseitig, traditionell mit Heu und Hafer zu festgelegten Fütterungszeiten, ernährt.
Im Sommer erhält es zusätzlich Gras. Aber

was für Gras! Die Artenvielfalt unserer Kulturweiden ist in den letzten Jahrzehnten erschreckend zurückgegangen. Schuld daran ist die übermäßige Düngung, die in der Regel nur auf Grasmasse ausgerichtet ist. Untergräser und die für die Verdauung so wichtigen Kräuter fehlen auf unseren Knäuelgrasprärien völlig.
Von der Schmackhaftigkeit dieses Futters will ich gar nicht reden. Wie oft sehe ich auf dem Hunsrück Rinderherden mitten im bauchhohen Gras stehen und vor Hunger brüllen. Dabei ist das Rind wesentlich anspruchsloser als das Pferd, weil es als Wiederkäuer die Pflanzen sehr viel besser aufschließen und nutzen kann.
Fertigfutter helfen da auch nicht viel weiter, weil das Pferd mit ihnen sein Kaubedürfnis nicht befriedigen kann (siehe oben).
Oft sind Stallpferde aber auch überfüttert, weil es die Besitzer gut mit ihnen meinen. Ein gut gefüttertes, glänzendes Pferd in „Mastkondition" verleiht seinem Besitzer Ansehen. Oft wird es auf Schauen besser bewertet als ein gleich gutes Pferd in Leistungskondition.
Auf jeden Fall brauchen unsere Pferde — auch die Weidepferde — heute eine zusätzliche Versorgung an Vitaminen und Mineralien.

Fazit:
Bei unausgewogener, einseitiger Ernährung und bei Überfütterung können Stoffwechselstörungen entstehen, die sich — wie beim Menschen — meist auf der Haut, an den Haaren und Nägeln zeigen.
Wenn entsprechendes Baumaterial fehlt, produziert das Pferd eine schlechtere Hornqualität (siehe auch: Hornprobleme wegfüttern).

Das Körpergewicht

Das Körpergewicht des Wildlings schwankt im Jahresverlauf um bis zu 25%. Meist kommen die Tiere recht mager aus dem Winter, nehmen mit dem Auftauchen der Gräser in den Sommermonaten zu, entwickeln zum Herbst hin eine deutlich gesteigerte Freßlust (Besitzer von Isis wissen, was ich meine) und erwarten mit ausreichenden Fettreserven den Winter.
Das Gewicht des Hauspferdes unterliegt diesen Schwankungen in der Regel nicht, vor allem dann, wenn das Tier im Stall gehalten wird.
Hauspferde sind aber oft zu fett, d.h. sie schleppen „totes" Gewicht mit.
Weidepferde machen die jahreszeitlichen Gewichtsschwankungen ihrer wilden Vettern in ähnlicher Form mit, falls wir nicht eingreifen, die Weidefläche portionieren oder die aufgenommene Energie wegreiten.

Fazit:
Das verhältnismäßig hohe Körpergewicht belastet Gelenke und Sehnen. Im Zusammenhang mit vernachlässigten Hufen führt es schon in wenigen Jahren zu irreparablen Schäden (siehe auch: Veterinärkunde, Seite 173–186).

Der Wettereinfluß

Das Wildpferd ist ein Pferd der Weite. Als hautaktives Tier braucht es den Einfluß von Sonne, Wind und Regen für sein Wohlbefinden. Es ist wie unsere robust gehaltenen Ponys durchaus in der Lage, auch „schlechtestem" Wetter zu trotzen.
Seit dem 16. Jahrhundert etwa wird das Arbeitspferd in Mitteleuropa mehr und mehr im Stall gehalten. Der Grund: Stallhaltung ist für den Menschen einfacher, bequemer, sicherer, und das Pferd ist immer zur Hand, muß nicht erst getrieben und eingefangen werden.
Auch eine gedankliche Fehlleistung kann die Ursache für die konzentrierte Stallhaltung gewesen sein: Der Mensch als Höhlenbewohner fühlt sich in einem geschlossenen, warmen Raum wohl und überträgt sein Komfortempfinden auf das Pferd.
Gute Pferdeleute aber haben schon zu allen Zeiten gewußt, daß kein noch so guter und sauberer Stall dem Pferd je den Auslauf oder die Weide ersetzen kann.
Gustav Steinbrecht weist in seinem Buch „Das Gymnasium des Pferdes" auf folgendes hin: ... *da unser Pferd sehr zu Erkältungen und infolgedessen zu entzündlichen Krankheiten neigt. Das hat seinen Grund in unserer zu künstlichen Pflege, da wir durch warme Ställe und Decken ein möglichst feines Haar zu erzielen suchen, das nachher nicht hinreichend Schutz gegen unser rauhes Klima gewährt. Im freien Zustande versieht die Natur*

das Pferd mit der entsprechenden Bekleidung, so daß Pferde nördlicher Landstriche die härteste Kälte und das rauheste Wetter ohne Nachteil ertragen. (S. 65)
Das Pferd ist von Natur aus darauf eingerichtet, die tageszeitlichen und jahreszeitlichen Temperaturschwankungen mitzumachen.
Der Stall sollte diese Schwankungen lediglich in ihren Extremen etwas dämpfen. Pferde brauchen also keinen warmen Stall!
Vorübergehende Schwankungen kann der Körper durch Glätten oder Sträuben der Haare ausgleichen. Auch durch die Herabsetzung der Hautdurchblutung kann das Pferd seinen Wärmehaushalt regulieren. Den größten Kälteschutz bietet jedoch die relativ geringe Körperoberfläche des Pferdes.
Dazu ein Beispiel von Blendinger (S. 52/53):
Die Wärmeabgabe über die Haut ist bei einem 75 kg schweren Menschen zwanzigmal größer als bei einem 600 kg, also achtmal so schweren Pferd.
Beweis: Ein Würfel von 10 cm Kantenlänge hat eine Gesamtoberfläche von 600 qcm. In acht Teile zerlegt, hat er aber 1200 qcm, also das Doppelte. Acht Menschen haben jedoch zusätzlich 32 Gliedmaßen mit 160 Fingern und Zehen, 16 Ohren, 8 Nasen usw., das heißt ein Mehrfaches an Oberfläche, die für die Wärmeabgabe in Frage kommt. Man kann also sagen, das Pferd friert etwa zwanzigmal weniger als der Mensch.

Fazit:
Aus der Betrachtung geht hervor, daß das Pferd seine Anpassungsfähigkeit an wechselnde klimatische Verhältnisse vor allem seiner Hautaktivität verdankt. Eine solche aktive Hautoberfläche setzt eine große psychische Sensibilität voraus und zieht eine seelische Aktivität nach sich.
Das Pferd ist also kein „dickfelliger" Charakter, auch wenn manche Robuste uns da eines Besseren belehren wollen. Es braucht den Einfluß des Wetters für sein körperliches und seelisches Wohlbefinden. Selbst intensivstes Putzen schafft da keine Abhilfe.

Feuchtigkeit

Das in Freiheit lebende und dem Wetter ausgesetzte Wildpferd kommt regelmäßig mit Feuchtigkeit in Berührung. Selbst in ausgesprochen regenarmen Gebieten liefert der morgendliche Tau im Gras dem Huf genügend Feuchtigkeit.
Spätestens jeden zweiten Tag kommen die Tiere zur Tränke, wo sie während des Saufens mit den Vorderhufen im Wasser stehen und beim Abdrehen die Hinterhufe benetzen.
Oft nehmen die Tiere auch noch ein Schlammbad und „cremen" ihre Hufe bis über die Kronränder mit feuchter Erde.
Das Stallpferd lebt in der Regel auf trockenem Untergrund. Es steht auf trockener Einstreu und wird auf trockenem Sägemehl-Torf-Sand-Gemisch gearbeitet. Durch das Stehen und sich-Bewegen auf weichem Untergrund wird der Hufmechanismus wenig gefordert und die Versorgung des Hufes von innen herabgesetzt.

Fazit:
Stallpferde haben oft trockene, spröde Hufe ohne große Abriebfestigkeit.

Das Herdentier

Damit das Pferd ein artgerechtes Leben führen kann, muß es sich als Pferd fühlen können. Dazu muß es im Herdenverband geboren werden und aufwachsen. Es braucht gleichaltrige Spielkameraden, mit denen es seinen Platz im Herdenverband auskämpft, es muß von den Mutterstuten, älteren Wallachen und dem Leittier bedroht, gejagt und bestraft werden.
Das Pferd als Herdentier kann sich psychisch nur entspannen und ausruhen, wenn es sich durch ranghöhere Tiere dominiert, d. h. beschützt und erzogen fühlt.
Das Stallpferd kann all dies nicht genießen, es wird in artfremder Einzelhaft gehalten, soziale Kontakte mit Artgenossen kommen kaum vor.

Fazit:
Franz Zweifel gibt in seinem Buch „Problematische Pferde" eine Zusammenstellung der psychogenen Verhaltensweisen der Pferde, die uns vor allem bei der Arbeit am Huf so viele Schwierigkeiten bereiten. Alle haben ihre Ursache in der artfremden Haltung und Behandlung des Pferdes. Es sind 51!

Bewegung

Wie ich bereits erwähnte, können wir uns die Weidegründe des Wildpferdes nicht groß genug vorstellen. Nur in weiträumigen Steppengebieten konnte sich das Pferd von schwierigen Bedingungen des Klimas und der Ernährung freimachen, ihnen sozusagen davonlaufen.
Tesio (zit. nach Blendinger) vertritt daher die Ansicht, daß Wildpferde ursprünglich große jahreszeitliche, den Zugvögeln vergleichbare Wanderungen unternahmen und sich im Sommer an der Nordsee, im Winter am Mittelmeer aufhielten. Der Bewegungsdrang war weniger dazu bestimmt, sich vor Feinden in Sicherheit zu bringen, als vielmehr, um weit entfernte Weideplätze, Quellen und Salzlecken aufzusuchen.
Das ist eine für die Psychologie des Pferdes fundamentale Feststellung.
Zeeb hat nachgewiesen, daß die halbwild lebenden Pferde der Camargue und die Ponys im Dülmener Bruch täglich etwa 15—25 km zurücklegen, um von einem Weideplatz zum anderen, von einer Quelle zum Ruheraum zu gelangen.
Solinski weist darauf hin, daß es eine vitale Notwendigkeit des Pferdes ist, regelmäßig seine Ausdauer zu trainieren und auf dem einmal erreichten Leistungsniveau zu halten. *Verliert ein Pferd das Vertrauen in seine Fliehfähigkeit, in die psychische — weil es sich angebunden, eingekerkert oder festgehalten fühlt — wie in die physische — weil es schwer verletzt ist, lahmt, chronisch arbeitsmäßig unter- oder überfordert ist oder nur selten oder falsch geritten wird, so daß jede ungewöhnliche Bewegung Schmerzen erzeugt, so verliert es um so schneller seinen Lebenswillen und -mut, je näher es noch dem Wildpferd verwandt ist.* (S. 87)
Und was gibt es Traurigeres als das in seinem Bewegungsbedürfnis frustrierte Stallpferd, das 23 Stunden lang Wände und Gitter vor seinen Augen hat und dann in der einen Stunde Bewegung zwischen Mauern oder Stangen laufen muß, in einem Karree?
Abgesehen von den psychischen Störungen wirkt sich das Auf-der-Stelle-Treten auf weichem Untergrund verheerend auf den Huf und seinen Mechanismus aus. Und nun beginnt ein Teufelskreis: Wenig Bewegung bewirkt schlechte Durchblutung bewirkt schlechte Versorgung bewirkt schlechtes Horn bewirkt schlechtes Pferd!!!

Fazit:
Der Schlüssel zur Lösung der meisten Hufprobleme heißt: BEWEGUNG!

Fett und Teer

Jeder Pferdebesitzer sollte energisch Front machen gegen die ekelhafte Unsitte mancher Stalleute, die Hufe der Pferde unmittelbar vor dem Gebrauch mit einer dicken, schwarzen Schmiere zu überziehen. Es wird damit nichts anderes erreicht, als daß gute Hufpflege vorgetäuscht wird. (Wrangel, S. 57)

Fett ist uns auf unserem Gang durch die Jahrmillionen der Pferdeentwicklung nie begegnet.
Wenn der Huf Fett nötig hätte, hätte die Natur eine Möglichkeit gefunden, mit Hilfe einer Fettdrüse oder ähnlichem dem Huf das entsprechende „Schmiermittel" zukommen zu lassen. Sie hat es nicht getan!
Im Gegenteil, sie hat den Huf dort, wo normalerweise gefettet wird, mit einem undurchdringlichen Überzug versehen, der Glasurschicht. Dort, wo durch die intensive Sonneneinstrahlung der Huf „ausdünsten" könnte, geht nichts raus und auch nichts rein. (Wo konnten Sie diese Aussage schon einmal lesen?)
Stellen wir aber den Huf im Sommer auf eine Betonfläche, bildet sich schon nach kurzer Zeit ein feuchter Abdruck. Warum? Im Bereich der Sohle und des Weichhorns kann der Huf Feuchtigkeit aufnehmen und abgeben. Dort könnte auch Fett nach dem Waschen, um die Feuchtigkeit im Huf zu halten, aufgetragen werden. Aber wie lange würde es dort bleiben? Nein, Fett ist bei der Hufpflege nicht vorgesehen. Teer genausowenig.
Teer, auf der Sohle und dem Strahl aufgebracht, verklebt das Horn für einige Zeit, d. h. die von der Natur vorgesehene Ausdünstung kann vorübergehend nicht stattfinden. Teer auf einen Huf aufgebracht, der nicht penibelst sauber ist, unterstützt die Anaerobier (das sind Fäulnisbakterien, die sich unter Luft-

abschluß besonders gut entwickeln) bei ihrer verhängnisvollen Tätigkeit.
Teer ist ein Relikt von früher, als man noch nichts anderes hatte, um Keime abzutöten. Teer war das Heilmittel des Schmieds, das er vom Köhler neben der Holzkohle fast umsonst erhielt, Teer war auch in den Zeiten der Segelschiffe Heilmittel der Seeleute. Heute gibt es bessere Materialien. Auf den Etiketten moderner gut gereinigter Teerpräparate steht übrigens zu lesen: Verklebt die Sohle nicht!
Das Fetten ist ebenfalls ein alter Zopf, wahrscheinlich ein militärischer zur Beschäftigung der Pferdesoldaten in Friedenszeiten. Daß man bei der Kavallerie auch in Kriegszeiten diese Tätigkeit beibehalten hätte, davon spricht kein Heeresbericht. Obwohl man annehmen sollte, daß der Huf gerade in Zeiten höchster Beanspruchung bestmögliche Pflege gebraucht hätte.
Der alte Fett-Zopf hat sich bis heute da erhalten, wo auch sonst aus Tradition viel Ballast mitgeschleift wird: in den Reithallen. Hier gehört die meist sonntägliche Gesamtpflege des Pferdes zum guten Ton. Nach den Bedürfnissen wird oft nicht gefragt.
So werden denn vor allem in der schlechten Jahreszeit die Hufe vorher auch nicht gewaschen, man kann ja nicht raus, und die Sauerei auf der Stallgasse will und darf man keinem zumuten. Im Frühjahr zeigt sich dann das Resultat, das um so schlimmer ausfällt, je billiger und wertloser das Fett war, das verwendet wurde.

Fazit:
Wer etwas vom Fach versteht, lehnt den Einsatz von künstlichen Pflegeprodukten für den Huf generell ab.
Da aber Pferdepflege oft auch als Ausgleich (man ist zu kaputt zum Reiten, will das Pferd nur spüren, riechen) betrieben wird, will ich einschränkend folgendes sagen:
Wenn schon Fett, dann nur vom besten. Die billigen Fette in Litereimern mit Aufdruck „Lorbeerölzusatz", grün gefärbt und nach wenigen Wochen schon ranzig, sind Abfallprodukte der Erdölchemie, für sonstige Zwecke, selbst zum Schmieren von Metallgelenken z. B., nicht mehr zu verwenden.
Also wenn schon Fett, dann nur vom besten: Diese Mittel nennen sich auch „Hufsalbe" oder „Lotion". Hier hat man vom Hersteller (Inhaltsanalyse beachten!) die Garantie, daß die Inhaltsstoffe dem Huf wenigstens nicht schaden. Aber diese Pflegemittel haben ihren Preis.

Gesamtfazit

Nie wurden die Hufe besser und intensiver eingeschmiert als heute, wo die Industrie genügend – auch gute – Hufpflegemittel bereitstellt und wo Besitzer in der Regel auch genügend Geld haben, sich diese anzuschaffen.
Und nie waren die Pferdehufe schlechter, weniger strapazierfähig als heute, wenn man den Beschwerden vieler Besitzer glauben darf.
Der Vergleich zwischen der Wildform des Pferdes und der domestizierten Form zeigt ein überraschendes Ergebnis: Das Pferd und sein Huf werden um so anfällliger, je mehr wir uns von den natürlichen Bedingungen entfernen.
Hufpflege ist keine Frage irgendwelcher Mittelchen, sondern eine Frage der Haltung.
Wird das Pferd wenigstens annähernd artgemäß gehalten, erübrigen sich viele Maßnahmen von selbst: Die Psyche ist ausgeglichen, so daß das Pferd beim Beschlag auch ungewohnte Handgriffe oder Geräusche wegen seines besseren Nervenkostüms ertragen kann und besser steht. Die Hufversorgung mit Nährstoffen und der Rücktransport des Blutes sind gewährleistet durch den ständig geforderten Hufmechanismus.
Das Pferd ist den schädlichen Einflüssen einer Matratze, die den Huf auslaugt, weniger ausgesetzt; das Horn wird dadurch besser, abriebfester.
Und das Barfußlaufen zwischen den einzelnen Beschlagsperioden bietet dem Horn die Chance, sich zu regenerieren (siehe Umstellung auf Barfußlaufen).

Unser Pferd wird besser, weil der Huf besser wird!

Dülmener Hufe

Ich will Ihnen den Beweis für die Aussagen, die im vorausgehenden Vergleich angestellt wurden, nicht schuldig bleiben.
Schauen Sie sich bitte die Bilder auf Seite 63 an. Die dort abgebildeten Hufe gehörten, bevor sie auf einigen Umwegen in meinen Besitz kamen, Frau Edith Birger aus Münster (Sie erinnern sich doch noch an den verwegenen Briefeschreiber, Frau Birger?) Davor „benutzte" sie eine Dülmener Stute, die, wie es sich für ein Wildpferd gehört, in ihrem 26. Lebensjahr „fiel". So jedenfalls umschrieb Oberförster Düssel, der die Dülmener betreut, die Tatsache, daß die Stute den Winter nicht überstand und starb.
25 Jahre lang haben diese Hufe ihren Dienst verrichtet, obwohl keine menschliche Hand sie gepflegt, ja nicht einmal berührt hat!
Oder gerade deswegen?
Schauen wir uns die Hufe genauer an. Sie sind von ihrer Hornbeschaffenheit bestens in Ordnung, haben eine intakte Glasurschicht. Sie zeigen an den Rändern durch Abbruchkanten, wie sich der Huf des natürlich lebenden Pferdes kürzt. Der Kontrollschnitt an der Zehe des Vorderhufs zeigt, daß Wand und Lederhaut bestens miteinander verzahnt sind. Dieser Huf hätte sicher noch einmal 25 Jahre gehalten, und das ohne Pflege!
Sicher, die Fachleute unter Ihnen, liebe Leserinnen und Leser, haben es längst gemerkt: der Huf ist – gemessen an den Idealvorstellungen – an der Zehe zu lang.
Ein Blick auf die Unterseite bestätigt diese Vermutung. Der Tragrand beider Hufe steht deutlich über der Sohle. Er sollte im Idealfall mit der Sohle auf einer Ebene liegen, so wie die Seite, die am Hinterhuf bearbeitet wurde. Sie erkennen weiterhin einen recht tiefliegenden, fast verkümmerten Strahl, der seine Aufgabe sicher nicht wahrnehmen kann. Aus diesem Grund sind die Hornkapseln im hinteren Hufbereich auch zusammengezogen, beim Vorderhuf deutlich mehr als beim Hinterhuf. Sie sehen hier Trachtenzwanghufe.
„Der Huf ist das Abbild der Umwelt, in der er wächst", habe ich eingangs behauptet. Nun, dieser Huf ist das Abbild der meist weichen Untergründe im Dülmener Bruch. Er nutzt sich deshalb während der Abrollbewegung an der Zehe nicht genügend ab, er hat wenig festen Bodendruck, der Strahl verkümmert und trägt nicht mit.
Diese Zeichen deuten beim Reitpferd immer auf Probleme hin. Zusätzlich könnte man auf Sehnenprobleme schließen wegen der flachen Stellung und der damit verbundenen Überlastung der tiefen Beugesehne und der Hufrolle.
Trotz dieser Anzeichen aber hat die Stute mehr als dreimal solange gelebt wie das deutsche Warmblutpferd, dessen Versicherungsdurchschnittsalter mittlerweile bei weniger als 7 Jahren liegt!
Im Huf und im Band- und Sehnenapparat stecken also eine Menge Reserven, wenn das Pferd sich ohne Reitergewicht so bewegen kann und darf, wie die Natur es ihm vorschreibt.
Das Pferd in Menschenhand, das durch das Reitergewicht oder das Gewicht eines Wagens ganz anderen Belastungen ausgesetzt ist, braucht hier die Korrektur durch den Menschen.
Ein Hauptgrund für den frühen Tod so vieler Pferde finden wir in der Anfälligkeit der Hufrollenregion. Wolf Kröber, „Mister Equitana", sagte dazu während eines Symposions auf dem Fischerhof in der ihm eigenen Art: „Es gibt mittlerweile Pferdestämme, die „die Hufrolle" zum meterlangen Stammbaum gratis mitliefern!"
Leider hat er recht!

Der Stehtag

Wie Sie nun wissen, sind bei der Hufpflege weniger die Mittelchen wichtig, die uns die Industrie zur innerlichen wie äußerlichen Anwendung in so reichem Maße anbietet, als vielmehr die artgerechte Haltung.
Und da unsere Pferde in der Regel eher zu wenig Bewegung haben als zuviel, ist der Stehtag als Teil der Pferdepflege in erster Linie ein Entgegenkommen für den Pferdepfleger und das Stallpersonal, die wenigstens an einem Tag in der Woche nicht an den festgelegten Ablauf des Reitbetriebes gekoppelt sind.

Die Pferde brauchen diesen Stehtag nicht. Im Gegenteil!
Dieser Tag könnte genutzt werden, den Tieren ein bißchen von der Freiheit zu geben, die sie brauchen. Lassen wir sie wenn möglich frühmorgens mit verträglichen Gefährten auf eine ausreichend große Koppel, und überlassen wir sie einen ganzen Tag lang einem ungestörten Pferdeleben.
Sie werden sich die aufgestaute Energie aus den Muskeln rennen, den dumpfen Druck der Stalldecke loswerden, sich dort schubbeln, wo es sie juckt, die Hufe mit Tau benetzen und mit Schlamm „cremen“, sich das Fell mit Dreck und Staub „einpudern“ und die losen Teile beim Schütteln in alle Winde zerstreuen, den Gittervorhang von der Pupille ziehen ... ganz Pferd sein dürfen – wenigstens an diesem Tag.
Und sie werden es uns danken mit Ausgeglichenheit, mit starken Nerven, mit Freude an der Arbeit.
Toben wir also unseren Putzfimmel am Auto aus oder wo auch immer, und beschränken wir uns im Alltag beim Pferd auf das Notwendigste. Nehmen wir lieber manchmal einen verdreckten, zerzausten Pferdekameraden in Kauf.
Blitzblank geputzt und geschmückt präsentieren wir uns und unseren Liebling nur gelegentlich, zu besonderen Anlässen, wenn Präsentation wirklich angebracht ist.
Dann aber gewaltig!

Sei nett zum Strahl

Ein bekanntes Sprichwort heißt: „Ohne Huf kein Pferd“; es ist Ihnen sicher auch als Titel eines Buches bekannt.
Nur wenige wissen, daß dieses aus dem englischen Sprachraum stammende geflügelte Wort komplett so heißt: „No frog, no foot, no foot, no horse!“
Ein gutes Pferd ist immer nur so gut wie sein schlechtester Huf, ein guter Huf braucht als Voraussetzung einen guten Strahl (= frog).
Wie viele andere alte Sprichwörter und geflügelten Worte, so hat auch dieses einiges an Wahrheit in sich.
Der Strahl ist einer der wichtigsten Teile des Hufs, viele sagen sogar: der wichtigste. Doch leider wissen die wenigsten Reiter und Pferdebesitzer davon. Selbst Schmiede sehen im Strahl oft nur das Betätigungsfeld für ihr Hufmesser und schneiden daran herum, daß es einen graust.
Erinnern Sie sich? Der Strahl ist zusammen mit dem Strahlpolster der wichtigste Stoßbrecher im Huf. Aber er kann noch mehr. Er hilft auf rutschigem Untergrund die Spur zu halten, er bildet mit seiner mittleren und den beiden seitlichen Strahlfurchen so etwas wie ein M+S-Profil.
Über das Strahlpolster steht er in Verbindung mit dem Inneren des Hufes und hat maßgeblichen Anteil daran, daß die Blutzirkulation im Huf und damit die Versorgung mit Nährstoffen funktioniert. Aber der Strahl kann seine Aufgabe nur wahrnehmen, wenn er nicht verfault ist wegen nachlässiger Pflege oder weggeschnitten von unwissenden Schmieden. Ohne Kontakt zum Boden kann der Strahl nicht funktionieren.
Auf meinen Kursen werde ich immer wieder nach einem Mittel gegen Strahlfäule gefragt. Es wäre natürlich besser, den Huf erst gar nicht so zu vernachlässigen, daß Fäule auftritt, zumal sie vor allem Stallpferde betrifft, die leicht zur Hand sind.
Pferde, die im Offenstall gehalten werden, selbst wenn sie zeitweise einen matschigen Auslauf haben, leiden selten unter Strahlfäule.
Zur Behandlung gehört nicht viel. Spontan möchte ich sagen: Raus aus dem Miefstall, runter von der Matratze, denn die ist eigentlich schuld. Frau Dr. Straßer hat die Vorgänge in ihrem ersten Buch einleuchtend dargestellt:
In der Wärme des Stalls gedeihen Bakterien und zersetzen den Kot und Urin. Als Spaltprodukt entsteht Ammoniak (NH_3). Jeder weiß das, denn im Pferdestall riecht es typischerweise danach. NH_3 ist als Gas leichter als Luft und entweicht deshalb aus der Einstreumatratze. Wenn dieses Ammoniak beim Entweichen mit Feuchtigkeit in Berührung kommt, löst es sich darin. Das Stroh hat infolge der Kapillarwirkung der Halmröhrchen die Nässe aufgesaugt, und das NH_3 löst sich darin beim Hochsteigen zu der starken Lauge Salmiakgeist.
Je nach Temperatur (sie beeinflußt die Geschwindigkeit der Zersetzungsprozesse) ent-

hält die Einstreu nun Lauge mit dem pH-Wert 9 bis über 10. Da Hufhorn ein Eiweiß ist, wird es von der Lauge angegriffen und zersetzt, eben „ausgelaugt". Das so geschädigte Hufhorn kann nun von Bakterien um so leichter angegriffen und abgebaut werden. Weichhorn ist empfindlicher als Harthorn. Deshalb kommt es zunächst zu Strahlfäule und zur Zerstörung der weißen Linie, bevor die härtere Hufsohle und -wand zerstört werden. (S. 23)
Ist es zur Fäule gekommen, dann sollte der Behandlung mit scharfen Mitteln eine Aussprache mit dem Tierarzt vorangehen. Über den kann das jeweils passende Medikament auch bezogen werden.
Kupfersulfat (10%ig) und Formalin sind giftig und müssen entsprechend sachkundig angewendet werden. Jodoformäther ist etwas weniger schlimm, trotzdem sollte man entsprechend vorsichtig damit umgehen. Panaritiumsalbe, die in leichteren Fällen gute Dienste tut, ist bei Strahlfäule meist zu schwach in der Wirkung; dann nimmt man schon besser Blauspray.
Über eine erfolgreiche Behandlung der Strahlfäule berichtet Cornelia Oberg in der Zeitschrift „Freizeit im Sattel" – (Ausgabe 9/1988). Folgende Schritte führten zum Erfolg:

1. Der Huf wird gewaschen und vorsichtig von allen weichen, losen und fauligen Teilen befreit.
2. Auf die saubere Hufunterseite wird mit einem Pinsel eine 10%ige Jodoformlösung aufgetragen.
(Vorsicht: Wenn Lederhautteile freiliegen, sollten diese lediglich mit Jod behandelt werden, um eine Verätzung zu vermeiden. Anm. d. Verf.)
3. Nach kurzer Einwirkzeit wird Eichenrindepulver *(Cortex quercus)* aufgestreut und in alle Ritzen und Löcher gedrückt.
4. Der Schmied beschlägt den Huf mit einem normalen Eisen, in das er vorher wie für einen Stollenbeschlag Gewinde geschnitten hat.
5. Der Schmied fertigt nun aus Blech o. ä. einen Deckel, mit dem er den Huf von unten verschließen kann (Deckelhufeisen).
6. Die Sohle wird mit Werg sauber ausgelegt, und zwar so hoch, daß das Material deutlich über den Hufeisenrand ragt; darüber wird ein Stück Tuch gebreitet.
7. Der Deckel wird aufgelegt und festgeschraubt. So hat der Huf einen weichen, gepolsterten und vor allem luftigen Druckverband, den man jederzeit erneuern kann.

Sind die Ballen mitbetroffen, kann der Schmied den Deckel im hinteren Teil so hochziehen, daß auch die Ballen abgepolstert werden können und leichten Druck erhalten. Das verstärkt die Hornneubildung.
Ist der Huf so geschädigt, daß die Lederhaut stellenweise offenliegt, so muß dort deutlich Druck erzeugt werden, um einer Vorwölbung, einem Vorfall der Lederhaut zu begegnen.
Durch den abnehmbaren Deckel kann man die Sohle zur Behandlung alle vier Tage gut erreichen.
Natürlich wird das Pferd während der Behandlung auf einer sauberen Einstreu, am besten Sägemehl, gehalten. Feuchte Stellen und Pferdeäpfel werden sorgfältig entfernt, die im Holz vorhandene Säure kann mit Korallalgenkalk (ungiftig) gut neutralisiert werden, ebenso das Ammoniak.
Der Druckverband bleibt so lange liegen, bis Ballen- und Strahlhorn deutlich nachgewachsen sind. Mit dem Einpinseln kann man bereits aufhören, wenn alle fauligen Stellen trocken sind und sich eine dünne neue Hornschicht gebildet hat.
Sofern das Pferd keine Schmerzen zeigt, sollte es regelmäßig an der Hand bewegt werden, um die Durchblutung zu fördern. Das Wachstum des neuen Horns kann durch die Zufütterung von Biotin günstig beeinflußt werden.
Bei weniger spektakulären Horndefekten hat sich Klausantinktur als Allroundmittel gut bewährt. Im Vergleich zum herkömmlichen Blauspray enthält diese Tinktur kein Chloramphenicol.
Nach dem Motto: Vorbeugen ist besser als heilen, wäre es natürlich am besten, die Haltung so zu ändern, daß Strahlfäule gar nicht erst auftreten kann. Wenn der Huf dann regelmäßig gesäubert und gewaschen und alle 6–8 Wochen beschnitten und beraspelt (gefegt) wird, was einer Generalreinigung gleichkommt, sollte eigentlich nichts Schlimmes passieren.

Hufprobleme wegfüttern?

Ausgerechnet den Schweinen haben wir den Stoff zu verdanken, der in den letzten Jahren fast wie ein Wundermittel unter den Pferdebesitzern gehandelt wird: Biotin.
Dabei ist diese Droge nichts anderes als Vitamin H und gehört zu den wasserlöslichen B-Vitaminen. Es ist in tierischen und pflanzlichen Futtermitteln weit verbreitet.
Schon seit den vierziger Jahren weiß man, daß bei chronischem Biotinmangel in der Nahrung Veränderungen der Haut und deren Anhangsgebilde (Hufe, Nägel, Klauen, Krallen, Haare) als erste Symptome auftreten.
Bei Menschen äußert sich Biotinmangel in Dermatitis und spärlichem Haarwuchs.
Beim Huhn führt Biotinmangel zur Bildung von Krusten und Rissen an Zehen und Ballen, das Horn der Schnäbel wird weich und verbiegt sich.
1974 beobachtete man in einem Schweinezuchtbetrieb in England das Auftreten folgender Symptome: trockene, schuppige Haut, Abschilferungen, struppiges, spärliches Haarkleid, Veränderungen an den Klauenwänden und Sohlen mit Lahmheit. In einem Langzeitversuch über 6 Monate fand man heraus, daß die Verabreichung von Biotin im Futter die Klauenschäden deutlich zurückgehen ließ. Durch Versuche anderer Wissenschaftler weltweit wurde das im Jahr '74 gefundene Ergebnis wiederholt bestätigt.
Da nun kein Zweifel mehr darüber bestand, daß hohe Biotingaben im Futter zu einer Verbesserung des Klauenhorns beim Schwein führten, war es nur logisch anzunehmen, daß gleiche Ergebnisse auch beim Pferd erzielt werden könnten.
Diese Überlegung machte auch ein Futtermühlenbesitzer in Ostengland, der sich 1978 gerade den Kopf darüber zerbrach, wie er die schlechte Hornqualität seiner privaten Reitpferde verbessern könnte.
Der Eigentümer verabreichte seinen Pferden täglich 10 mg Biotin vermischt mit 1 kg Hafermehl über einen Zeitraum von 5 Monaten.
Der Hoftierarzt stellte fest, daß die Tiere sehr

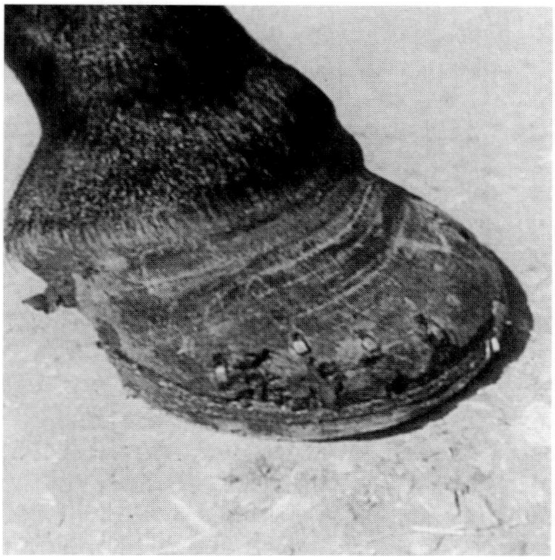

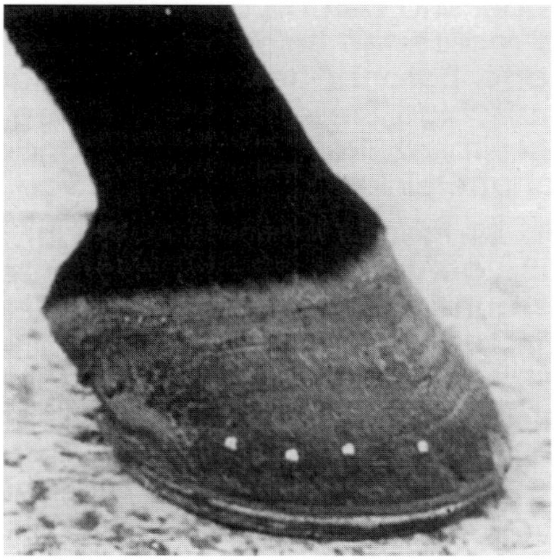

Abb. 48: Rechter Vorderhuf von „Solar Gift" vor und nach der Biotin-Kur

deutlich auf die Behandlung ansprachen. Nach Ablauf der 5 Monate waren die Hufe größtenteils gesund, Risse waren zum Teil herausgewachsen, die Eisen hielten wieder, und die Pferde gingen besser.
Dieser mehr zufällige Erfolg wurde in den folgenden Jahren durch wissenschaftliche Untersuchungen an Pferden, Ponys und Eseln weltweit bestätigt.
Von der Vielzahl der Fälle, die der untersuchende Wissenschaftler H. Comben beschrieben hat, stelle ich Ihnen den Fall von

„Solar Gift“ vor, weil viele von Ihnen sicher seine Hufe schon einmal gesehen haben. Die Bilder (siehe Abb. 48 auf der vorhergehenden Seite) erscheinen auf vielen Werbeträgern für biotinhaltige Futtermittel.

Der Fall „Solar Gift“

(Nach Comben, gekürzt)
Ein 5jähr. Vollblutwallach, Gebrauchspferd, war seit einem Alter von 6 Monaten anscheinend im Stall ohne Weidegang gestanden. Im Winter war es nicht möglich, das Pferd zu reiten, da es fortwährend Eisen verlor. Seine Hufe wurden so schmerzempfindlich, daß es sich nur widerwillig in Bewegung setzte.
Untersuchung am 13. 5. 81: Alle vier Hufe waren klein und schlecht geformt (konkav) mit schwachen, weichen, dünnen und brüchigen Wänden. Das Wachstum war unregelmäßig, ausgeprägte waagrechte Wülste waren sichtbar. Beim Beschlag lösten sich große Flächen der unteren Wand. Die Sohle war dünn, die Trachten waren niedrig, der Strahl geschrumpft und gespalten. Es konnten nur leichte Spezialeisen verwendet werden, die das Pferd innerhalb der ersten Wochen häufig verlor. Beginn der Verabreichung von 15 mg Biotin pro Tag.
Untersuchung am 15. 10. 81: Starke Besserung an allen Hufen. Die Wände sind dicker und fester geworden. An der Außenfläche der Hufwände ist eine deutliche waagrechte Abgrenzung zwischen dem alten und dem neuen, unter dem Einfluß des Biotins nachgewachsenen Horn zu sehen. Die Hufwand bröckelt nicht mehr ab, die hinteren Hufteile sind stärker geworden. Das Pferd verliert die Eisen nicht mehr, geht gut und ist nicht mehr schmerzempfindlich. Sein Allgemeinzustand ist außerordentlich gut, das Fell fein.
Untersuchung am 18. 2. 82: Die Hufwände sind noch dicker und härter geworden, alle vier Hufe sind gut geformt. Die Trachten und Wände sind stabil. Es ist nun erstmals seit 1980 möglich, mit dem Pferd Jagden zu reiten. Ab 10. 3. 82 wurde die Verabreichung von Biotin auf 7,5 mg/Tag herabgesetzt und ab Ende Mai 82 vollkommen eingestellt. Bei der abschließenden Untersuchung am 16. 7. 82 waren die Behandlungserfolge nach wie vor festzustellen. Am zufriedenstellenden Zustand der Hufe hat sich bis heute nichts geändert.

Wie Comben im Fall „Solar Gift“ nachweisen konnte, besteht kein Zweifel, daß Ernährungsfaktoren die Keratinierungsprozesse und die Hornablagerung im Huf beeinflussen.
Man braucht sich nur die sogenannten Futterringe anzusehen, die im Frühjahr, einige Wochen nach dem Weideauftrieb, bei Kühen und Pferden festzustellen sind. Bei der Untersuchung biotinbeeinflußter Hufe stellte man aber darüber hinaus fest, daß die übliche Hornneubildung von der Krone her als Erklärung für das deutlich besser werdende Horn des gesamten Hufs nicht ausreicht. Daher nehmen die Wissenschaftler an, daß Biotin die Ablagerung von Keratin im gesamten Bereich der durchbluteten Lederhaut stimuliert.
Nun ist Biotin in den meisten Futterstoffen enthalten. Gras z. B. ist eine gute Biotinquelle, ebenfalls Weizen, Gerste und Hafer. Aber das darin enthaltene Biotin ist nur in äußerst geringem Maße für die Stoffwechselvorgänge verfügbar, weil das Biotin an das Protein des jeweiligen Futtermittels gebunden ist. So kann es trotz ausreichender Biotingehalte im Futter zu Mangelerscheinungen kommen.
Lediglich Mais macht hier eine Ausnahme. Obwohl die Gesamtbiotinmenge niedriger ist als in heimischen Getreidesorten, ist das vorhandene Biotin fast zu 100% biologisch verfügbar.
Die Biotin-Kur wird nun nach dem Mega-Dosierungskonzept durchgeführt, das wir auch anwenden, wenn wir z. B. zum Schutz vor Erkältung große Mengen Vitamin C zu uns nehmen.
Die heute übliche Dosierung (Esel, Ponys 5—10 mg/Tag, Reitpferde, leichte Zugpferde 15 mg/Tag, schwere Pferde bis 30 mg/Tag) ist etwa das 10- bis 20fache des normalen Biotinbedarfs, aber dies ist wahrscheinlich genau das, was ein Pferd mit schlechter Hornqualität über einen längeren Zeitraum (6—9 Monate) hinweg braucht.
Auch beim Menschen ist eine hohe Biotindosis üblich. Ärzte verabreichen an Kinder 20 mg/Tag, an Erwachsene bis zu 40 mg/Tag, ohne negative Auswirkungen festzustellen. Biotin wird — wenn es nicht gebraucht wird — vom Körper ausgeschieden. Aus diesem Grund muß es täglich verabreicht werden, und aus demselben Grund wurde auch der Weg übers Futter gewählt.

Wichtig ist auch die Erkenntnis, daß von der Biotinversorgung nur die Verbesserung des Keratingewebes zu erwarten ist, also des Oberflächenhorns im Saum-, Wand-, Strahl- und Sohlenbereich. Wer Biotin bei Huf- oder Gelenkknorpeldefekten oder gegen Hufrollenentzündung einsetzen will, wird enttäuscht werden.
Leider sprechen nicht alle Tiere gleich gut auf die Vitamingabe an, so daß mancher Pferdebesitzer nach einem Jahr Fütterung feststellen muß, daß das relativ teure Mittel seinem Pferd nichts gebracht hat.
Beim Kauf des Mittels ist es ratsam, Preis und Konzentration in mg pro kg zu vergleichen. Manche Firmen bieten niedrigere Konzentrationen mit schönerem Dosen-Outfit zu höheren Preisen an. Passen Sie daher beim Einkauf auf: Biotin ist nicht gleich Biotin.
Aber die Tagesmenge, die Sie füttern müssen, um Erfolg zu haben, ist immer 5–30 mg/Tag je nach Körpergewicht.
Schlecht wachsende und brüchige Hufe kann man manchmal auch mit homöopathischen Mitteln günstig beeinflussen. Kieselsäuretabletten (Fa. Cosmochema), 3–4 Stück täglich über einen längeren Zeitraum, oder die Gabe von 2mal 15 Tropfen Silicea D6 (DHU) über 2–3 Wochen haben oft eine erstaunliche Wirkung, leider nicht immer.
Wie beim Biotin, so zeigt auch der Einfluß der homöopathischen Mittel, daß die eigentliche Ursache für schlechtes Hornwachstum in einer Fehleinstellung des Organismus liegen kann. Da während der Zufütterung von Biotin oder Kieselsäure in der Regel keine Futterumstellung erfolgt, kann man annehmen, daß die nötigen Baustoffe auch vorhanden waren. So kann der Grund für den Erfolg der Mittel nur darin liegen, daß die Verarbeitung der Nährstoffe im Körper verbessert, daß ein „Block" aufgebrochen wurde, so daß der Huf gesund nachwachsen konnte.

Die Säuberung des Hufs

Zur Hufpflege gehört natürlich auch die ganz normale Reinigung. Nur will ich auch hier den Akzent etwas verschieben und auf folgendes besonders hinweisen: Viele Reiterinnen und Reiter verwechseln das Hufereinigen mit dem Schuheabtreten vor Eintritt in die gute Stube und unterlassen die Reinigung, wenn sie ihr Pferd nach dem Reiten auf die Weide stellen. Das ist falsch.
Es geht beim Hufereinigen in erster Linie gar nicht um die Sauberkeit der Hufe, im Gegenteil — ein bißchen Lehm am Huf würde bei manchem Matratzenpferd oft Wunder wirken.
Nein, es geht um die Fremdkörper, die sich, vor allem während eines Ausritts, zwischen Eisen und Sohle und in den Strahlfurchen festsetzen können. Es geht um die Beseitigung von Steinen, Nägeln, Drahtstücken, Glasscherben, Holzbrocken, Kronkorken . . . Sie werden es nicht glauben, aber all dies habe ich bei Überlandritten schon aus der Sohle meines Pferdes entfernt, zum Glück ohne tiefergehende Verletzungen, weil die Gegenstände meist in Erde eingebettet waren.
Wer — aus welchen Gründen auch immer — ein Stück weit im Straßengraben reiten muß, um einen bestimmten Weg zu verfolgen, der muß heutzutage mehr auf den dort herumliegenden Müll als auf den Verkehr achten. Haben Sie schon bemerkt, wie gut der Boden einer zertrümmerten Bierflasche in die vom Eisen freie Bodenfläche des Hufs paßt?
Beim Hufereinigen geht es also darum, Sohlendrücke, Steingallen, Lederhautentzündungen, Hufgeschwüre zu vermeiden oder schon im Anfangsstadium zu erkennen, indem wir die Gegenstände, die diese Beschwerden verursachen, entfernen.
Der Sohlenwinkel muß in dieser Hinsicht besonders gut untersucht werden, da sich hier in das relativ weiche Sohlenhorn gern kleine Steinchen so tief eindrücken, daß man sie auf Anhieb gar nicht sieht.
Vermeiden sollte man bei beschlagenen Pferden das Auskratzen zwischen Sohle und Eisen, dort, wo das Aufbrennen schwarzes, im Laufe der Zeit faul werdendes Sohlenhorn hinterlassen hat. Kratzt man dieses Zerfallshorn weg, nimmt man einem Teil der Sohle den Kontakt. Das Eisen ruht in diesem Bereich dann nur noch auf der äußeren Tragwand, was zu einer ungünstigen Belastung, zu Stauchungen und Verbiegungen der Hornwand führen kann.

Die Pflege der Fohlenhufe

Nach der Geburt des Fohlens beginnt eine neue Phase der Hornbildung. Das während der Tragezeit gebildete sehr feuchte und daher weiche Horn wird nach und nach trockener und fester.

Die polsterähnliche, weiche, zottige Hornmasse, die zunächst noch die Sohle bedeckt, trocknet ein und fällt ab (siehe Seite 145). Dieses Gebilde wird Fohlenkissen genannt und schützt die Geburtswege vor Verletzungen durch den Huf. Es sollte auf keinen Fall mit dem Messer entfernt werden. Solange das Fohlenkissen noch am Huf ist, übernimmt es sozusagen die Aufgabe des Strahls, der zu diesem frühen Zeitpunkt erst im Ansatz vorhanden ist.

Alle Lederhautabschnitte setzen nach der Geburt die Bildung von Horn in verstärktem Maße fort. Nach wenigen Tagen oft schon entsteht unterhalb der Krone ein kleiner Wulst in der Hornkapsel, der die Grenze zwischen dem fetalen und dem nach der Geburt gebildeten vitalen Horn darstellt.

Die Form des Fohlenhufs unterscheidet sich deutlich vom Huf älterer Pferde. Auf den ersten Blick könnte man meinen, einen Zwanghuf zu sehen, denn der Fohlenhuf ist am Kronrand deutlich weiter als am Tragrand. Erst im Laufe der Zeit, unter Einwirkung des Körpergewichts und des Bodendrucks, nehmen die Hufe eine andere Form an. Wichtig für die natürliche Entwicklung des Hufs ist daher eine regelmäßige und ausgiebige Bewegung auf nicht zu hartem (Stallgasse, befestigter Paddock) und nicht zu weichem (Box mit Einstreu, Sumpfwiese) Boden. Eine nicht zu stark abfallende Hangweide wäre ideal.

Zunächst entwickelt sich bei Weidehaltung an Vorder- und Hinterhufen oft eine spitze Hufform, weil die Fohlen auffallend lang und weich gefesselt sind. Dieser Tendenz kann durch Kürzung der Zehe begegnet werden. Fohlen, die auf zu hartem Untergrund gehalten werden, entwickeln gern einen steilen Huf, der sich bei nachlässiger Hufpflege zum Bockhuf umformen kann. Unter dem stärker werdenden Einfluß der sich verkürzenden tiefen Beugesehne neigen sie dann zum Überköten (siehe Seite 46). Hier schafft man durch das Beraspeln der Trachten Abhilfe.

Im Laufe des ersten Lebensjahres formt sich der Huf allmählich um. Durch das Wachsen der Sohle verbreitert sich der Tragrand und hat nach 1,5–2 Jahren im wesentlichen die Form angenommen, die er auch beim erwachsenen Pferd später hat. Trotzdem ist das Wachstum des Hufs und seine Reife noch nicht abgeschlossen. Die endgültige Ausformung und das Größenwachstum dauern noch bis zum 4./5. Lebensjahr.

Das erste Lebensjahr aber ist entscheidend für die spätere Hufform, weil sich in dieser Zeit die Hornkapsel und das Hufbein gegenseitig beeinflussen und in der Mehrzahl der Fälle das Hufbein die Form der Hornkapsel annimmt. Eine „krumme" Hornkapsel bedingt also auch ein „krummes" Hufbein, und dieses bleibt, auch wenn die Hornkapsel später wieder einigermaßen gerichtet werden kann.

Spannungen im Hufinnern und ungleiche Lastverteilung führen dann auf die Dauer zu Schäden.

Wird dem Fohlen nicht genügend Bewegung auf entsprechendem Untergrund geboten, muß damit gerechnet werden, daß die Entwicklung auch der Gliedmaßenstellung gestört wird.

Etwa in der dritten Woche nach der Geburt entsteht in der mittleren Strahlfurche ein Hornzerfall, den man vorsichtig herauskratzen sollte. Fäulniserreger siedeln sich gern dort an und können eine sehr tiefe mittlere Strahlfurche, eine Strahlspalte, schaffen. Wird diese Spalte nicht wieder ausreichend mit Horn gefüllt, kann das beim heranwachsenden Tier zu nachteiligen Auswirkungen führen.

- Das Pferd geht lahm, wenn Sand und Steine eindringen und „schmirgeln".
- Bei der Beugeprobe reagiert das Pferd dann wie bei der Hufrollenentzündung.
- Durch die Zusammenhangstrennung des Strahls wird das Spreizen des Hufs zuwenig begrenzt.

Behandlung:

- Faule Stellen vorsichtig wegkratzen,
- sauber bürsten,
- mit Blauspray oder Klausantinktur einsprühen,

- in sehr tiefe Furchen eine mit Blauspray oder Klausantinktur getränkte kleine Gazerolle eindrücken; keine Watte verwenden, da Wattereste nicht gut entfernt werden können.

Zur Sicherung einer gesunden Hufentwicklung ist die erste Hufkorrektur manchmal schon im zweiten oder dritten Lebensmonat notwendig. Dann muß mit einigen Messerschnitten oder Raspelstrichen ein planer Tragrand hergestellt werden. Die Fohlenhufpflege und -korrektur sollte im Abstand von 6–8 Wochen je nach Abnutzung durchgeführt werden. In diesem Turnus kann man mit wenig Aufwand Gliedmaßenstellung und Hufform günstig beeinflussen.

Unterlassene Hufpflege hat unregelmäßige Gliedmaßenstellungen und Hufformen zur Folge. Was an Hufpflege beim Fohlen versäumt wurde, kann beim erwachsenen Tier nicht wiedergutgemacht werden.

Folgende Grundsätze sollten Sie beachten:

- Das Kürzen und Richten des Fohlenhufs erfolgt wie beim erwachsenen Pferd nach der Fesselstandstheorie.
- Ein breiter Tragrand unter Einbeziehung der Sohle im vorderen Hufteil ist anzustreben.
- Sohle, Eckstreben und Strahl dürfen nicht geschwächt werden.

Zum Kürzen des überstehenden Tragrandes genügt anfangs beim weichen Huf ein Messer. Bei älteren Fohlen sollte man immer den Nipper und nicht die Hauklinge einsetzen. Die Tiere stehen viel ruhiger, da die Erschütterung durch das Klopfen wegfällt.

- Die Tragrandkante wird beim Fohlenhuf nicht gebrochen. Die scharfkantige, plane Tragefläche unterstützt die Ausbildung der späteren Hufform.

Die Kontrolle des Schmieds

Zur Hufpflege gehört auch die Kontrolle des Schmieds.

Scheuen Sie sich nicht, seine Arbeit im Rahmen Ihrer Kenntnisse zu überwachen und den Fuß während der vorbereitenden Arbeiten zu prüfen. Wenn der Schmied zum Amboß geht, um das Eisen zu richten, heben Sie den Huf hoch, und kontrollieren Sie von oben, ob der Tragrand plan geraspelt ist. Im Stand kontrollieren Sie die Hufachse von vorn und von der Seite. Diese Arbeit entfällt natürlich, wenn Sie wissen, daß Sie sich auf Ihren Schmied verlassen können. Die entsprechenden Gedanken zu dieser Problematik finden Sie im Kapitel X. Ich will hier aber schon einmal deutlich herausstellen: Ein guter Handwerker kann sagen, was er macht und warum er etwas macht. Lassen Sie sich nicht erzählen, Hufbeschlag sei ein mystisches Geschäft, das nur vom Vater auf den ältesten Sohn vererbt werden kann. Vieles kann man lernen und selbst machen, auch Sie!

Richtig ist: Hufbeschlag, ja allein schon das Trimmen des Barfußhufs ist harte Arbeit, zu der Verständnis für das Pferd, handwerkliches Können und Gewissenhaftigkeit bei der Ausführung gehören. Wenn der Schmied weiß, daß Sie Bescheid wissen, wird er die bekannten Fehler (siehe Kapitel XI), die meist aus Nachlässigkeit, weniger aus Unkenntnis vorkommen, nicht mehr machen.

Ziehen Sie ihm für jeden erkannten offensichtlichen Fehler etwas vom Beschlagpreis ab, und geben Sie ihm ein Trinkgeld, wenn Sie zufrieden sind. Sie werden sehen, Ihr Schmied wird sich ändern, oder er wird nicht wiederkommen. Beides kann Ihnen nur recht sein!

Der Weg zum gesunden Huf

Hufpflege ist ein schier unerschöpfliches Thema, wenn man nur die Akzente etwas anders setzt.

Die Pflege, wie sie normalerweise betrieben wird, ist eigentlich nicht notwendig. Hufpflege darf sich nicht an den menschlichen Bedürfnissen orientieren und darf sich nicht auf das Auftragen bestimmter Mittel beschränken.

Hufpflege, richtig verstanden, orientiert sich an der Lebensweise des Wildpferdes und am Untergrund des natürlichen Lebensraums.

Der Boden, auf dem das Pferd aufwächst, und die Bewegungsfrequenz sind für die spä-

tere Form des Hufs und die Widerstandsfähigkeit des Hufhorns entscheidend.
Südpferde haben in der Regel steilere, engere, widerstandsfähigere Hufe als Nordpferde. Kreuzungsprodukte zwischen beiden Arten haben oft die Hufgröße der Südpferde und die Hornsubstanz der Nordpferde. Ein Beweis dafür, daß nicht nur im Hinblick auf das Temperament, sondern auch im Hinblick auf das Fundament des Pferdes Kreuzungen nicht ohne Risiko sind.
Viele moderne Sport- und Freizeitpferde sind heute noch weit weg von einer natürlichen Haltung. So ist es kein Wunder, daß zu den drei Haupttodesursachen des Pferdes die Hufrollenentzündung zählt. Alle drei (Kolik, Dampf, Rolle) hängen übrigens eng mit der Haltung zusammen.
Pferdepflege in der Natur heißt: vom Regen gewaschen, von der Sonne getrocknet, vom Wind gekämmt.
An Hufpflege denkt kein Pferd!
Deswegen kann für uns bei der Pflege des Hufs, bei der Pflege unseres Pferdes überhaupt, die Devise nur heißen: Zurück zur Natur – oder doch wenigstens so dicht ran wie möglich!
Für alle diejenigen, die gerne nach einem Programm vorgehen, hier noch einmal das Wichtigste im Telegrammstil:

A) Regelmäßige Kontrolle des Barfußhufs mit Hufkratzer, Hufmesser und Raspel.
B) Hufpflege mit Wasser und Lehm statt mit Fett und Teer.
C) Genügend Bewegung auf festem Untergrund zur Unterstützung des Hufmechanismus.
D) Ausgewogene Fütterung.
E) Barfuß laufen lassen, wo immer und wann immer dies möglich ist.
F) Umschalten auf alternativen Hufschutz wenn möglich/nötig.
G) Kontrolle des Eisenbeschlages und der Fußachse.
H) Die Nachteile des Eisens durch einen korrekten Beschlag und angepaßtes Reiten in Grenzen halten.

VIII. Fit wie ein Turnschuh
Das Reiten mit Barfußpferden

Barfußlaufen

Die Natur hat im Huf in einer Jahrmillionen dauernden gnadenlosen Testreihe ein Gebilde geschaffen, das den Anforderungen des wildlebenden Tieres vollauf genügt.
Vom Hauspferd aber und von seinem Huf wird oft mehr verlangt, als die Natur zu geben in der Lage ist. Das zeigt sich insbesondere beim Springen, wo auf den Huf Kräfte einwirken, die ganz deutlich in den unphysiologischen Bereich hineingehen. Wegen dieser unnatürlichen Belastung stecken in jedem Pferdehuf, in jedem Pferdebein eben nur eine bestimmte Anzahl von Sprüngen. Ältere Pferde im Springsport sind deshalb nicht die Regel, sondern die Ausnahme.
Dies zeigt sich bei der Military, wo der Huf mit Eisenprofil gestützt und mit Stollen gebremst werden muß, um das Leben und die Gesundheit des Reiters nicht zu gefährden.
Das zeigt sich im schweren Zug, wo dem Pferd und damit seinem Huf Leistungen abverlangt werden, für die der Huf und seine einzelnen Teile nicht geschaffen sind.
Das zeigte sich auf langen Kriegszügen, bei denen das Pferd einsatzklar gehalten werden mußte und man sich ein Lahmgehen nicht leisten konnte.
Heute müßten die Hufe insbesondere der Freizeitpferde den Anforderungen aber genügen.
Der Sportreiter, der vornehmlich in der Halle oder auf dem Turnierplatz reitet, nutzt in der Regel den Huf seines Pferdes nicht so stark ab, daß ein dauerhafter Hufschutz notwendig wäre.
Der Freizeitreiter, der in der Woche nur einige Stunden reitet, nutzt ein normal wachsendes Hufhorn nicht so stark ab, falls das zur Verfügung stehende Geläuf pferdefreundlich ist.
Der Distanzreiter kann nur dann auf Hufschutz verzichten, wenn der Ritt-Veranstalter ausgesuchte Strecken anbietet. Er wird aber allein schon wegen der Trainingskilometer, die er zur Vorbereitung auf die Wettbewerbe braucht, öfter Hufschutz benutzen müssen.
Der Wanderreiter, der sich in unbekanntes Gebiet wagt und die Beschaffenheit der Wege in der Regel nicht immer sicher aus der Karte lesen kann (die Landschaft ändert sich viel schneller als die Karte), ist auf einen Hufschutz angewiesen.
Die Notwendigkeit für einen Hufschutz ändert sich also je nach Jahreszeit, nach dem Freizeit-, dem Urlaubsangebot, nach der Reitart usw.
Jeder sollte den für seine Situation angemessenen Hufschutz wählen und auf der Leiter der verschiedenen Hufschutzarten immer wieder auf- und absteigen, dabei aber nicht davon ausgehen, daß der Huf ohne künstlichen Schutz ungeschützt sei. Nur dort, wo der natürliche Schutz, die Hornglocke mit Sohle und Strahl, nicht ausreicht, sollten wir eingreifen. Aber auch nicht vergessen, wieder zum natürlichen Schutz zurückzukehren, wenn die Situation es erlaubt!
Der Pferdehalter, der heute in der Regel sein Geld nicht mehr mit dem Pferd verdienen muß, kann das Wohl des Tieres sehr viel stärker in den Vordergrund rücken als noch vor Jahrzehnten, als das Pferd ein Garant für Verdienst und Einkommen, für Wohlstand und Ansehen des Menschen war.
Er sollte deshalb das Pferd wenigstens zeitweise so laufen lassen, wie es von Natur aus zu laufen gewohnt ist: auf seinem Hufhorn.
Warum sage ich nicht „barfuß"?
In mir weckt dieses Wort Erinnerungen an heiße Teerstraßen, an warme Pfützen, an durch die Zehen quellenden Matsch, an Barfuß-Kindersommer. Und auch an Stoppelfeldrennen im Herbst mit inzwischen hornig gewordenen Sohlen.

Viele aber denken heute mit Schrecken daran, wenn sie ihren mitteleuropäischen Schweißfuß „barfuß", das heißt ungeschützt, zur Fortbewegung benutzen sollen.
Sogar im Schwimmbad sieht man immer mehr Besucher mit Badeschlappen ihre verweichlichten Sohlen vor den Kanten und Fugen der Gehwegplatten oder vor den Unebenheiten des Rasens schützen.
Nein, barfuß tut weh!
Und da wir das Pferd in diesen falschen Gedankengang mit einbeziehen, suchen wir nach einem künstlichen Schutz für den natürlichen Schutz und finden ihn nur zu oft im starren Eisen.

Fit wie ein Turnschuh

Denken wir einen kleinen Moment über unsere eigenen Beine und Füße nach. Über fünf Millionen Bundesbürger sind venenkrank. Die meisten akzeptieren dieses Leiden als unvermeidliches Schicksal und schonen sich. Sie tun damit genau das Falsche. Gehen und nochmals gehen ist angesagt, damit die Wadenmuskeln das gestaute Blut zum Herzen pumpen können. „Kräftiges Gehen und Abrollen der Füße — am besten barfuß — wirkt wie eine Pumpe, die das Blut zum Herzen treibt", schreibt der Aachener Venenspezialist Prof. Dr. V. Wienert.
Die Schuhindustrie hat diese Erkenntnis aufgegriffen und bietet mittlerweile Schuhe an, in denen man läuft wie „barfuß im Sand". Werbeslogans wie „Heilen vom Fuß her" oder „Gehen ist Leben" verstärken diese Erkenntnis noch.
Vor allem die Hersteller von Sportschuhen lassen in ihren Werbeanzeigen immer wieder erkennen, wie wichtig ein guter Sportschuh für das Wohlbefinden des gesamten Menschen und für den Schutz vor Überlastung der Gelenke, Bänder und Sehnen ist. In der adidas-Werbung wird alles auf den Punkt gebracht: *adidas torsion Schuhe geben dem Fuß und damit dem ganzen Körper natürliche Bewegungsfreiheit. Denn sie erlauben die Torsion wie beim barfüßigen Fuß. Das heißt, Vorfuß (Ballen) und Rückfuß (Ferse) können sich im Schuh unabhängig voneinander bewegen. Dadurch kann der Sportler sein Leistungspotential endlich voll ausschöpfen.*
Das auf Forschung beruhende Fußgesundungsprinzip finden wir auch beim Huf: Die Hornkapsel ist so ein Torsions-Schuh mit Multifunktion. Sie ist Schutz, Stütze, Schock-Absorber, sie ermöglicht ein anatomisch richtiges Abrollen, sie kann sich kleinen Unebenheiten des Bodens anpassen (wegen der Sattelgelenke, Sie erinnern sich?), wodurch es zu einer besseren Druckverteilung und zu größerer Trittsicherheit kommt.
Ohne starre Einengung kann der Hufmechanismus (die Blutpumpe) voll wirksam werden. Damit sind Versorgung und Gesundheit des Hufes gewährleistet.
Sollte für das Pferd schlecht sein, was für den Sportler gut ist?

Reiten mit Barfußpferden

Ein Pferd wird heute nicht dadurch zum Barfußläufer, daß man den Beschlag wegläßt. Seit der Veröffentlichung von Frau Dr. Straßer treffe ich aber immer mehr Freizeitreiter mit klamm oder sogar lahm gehenden Barfußpferden. Die Reiterinnen und Reiter glauben, ihrem Pferd etwas Gutes zu tun, betreiben aber letztlich unwissend und ungewollt Tierquälerei.
Der Huf braucht Zeit, um sich zu maximal möglicher Härte zu entwickeln, zu verdichten.
Der grüne Huf des jungen Pferdes ist vor dem 4., bei spätreifen Rassen vor dem 5. Lebensjahr nicht ausgereift. Alles, was wir bis dahin machen, dient der Ausbildung und der Stärkung des Hufs und des gesamten Pferdes.
Echte Leistung wird erst nach dem 5. Lebensjahr verlangt, und dann erst zeigt sich, was Pferd und Huf aushalten können. Folgende Größen nehmen während dieser Zeit Einfluß auf die Ausbildung und Abnutzung des Hufhornes:

— die Hornqualität; sie ist abhängig vom Erbgut, von der Haltung, von der Fütterung.

- das Geläuf
- die Länge der Reitstrecke
- das Reittempo; die Abnutzung nimmt etwa im Quadrat zum Tempo zu, also: doppeltes Tempo = vierfache Abnutzung.
- Stellung und Gang des Pferdes
- Hufform und Hufgröße
- Das Gewicht von Pferd und Reiter
- Die Reitweise
- Ausbildung und Trainingszustand des Pferdes; junge Pferde bewegen sich noch unökonomisch, was zu verstärkter Abnutzung führen kann. Auch müde Pferde haben eine höhere Hornabnutzung.
- Temperament des Pferdes; abgeklärte Langstreckencracks laufen schonender als aufgeregte Sprinter.

Alle diese Größen sind durch uns mehr oder weniger beeinflußbar. Vor allem sollten wir uns immer wieder vor Augen halten, daß der Huf, so wie unser Fuß, trainierbar ist.
Bei der Umstellung eines langjährig mit Eisen beschlagenen Pferdes zeigt sich dies ganz deutlich.

Die Umstellung aufs Barfußlaufen

Nach meinen Erfahrungen können Pferde aus guter Zucht, guter Aufzucht, mit korrekter Stellung relativ problemlos aufs Barfußlaufen umgestellt werden.
Pferde mit krummen Hufen oder Beinen, die einen Korrekturbeschlag benötigen, machen Probleme. Ebenso all die Pferde, die schon recht früh und über mehrere Jahre heiß beschlagen wurden. Deren Hufe sind mittlerweile so mürbe geworden, daß sie sich anfangs nur unter Schmerzen vorwärtsbewegen können. Diese Pferde neigen dann auch leicht zu entzündlichen Prozessen im Hufbereich.
Weiterhin ist es problematisch, Pferde mit flacher Sohle und spitzen Hufen aufs Barfußlaufen umzustellen. Weil man ihnen wegen der meist dünnen Sohle keine entsprechende Wölbung verschaffen kann, so daß nur der Tragrand den Bodendruck aufnimmt, werden sie leicht sohlenfühlig.

Wenn Sie Ihr „Stahlroß“ aufs Barfußlaufen umstellen möchten, müssen Sie sich darüber im klaren sein, daß dies wenigstens ein Jahr in Anspruch nimmt. Sie sollten also auf lange Ritte im nächsten Sommer verzichten können.
Sie sollten auch in der Lage und bereit sein, mit Ihrem Pferd lange Spaziergänge an der Hand zu unternehmen. Diese Phase wird etwa 2–3 Monate dauern.
Während dieser Zeit lernt Ihr Pferd erneut, daß es für seine Hufe verantwortlich ist. Es gewöhnt sich wieder das vorsichtige, abnutzungsarme Laufen des Naturpferdes an.
Zunächst wird es noch unaufmerksam auffußen, wozu der Eisenbeschlag verleitet. Mit der Zeit aber wird es lernen, den Weg zu beobachten und dort zu laufen, wo es weniger spürt. Erst wenn Ihr Pferd deutlich besser geht, sicherer auftritt und nicht mehr soviel pendelt auf der Suche nach dem besten Untergrund, sollten Sie sich wieder in den Sattel setzen.
Nach diesen zwei Monaten müßte sich der Huf so erholt haben, daß Sie jetzt, wenn möglich, ca. 5 km auf Asphalt reiten können. Dabei sollten Sie immer wieder kurze, ganz langsame Trabreprisen (Jog) einschalten. Das Tempo sollte wirklich nur so schnell sein, daß immer noch ein Huf am Boden bleibt. Trabtempo mit Schwebephase auf Asphalt ist Gift für die Beine, vom Galopp gar nicht zu reden.
Mit der Zeit können die Trabteilstrecken immer länger werden, bis Sie schließlich die gesamte Strecke traben können. Danach bummeln Sie noch ein bißchen im Schritt durchs Gelände.
Wenn Sie Ihrem Pferd nicht rund um die Uhr Bewegung zuerst auf der Weide, später auf festem Untergrund ermöglichen können, hat die Umstellung aufs Barfußlaufen keinen Erfolg. Nur auf festem Untergrund erhält der Huf den nötigen Bodendruck, der den Hufmechanismus in Bewegung setzt. Nur durch festen Untergrund wird das Wachstumszentrum so gereizt, daß es, gleichsam als Reaktion auf diese Reizung, festeres, besseres Horn produziert.
Das ist bei unserer Haut (und der Huf ist ja ein Hautanhangsorgan) nicht anders. Die Haut bildet dort, wo sie Gegendruck erhält, hornige Schwielen. Die sitzen beim Schmied

an der Handinnenfläche, beim Teppichleger über den Knöcheln und bei allen, die zu enge Schuhe tragen, am kleinen Zeh.
Also, runter mit dem Pferd von der Matratze und raus aus dem Matschauslauf! Wie aber sollte der benötigte feste Untergrund beschaffen sein?
Da gibt es mehrere Möglichkeiten.

a) Beton
Mit Beton hat man ruck-zuck eine Auslauffläche befestigt. Wenn man ihn nicht glatt, sondern etwas rauh abzieht, hat man sogar eine griffige Oberfläche. Beton ist leicht sauberzuhalten, versiegelt aber den Boden dauerhaft und ist hart – knüppelhart.

b) Verbundpflaster
Verbundpflaster ist meiner Meinung nach dem Beton vorzuziehen. Es sieht besser aus, kann ebenfalls leicht saubergehalten werden, versiegelt aber den Boden nicht; man kann es sogar mitnehmen, wenn man umzieht. Pflastersteine 2. Wahl genügen für den Auslauf, oft erhält man in Baumärkten Restbestände zu Sonderpreisen. Dann sieht der Auslauf recht abwechslungsreich aus und stellt durch die verschiedenen Steinformen und die uneinheitliche Anordnung der Fugen unterschiedliche Anforderungen an das Hufhorn, das dadurch gekräftigt wird.

c) Rasengittersteine
Diese Pflastersonderform kommt einem „befestigten" Rasen am nächsten. In die Lücken der Gitter wird Erde gefüllt und angesät. Wenn der Auslauf genügend groß ist, hält sich das Gras sogar und muß im Sommer mit dem Rasenmäher kurzgehalten werden. Meist aber sind die Ausläufe nicht so groß. Dann hat man bei Rasengittersteinen im Gegensatz zum Verbundpflaster immer eine schmierige Oberfläche durch die herausgetretene Erde. Beim Fegen mit dem Besen werden die Gitterlücken tiefergelegt und die recht scharfen Kanten liegen frei. Pferde und Ponys mit kleinen Hufen haben dann Probleme. Für Fohlen ist dieses Pflaster ungeeignet.

d) Das Kieselbett
Der Forderung des alten Xenophon, das Hufhorn durch einen Auslauf, in den man „vier oder fünf Wagen voll runder, faustgroßer, ungefähr ein Pfund schwerer Kieselsteine hineinschüttet", könnte man ebenfalls Beachtung schenken. Es genügt aber auch, wenn man Kiesel in der Stärke von ca. 16–32 mm aufschüttet. Dieser Huftrainingsauslauf sollte allerdings immer nur vorübergehend benutzt werden, da er sich schlecht reinigen läßt.
Xenophons Vorschlag, „den Boden mit Steinen in der Größe der Hufe pflastern zu lassen", halte ich allerdings für besser. Mit Kopfsteinpflaster könnte man dies am leichtesten erreichen. Leider gibt es die Basaltsteine, mit denen früher die Straßen gepflastert waren, nur noch selten und wenn, dann sind sie sehr teuer.

e) Die wassergebundene Decke
Ich habe seit Jahren sehr gute Erfahrungen gemacht mit einem Sand, der sich „Vorsieb" nennt und aus dem Steinbruch kommt. Dieses Material ist das gleiche, das die Forstverwaltungen so gerne zum Befestigen der Waldwege nehmen.
Man füllt diesen Sand etwa 15–20 cm hoch auf je nach Untergrund, walzt oder rüttelt ihn fest und läßt ihn dann 3 Monate in Ruhe. Unter dem Einfluß des Regens (im Sommer muß man einige Male künstlich bewässern) setzt sich das Material und bildet eine feste, griffige, wassergebundene Decke, einen Mineralbeton.
Die Oberfläche wird so fest, daß man sie mit dem Besen oder dem Laubrechen abfegen kann. Pferdehufen hält diese Decke hervorragend stand, wenn man sie mit einem kleinen Gefälle zum Ablaufen des Regenwassers anlegt.
Ich halte diese Auslaufbefestigung für die natürlichste und kann sie nur empfehlen.

Wofür Sie sich auch immer entscheiden, wichtig ist, daß Ihr Pferd sich in seinem Auslauf über viele Stunden hin selbst trainiert und sein Hufhorn widerstandsfähiger macht. Während der „Hufausbildung" reinigen Sie den Huf regelmäßig und bringen ihn immer wieder in die anatomisch richtige Stellung. Ab und zu müssen Sie auch den Strahl etwas tiefer legen und umkanten.
Der Tragrand sollte immer gut berundet sein, um ein Ausbrechen zu vermeiden.
Dies ist eine Therapie! Leistung ist in dieser

Zeit ausgeschlossen. Machen Sie vom Hornwachstum und von der Art Ihres Pferdes, zu fußen, alle weiteren Anforderungen abhängig.
Anfangs werden Sie einen erhöhten Hornverschleiß beobachten; später wird sich dann ein Gleichgewicht zwischen Abrieb und Wachstum einstellen.
Bis gesundes, widerstandsfähiges Horn vom Kronrand nach unten gewachsen ist, vergehen Monate.
Die Kerbe, die Sie bei Beginn des Sondertrainings dicht unter dem Kronrand in die Hufwand gefeilt haben, zeigt an, wie weit das durch Barfußlaufen und den geforderten Hufmechanismus neu gebildete Horn bereits gewachsen ist.
Erst wenn diese Kerbe in den Tragebereich eintritt, ist der Huf völlig neu gebildet, und Sie können endgültige Aussagen über die Widerstandsfähigkeit des Hufhorns Ihres Pferdes machen.
Wenn irgend möglich sollten Sie für die Umstellungszeit Ihr Pferd nach einem Ernährungsplan füttern. Achten Sie dabei peinlich genau auf den Eiweißgehalt des Futters und auf die Ausgewogenheit der Inhaltsstoffe. U. U. müssen Sie wegen der reduzierten Leistung auf ein eiweißarmes Futter umstellen. Hat Ihr Pferd Übergewicht, reduzieren Sie dies am besten in der Zeit, in der Ihr Pferd noch Hufschutz trägt.
Sollten Sie im Sommer trotz aller guten Vorsätze Lust auf einen längeren Ritt verspüren, gehen Sie nicht wieder zum Heißbeschlag mit Eisen über.
Lassen Sie Ihr Pferd mit der Sagimex-Kunststoffplatte beschlagen. Diese Platte ist dann das kleinere Übel, weil sie ohne Brennen auf den plangerichteten Huf genagelt wird (siehe Kapitel XV). Sie gibt die mechanischen Reize an den Huf weiter, so daß dieser ähnlich wie beim Barfußlaufen gefordert wird.
Kehren Sie danach aber wieder zum Barfußlaufen zurück, und bringen Sie Ihr Experiment zu Ende. Erst danach sollten Sie festlegen, wofür Sie sich in Zukunft entscheiden. Richten Sie sich bei Ihrer Entscheidung aber nicht ungeprüft nach irgendwelchen Barfuß-Theorien, die ohne Beweis vorgeben, unumstößliche Fakten zu verbreiten. Auch dann nicht, wenn diese Theorien irgendwo abgedruckt sind, ihre Verfasser promoviert haben oder sich Hufotto-, pardon, Huforthopäden o. ä. nennen.
Sie sind für Ihr Pferd verantwortlich! Auch für seine Hufe. Sie können sich des Wissens und Könnens von Experten bedienen, aber Ihre Verantwortung geben Sie damit nicht ab.
Die Diskussion „Hufschutz oder Barfußlaufen" fängt mit der Frage an: „Was muß mein Pferd leisten?" und: „Kann der Huf mit der geforderten Leistung ohne zusätzlichen Schutz fertig werden?".
Die Belastungsgrenze zwischen „Barfußlaufen" und „Hufschutz" muß für jedes Pferd individuell festgelegt und kann verändert werden unter Berücksichtigung aller Größen, die Einfluß auf die Abnutzung nehmen (s. Seite 92/93). Am besten machen Sie sich dazu einen Jahresplan. Bei mir sieht dieser so aus: Das Reitjahr endet im Oktober mit einem Herbstritt. Danach nehme ich die Eisen ab und bereite die Hufe mit Nipper, Raspel und Messer aufs Barfußlaufen vor.
Im November hat mein Pferd reitfrei. Nach diesen vier Wochen haben sich die Hufe ans Barfußlaufen gewöhnt.
In den Monaten Dezember bis einschließlich Februar reite ich ziemlich unregelmäßig und selten mehr als zwei Stunden am Stück. Das halten die Hufe meines Pferdes gut aus, im Gegenteil, ich muß alle 3–5 Wochen immer wieder nachraspeln und nachschneiden. In den Monaten März/April bereite ich das Pferd in einem Frühjahrstraining auf die Saison vor. Jetzt wird – vor allem in den Osterferien – deutlich mehr und auch schneller geritten. In dieser Zeit versuche ich erst gar nicht auszutesten, wie lange ich reiten kann, bis mein Pferd schont. Es erhält sofort einen guten Beschlag oder eine Sagimex-Platte.
So kann ich beruhigt auch schon einmal einen festeren Weg mit rauher Oberfläche gehen – in entsprechend reduziertem Tempo, versteht sich. Ende April wird der Beschlag abgenommen und eine ca. vierwöchige Barfußphase eingeschaltet. In dieser Zeit trainiere ich verstärkt in der Reitbahn. Dafür braucht mein Pferd keinen Schutz. Zu Beginn der Saison im Juni und dann noch einmal im August wird wieder beschlagen. Und dann kann kommen, was will – mein Pferd hat einen guten Schutz, ist gut trainiert und so für alle Eventualitäten gerüstet.

IX. Mit Messer und Raspel
Die Zubereitung des Barfußhufs

Bevor Sie darangehen, den Barfußhuf Ihres Pferdes zu bearbeiten, sollten Sie folgende Voraussetzungen erfüllen:
a) Sie sollten die Kapitel IV, V und VI gelesen, d. h. das Menü „Stellung", „Psychologie" und „Vorbereitung" verdaut haben.
b) Sie sollten im Besitz einer guten Raspel und eines scharfen Hufmessers sein.

Das Werkzeug

Die Raspel
Eine gute Raspel erleichtert Ihnen die Arbeit am Huf ganz wesentlich. Nehmen Sie hier das Beste, was Sie kriegen können: eine Raspel mit ergonomischem Griff, eine Seite grob, die andere fein gehauen, in der Preislage von ca. 30 DM aufwärts.
Wenn Sie die Raspel gut behandeln, in einem Lederfutteral aufheben oder in einen Lappen einwickeln, behält sie ihre Schärfe über Jahre.
Und: Legen Sie die Raspel nie (!) auf den Steinboden, sonst ist der Biß weg, und Sie müssen ihn durch Muskelkraft ersetzen.

Das Hufmesser
Gleiches gilt auch für das Hufmesser. Nur mit guter Qualität leisten Sie gute Arbeit, nur guter Stahl kann auch entsprechend geschärft werden. Mit einem stumpfen Messer können Sie kein Horn schneiden. Sie werden daher unverhältnismäßig viel Kraft aufwenden müssen und mit Sicherheit abrutschen. Fatalerweise ist ein stumpfes Hufmesser immer noch scharf genug, Ihnen die Haut abzuschälen. Also geizen Sie nicht mit ein paar Mark, und erwerben Sie ein wirklich gutes Messer.

Die Schutzkleidung
Handschutz ist für den Profi verpönt. Sie aber sollten zumindest die Haltehand schüt-

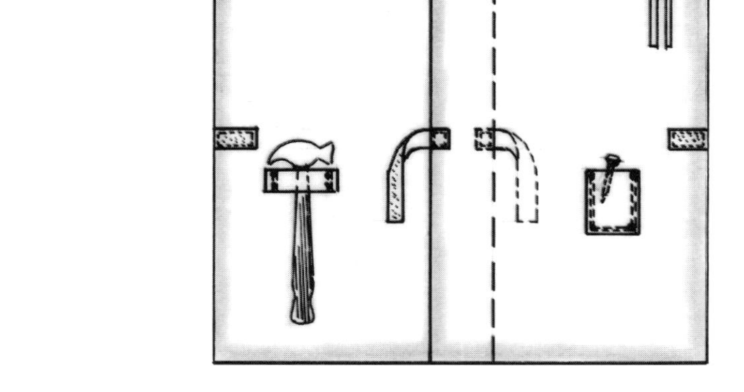

Abb. 49: Die Schmiedeschürze mit dem wichtigsten Werkzeug

zen. Wählen Sie dazu aber keine Arbeitshandschuhe vom Bau. Dünne Lederhandschuhe schützen ausreichend, und man hat in ihnen auch noch Gefühl für das Werkzeug. In jedem Militärshop finden Sie gebrauchte ungefütterte Handschuhe um ca. 10 DM; sie eignen sich recht gut.
Chaps oder eine Schmiedeschürze schützen die Beine vor dem Druck des Hufs beim Aufhalten, vor abrutschendem Werkzeug und herausstehenden Nagelspitzen. Ihre Anschaffung macht sich immer bezahlt. Chaps leisten auch beim Reiten und bei der Stallarbeit gute Dienste; deswegen möchte ich sie Ihnen empfehlen.
Eine Schmiedeschürze kann man sich aus Restleder auch selbst herstellen. Das Schnittmuster ist denkbar einfach. Mit Klettband ist auch die Befestigung an den Beinen kein Problem.

Der Nipper
Wenn Sie Spaß am Trimmen der Hufe haben, werden Sie auch bald den Beschlag selbst abnehmen und Ihrem Pferd eine Barfußphase zwischen den Beschlägen gönnen. Dann lohnt sich auch die Anschaffung eines Nippers, der eine Menge an mühsamer Raspelarbeit erspart.
Der Nipper ist eine Hufschneidezange, genauer gesagt eine Schneidezange für den überstehenden Tragrand. Er funktioniert im Prinzip so wie der Nailclipper, mit dem Sie evtl. Ihre Fingernägel kürzen.
Der Nipper ist in der preiswerten Ausführung einer fernöstlichen Firma für etwa 80 DM zu haben und tut bei guter Behandlung bei einem Hobbyschmied seine Dienste über Jahre.
Man sollte allerdings darauf achten, daß die Schneidefläche schön dünn und die Auflage flach ist. Das erleichtert den richtigen Ansatz und das Schneiden. Der Nipper übernimmt den Arbeitsgang, den der Schmied sonst mit Schlegel und Hauklinge ausführt, um den Tragrand zu kürzen. Er bietet dabei folgende Vorteile:
— man kann ohne Aufhalter arbeiten,
— man kann an der Zehe beginnen und die Trachten schonen,
— man muß nicht klopfen; das wird von den meisten Pferden mit ruhigerem Stehen belohnt.

Das Aufhalten

Holen Sie jetzt Ihr Pferd, bringen Sie es in eine gute Stimmung (evtl. durch die entsprechende Musik; beim Hufkurs sorgen die „Dubliners“ immer für den nötigen Schwung), und binden Sie es korrekt an.
Dann ziehen Sie Ihren Beinschutz und Ihre Handschuhe an. Nehmen Sie anschließend den Hufkratzer, und säubern Sie alle vier Hufe. (Wo sollten Sie anfangen?)
Das Pferd hat sich dabei ausbalanciert und auf die Arbeit am Huf eingestellt. Heben Sie jetzt zum Arbeiten den linken Vorderhuf in der folgenden Art und Weise auf (siehe Abb. 50 auf der nächsten Seite):
— Stellen Sie sich mit dem Rücken zum Kopf des Pferdes, und nehmen Sie mit der linken Hand Kontakt zum Pferd auf.
— Fahren Sie mit der rechten Hand von der Schulter abwärts bis zum Fesselkopf.
— Warten Sie, bis das Pferd sein Gewicht nach rechts verlagert hat.
— Geben Sie jetzt das Kommando, heben Sie den Huf an, und wechseln Sie die Haltehand.
— Stellen Sie den linken Fuß unter den Bauch des Pferdes.
— Stecken Sie den Huf mit der linken Hand von hinten durch Ihre Beine.
— Nehmen Sie ihn vorne mit der rechten Hand an.
— Ziehen Sie jetzt Ihren linken Fuß etwas heran, und nehmen Sie die linke Hand ebenfalls an den Huf.
— Drehen Sie jetzt beide Fußspitzen einwärts, und
— setzen Sie sich mit leichtem Hohlkreuz nach unten.
Sie machen es richtig, wenn Ihre Knie zusammenkommen und den dazwischenliegenden Huf festklemmen.
Mit Ihrer linken Schulter halten Sie Kontakt zum Pferdekörper. Warum? Die Antwort finden Sie in Kapitel III.
Klatschen Sie nun ein paarmal in die Hände zum Zeichen dafür, daß Sie den Huf allein mit den Knien halten können.
Öffnen Sie dann die Knie wieder, indem Sie sich aufrichten. Der Huf wird an der Innenseite Ihres linken Beines hinunterrutschen. Sie heben das Bein, strecken Ihr Kreuz und lo-

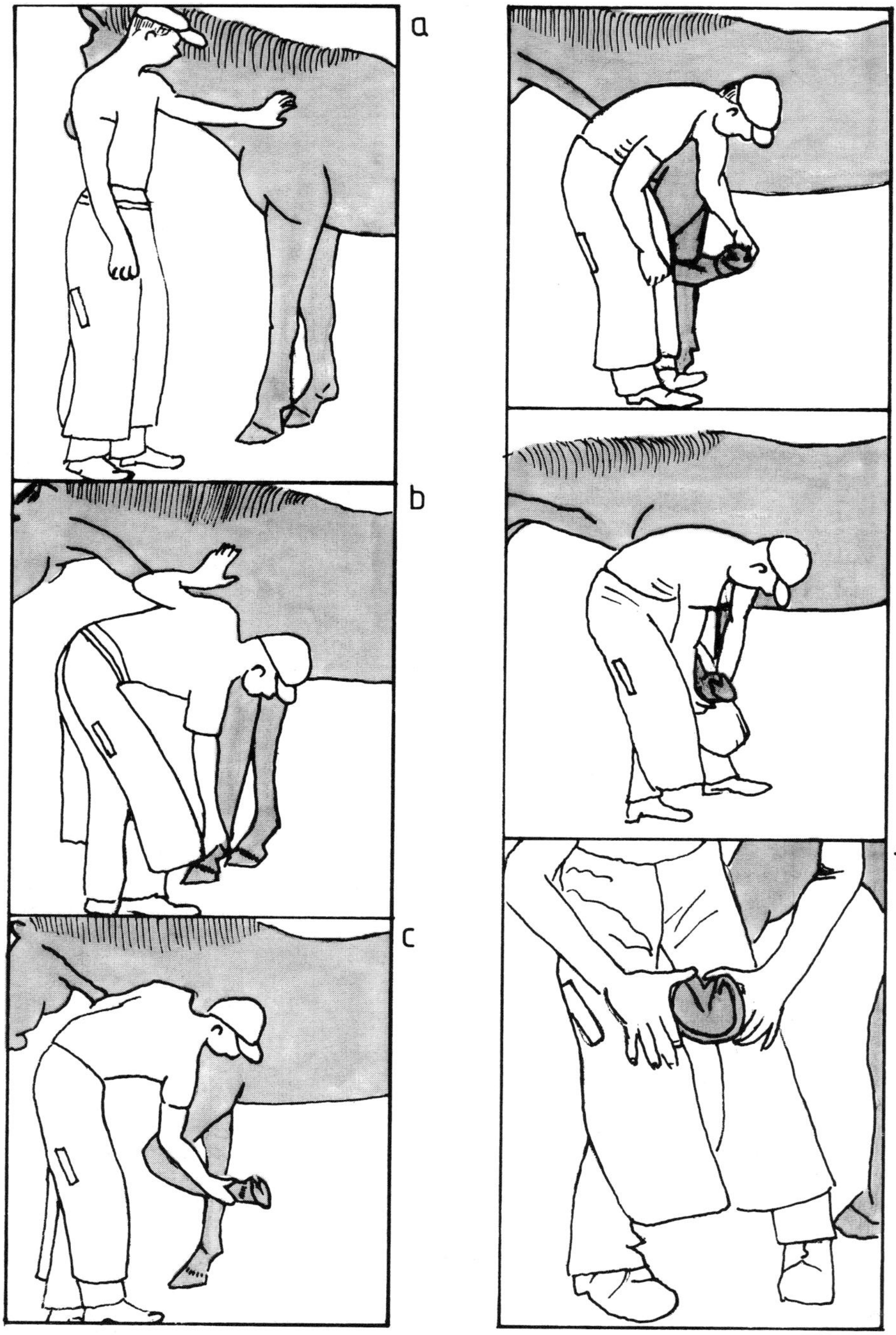

Abb. 50: Das Aufnehmen und Halten des linken Vorderbeins

ben das Pferd. Anschließend versuchen Sie dasselbe auf der anderen Seite.
Diese sogenannte amerikanische Aufhalte-

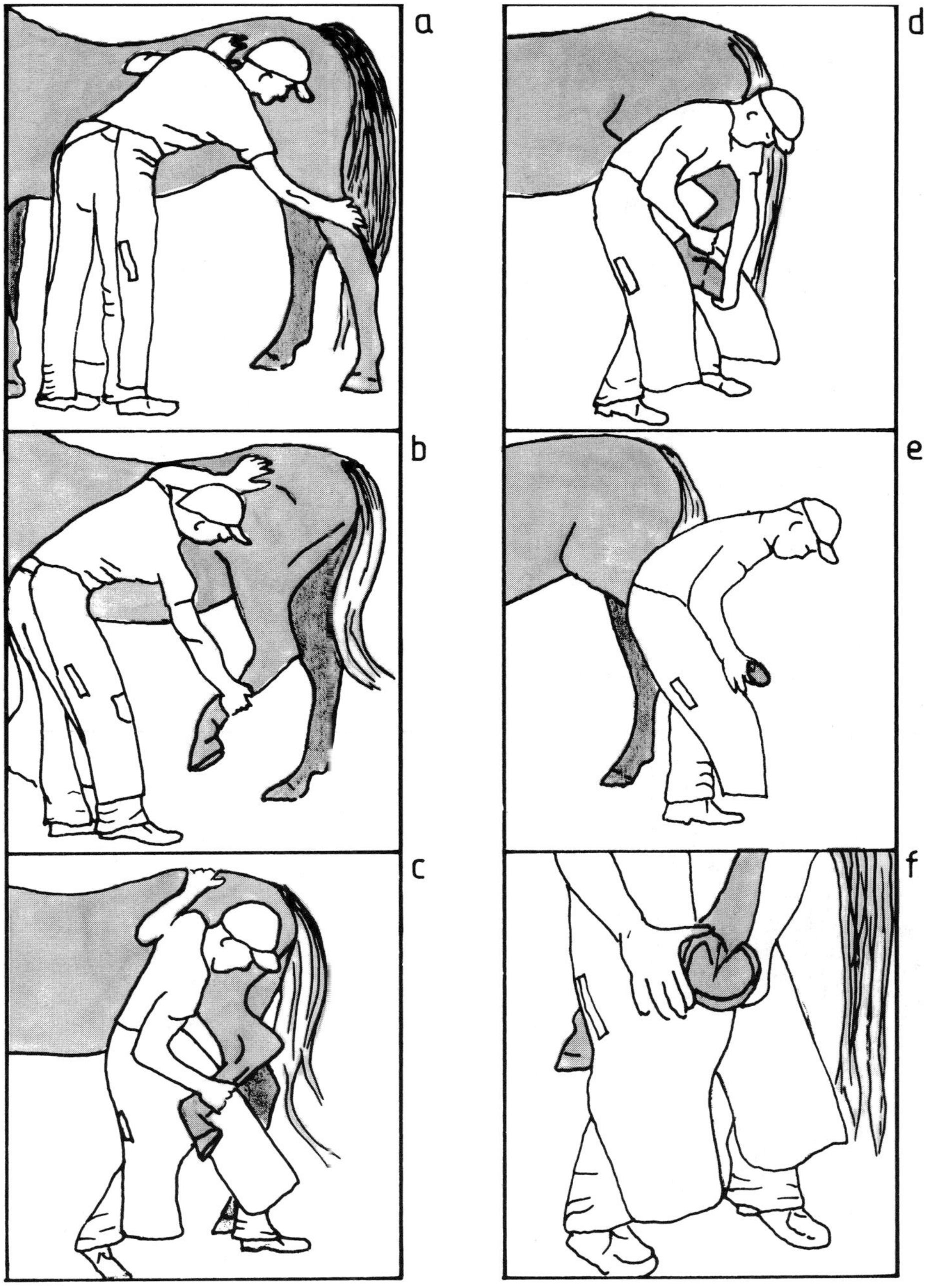

Abb. 51: Das Aufnehmen und Halten des linken Hinterbeins

methode ist anfangs etwas ungewohnt, verursacht vielleicht sogar Schmerzen in Kreuz, Oberschenkel und Wade. Aber diese Methode versetzt Sie in die Lage, allein am Pferd zu arbeiten. Diesen Vorteil sollten Sie nicht unterschätzen. Der Gedanke daran hilft Ihnen sicher, die Anfangsschwierigkeiten zu überwinden.

Üben Sie das Hinsetzen zuerst noch einige Male „trocken“, d.h. ohne Huf, und achten Sie darauf, daß Sie die Knie nicht mit Beinkraft zusammendrücken, sondern durch die Änderung des Winkels beim Tiefergehen. Dazu stellen Sie die Fußspitzen deutlich nach innen. Skilehrer würden sagen: „Machen Sie einen Schneepflug!“ Das ist der Trick bei der Sache!
Und achten Sie bitte darauf, daß Ihr Kreuz gestreckt bleibt, sonst beschweren sich Ihre Bandscheiben (siehe Seite 64 und 151).
Da Sie die ungewohnte Haltung zu Anfang nur kurze Zeit einnehmen können, müssen Sie den Huf nach einem Schnitt mit dem Messer oder 3–4 Raspelstrichen bereits absetzen. Das wird, von jungen Pferden vor allem, dankbar angenommen.
Sollten sich Zaungäste eingefunden haben, begründen Sie das häufige Absetzen augenzwinkernd mit den Worten: „Das Pferd braucht eine Pause!“ Man wird Sie um Ihren (Pferde-)Verstand beneiden, und das Wohlverhalten, das aktive Mittun Ihres Pferdes wird nicht ohne Wirkung bleiben.

Das Aufhalten des Hinterbeins

Das Halten des Hinterbeins ist etwas schwieriger, da man sich den Huf nicht zwischen die Knie stecken kann. Dazu müßte der Winkel des Sprunggelenkes deutlich vergrößert werden können; das aber läßt die Anatomie nicht zu.
Heben Sie das Bein wie in Abb. 51 a–f gezeigt an. Legen Sie sich den Huf in der bekannten Sitzhaltung mit der Tragrandkante so auf beide Oberschenkel, daß er durch den Druck des Ellbogens am Sprunggelenk dort

Abb. 52: Das Aufhalten des linken Vorderbeins nach vorn

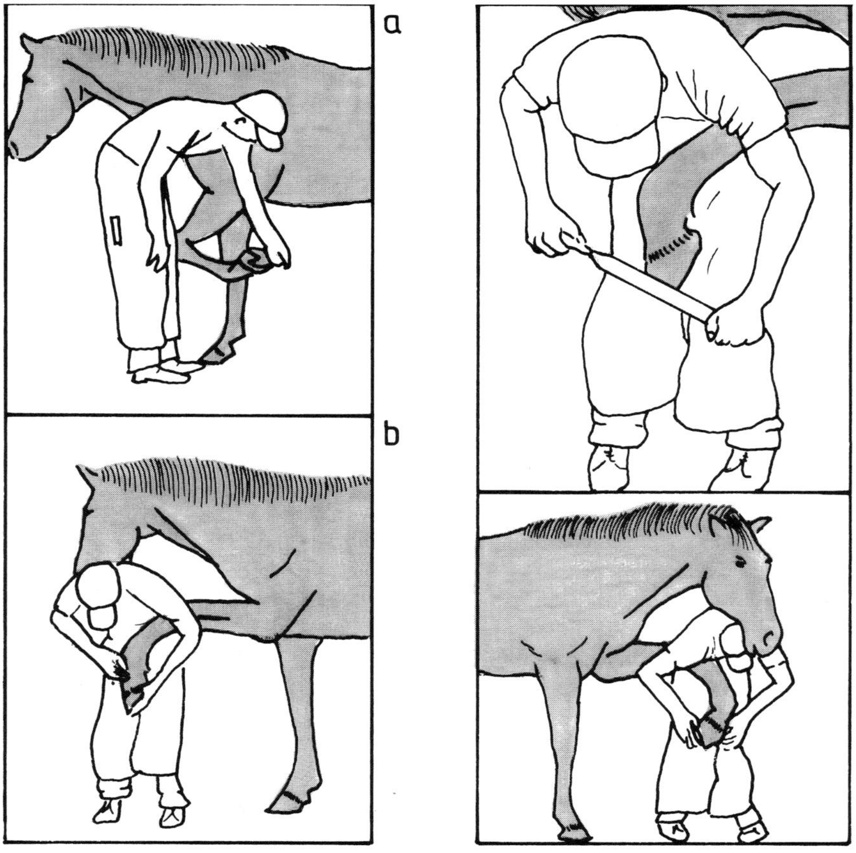

Abb. 53: Das Aufhalten des linken Hinterbeins nach vorn

liegen bleibt. So können Sie alle Arbeiten ausführen, die notwendig sind.
Zu Anfang müssen Sie besonders darauf achten, daß Sie das Pferdebein nicht zu weit nach hinten herausziehen und nicht zu weit seitlich vom Rumpf wegdrehen. Je besser Sie hier Ihre Kenntnisse der Anatomie (siehe Kapitel III, Seite 19) anwenden, desto ruhiger steht das Pferd.

Das Aufhalten nach vorn

Für die Arbeit an der Außenwand des Hufs benutzen Sie normalerweise einen Hufbock. Heben Sie das Vorderbein zuerst ganz normal hoch, führen Sie es dann mit Unterstützung im Karpalgelenk nach vorn, und setzen Sie den Huf genau in der Verlängerung der Körperachse auf den Bock.
Das Karpalgelenk sollte leicht gewinkelt sein, so daß das Pferd den Huf mit leichtem Druck von oben auf den Bock setzt und dort auch hält. Haben Sie Ihr Pferd richtig vorbereitet, verursacht ihm dies keine Probleme.
Wenn Sie keinen Bock zur Hand haben, z. B. bei einem Ritt, ersetzen Ihre Knie das Gerät. Arbeiten Sie dann ähnlich wie am Hinterhuf. Setzen Sie sich den Huf jeweils mit dem inneren oder äußeren Tragrand auf die Oberschenkel (das hängt davon ab, ob Sie innen oder außen arbeiten wollen). Drücken Sie mit dem Ellbogen gegen das Karpalgelenk. Jetzt sind beide Hände frei, um die Raspel zu

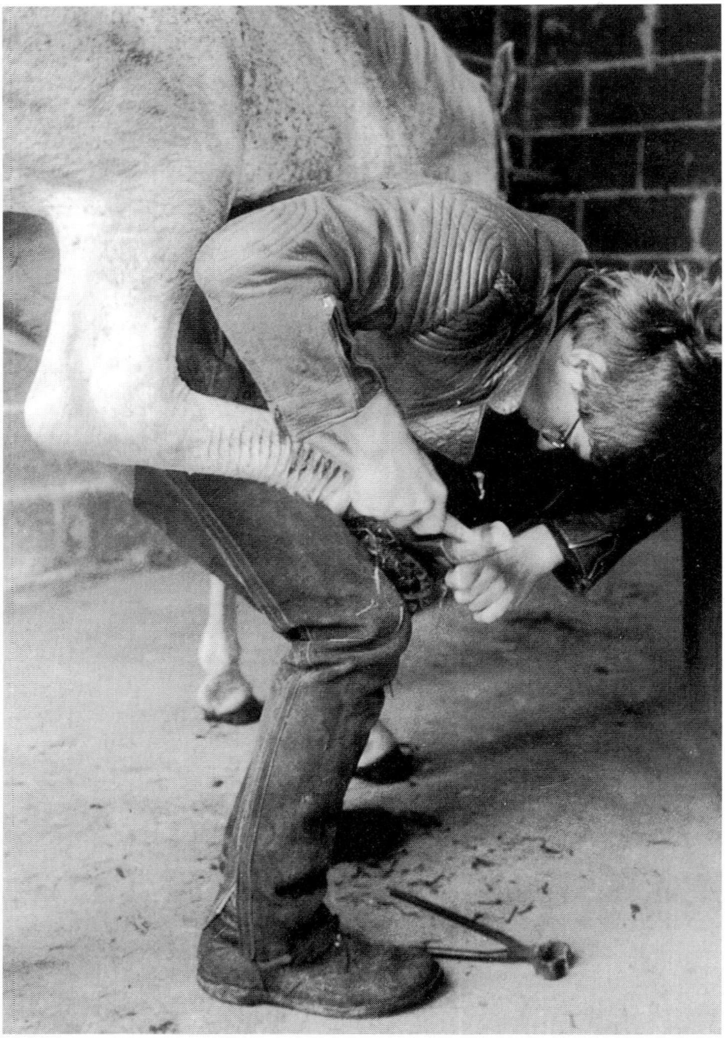

Abb. 54: Arbeit an der Außenseite des rechten Hinterhufs. Das Aufhalten in dieser Art ist nur bei relativ großen Pferden und relativ kleinen Schmieden problemlos möglich.

führen, die Dicke der Hufwand zu verringern oder den Tragrand zu berunden.
Wenden Sie nun die für das linke Vorder- und Hinterbein beschriebene Methode entsprechend auf der rechten Seite an.
Wenn das Größenverhältnis es zuläßt, kann man auch den Hinterhuf nach vorn herausziehen und dort auf einen Bock oder auf die Oberschenkel stellen.
Je kleiner der Reiter, je größer das Pferd, desto besser kann so gearbeitet werden. Ist das Verhältnis eher umgekehrt, sollte man den Hinterhuf nur nach hinten gestreckt bearbeiten.

Das Strahlschneiden

Wenn Sie den Huf schon kurze Zeit zwischen den Knien halten können, ohne mit den Händen nachregeln zu müssen, stecken Sie sich das Hufmesser in die Tasche und bereiten sich auf das Schneiden des Strahls vor.
Nachdem Sie den Huf gesäubert und gewaschen haben (Abb. 55 und 56), nehmen Sie das Messer so in die Hand, als ob Sie ein Stück Brot schmieren wollten, und legen Sie

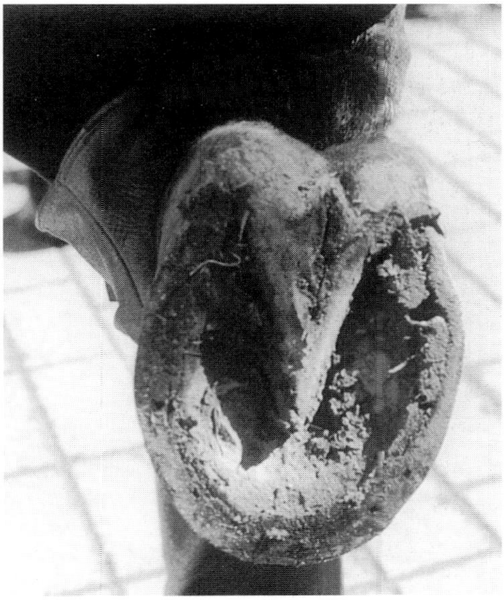

Abb. 55: Oben links: Hufunterseite nach Abnahme des Eisens

Abb. 56: Oben rechts: Hufunterseite nach dem Säubern und Waschen

Abb. 57: Rechts: Der erste Schnitt waagrecht über den Strahl

es waagrecht vor der Strahlspitze auf den Huf (Abb. 57).
Schneiden Sie nun mit sägenden Bewegungen in die Strahlspitze einen Einschnitt von 2 mm Stärke. Ziehen Sie mit der linken Hand den Hornzipfel hoch, und schneiden Sie weiter mit sägenden Bewegungen bis nach hinten. Dort lassen Sie am Ende des Strahls die Horndicke auf Null auslaufen. Im Idealfall halten Sie nun ein 2 mm dickes Ypsilon aus Horn in der Hand (Abb 58).

Was haben Sie getan?
Sie haben die Bodenfläche des Strahls 2 mm tiefer gelegt.
Schauen Sie jetzt von oben über die Hufsohle. Liegt der Strahl in gleicher Höhe mit dem Tragrand oder – besser noch – eine Idee tiefer, dann ist alles o. k. Liegt der Strahl im hinteren Bereich noch höher, „sägen" Sie dort noch einmal 2 mm Horn ab.
Ein Profi würde sich natürlich kringeln vor Lachen, wenn er Sie sehen könnte, aber las-

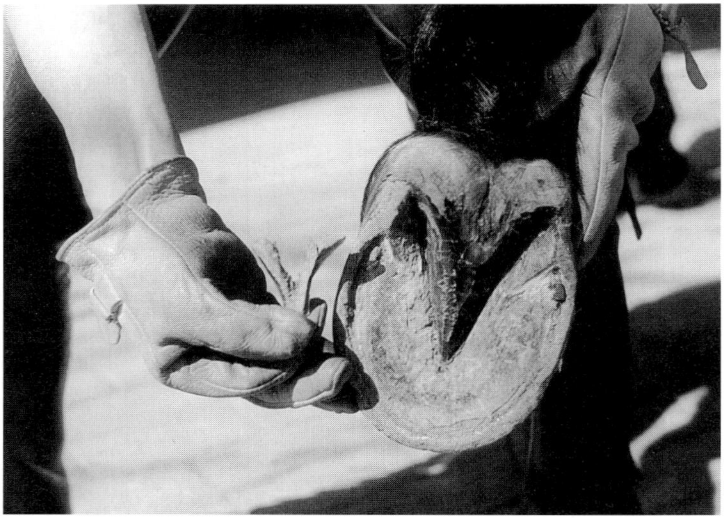

Abb. 58: Das Ergebnis: ein Horn-Y

sen Sie sich nicht beirren. Wenn Sie nach der „Brotschmier-Methode“ vorgehen, arbeiten Sie immer sicher, sicher für sich selbst (wenn die linke Hand den Hornzipfel hochhält, kann Sie ein abrutschendes Messer nicht treffen) und sicher für das Pferd (mit dem sägenden Schnitt merken Sie sofort, wenn Sie tiefer kommen, und hören auf oder kippen die Messerklinge flacher). Die Gefahr, daß Sie mit einem Rutsch bis auf die Lederhaut schneiden, ist gleich Null.

Zum Umkanten der Strahlecken gehen Sie ähnlich vor. Schneiden Sie sich mit jetzt schräg gestelltem Messer wieder einen Anfang an der Strahlspitze, ziehen Sie den Zipfel mit der freien Hand hoch, und „sägen“ Sie bis zum Ende der Strahlfurche. Dort lassen Sie den Hornstreifen wieder auf Null auslaufen (Abb. 59).

Spätestens jetzt wird Ihnen klar, warum Sie nicht Ihr Kartoffelmesser oder ein Taschenmesser zum Strahlschneiden nehmen sollen: Das gebogene Ende des Hufmessers verhindert Verletzungen in der Tiefe der Strahlfurche.

Der 3. Schnitt, das Umkanten der äußeren

Abb. 59: Das Umkanten mit schräg gestelltem Messer an der Innenseite des Strahls

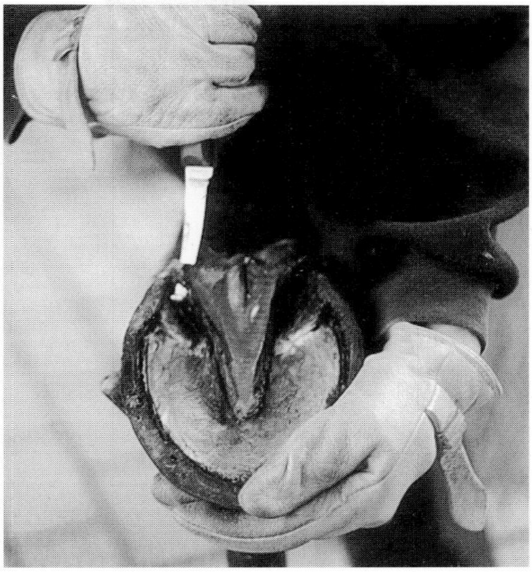

Abb. 60: Oben links: Ansatz zum Umkanten außen

Abb. 61: Oben rechts: Die Drehung des Messers für den Schnitt zur Strahlspitze

Abb. 62: Rechts: Umkanten außen mit aufrecht stehender Faust. Der Daumen der linken Hand drückt die Messerklinge nach vorn.

Strahlkante (wir üben ja am linken Hinterhuf) ist etwas schwieriger, da Sie jetzt von hinten nach vorn, vom Strahlende zur Strahlspitze schneiden müssen. Um jetzt einen guten Anfang zu finden, müssen Sie um die Ecke schneiden, das Messer also bei den ersten Sägebewegungen etwas drehen (siehe Abb. 60 und 61).

Eventuell müssen Sie es danach auch anders in die Hand nehmen und mit aufrecht stehender Faust etwas nach vorn drückend „sägen" (Abb. 62).

Wenn Sie aber auch hierbei nicht mehr als 2–5 mm abschälen, kann im Normalfall nichts passieren.

Denken Sie bitte daran, Sie sollen den Strahl nur tiefer legen, sofern er höher steht als der Tragrand und zuviel Bodendruck aufnimmt (rote Druckstellen beachten) und an die inneren Strukturen weitergibt.

Oder Sie untersuchen den Strahl auf Fäulnistaschen. In beiden Fällen brauchen wir keine Schnitte, bei denen die Fetzen fliegen.

Drücken Sie jetzt den Strahl mit dem Daumen ab, und prüfen Sie die Dicke des restlichen Horns. Wenn der Strahl noch genügend Hornsubstanz hat, an keiner Stelle wie eine Gummihaut eingedrückt werden kann, können Sie beim nächsten Mal schon einen 3-mm-Schnitt wagen.

Viel mehr aber sollten Sie nicht abschneiden, damit der Strahl auch einer Steinspitze widerstehen kann.

Bei Taschen muß man stellenweise schon einmal etwas mehr Horn wegnehmen. In der

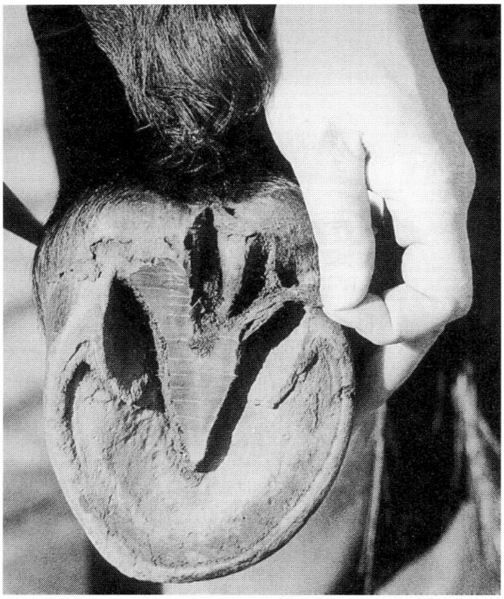

Abb. 63: Taschen müssen freigelegt werden. Die freie Hand zieht die Hornzipfel zur Seite. Danach werden sie mit sägenden Bewegungen abgeschnitten. Ziehen Sie das Messer erst dann voll durch, wenn Sie es absolut sicher führen können.

Regel genügt es aber, die Taschen zu öffnen, zu säubern und Sauerstoff daran zu lassen, um die Fäulnisbakterien an ihrer weiteren Arbeit zu hindern (Abb. 63).
Um die mittlere Strahlfurche nachzuschneiden, beginnen Sie an der höchsten Stelle des rechten Strahlschenkels. Schneiden Sie mit flacher, zur Strahlspitze zeigender Messerklinge zuerst nach unten und dann wieder nach oben, wie in Abb. 64, 65 und 66 dargestellt.

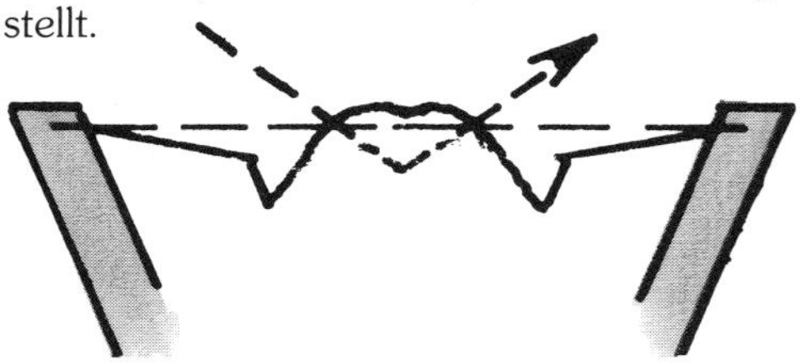

Abb. 66: Nachschneiden der mittleren Strahlfurche (schem.)

Sollten Sie trotz aller Vorsicht einmal ein vorwitziges Blutgefäß erwischt haben, geraten Sie nicht in Panik, auch wenn es ca. 10 Minuten dauert, bis die Blutung steht.
Tupfen Sie das austretende Blut ab, und

Abb. 64: Schnitt in die mittlere Strahlfurche nach unten

Abb. 65: Schnitt aus der mittleren Strahlfurche nach oben

schauen Sie sich die Wunde an. Sie besteht meist aus einer kleinen, punktförmigen Austrittsöffnung. Versorgen Sie die Wunde mit Jod oder Mercuchrom.
Schlimm ist es, wenn Ihnen das Messer durch die schützende Hornschicht bis in die Lederhaut fährt, weil immer Schmutz mit in die Wunde kommt. Deswegen möchte ich Sie noch einmal warnen vor einem Schnitt, wie ihn der Profi ausführt. Solange Sie die Dicke des Strahlhorns Ihres Pferdes nicht kennen, solange Sie noch kein Gefühl dafür entwickelt haben, wieviel Sie wegnehmen können, und solange Sie das Hufmesser noch nicht auf den Millimeter genau führen können oder solange Sie noch nicht genügend Kraft im Handgelenk haben, solange sollten Sie nach der „Brotschmier-Methode" vorgehen.
Nutzen Sie auch jede Gelegenheit, einen Fachmann um Rat zu fragen. Lassen Sie sich vor allem zeigen, wie man ein Hufmesser schärft. Ich bin bei dem Versuch, dies nachvollziehbar zu beschreiben, schier verzweifelt und lasse es daher. Empfehlen möchte ich den Wetzstahl für Angler, Jäger und Camper, mit dem man die Rundung besser schärfen kann als mit einem Wetzstein.
Üben Sie auch zusammen mit einem Fachmann, wie man ein scharfes Messer durch den Hornstrahl zieht und drückt.
Erleichtern Sie sich am Anfang diese nicht ungefährliche Arbeit dadurch, daß Sie eine(n) Gleichgesinnte(n) um Hilfe bitten. Üben Sie dann abwechselnd, und teilen Sie sich in die Verantwortung.
Wenn Sie nach dem gelungenen Versuch schick essen gehen oder sich in anderer Weise belohnen, macht die Arbeit am Huf nicht nur Spaß, sie stärkt auch das Selbstvertrauen. Das jedenfalls bestätigen mir meine ehemaligen Kursteilnehmer immer wieder.

Die Fußachse

Kontrollieren Sie jetzt die Fußachse. Kopieren Sie sich für den Anfang Abb. 9, 31, 32 und 33, und vergleichen Sie die dort abgebildeten Stellungen mit dem Fuß Ihres Pferdes. Ziehen Sie in Gedanken die Hilfslinien, und legen Sie fest, wo Sie Horn wegnehmen müssen, um den Fuß in Balance zu bringen.

Der Einsatz des Nippers

Nachdem der Strahl tiefergelegt ist, rücken wir dem über die Sohle stehenden Tragrand mit dem Nipper zu Leibe.

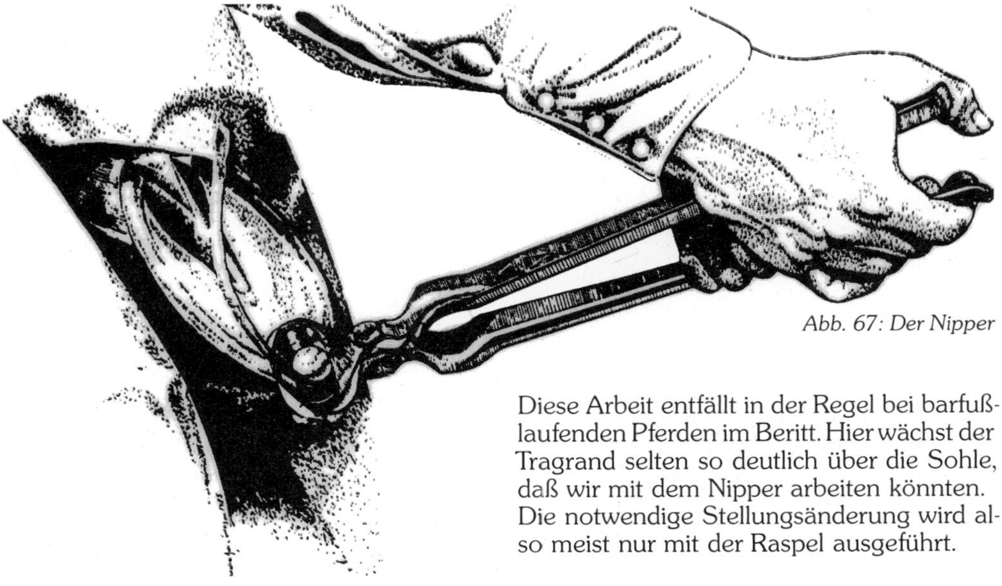

Abb. 67: Der Nipper

Diese Arbeit entfällt in der Regel bei barfußlaufenden Pferden im Beritt. Hier wächst der Tragrand selten so deutlich über die Sohle, daß wir mit dem Nipper arbeiten könnten. Die notwendige Stellungsänderung wird also meist nur mit der Raspel ausgeführt.

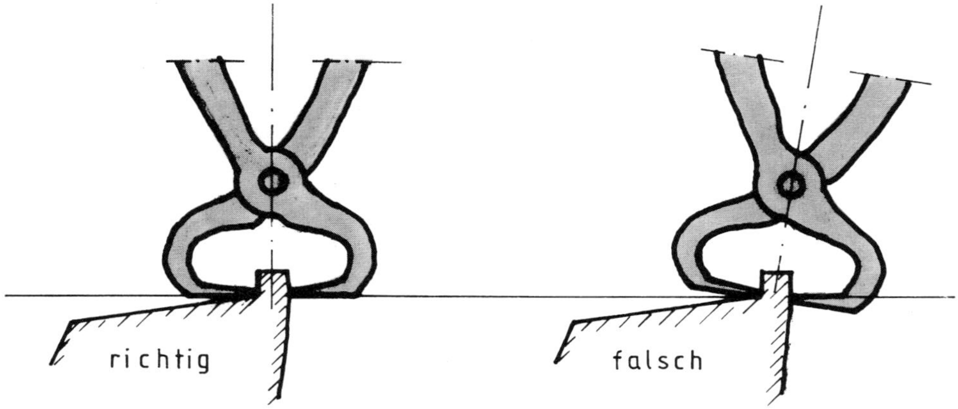

Abb. 68: Achten Sie auf den richtigen Ansatz des Nippers.

Da es aber Weidepferde gibt, die ihr Horn wenig abnutzen, soll der Einsatz des Nippers schon hier dargestellt werden. Schauen Sie auf Abb. 67. Sie ist einer Verkaufsanzeige für Schmiedewerkzeug entnommen und zeigt den Einsatz der Hufschneidezange. Sie ist recht gut gestaltet, zeigt den zwischen den Knien ruhenden Huf und das kräftesparende Zupacken der Hände am hinteren Ende des Werkzeugs – aber das Wichtigste zeigt sie nicht: den senkrechten Aufsatz der Schneidefläche auf der Hufsohle (Abb. 68). Nur so könnte der dargestellte abgekniffene Streifen Wandhorn entstehen. Wird die Zange so geführt, wie auf Abb. 67 dargestellt, nämlich seitlich verkantet, entstehen Treppen auf dem Tragrand, die mühsam mit der Raspel zu einer planen Tragefläche eingeebnet werden müssen.

Achten Sie auf die folgenden Arbeitsschritte:

- Entfernen Sie das weiche Sohlenhorn, indem Sie mit dem Rücken des Hufmessers innen an der Tragrandkante entlangfahren.
- Setzen Sie die geöffnete Zange mit der Schneidefläche senkrecht auf die Sohle im Bereich der Zehe, und knipsen Sie den Tragrand durch (siehe oben links).
- Kippen Sie die Zange keinesfalls nach außen, da Sie sonst den Tragrand zu kurz schneiden (oben rechts).
- Brechen Sie die geschlossene Zange heraus, daß die Schnittebene zu sehen ist.

Abb. 69: Kontrollschnitt mit dem Nipper an der Zehe

- Schneiden Sie von dieser Ebene nach rechts/links immer mit halb überlappenden Schnitten bis zum Eckstrebenwinkel.
- Achten Sie dabei darauf, daß Sie ab der weitesten Stelle nicht der abfallenden Sohle folgen. Ihre Schnittebene sollte zu den Trachten hin leicht ansteigen und in der Mehrzahl der Fälle vor den Trachten auf Null auslaufen (Abb. 70).

Tip: Zeichnen oder feilen Sie sich beim ersten Mal an der Außenseite der Hufwand eine Linie, an der Sie die Schneidefläche entlangführen. Nach einigen Übungsschnitten haben Sie die Sache schnell im Griff und können auf diese Hilfslinie verzichten.

Abb. 70: Der Tragrand ist halbseitig mit dem Nipper bearbeitet. Der Bereich des Eckstrebenwinkels wird nur mit der Raspel bearbeitet.

Das Beraspeln des Tragrands

Legen Sie nun Ihre Raspel griffbereit, und stecken Sie sich wieder den linken Vorderhuf zwischen die Beine.
Nun legen Sie die Raspel flach, mit der groben Seite nach unten, über die Strahlspitze, und schieben Sie sie – vorerst noch ohne Druck – nach vorn und nach links also entlang der Diagonalen des gezeichneten Parallelogramms in Abb. 71. Lassen Sie die Raspel einige Male „laufen", und verstärken Sie dann erst ganz leicht den Druck. Wenn die Raspel hakt, sich festbeißt, war der Druck zu stark; das ist ein beliebter Anfängerfehler.
Wenn Sie auf Hufsohle und Tragrand deutliche Raspelspuren und am Boden Hornteilchen sehen, hören Sie auf, entlasten sich und kontrollieren die Hufachse.
Am Anfang, wenn alles gut läuft, hat man vor Begeisterung schnell zuviel weggenommen. Da man dann auch gerne die diagonale Raspelführung vergißt, kommt es vor, daß man eine Vertiefung in den Tragrand raspelt, die man nicht mehr ausgleichen kann, ohne den Rest des Hufs zu stark zu kürzen.
Rechtshänder raspeln am linken Vorderhuf zu Anfang gerne innen, Linkshänder außen etwas zuviel Horn weg; am rechten Vorderhuf ist es umgekehrt.
Deswegen: Hören Sie auf Ihr Kreuz, und machen Sie öfter eine Pause zum Kontrollieren.

Um einen planen Tragrand zu erzielen, müssen Sie die Raspel öfter wechseln. Als Rechtshänder fangen Sie vorn links so an, wie Abb. 71 zeigt. Als Linkshänder beginnen Sie, wie in Abb. 73 dargestellt. Setzen Sie die Raspel über der Strahlspitze an (a), und führen Sie

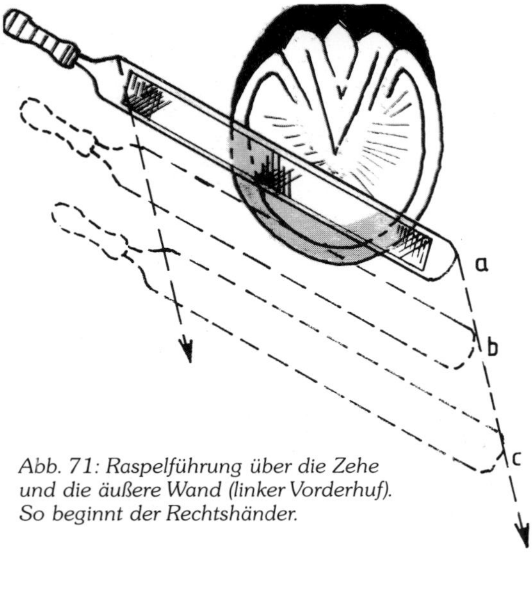

Abb. 71: Raspelführung über die Zehe und die äußere Wand (linker Vorderhuf). So beginnt der Rechtshänder.

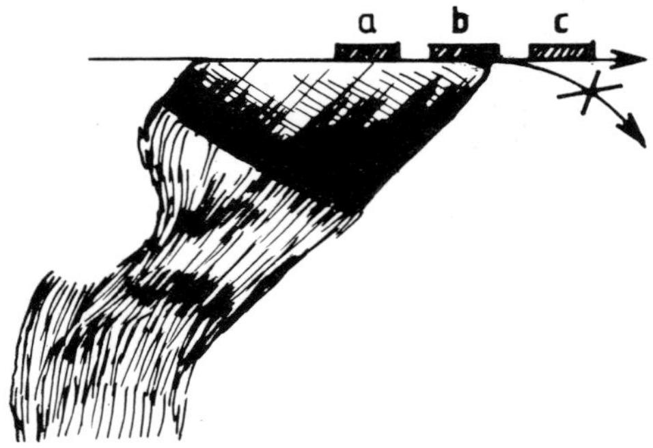

Abb. 72: Die Raspel darf über der Zehe nicht nach unten kippen.

sie nach vorn (b). Kippen Sie dort nicht über die Zehe nach unten, sondern lassen Sie die Raspel auf gleicher Höhe bei (c) enden. Wenn Sie abkippen (Abb. 72), raspeln Sie ungewollt eine Zehenrichtung an, die dann oft nicht stimmt.

Feilen Sie auch nicht hin und her, sondern setzen Sie die Raspel immer wieder bei (a) an. Wiederholen Sie den Vorgang 4- bis 5mal, danach kommt die Kontrolle. Sie haben jetzt den in Abb. 71 bzw. 73 dargestellten dunklen Bereich tiefer gelegt.

Zur Bearbeitung der linken Wand und der Eckstrebe legen Sie die Raspel um, wie auf Abb. 74 dargestellt. Jetzt wird die linke Hand stärker eingesetzt und zieht die Raspel heran.

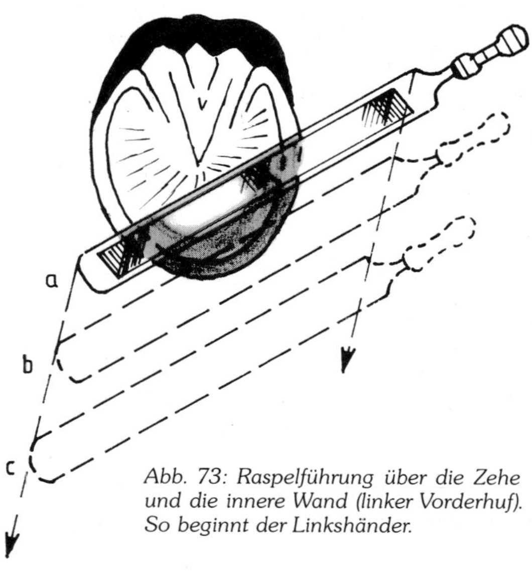

Abb. 73: Raspelführung über die Zehe und die innere Wand (linker Vorderhuf). So beginnt der Linkshänder.

Die rechte Hand unterstützt nur ganz leicht und dient der Führung.

Anschließend greifen Sie wieder um und legen die Raspel so über die Sohle, wie in Abb. 75 dargestellt. Ziehen Sie jetzt die Raspel mit der rechten Hand auf sich zu, und bearbeiten Sie den Bereich hintere rechte (äußere) Seitenwand und Eckstrebe.

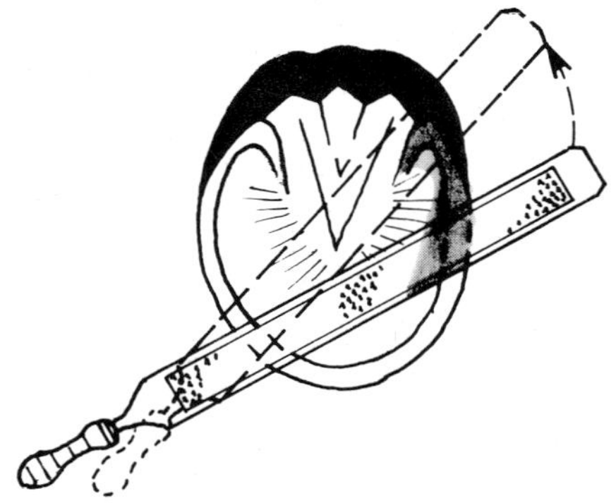

Abb. 74: Raspelführung über die hintere Wand und den Eckstrebenwinkel innen (linker V.)

Wenn im hinteren Bereich nicht viel Horn vorhanden ist, drehen Sie die Raspel um und benutzen nur die feine Seite.

Abschließend bearbeiten Sie den gesamten neu entstandenen Tragrand noch mit der feinen Seite der Raspel. Jetzt können Sie auch hin- und herfeilen oder die Tragefläche in Kreisbewegungen bearbeiten. Legen Sie dabei die Raspel mehrmals um, und wechseln Sie die Führhand.

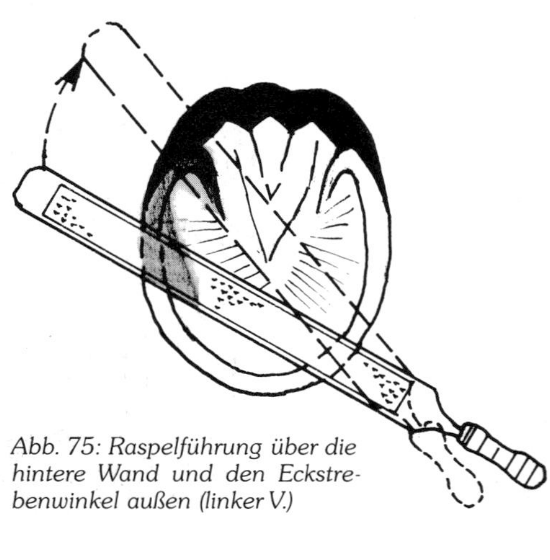

Abb. 75: Raspelführung über die hintere Wand und den Eckstrebenwinkel außen (linker V.)

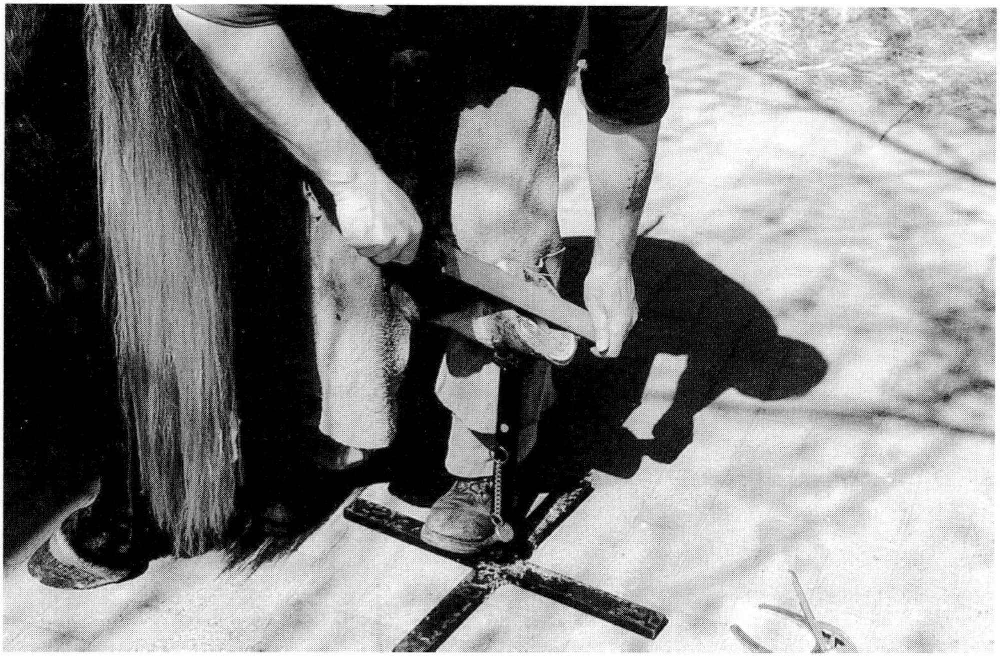

Abb. 76: Bearbeitung der Tragefläche des rechten Hinterhufs. Der Huf ruht auf dem V-Einsatz des Hufbocks. Raspelführung wie Abb. 71.

Abb. 77: Bearbeiteter Barfußhuf: Deutlich sieht man die „Sägespuren" des Hufmessers und die Schleifrillen der Raspelzähne. Die (vom Betrachter aus) linke Eckstrebe ist gut an die Sohle angeglichen, die rechte muß noch einmal nachgeschnitten werden. Die Sohle hat genügend Wölbung und ist deswegen nicht angetastet. Die kleinen Krater im Sohlenhorn sind durch Steine entstanden. Vor deren Druck schützt jeder Millimeter Horn.

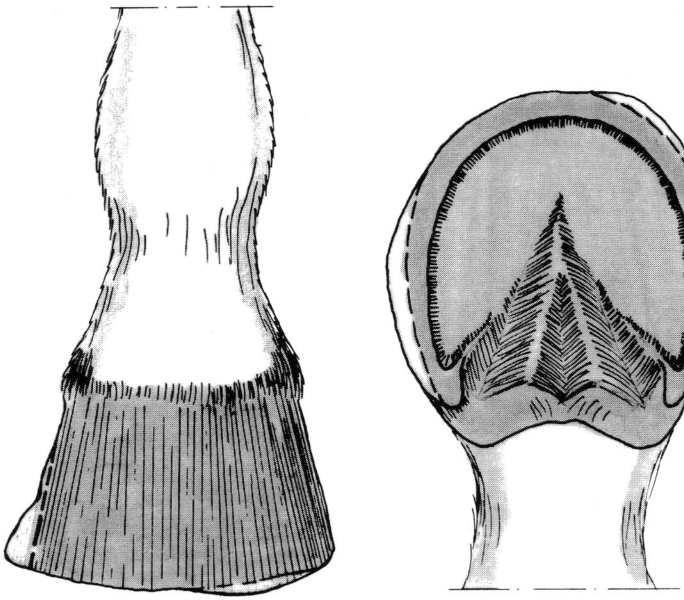

Abb. 78: Das Beiraspeln der Hufwand

Und so sollte das Ergebnis aussehen:
Von der weitesten Stelle des Hufs nach vorn haben Sie die Sohle mit angeraspelt und zum Tragen herangezogen. Der Sohlenstreifen innerhalb der weißen Linie sollte etwa so breit sein wie der Tragrand außerhalb der weißen Linie, im Zehenbereich auch etwas mehr (Abb. 77).
Zum Strahl hin sollte die Sohle deutlich abfallen, um beim Barfußlaufen Sohlendruck zu vermeiden. Außerdem ist die Wölbung der Sohle – wie Sie bereits wissen – notwendig zur Unterstützung der Bewegungsvorgänge im Huf.
In manchen Fällen kann man aber diese Sohlenwölbung nur herstellen, indem man die Sohle mit dem Hufmesser entsprechend ausschneidet. Dadurch wird die Sohle allerdings dünner und schwächer. Pferde mit dünner, wenig gewölbter Sohle können daher nur schlecht barfußgehen.
Um Druck auf die Eckstrebe zu vermeiden, wird alles Eckstrebenhorn, das die Sohle überragt oder sich auf die Sohle gelegt hat, abgeschnitten.
Nur Wildpferde, also echte Barfußläufer, tragen mit der ganzen Sohle, lediglich ein halbmondförmiges Stück um die Strahlspitze liegt tiefer.

Das Berunden des Tragrands

Bearbeiten Sie nun die Hornwand. Oft ist sie an der Zehe deutlich breiter als im hinteren Bereich. Das ist auch richtig so, denn über die Zehe rollt die gesamte Körperlast beim Abfußen; hier braucht der Huf Abriebswiderstand.
Manchmal ist es jedoch notwendig, zur Herstellung einer korrekten Fußachse die Zehenwand so weit zu kürzen, daß sie der Dicke der Seitenwand entspricht. Das ist vor allem dann der Fall, wenn der Huf im unteren Drittel eine deutliche Tendenz zeigt, sich auszuweiten.
Zur Bearbeitung setzen Sie den Huf auf den Bock und fahren mit der Raspel außen an der Wand von oben nach unten. Setzen Sie die Raspel dort an, wo die Hufwand nach außen abzuweichen beginnt. Anschließend verdichten Sie die angeraspelte Röhrchenschicht, indem Sie mit der feinen Seite der Raspel nachfeilen; Sie können dafür auch eine Metallfeile nehmen, die die Außenwand noch mehr verdichtet. Achten Sie bitte darauf, daß Sie beim Beraspeln der Außenseite

Abb. 79: Nach dem Beiraspeln wird die Röhrchenschicht der Wand mit der feinen Seite der Raspel verdichtet.

die Raspel nicht so flach halten, daß Sie den Kronsaum anschneiden.
Wenn Sie jetzt mit der Fingerkuppe über die Tragrandkante fahren, merken Sie, daß diese sehr spitz und scharfkantig ist. Diese Kante müssen Sie beseitigen (brechen), damit sie nicht wegbricht. Raspeln Sie also zum Schluß so über die Tragrandkante, wie in Abb. 80 dargestellt. Sie erhalten einen gut berundeten Tragrand, der sich überall „weich" anfühlt.

Abb. 80: Das Berunden des Tragrandes

punktierte Fläche: falsch berundet
schwarze Fläche : korrekt berundet

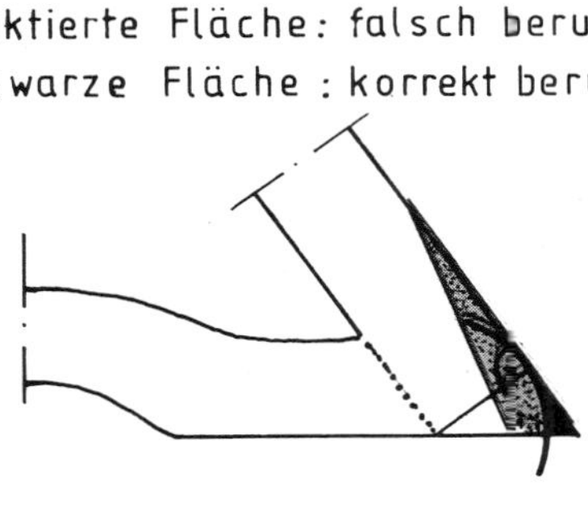

Die Kontrolle

Kontrollieren Sie abschließend noch einmal die Fußachse von vorn, von der Seite und von hinten. Sie sollten beide Hufe vorn und hinten bis auf zwei Winkelgrade genau eingestellt haben.
2 Grad kann man durchaus mit dem bloßen Auge bei etwas Übung erkennen. Diese Übung erhalten Sie, wenn Sie ab sofort jedes Pferd, an dem Sie vorbeigehen, auf seine Fußstellung hin beurteilen.
Ganz zuletzt heben Sie den Huf auf und kontrollieren den Tragrand mit einem Blick von oben. Die gedachte Hilfslinie durch die mittlere Strahlfurche zur Zehe soll dabei eine zweite Hilfslinie, die durch die weiteste Stelle des Hufs verläuft, rechtwinklig kreuzen.
Und noch eines zur Beruhigung: Selbst wenn Sie sich jetzt noch unsicher fühlen (was ganz normal ist), selbst wenn Sie Ihr Pferd noch nicht 100%ig bearbeitet und gestellt haben – machen Sie sich keine Vorwürfe.
Die Hufe Ihres Pferdes, an denen Sie alle 14 Tage einige Millimeter korrigieren, werden immer besser gepflegt und gestellt sein als

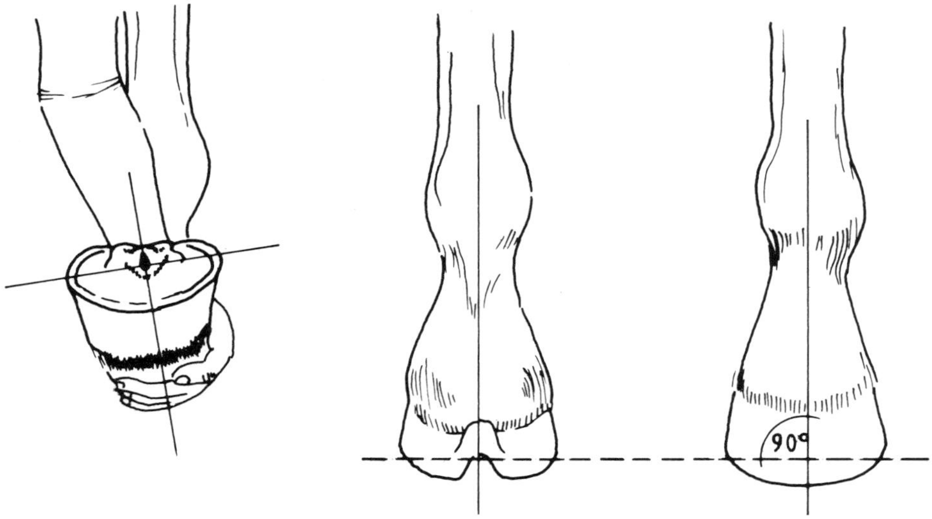

Abb. 81: Die abschließende Kontrolle der Fußachsen (vgl. auch Abb. 31) und der Blick von oben über die Sohle und den Tragrand.

die Hufe eines Pferdes, die der Schmied nur alle 8–12 Wochen oder sogar nur zweimal im Jahr bearbeitet.

Abb. 82: Kontrollblick von oben. Hier muß die Tragrandkante noch gebrochen werden.

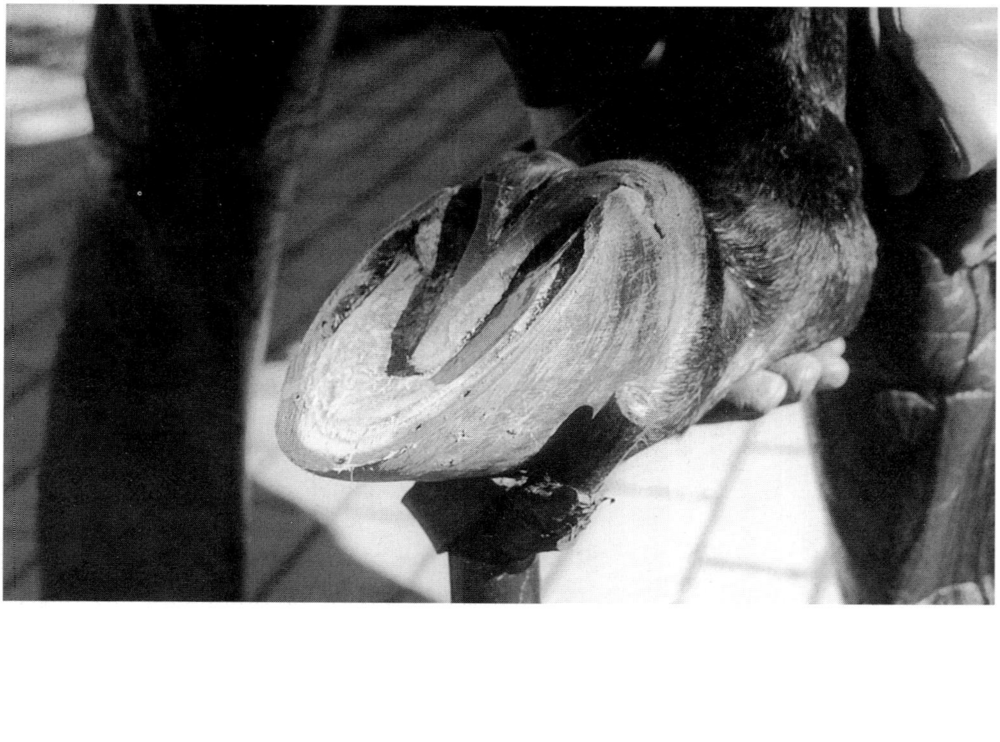

Auf dem Weg zur Partnerschaft

Haben Sie bei der Arbeit am Huf nicht auch einige Male an Ihren Schmied gedacht? Und daran, daß er diese Knochenarbeit Tag für Tag machen muß?
Wenn ja, dann werden Sie das folgende Kapi-

tel X wohl mit sehr viel Gewinn lesen, denn Sie stehen vor dem Beginn einer vorteilhaften Partnerschaft.

Auf dem Weg dorthin beginnen Sie als Helfer beim Hufbeschlag damit, den nächsten Arbeitsschritt im voraus zu erkennen und das richtige Werkzeug bereitzuhalten. Da Sie jetzt schon viele der Arbeitsschritte aus eigener Erfahrung kennen, wird Ihnen das nicht schwerfallen. Der Schmied wird Ihr Mitdenken mit einigen Äußerungen der Überraschung quittieren und Ihr Interesse anerkennen. Damit ist das Eis gebrochen, und Sie werden als wißbegieriger Mitarbeiter akzeptiert.

Nach und nach lassen Sie sich den einen oder anderen Handgriff zeigen und führen ihn selbst aus (z. B. Strahlschneiden). Für den Schmied ist Ihr Einsatz eine Arbeitserleichterung, für Sie ein weiterer Schritt auf dem Weg zur weniger starken Abhängigkeit.

Ihr Ziel ist es, kleinere Pannen (aufgebogener Nagelniet, abgerissener Nagelkopf) selbst beheben, Eisen abnehmen und den Barfußhuf zurichten zu können. Den Beschlag/Hufschutz selbst überlassen Sie dem Fachmann. Machen Sie ihm das auch deutlich, damit er nicht fürchtet, einen Kunden zu verlieren, für den er sich jahrelang die Bandscheiben ruiniert hat.

Nach und nach lernen Sie den Huf Ihres Pferdes immer besser kennen, alles wird Ihnen vertraut, so vertraut, daß Sie einen Blick, ein Gefühl sogar dafür entwickeln, ob Ihr Pferd alle vier Hufe gleichmäßig belastet oder etwa schont. Sie erfassen die Hufstellung schon im Vorbeigehen, Sie entdecken jeden hochgebogenen Nagelniet, jeden fehlenden Nagelkopf.

Sie kontrollieren den Sitz der Eisen beim Auskratzen so nebenbei. Sie erfassen Streifspuren oder Verletzungen an der Innenseite der Hufe, besonders im Bereich der Kronränder der Hinterhufe und der Ballen der Vorderhufe.

Ihre tastende Hand erspürt jede Veränderung in der durch vieles Fühlen bekannten Wärme des Hufs und der Gelenke.

Zuerst sollten Sie die Kontrolle, die Sie immer machen, wenn Sie sich dem Pferd nähern, mit Hilfe einer Checkliste durchführen, die Sie sich aus dem Text selbst erstellen können.

Später werden Ihnen die einzelnen Punkte so geläufig, daß Sie die Liste nicht mehr brauchen. Nach einiger Zeit erfassen Sie ganz unbewußt bei der Annäherung an Ihr Pferd, ob etwas mit ihm nicht stimmt, ganz so wie ein versierter Züchter schon beim Betreten des Stalles feststellen kann, ob etwas nicht in Ordnung ist.

So geschult, erfassen Sie Veränderungen im Anfangsstadium, wo Gegenmaßnahmen noch rasch eingeleitet werden können. Sie sind als Tierhalter verantwortlich für das Wohlergehen Ihres Tieres. Sie können in Zweifelsfällen einen Fachmann hinzuziehen, müssen sich aber darüber klar sein, daß dieser Fachmann das Tier nur kurz sieht, der Schmied etwa zwei Stunden, der Tierarzt meist nur Minuten.

Der Halter ist um so mehr auf das Urteil des Fachmannes angewiesen, je weniger er selbst von der Materie versteht. Kann er aber dem Fachmann brauchbare Angaben über den Normalzustand machen und über die momentanen Veränderungen, kann der Fachmann den Krankheitszustand z. B. besser beurteilen. Partnerarbeit zum Wohl des Pferdes ist hier gefragt.

Ein Beispiel aus der Praxis: Wenn das Pferd beim Beschlagen das Bein wegzieht und der Halter nicht aus Scham vor dem Schmied wegen der schlechten Erziehung seines Pferdes, sondern glaubhaft versichern kann, daß das Pferd sonst nicht so reagiert, dann muß der Fachmann zumindest aufmerksam werden und dem Verhalten auf den Grund gehen.

Zum Schluß des Kapitels noch ein Hinweis für alle Araberfreunde.

Arabische Pferde und deren Kreuzungen (z.T. auch andere Blutpferde) entwickeln wegen der deutlich anderen Bodenverhältnisse bei uns oft einen schmalen, langzehigen Huf mit untergezogenen Trachten. Das heißt, die Trachtenachse läuft mit der Zehenachse nicht mehr parallel, sondern flacher.

Solche Pferde barfuß laufen zu lassen ist nur möglich, wenn man der langen Zehe ständig mit der Raspel zu Leibe rückt und den Tragrand auch im Bereich der Eckstrebe immer wieder flach raspelt, auch wenn man den Huf noch weiter kürzt.

Außerdem muß man, auch wenn man die Sohle dadurch schwächt, eine leichte Soh-

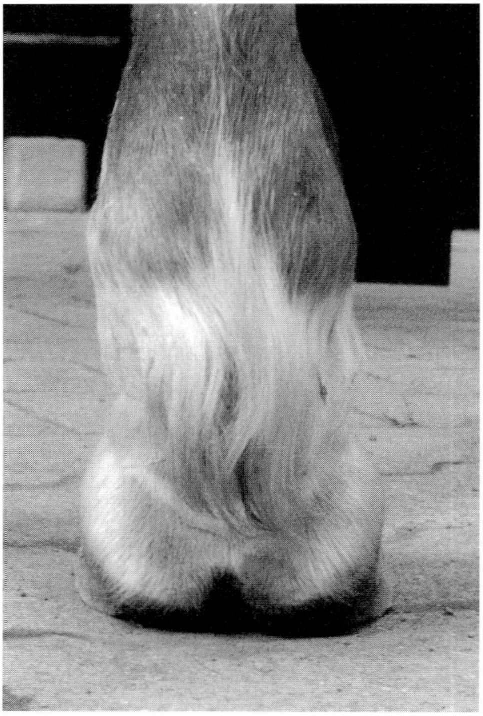

lenwölbung „anschnitzen“, um Sohlendruck zu vermeiden und um den Hufmechanismus zu unterstützen.

Tut man das nicht, ziehen sich die Trachten u. U. so stark unter, daß das Pferd auf den Ballen läuft. Die Hornwand reißt dann wegen der ungünstigen statischen Verhältnisse kurz vor dem Eckstrebenwinkel ein, das Pferd entwickelt einen deutlichen Schongang.

Ein solches Pferd ohne Hufschutz laufen zu lassen ist schon problematisch, es zu reiten wäre Tierquälerei. Deswegen muß man ihm mit Hufschutz den notwendigen Abstand vom Boden verschaffen.

Abb. 83: Links: Araber – Der Huf hat wenig Bodenfreiheit.

Abb. 84: Unten links: Araber – Huf mit untergezogenen Trachten und gebrochener Trachtenwand.

Abb. 85: Unten rechts: Abhilfe wird geschaffen, indem man die Eckstrebenwinkel flach schneidet oder raspelt, Eckstreben angleicht und dabei etwas Sohlenwölbung anschnitzt. Wenn der überstehende Tragrand mit dem Nipper abgekniffen wird, kommt die Tragefläche insgesamt so tief, daß das Pferd ohne Hufschutz nicht geritten werden kann.

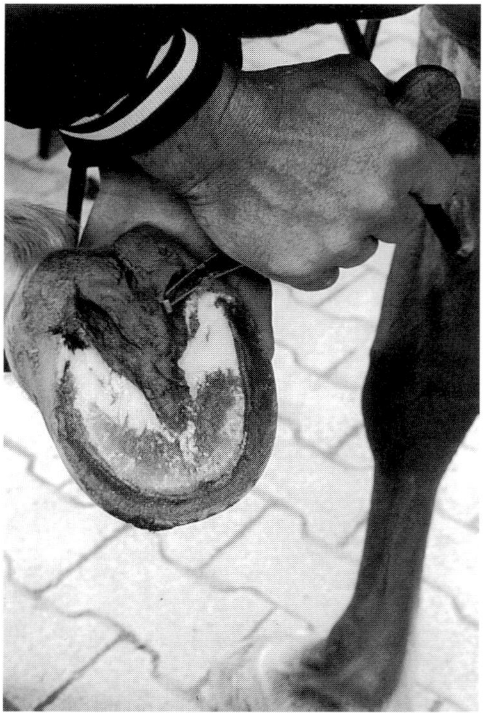

X. Vom schwachen Punkt der starken Männer
Gedanken über den Beruf des Schmieds

Der Herr über Eisen und Feuer

Der Schmied beherrschte das Feuer und konnte sich mit diesem Element und dem Hammer das Wundermetall Eisen gefügig machen.
Infolge seiner geheimnisvollen Kunst stand der Schmied von jeher im Volksglauben im Ruf magischer Beziehungen und Fähigkeiten. Der schwarze Meister konnte sogar den Teufel bändigen oder mit ihm im Bunde sein.
Neben der mystischen ist aber auch die produktive, positive Seite des Schmiedehandwerks immer wichtig gewesen.
Was wären die Ritter gewesen ohne Schmied?
Waffenschmiede stellten die Ausrüstung für ganze Armeen her. Im 12. Jahrhundert lieferten die englischen Hufschmiede 50 000 Hufeisen für König Richard Löwenherz' dritten Kreuzzug – alle aus einem Flachstahl handgeschmiedet nach Vorgabe der Schmiedeinnung.
Selbst das kunstvollste Kettenhemd, das schärfste Schwert, die beste Pflugschar, Sensen, Beile und Nägel bestanden zunächst einmal aus nichts anderem als aus einem unförmigen Eisenklumpen, so wie er aus der Schmelze kam.
Hunderte von Hammerschlägen befreiten die glühende Luppe von Kohleresten und Schlacke und kneteten den Rohstoff zu bestem Schmiedestahl.
Tausende von Hammerschlägen formten die Klumpen zu Platten und trieben daraus die feinsten Bleche. Jeden Quadratzentimeter Eisenblech, jedes Scharnier, jeden Niet einer Rüstung hatte der Schmied mit dem Hammer hergestellt.
Ist es da ein Zufall, daß der Hammer, das wichtigste Instrument seit der Eisenzeit, zum Symbol der Macht aufstieg, dessen sich sogar die Götter bedienten? Thor, der germanische Götterboß, ließ durch seine Donnerschläge die Erde erzittern. Er galt dank seines Hammers „Mjöllnir" als unbesiegbar.
Auch bei anderen urzeitlichen Göttern finden wir das Symbol des Hammers. Bei Charun, dem Unterweltsdämon der Etrusker, bei Horagalles, dem Gott der Lappen, der gleich zwei Hämmer mit sich führte, ebenso wie Ukko, der Donnergott der Finnen.
Der Keltengott Sucellos hatte nicht nur einen überdimensionalen Hammer, er konnte ihn auch besonders gut bedienen; sein Name bedeutet „Der gut zuschlägt".
An diese archaischen Götter glaubt heute keiner mehr. Doch ihr Machtsymbol blieb bis in unsere Tage erhalten: Hammer und Sichel im Staatswappen der früheren SU, Hammer und Zirkel im Emblem der ehemaligen DDR. Der österreichische Staatsadler trägt noch heute in seinen Fängen Hammer und Sichel.

Das Hufeisen

Die Zauberkraft des Hufeisens hängt offensichtlich damit zusammen, daß es aus Eisen gemacht ist.
Wir können uns heute gar nicht mehr vorstellen, welche Umwälzungen zu Beginn der Ei-

senzeit stattfanden, wie revolutionierend dieser neue widerstandsfähige Werkstoff die Geschichte der Völker beeinflußte.
Schnell wurden dem neuen Metall besondere Eigenschaften nachgesagt. Es mache unverwundbar, hieß es, aber vor allem: es schütze gegen böse Geister. Hufeisen wurden und werden deshalb am Kamin, über der Stalltür, über dem Hauseingang, kurz überall, wo das Böse eindringen könnte, angebracht.
Sogar am Mast von Nelsons Flaggschiff soll ein Hufeisen befestigt gewesen sein.
Man glaubte, weder der Teufel noch böse Geister könnten unter einem Bogen von Eisen durchgehen.
Natürlich fällt ein Teil dieser Wirkung auch auf den zurück, der einen solchen Bogen herstellen kann. Hier liegt das Ansehen, das der Herr über Feuer und Eisen beim Volk genoß (und noch genießt), begründet.
Daneben wird das Hufeisen aber auch als Glücksbringer angesehen. Dann allerdings müssen die Hufeisenschenkel nach oben zeigen, damit das Glück „hineinfallen" und nicht wieder herausfallen kann. Der Antidämoneffekt des eisernen Bogens ist damit jedoch verloren.
Und so findet man dann über manchen Türen zwei Eisen, eines mit der Öffnung nach unten, eines nach oben offen.
Eisen aus Aluminium-Legierung, am Kühlergrill angebracht, sind demnach reiner Schmuck; Ihre „Schutzwirkung" ist gleich Null.

Der Schmied als Roßarzt

Der Hufschmied des 16./17. Jahrhunderts hatte – wie es heute heißt – ein zweites Standbein: Er wirkte auch als Roßarzt.
Seine Tätigkeiten und Eingriffe waren oft so spektakulär, daß damals das Wort „Roßkur" geprägt wurde, das wir ja heute noch kennen.
Ein ganz besonders begabter Zeitgenosse scheint Joseph Makerl gewesen zu sein, der seine Dienste 1640 in Nürnberg mit folgender Anzeige anbot:

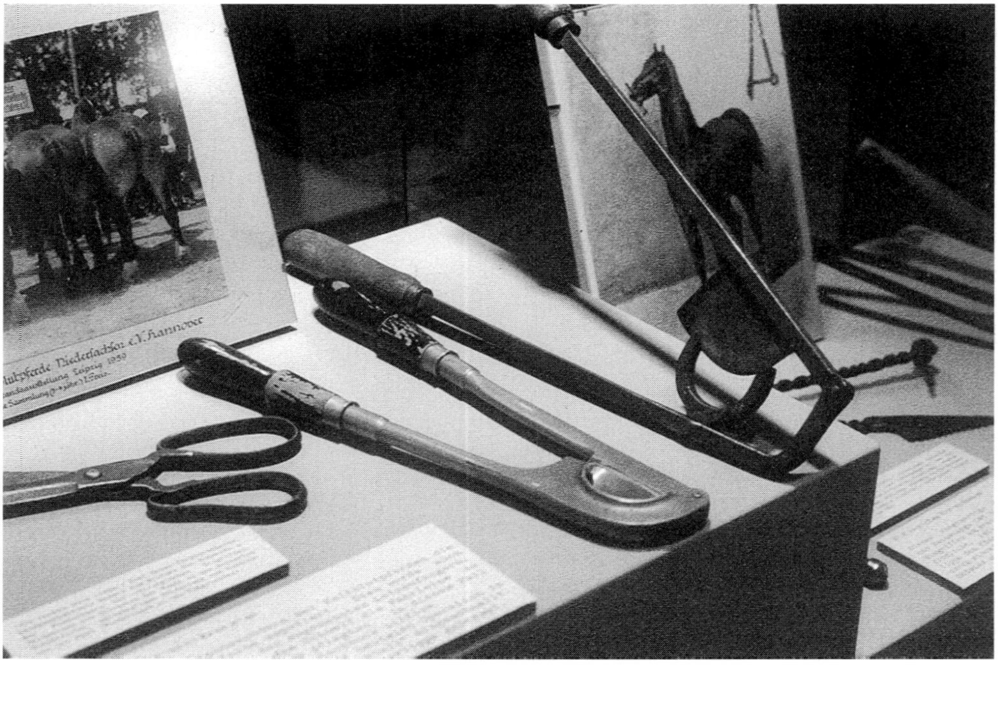

Abb. 86: Zwei Schweifrüben-Guillotinen

Abb. 87: Brenneisen mit Loch für kupierte Schweifrüben. Das spitze Brenneisen wurde verwendet, um durch Punktfeuer Sehnen- oder Spat-Schäden zu beseitigen.

Joseph Makerl, Chirurgus, Farrschreiber, Barbier, Perrüggemacher, Schuhlmeister, Hueffschmiedt und Geburtzhelfer. Rasiert vor ein Krützer, schneidt die Haare vor zwei Krützer und Puter und Pomate obendrein für die jungen und archtichten Fräuleins, stickt die Laternen an. Jar- und Vierteljarweis die jungen Edelleute lernt ihre Muttersprage grahmadickalisch und ganz leicht, sorgt vor ihren Sitten und lernts buchstabyrn. Beschlächt die Ferde meisterhaft, magd und flickt Schu und Stiffel, lernts Hobo und Flaut, läst Ader, setzt Schropfkopf ganz gering, lernt in die Häuser die Kodiljons und andere Tanz, verkauft Pafimery aller Art, Stiffelwichs, gesalzene Härink, Honigkung, Pürschten, Meusefallen und andere Confecs, Herz sterkend Wurzel, Kartoffeln, Brahdwürst und andere Gemüß.
(Ein Sprachzeugnis aus der Zeit des Dreißigjährigen Krieges, zitiert nach „Freizeit im Sattel“ I/82)

Wie Joseph Makerls umfangreiches Angebot beweist, mußte der Schmied des ausgehenden Mittelalters mehr können, als Nägel mit Köpfen machen.
Die meisten aber beschränkten sich doch aufs Beschlagen und Kurieren von Pferden. Die Landbevölkerung ging früher mit den gesunden und kranken Tieren zum Schmied zum Beschlagen oder zur Heilung. Und wenn man schon einmal da war und da beim Menschen nicht schaden kann, was beim Pferd nützt, ließen sich gelegentlich auch die Pferdehalter kurieren, sofern sie den Mut dazu aufbrachten. Dies war meist bei Zahnschmerzen der Fall, wenn der Schmerz größer war als die Angst vor den martialisch wirkenden Zangen des Schmieds und seiner brachialen Gewalt.
Ein blutiges Geschäft war auch das Kupieren der Schweifrübe von Zugpferden (Abb. 86). Damit sich das Schweifhaar nicht in den Strängen verfing und die Pferde die Leitlinie nicht durch eine Drehung der Schweifrübe fangen und einklemmen konnten, schnitt man ihnen die oft armdicke Schweifrübe bis auf einen kümmerlichen Rest ab. Das dazugehörige Brenneisen zum Zubrennen der

Wunde hatte in der Mitte ein Loch, um eine Verletzung der Schweifnerven zu verhindern (Abb. 87).
Solche Roßkuren ließ sich auch der friedlichste Ackergaul nicht ohne Reaktion gefallen. Er versuchte, wie es Pferdeart ist, sich durch Flucht zu entziehen. Man mußte ihn also „bremsen".
Mit Zangen wurde daher die hochempfindliche Oberlippe oder auch schon einmal ein Ohr eingeklemmt, worauf der Zwölfzentnerkoloß einige Zeit stillstand. Nur so konnte der Schmied ungefährdet seiner blutigen Arbeit nachgehen.
Das Allheilmittel des Schmieds war der keimtötende Holzteer, den er zusammen mit der Kohle vom Köhler erhielt. Holzteer wurde bei allen Arten von Wunden und Geschwüren angewendet – weil man nichts Besseres hatte.
Vieles von dem, was Roßärzte in den vergangenen Jahrhunderten konnten und an Mensch und Vieh anwendeten, ist verlorengegangen (zu Recht), denn sie sind in der Regel keine Schriftsteller. Wenn ein Schmied je etwas Schriftliches hinterläßt, dann sind es Rechnungen: *„eyn schock nagel gelieffert, 10 groschen"*.
Wenn auch einige der modernen Schmiede noch durchaus bewußt am alten Bild des Schmieds anknüpfen und noch das eine oder andere Rezept zur Herstellung von Huffett kennen, so kann man doch sagen, daß sich der Schmied heute weitgehend auf sein Handwerk beschränkt und das Kurieren kranker Pferde dem Tierarzt überläßt.
Am Huf aber sollte er weiterhin Fachmann sein, weniger Eisenschmied als vielmehr Orthopäde, der – wie ein Arzt – Hufdefekte beheben und Schmerzen lindern kann.

Die Schmiedewerkstatt

Einen Einblick in eine Schmiedewerkstatt des 16. Jahrhunderts vermittelt ein Holzschnitt von Jost Amman, abgedruckt in dem bekannten Ständebuch des Hans Sachs.
Im Vordergrund steht der Amboß auf einem gewaltigen Stück Baumstamm, dem sog. Stock. An diesem hängen Zangen und Raspeln.
Meister und Geselle schmieden gerade ein Hufeisen. Der Geselle haut mit dem Vorschlaghammer zu, der Meister gibt mit dem deutlich kleineren Schmiedehammer den Takt an. Mit der linken Hand hält er das Eisen

Abb. 88: Blick in eine Schmiedewerkstatt des 16. Jahrhunderts. Der Text, der oft als Inschrift über der Tür zur Werkstatt zu finden war, macht deutlich, daß der Schmied des ausgehenden Mittelalters ein Allround-Handwerker war.

Ich Huff ſchmidt kā die pferd beſchla
Darzu die Räder / Karn vnd Wagn/
Schwäntzen vnd Laſſen ich wol kan/
Den Pferden / die auch Schäden han/
Ich kan heyln / Retzen vnd Reiden/
Den Feyfel vnd die Angſtel ſchneidn/
Zu den Ciclopen trag ich Gunſt/
Die erfunden deß Schmidwercks Kun

mit einer Zange, an deren hinterem Ende ein Spannhaken die Zangenschenkel schließt.
Im Vordergrund steht am Boden ein Werkzeugkasten, daneben liegen Hufnägel, eine Hauklinge und ein Stoßmesser zum Beschneiden der Hufe.
Im Hintergrund lodert in der Esse das Schmiedefeuer. Das Pferd, das gleich beschlagen werden soll, wartet vor der Schmiede.
Ein Bild von heute? Ein Bild von 1568! Der Vergleich mit der Werkstatt eines fahrenden Schmieds unserer Tage zeigt, daß sich hier tatsächlich nichts wesentlich Neues ergeben hat. Selbst ein modernes Gasfeuer (das viele alte Schmiede sogar ablehnen) und maschinell hergestellte Eisen ändern nichts an der Tatsache, daß wir es hier mit einem Traditionshandwerk zu tun haben.
Resultiert daraus die Haltung vieler Schmiede, neuere Entwicklungen überhaupt nicht wahrzunehmen?

Der Schmied als Ausbildungspartner des Reiters

Hufschmiede sind leider nicht immer die Fachleute, für die wir sie meistens halten. Ein Eisenhandwerker, der in seiner Lehrzeit keinen Huf angefaßt zu haben braucht, kann nicht innerhalb von 4 Monaten Intensivausbildung zum Horseman-Schmied umfunktioniert werden.
Außerdem müssen seit einigen Jahren auch während des Kompaktkurses die praktischen Fertigkeiten (Eisen schmieden) mehr Raum einnehmen als die Grundlagentheorie, weil immer mehr junge Leute ohne das nötige handwerkliche Rüstzeug in die Schmiedeausbildung drängen. Leider läßt dies die Ausbildungsordnung, die dringend geändert werden müßte, auch noch zu.
Was trotz der Überbetonung der Schmiede- und Hufbeschlagspraxis an Pfuscharbeit angeboten wird, darüber läßt sich Fritz Rödder in seinen Büchern aus, das zeigt die Bildersammlung der Firma Dallmer. Wünsche nach alternativem Hufschutz werden als Extravaganzen abgetan, oft auch deshalb, weil sich der Schmied über die neuesten Angebote am Markt nicht informiert.
So waren 1989 auf dem Demonstrationslehrgang für den patentierten Hufschutz nach Zaugg lediglich zwei Schmiede anwesend, davon einer ein ehemaliger, der schon in den sechziger Jahren den Hufbeschlag wegen des Rückgangs der Pferde in der Landwirtschaft aufgegeben hatte. Zwei von -zig in Rheinland-Pfalz tätigen Hufschmieden, die alle von der Schmiedeinnung benachrichtigt und eingeladen worden waren!
Erst sehr langsam setzt sich — vor allem bei den jungen Schmieden — die Erkenntnis durch, daß mit der geänderten Einstellung zum Pferd, mit dem geänderten Einsatz des Pferdes auch eine andere Einstellung des Schmieds zu Pferd und Besitzer Fuß fassen muß.
Der Schmied sollte erkennen, daß das Pferd als Freizeitpartner einen anderen Stellenwert hat, daß Freizeitreiter eine andere Einstellung zum Pferd haben und daß sie zum Wohl des Pferdes durchaus Althergebrachtes in Frage stellen, Experimente wagen und auch Ausgaben nicht scheuen.
Der Schmied sollte Partner des Reiters werden, vor allem dann, wenn er selbst kein Reiter ist. Aber der Widerstand der Schmiede ist groß. Warum nur?
Zu Beginn meines Hufkurses haben die Teilnehmer die Möglichkeit zu sagen, warum sie einen solchen Kurs besuchen, welche Erwartungen sie haben und mit welchem Ergebnis sie den Kurs verlassen wollen. Es sind fast immer die gleichen Aussagen:
a) Ich interessiere mich als Freizeitreiter für alles, was mit dem Pferd zusammenhängt, und möchte mich auf diesem Spezialgebiet weiterbilden.
b) Ich bin mit meinem Schmied nicht zufrieden.
Viele denken gar nicht an Beschlag. Sie wollen sich nur helfen können, unterwegs als Wander- und Distanzreiter oder dann, wenn der Beschlag längst überfällig ist und der Schmied sein Kommen immer wieder hinausschiebt.
Die meisten würden auch die Knochenarbeit gerne dem Fachmann überlassen, wenn — ja, wenn sie mit seiner Arbeit zufrieden sein könnten.

Knickrigkeit und Sparsamkeit („Ein Pferd halten, aber kein Geld für den Schmied ausgeben wollen!“) rangieren weit abgeschlagen im hinteren Drittel der Argumente, zumal vor dem Sparen zuerst die Investition für das notwendige Werkzeug steht.
Nein, die Unzufriedenheit kommt an erster Stelle und — die Angst!
So höre ich immer wieder von meinen Kursteilnehmern:
„Das kann ich meinem Schmied nicht sagen!“
Oder:
„Wenn ich selbst am Huf etwas gemacht habe, schreit mein Schmied mich an!“
Oder:
„Ich darf nicht sagen, daß ich das Buch von XY gelesen habe, und daß ich auf einem Hufkurs bin, behalte ich auch für mich!“
Oder:
„Ich lasse meinen Schmied nach dem Beschlag fetten mit seinem ranzigen, billigen Vaselinefett und reibe es zu Hause wieder ab, sonst schimpft er!“
Oder:
„Wenn ich nur drei Nägel will, läßt der Schmied das zweite Loch frei und nagelt trotzdem hinter der weitesten Stelle. Seine Begründung: Der letzte Nagel hält am meisten!“
Oder:
„Ich sehe ja vieles ein, auch die Erklärungen sind einleuchtend, aber — wie sag ich's meinem Schmied?“
Folgendes ließen sich Hufkursteilnehmer zu Hause einfallen, um ihren Schmied zu bewegen, alte Zöpfe abzulegen oder einsehbare Neuerungen (die meist keine sind) anzunehmen:
Der Schmied verlangt langes Hochhalten des Hufs: „Ich habe mir einen Bandscheibenschaden ‚zugelegt‘, jetzt darf ich den Huf öfter absetzen; seitdem steht mein Pferd viel besser.“
Der Schmied kommt mit rotglühendem Eisen zum Brennen: „Ich ziehe meine Handschuhe erst an, wenn der Schmied sich nähert. Ist das Eisen deutlich rot, gelingt das Anziehen nicht so gut; oft lasse ich auch noch einen Handschuh fallen.“
Der Schmied zieht die Nagelniete mit Hufzange und Hammer stark an und zieht dadurch Spannung in den Huf: „Ich habe meinem Schmied einen Clincher gekauft. Er be-

Abb. 89: Anzeige in der Zeitschrift „Freizeit im Sattel“, 5/86: So wirbt ein moderner Schmied um Kundschaft.

nutzt ihn zwar nur beim Beschlag meiner Pferde, um nicht undankbar zu erscheinen, aber er benutzt ihn.“
Eine Teilnehmerin berichtete mir in einem Brief voller Stolz von ihrem Einfall, den ersten Beschlag ihres jungen Pferdes zu einem Fest mit Freunden ausgestaltet zu haben. Der Schmied wurde auf der Einladungskarte erwähnt, und er wurde gebeten, sich an diesem Tag nichts weiteres vorzunehmen. Nachträglich erhielt er noch ein Erinnerungsphoto.
Die Feier soll recht feucht-fröhlich gewesen sein und recht lange gedauert haben. Der vierte Huf wurde deshalb auch erst zwei Tage später beschlagen.
Wir sehen, Damen haben es oft recht einfach, wenn sie den Kavalier im Schmied wecken. Männer haben es da schwerer. Schwächlinge, die einen Huf nicht so lange aufhalten

können, wie der Schmied dies verlangt, haben auch sonst keinen guten Stand. Handelt es sich darüber hinaus noch um Akademiker, denen öfter mal ein „Aber der Ruthe schreibt doch. . ." herausrutscht, kommt der Schmied sowieso nur, weil die Hausfrau immer einen guten Imbiß bereithält oder . . .
Hier ist es sinnvoll, den unbekannten Dritten ins Spiel zu bringen, um eigene Wünsche durchzusetzen, z. B. den Tierarzt vom letzten Ritt, der bei der Voruntersuchung Minuspunkte vergab wegen der zu engen/kurzen Hufeisenschenkel, wegen des 4. Nagels hinter der weitesten Stelle des Hufs, wegen ungenügender und deswegen angelaufener Zehenrichtung, wegen der gebrochenen Fußachse usw.
Wenn diese Minuspunkte dann auch noch schuld waren an dem verpaßten guten Platz, wird der Schmied sicher leichter auf einsehbar begründete Wünsche eingehen als sonst.
An dieser Stelle soll einmal ganz deutlich gesagt werden: Wir Reiter und Fahrer wollen den Schmied und sein Handwerk nicht in Mißkredit bringen. Wir wollen dem Hufschmied, der die Hufschmiedekunst erlernt hat und ausübt, nichts Übles nachreden. Wir hätten gern einen Huf- und Pferdespezialisten zum Partner — die Wirklichkeit sieht aber oft anders aus. Anzeigen wie die auf der linken Seite sieht man leider viel zu selten! Ich kenne Herrn Hauck nicht persönlich, aber ich wünsche ihm und seinen Kunden, daß seine Handwerkskunst heute noch das hält, was seine Anzeige 1986 versprach.
Oft sieht es nämlich so aus:
Ein neuer Hufschmied, gelernter Kunstschlosser, löst den alten Fahnenschmied ab. Es ist eine Freude, ihm zuzuschauen, er bietet Handwerkskunst im wahrsten Sinne des Wortes. Die Eisen sitzen und halten, die Nieten sehen aus wie aufgereihte Perlen, die Pferde laufen gut.
Nach zwei Jahren: Hetze („Ich habe heute noch fünf Termine!"), kurzes Durchschmieden der Eisen, längeres Brennen (Raspeln hält auf), die Nagelniete sitzen, wie's gerade kommt. Wieder einer, der von der Klasse in die Masse abgewandert ist.
Geldverdienen, viel Geld verdienen steht im Vordergrund, jetzt, wo der Kundenstamm aufgebaut ist und man sich einen gewissen Ruf erworben hat.

Und dann erzählt man sich auch noch die Geschichte von dem Schmied, der jeden Monat für eine Woche nach Berlin flog (vor der Wende) und dort an einem Tag mit zwei Helfern achtzehn (18!) Pferde beschlug und so in einer Woche mehr verdiente als im ganzen Monat zu Hause.
Selbst wenn die Geschichte nicht stimmen sollte, so wäre sie doch gut erfunden! Deswegen rufen wir allen Hufschmieden zu: Suchen Sie den Dialog mit Ihrem Kunden! Ist er ein versierter Pferdemann, werden Sie Nutzen aus seinem Wissen ziehen können.
Lassen Sie Ihren Kundenkreis nur so groß werden, daß Sie Ihre Kunst ausführen können, ohne hetzen zu müssen. Erhöhen Sie lieber Ihren Preis für Ihre gute Arbeit.
Deswegen verlangen wir von allen Hufbeschlagslehrmeistern:
Bilden Sie Hufkünstler aus, keine Hufklempner, keine, die den Freizeitpferdeboom ausnützen wollen, um das schnelle Geld zu machen. Setzen Sie sich dafür ein, daß das Beschlagwesen reformiert und daß die Ausbildung zum Hufbeschlagschmied neu geordnet wird!
Deswegen der Wunsch an alle Pferdehalter: Seien Sie als Kunde König! Wechseln Sie den Schmied, wenn er sich nicht kooperativ zeigt, wenn er schludert oder nur den Einheitsbeschlag kennt. Tun Sie sich mit Ihren Reiterfreunden im Umkreis zusammen, und organisieren Sie für einen guten Schmied einen Beschlagtag. Die Kosten für die Anfahrt können Sie sich dann teilen.
Alle Arbeiten, die zwischendurch anfallen, können Sie selbst erledigen, wenn Sie gelernt haben, auf den Hufschutz zu achten und die nötigen Handgriffe im Falle einer Panne selbst auszuführen.

Der Schmied als Gesprächspartner

Sollten Sie, verehrte Leserin, lieber Leser, die im folgenden aufgeführten Arbeitsschritte beim Beschlag Ihres Pferdes durch den Schmied bemerken, ist es an der Zeit, sich Gedanken zu machen und mit dem Schmied ins Gespräch zu kommen.

– Zu starkes Kürzen des Hufs insgesamt (Das Pferd geht nach dem Beschlag klamm, es muß sich erst einlaufen, sich an die „neuen Schuhe“ gewöhnen.)

– Zu starkes Beschneiden des Strahls (Mehr wegen des sauberen Aussehens als der Notwendigkeit wegen)

– Zu enges Legen der Eisen im Trachtenbereich (Der Schmied befürchtet einen Verlust des Eisens durch Greifen.)

– Zu heißes Aufbrennen (Das erspart ein evtl. notwendiges zweites Heißmachen des Eisens.)

– Zu langes Brennen (Das erspart mühsames Raspeln.)

– Überspringen eines notwendigen Arbeitsschrittes

– Schlagen des Pferdes

– Unkontrolliertes Herumbrüllen

– ?

Gibt Ihnen der Schmied auf Ihre diesbezügliche Frage eine Antwort, mit der Sie zufrieden sein können, seien Sie es auch.
Sind Sie nicht zufrieden, weil der Schmied Ihnen etwa antwortet: „Das haben wir immer so gemacht!“ oder ähnlich, äußern Sie Ihre Unzufriedenheit. Sie sind auch als Kunde beim Beschlag König.
Lassen Sie sich auch nicht durch Drohungen wie: „Wenn Ihnen das nicht paßt, können Sie Ihr Pferd ja selbst beschlagen!“ ins Bockshorn jagen. Ein guter Schmied wird seine Arbeit erklären können und sinnvolle Kundenfragen sinnvoll beantworten.
Einen schlechten Schmied sollten Sie nicht an Ihr Pferd lassen, auch wenn Sie vorübergehend ohne dastehen. Im schlimmsten Fall muß Ihr Pferd eine Weile barfuß gehen, was, wie Sie wissen, nie ein Fehler ist.
Es findet sich mit Sicherheit ein anderer Schmied, dem Sie vielleicht etwas mehr bezahlen müssen, bei dem Ihr Pferd aber besser läuft und vor allem länger.
Fürchten Sie allerdings einen solchen Ausgang, halten Sie in Gegenwart des Schmieds den Mund. Beschweren Sie sich auch nicht bei Ihren Reiterkollegen/-innen, wenn Sie beim Schmied die Faust in der Tasche geballt haben. Erklären Sie sich besser mit ihnen solidarisch, und schließen Sie sich zusammen. Kein Schmied kann es sich leisten, seine Kundschaft zu verlieren. Er wird auf Ihre sachlich vorgetragenen und fundierten Wünsche eingehen müssen. Meist handelt es sich ja doch um Bitten, die der Schmied erfüllen kann, weil die gewünschten Maßnahmen Teil seiner Ausbildung waren.
Dazu ein Beispiel:
Nehmen wir einmal an, Ihr Schmied legt – wie so viele seiner Zunft – die Eisen Ihres Pferdes zu eng, so daß nach 3–4 Wochen der Tragrand im Bereich der Trachtenwand übersteht und das Ende des Eisens den Eckstrebenwinkel nicht mehr ganz deckt.
Glauben Sie, der Schmied könnte das Eisen nach dem letzten Nagelloch nicht ein bißchen weiter richten? Das ist handwerklich überhaupt kein Problem und mit ein, zwei Schlägen auf dem Amboß geschehen.
Warum tut er es dennoch nicht?
Weil er Angst hat, Angst davor, daß Ihr Pferd sich greifen und das Eisen abtreten könnte. Und daß man sagen könnte: „Beim XY halten die Eisen nicht.“
Das ist der Grund, sonst nichts!
Dabei ist das Abtreten eines Eisens in der Mehrzahl der Fälle auf einen Reitfehler und nicht auf einen Beschlagfehler zurückzuführen. Aber das nutzt dem Schmied und seinem Ruf wenig.
Hier muß wieder das Gespräch einsetzen. Fragen Sie Ihren Schmied, wenn er die Eisen auffällig kurz und/oder eng legt, warum er das tut. Fragen Sie ihn, welche Ängste er hat (Sie müssen ja das Wort Angst nicht unbedingt benutzen).
Machen Sie ihm deutlich, wie Sie reiten, und erklären Sie ihm, daß Sie ihn für den Verlust eines Eisens durch einen Reitfehler nicht verantwortlich machen.
Sagen Sie ihm, daß Sie als Freizeitreiter die Zeit haben, Ihr Reittempo dem Gelände und dem Wetter anzupassen. Sie werden sehen, dieses Gespräch legt den Grundstein zur Partnerschaft.
Sie müssen Ihren Schmied vorher natürlich

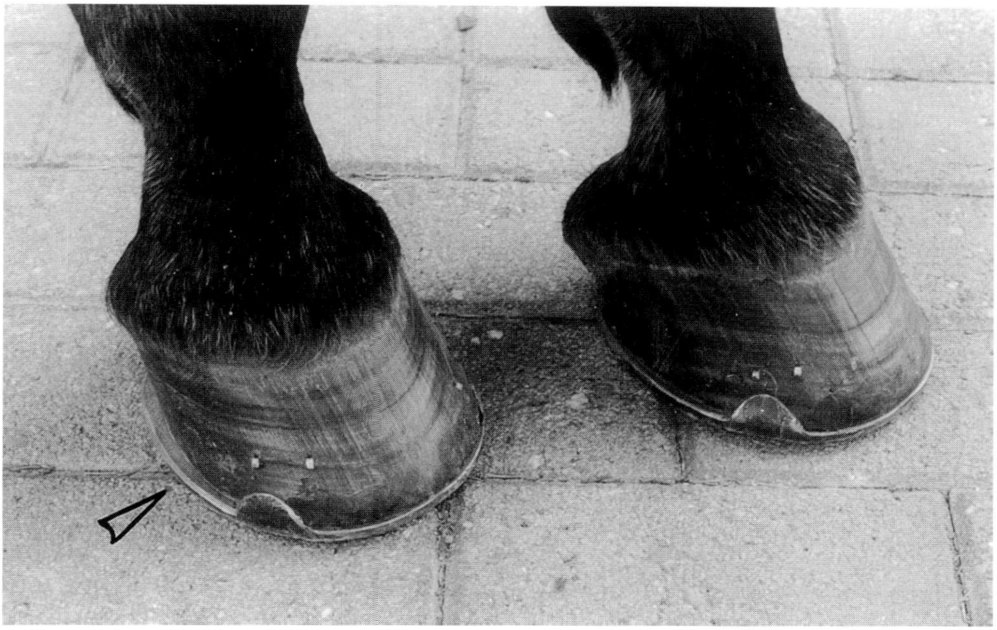

Abb. 90: Das Eisen folgt ab der weitesten Stelle (Pfeil) dem Kronrand. Wenn der Huf es von seiner Form her zuläßt, kann man — wie hier — auch am Vorderhuf Hintereisen mit zwei Aufzügen aufschlagen. In dem Fall genügen sogar zwei Nägel, um ein Eisen bis zur Größe 2 zu halten.

richtig einschätzen. Dazu eine kleine, aufschlußreiche Geschichte:

Die Parabel von den drei Steinmetzen
Drei Steinmetze sitzen an einer mittelalterlichen Großbaustelle und bearbeiten einen Stein.
„Was macht ihr da?“ fragt ein Passant.
„Ich verdiene mein täglich Brot“, antwortet der erste. „Ich behaue einen Stein“, antwortet der zweite. „Ich baue mit an einem Dom!“ antwortet der dritte.

Gehört Ihr Schmied als Handwerker zur ersten Kategorie, sollten Sie ihn schnellstens vergessen. Er wird es Ihnen wahrscheinlich nicht einmal übelnehmen, denn viel Pferdekundschaft wird er ohnehin nicht haben, und er wird aus seiner Sicht froh sein, einen dieser schwierigen Kunden loszusein.
Wahrscheinlich wird er sich demnächst sowieso auf den Bau von Balkongeländern aus vorgefertigten Teilen umstellen.
Solche Nur-Handwerker waren im Beschlaggeschäft schon immer suspekt. Ihnen mußte man früher und muß man auch heute auf die Finger sehen. Dazu aber gehört Wissen und Sachkenntnis und in gewissem Maß auch handwerkliche Praxis.
Schmiede der zweiten Kategorie sind am häufigsten. Hier finden wir oft exzellente Handwerker, oft auch Künstler auf dem Amboß, aber sie können nicht verleugnen, daß sie Eisenmänner sind.
Also sehen sie ihre Aufgabe darin, ein Stück geschmiedetes Eisen auf einem Stück Horn zu befestigen, und das möglichst dauerhaft. Oft werden sie in dieser Einstellung von ihren Kunden noch bestätigt, die daran denken, daß eine lange Beschlagperiode den Geldbeutel weniger strapaziert.
Mit solchen Schmieden ist schwer ins Gespräch zu kommen, denn sie argumentieren aus dem Bewußtsein heraus, ihr Handwerk zu verstehen und dies auch durch einen dauerhaften Beschlag unter Beweis stellen zu können.
Hufbeschlag*künstler* aber sind nur die Handwerker der Kategorie drei.

Sie sehen das ganze Pferd, sie sehen ihre Arbeit als Teil der Ausbildung und Gesunderhaltung des Pferdes. Sie wissen:

Wer nur den Huf sieht, sieht auch den nicht richtig!

Sie sind auf dem laufenden, sie kennen die neuesten Materialien, Techniken, Werkzeuge und wenden sie bei Bedarf auch an. Sie sind Leser von Fachzeitschriften, besuchen Fortbildungskurse.
Diese Schmiede können unsere Gesprächspartner werden. Meist bieten sie sich auch selbst an und halten auch schon einmal einen Vortrag am Reiterstammtisch, dessen Mitglieder sie natürlich sind (falls ihnen ihr großer Kundenstamm Zeit dazu läßt).
Hier finden wir oft auch reitende oder fahrende Schmiede, die ihre unschätzbare eigene Erfahrung, eigenes Interesse und Engagement mit einbringen.
Leider ist diese Kategorie sehr klein. Manche glauben sogar, daß die Zahl dieser Schmiede so verschwindend gering ist, daß man vom Absinken der deutschen Hufbeschlagkunst zum bloßen Handwerk sprechen müßte.
Trifft man deswegen kaum deutsche Schmiede auf internationalen Hufbeschlagwettbewerben?
Wenn Sie Kunde bei einem Schmied der Kategorie drei sind, der Ihnen Tips und Ratschläge gibt, der auch einmal, ohne beschlagen zu haben, wegfährt, weil er weiß, daß Sie nicht viel reiten in der nächsten Zeit und der Barfußhuf Ihres Pferdes die wenigen Reitstunden aushält, so pflegen Sie ihn, so gut Sie nur können.
Macht er Ihnen einen Beschlag mit Stollen, die Sie verabscheuen, weil er weiß, daß Sie bei der nächsten Herbstjagd nach dem Bügeltrunk Ehrgeiz entwickeln und es „schnattern lassen", so danken Sie ihm, und wenn er Ihnen Schraubstollen gemacht hat, die Sie nach der Veranstaltung herausdrehen und durch Blindstollen ersetzen können, danken Sie ihm zweimal.
Ist Ihr Schmied selbst Pferdehalter, vielleicht sogar Reiter oder Fahrer, schätzen Sie sich glücklich. Wer gibt schon gerne sein Auto in die Hände eines Mechanikers, der selbst nicht autofahren kann? Wer gibt schon gerne sein Pferd . . .

Anstatt Erziehung und wenn sonst nichts hilft

Mein Großvater war Schmied. Doch ich glaube nicht, daß mein Hang zum Huf von daher kommt. Denn für die handwerklichen Arbeiten zu Hause war er zuständig.
„Bub, schaff du mit dem Kopp!" sagte er oft und war ein wenig stolz, daß sein Enkel aufs Gymnasium ging.
Diesem war es nur recht, daß er sich nicht weiter praktisch betätigen mußte, und so wurde er ein Akademiker mit zwei linken Händen – weniger aus mangelnder Begabung als aus Mangel an Gelegenheit.
Dieser Großvater pflegte oft aus seiner Lehrzeit zu erzählen, und er sagte immer wieder: „Mein Meister hat mir den Hammer ins Kreuz geschmissen, wenn ich nicht spurte – aber es hat mir nicht geschadet."
Armer, bedauernswerter Großvater.
Wer durch eine solche harte und auch sicher ungerechte Schule gegangen ist, der kann natürlich auch anderen und dem Pferd gegenüber diese einschneidende Lebenserfahrung nicht verleugnen. Viele verzogene, vor allem verdorbene Pferde gab und gibt es daher auch deswegen, weil die Menschen die Behandlung, die sie selbst erfahren, auch beim Pferd anwenden. Sie vergessen aber dabei, daß sie mit ihrem Verstand viele negativen Erfahrungen verarbeiten und kompensieren können, was das Pferd in dieser Art nicht kann.
Wer als junger Mensch erfahren hat, daß Drohung und Angsterzeugung wirksame Mittel sind, um Beachtung zu finden und Erfolg zu haben, wird sich folgende Theorie bilden: Man muß dem Pferd nur hart genug begegnen und ihm Angst einjagen, dann wird es sich schon fügen.
Dies wird von Schmieden, von denen wir annehmen können, daß sie auch heute noch durch eine ähnlich harte Lehre gehen müssen wie seinerzeit mein Großvater, oft und gern demonstriert (siehe Abb. 43).
Wer also glaubt, er brauche sein Pferd nicht zu erziehen, der Schmied werde mit ihm schon fertig, der hat so unrecht nicht.

Denn fertig wird ein versierter Schmied mit einem ungezogenen Pferd allemal mit Erziehung hat das aber nichts zu tun. Der Schmied ist Fachmann für den Beschlag, nicht für Pferdepsychologie. Sicher, manche haben durchaus ein „Händchen" für Pferde, einige sogar für Pferdehalter, die ihnen ein ungezogenes Hasi-Bärchen als Pferd präsentieren. In erster Linie übt der Schmied aber ein Handwerk aus, und er muß als Handwerker zuerst einmal an seine Sicherheit und Unversehrtheit denken. Die Verletzungsgefahr bei der Arbeit am Huf ist nicht zu unterschätzen.

Viele Maßnahmen des Schmieds, manchmal auch sein Ungehaltensein, sind darauf zurückzuführen, daß er Verletzungen befürchtet, die ihn für Tage oder Wochen arbeitsunfähig machen.

Deswegen (noch einmal) die Bitte: Gehen Sie mit Ihrem Pferd erst dann zum Schmied, wenn es alle Stadien der Ausbildung für die Arbeit am Huf durchlaufen hat und sicher steht.

Nach der Handwerksordnung darf der Schmied folgende Maßnahmen anwenden, um seinen Beschlag oder das Hufefegen sicher ausführen zu können:

— Das Anlegen der Nasenbremse (Oberlippenbremse)

  Nach herkömmlicher Meinung soll der Schmerz an der Oberlippe die Aufmerksamkeit des Pferdes von der Arbeit am Huf ablenken. Neuere Untersuchungen haben gezeigt, daß durch die Bremse eine Akupressur erreicht wird (wenn man sie nicht zu fest anzieht), die das Schmerzempfinden vorübergehend herabsetzt. Diese Ablenkung und Herabsetzung des Schmerzempfindens kann aber nur kurzzeitig erreicht werden.

  Es ist falsch und führt zu Widersetzlichkeiten, wenn die Bremse mehr als 1–2 Minuten angesetzt wird.

  Widerstand wird mit Sicherheit auch dann ausgelöst, wenn die Bremse zu hoch angesetzt wird und die Nüstern zuschnürt. Ein Pferd, das in Atemnot gerät (Pferde können nicht durch den Mund atmen), wird trotz der Bremse nicht ruhig stehen.

  Wichtig ist, daß ein Helfer die Bremse lokkert, wenn das Pferd durch Wohlverhalten die erzieherische Wirkung des Zwangsmittels anerkennt. Die Bremse am Halfter festzubinden ist Tierquälerei und ebensowenig erlaubt wie das Anbringen an der Unterlippe oder an den Ohren.

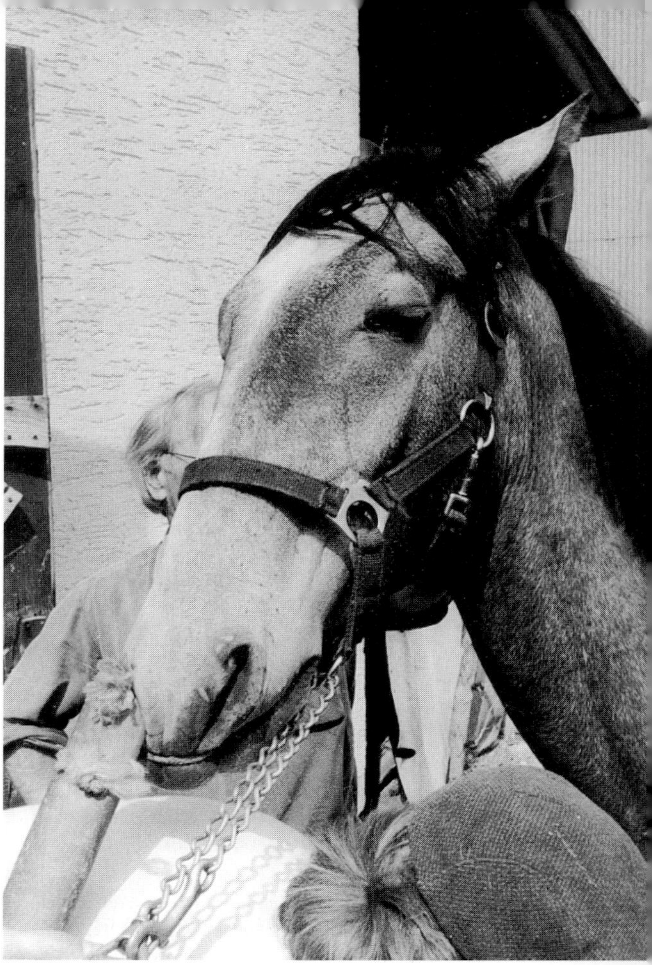

Abb. 91: Nasenbremse kurz vor der Schmerzgrenze

— Das Fesseln eines Beines

  Pferde, die ihre Vorhand abrupt und unvermittelt absetzen oder die gezielt mit der Hinterhand ausschlagen, können durch Hochbinden des Vorderbeins oder durch Anheben des Hinterbeins mit Hilfe eines langen Seils daran gehindert werden.

  Oft ist diese Maßnahme auch notwendig, wenn sich das Pferd verletzt hat und wegen der Schmerzen kein Anfassen duldet. Richtig angewendet, ist gegen das Fesseln einer Gliedmaße nichts zu sagen. Voraussetzung ist jedoch, daß das Pferd im

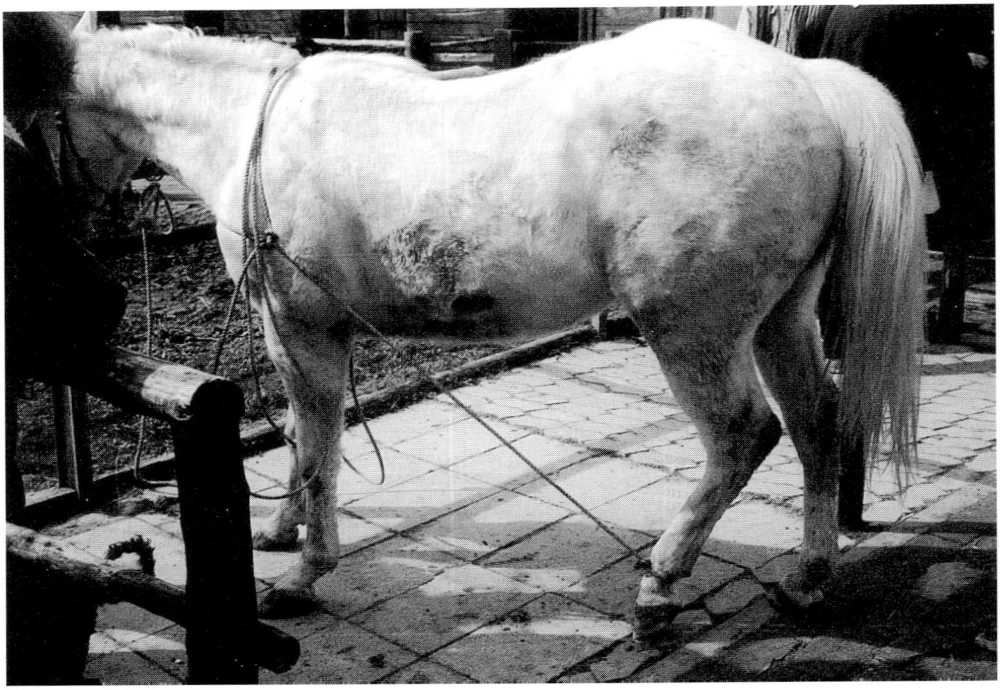

Abb. 92: Das Fesseln eines Beins
Hier wurde der Hinterhuf hochgebunden, damit das Pferd lernt, sich auf drei Beinen auszubalancieren. Das linke Vorderbein steht etwas zurück und übernimmt so einen Teil der Stützarbeit des hochgebundenen Hinterbeins.
Das Lasso „zwickt", wenn das Pferd das Hinterbein zu stark belastet (=es bestraft sich selbst). Es ist aber in der Länge so fair angebracht, daß das Pferd bei Balanceschwierigkeiten wenigstens noch die Zehe aufsetzen kann. Der dabeistehende Mensch spricht beruhigend auf das junge Pferd ein und kann im Notfall von seinem Standplatz aus den Knoten lösen.

Gleichgewicht auf drei Beinen zu stehen gelernt hat. Gerät das Pferd in Panik, muß sichergestellt sein, daß ein gefesseltes Hinterbein schnell mit Hilfe eines Slip-Knotens gelöst werden kann. Pferde, die mit hochgebundenem Hinterbein umfallen, schlagen meist so hart mit dem Hüftgelenk auf, daß Knochenbrüche auftreten können.

— Das Anlegen der Achterbremse
Diese Spezialbremse besteht aus einem dünnen Seil, das in Achterform um den Ober- und Unterkiefer und durch das Maul des Pferdes gewickelt wird.
Das freie Ende der Bremse wird mit der Fessel des Hinterbeines verbunden. Schlägt das Pferd aus, bestraft es sich selbst durch einen harten Ruck auf Ober- und Unterkiefer.
Zur Warnung schreibt Ruthe (S. 139): „Fehlerhaft wäre es, nur den Unterkiefer anzuschlingen, weil hierbei Knochenbrüche beobachtet worden sind." (!)

Vom Zwangsstand will ich weiter gar nicht reden. Das ist ein gefährliches Gerät, für dessen Einsatz der Tierhalter ein schriftliches Einverständnis geben muß, das einen Schadensersatzanspruch ausschließt. Ein Pferd, das **nur** noch im Zwangsstand behandelt werden kann, hat das Vertrauen in den Menschen verloren und wird für seinen Besitzer auch in anderen Situationen zu einer Gefahr. Man sollte es erlösen.

Folgende Zwangsmittel sind nach den Lehrbüchern der gerichtlichen Tierheilkunde erlaubt:

— das Anbinden
— das mäßige Züchtigen mit der Peitsche oder dem Stock

- das Rückwärtstretenlassen
- „Paraden“ mit der Trense
- Vor- und Rückwärtstretenlassen mit hochgebundenem Vorderfuß
- das Ermüden an der Longe
- der Gebrauch des Kappzaumes

Das können keine Pferdeleute gewesen sein, die sich so etwas ausgedacht haben. Man stelle sich vor: Anbinden als Zwangsmittel! Ein wesentlicher Aspekt der Grundausbildung des Pferdes wird hier zur Strafe angewendet. Der Kappzaum, ein ausgezeichnetes Hilfsmittel zur Ausbildung junger Pferde, die sich ihre Sensibilität im Maul erhalten sollen, wird hier als Zwangsmittel gebraucht.
Das Rückwärtstreten, Gradmesser für den Ausbildungsstand des Pferdes, wird hier mit Gewalt erzwungen.
Und das Ermüden an der Longe!
Jeder Pferdemann, jede Pferdefrau weiß, daß ein Pferd, das Angst hat, sich eher an der Longe totläuft, als diese Angst abzulegen, nur weil man es rennen läßt.
Etwas anderes ist es, wenn man einem übermütigen Pferd, einem energiegeladenen Boxenpferd etwa, Gelegenheit verschaffen will, erst einmal Dampf abzulassen.

Hierzu eine kuriose Geschichte aus dem Erfahrungsschatz des Herrn Spohr (S. 123), nicht unbedingt zur Nachahmung empfohlen:

Das Longieren auf drei Beinen

. . . Als diese Stute nach vollbrachter Zwangssattelung nicht aufsitzen lassen wollte, ließ ich sie auf den Reitplatz vor der Palastkaserne führen, schnallte ihr dort den linken Vorderfuß auf, longierte sie eine halbe Stunde auf beiden Händen, machte dann dasselbe Exerzitium mit ihr bei aufgeschnalltem rechten Vorderfuß durch und hieß dann den Unteroffizier K., einen guten, leichten Reiter und Voltigeur, aufsteigen. Und die Stute — stand wie ein Lamm. Ebenso schön ging sie unter dem Reiter auf drei Beinen und auf beiden Händen. Zur Belohnung durfte sie dann auch unter demselben Reiter auf allen Vieren gehen. . .

Wie diese Geschichte zeigt, braucht man eine gehörige Portion reiterlichen Könnens, um ein widersetzliches Pferd in seine Schranken zu weisen.
Spohr beschreibt im dritten Band seiner „Logik“ unter dem Titel „Schwierige Pferde und ihre Korrektur“, welche Möglichkeiten der Reiter hat, ein Pferd zu korrigieren. Seine Erfahrungen mit schwierigen Pferden gipfeln in dem Satz:
Das, was das Pferd bändigt, ist sein Gefühl der Hilflosigkeit, seiner gänzlichen Ohnmacht, und die Erfahrung, daß ihm der Mensch trotzdem nichts zu Leide tut, es beruhigt, umschmeichelt, füttert. Daß es dann ein leichtes ist, nachdem das Tier vollkommenes Vertrauen zu seinem Bändiger gefaßt hat, in seiner Nähe eine Trommel zu rühren, einen Regenschirm aufzuspannen, ein Pistol oder Revolver abzuschießen ist durchaus nicht wunderbar. Die gewonnene Überzeugung, daß es sich gar nicht wehren kann, läßt es alles geduldig ertragen.
Das alles aber kann der Schmied nicht leisten, der meistens aus einer gewissen Aufregung heraus agiert und so das Gegenteil von dem erreicht, was er erreichen will.
Sollten wir angesichts der einzusetzenden Mittel, die letztlich alle auf Zwang hinauslaufen, nicht doch besser mit dem ersten Beschlag oder Hufschutz so lange warten, bis die reiterliche Grundausbildung und die darin eingeschlossene sinnvolle Vorbereitung unseres Pferdes auf den Schmied abgeschlossen ist?

XI. Mit Hammer und Amboß
Der Hufbeschlag

Die Geschichte des Hufbeschlags

Seit der Mensch das Pferd nutzt, wird er immer wieder nachhaltig daran erinnert, daß das Tier nur so gut ist wie sein schlechtester Huf. Deswegen versuchte man schon zu allen Zeiten, die Festigkeit, gemeint ist die Abriebfestigkeit, des Hufhorns zu verbessern. Das wohl bekannteste Hufhorntraining hat uns Xenophon in seiner klassischen Schrift „Über die Reitkunst" überliefert.

Von der Huf- und Beinpflege:
Wie man beim Pferd für richtiges Futter und gleichmäßiges Körpertraining sorgen muß, damit die Kondition erhalten bleibt, so muß man auch aus dem gleichen Grunde auf eine geregelte Fußpflege achten. Feuchte und glatte Stände schaden durchaus guten Hufen. Damit sie nicht feucht sind, soll man die Stände am besten etwas abgeschrägt anlegen, und um die Glätte zu vermeiden, sollte man den Boden mit Steinen in der Größe der Hufe pflastern, denn ein solcher Steinfußboden festigt die Hufe der darauf stehenden Pferde. Ferner muß der Reitknecht das Pferd außerhalb des Stalles an einen Ort führen, wo er es striegelt. Auch soll er es nach der Morgenfütterung von der Krippe wegbinden, damit es williger zum Abendfutter gehe. Auch dieser Platz vor dem Stall wird am besten eingerichtet sein und die Füße stark machen, wenn man vier oder fünf Wagen voll runder, faustgroßer, ungefähr ein Pfund schwerer Kieselsteine hinschüttet und mit Eisenkanten einfaßt, damit sie nicht zerstreut werden. Denn wenn das Pferd auf diesen steht, wird es gleichsam auf einem steinigen Wege immer einen Teil des Tages gehen. Denn notwendig muß es, wenn es gestriegelt wird oder die Fliegen abwehrt, die Hufe gebrauchen, wie wenn es geht. Auch wird auf den so hingeschütteten Kieselsteinen der Strahl der Hufe hart und fest. (S. 39/40)

Auch an anderer Stelle hebt Xenophon die Bedeutung des guten Hufs hervor und meint kurz und bündig: *Hat er keinen guten Huf, so taugt er nicht zum Kriegspferd.*
Und wie sah nun seiner Meinung nach ein guter Huf aus? *Dick, nicht dünn, hohl* (gemeint ist eine gute Sohlenwölbung, Anm. d. Verf.) *und hart für die Gebrauchsfähigkeit zum Dienst.*
Sicher hätte Xenophon seine Anleitungen „Von der Huf- und Beinpflege" nicht so detailliert geschrieben, wenn damals schon Eisen benutzt worden wären. Wir können also annehmen, daß den alten Griechen Hufbeschlag nicht bekannt war. Dieser war wahrscheinlich auch nicht unbedingt nötig, da das trockene Klima und die festen Böden Griechenlands meist harte und widerstandsfähige Hufe hervorbrachten.
Man weiß allerdings auch, daß Alexander der Große auf seinen Eroberungszügen oft anhalten mußte, weil die Pferde der berittenen Truppen lahmgingen.
Da er nicht wie die Hunnen freilaufende Pferdeherden mitführte, so daß bei Bedarf Reittiere leicht gewechselt werden konnten, erreichten seine berittenen Truppen nie den Status der späteren schlachtenentscheidenden Kavallerieeinheiten.
Auch die Römer waren keine Reiternation, entscheidend war die römische Infanterie. Berittene wurden meist aus den Bundesgenossen rekrutiert.
Deswegen muß man sich wundern, wenn Columella in seinen Schriften über die Veterinärmedizin im Jahre 40 v. Chr. schon empfiehlt, beim Pferdekauf auf harte und gewölbte Hufe zu achten und für die Fohlenaufzucht Bergweiden zu wählen, die die Hufe so

festigen, daß sie der Abnutzung widerstehen und für langes Reisen geeignet sind.
Von Kaiser Nero wird berichtet, daß er seine Lieblingsmaultiere mit Silber beschlagen ließ. Für die Tiere seiner extravaganten Gemahlin Poppaea wurde sogar Gold verwendet. Dies kann aber nur so verstanden werden, daß die Hufe der Tiere mit Silber bzw. Gold verziert und geschmückt wurden.
Wenn die Römer den Hufbeschlag als Hufschutz wirklich gekannt hätten, wäre er sicher in den Schriften über die römische Armee erwähnt worden. Dort werden zwar Waffen- und Rüstungsschmiede genannt, nicht aber der Hufschmied. Allerdings findet man Anweisungen über die Pflege und das Ausschneiden der Pferde- und Maultierhufe. Kaiser Diokletian legte sogar die Obergrenze dafür fest, was ein „Maultierdoktor“ für das Ausschneiden fordern durfte.

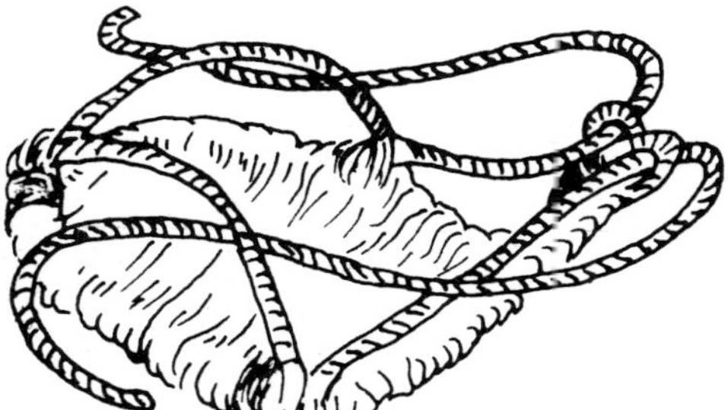

Abb. 93: Solae: Hufschutz aus pflanzlichem Material

Ganz ohne Hufschutz ging es aber bei den Römern doch nicht. Aus unserer heutigen Sicht waren sie die Erfinder des ersten „alternativen“ Hufschutzes, der *solae*. Diese Sohlen oder Stiefel bestanden aus geflochtenem Seil und wurden wahrscheinlich nur in Notfällen, bei Sohlendruck etwa oder Verletzungen, angewendet.
Die später verwendeten *solae ferreae* waren Leder-Boots, die an der Bodenseite Metallplättchen als Abriebschutz besaßen.
Ein Unikum sind die sogenannten Pferdesandalen, die man von Italien bis England überall dort fand, wo Römer gesiedelt hatten. Diese Eisenplatten mit hochgezogenen Seitenteilen wurden mit Lederstreifen am Pferdefuß befestigt. Sie können aber nicht sonderlich praktisch gewesen sein (stellen Sie sich bitte ein solches Gerät am Fuß Ihres Pferdes vor!), sie lockerten sich relativ leicht und waren Anlaß für Streifverletzungen.
Wer das erste wirklich brauchbare Hufeisen erfunden hat, weiß niemand. Einige Forscher sprechen diese bahnbrechende Erfindung den Hunnen zu, die nach ihrer Ansicht die Kunst des Hufbeschlages etwa im 5. Jahrhundert n. Chr. aus Mittelasien mitgebracht hätten.
Dort soll es Jahrhunderte vor der Zeitenwende Reitervölker gegeben haben, die die Kunst der Eisenherstellung schon kannten. Auf ihren weiten Beutezügen hätten sie diese Kunst anderen Völkern übermittelt.
Für diese Meinung spricht die Tatsache, daß vergleichbare Hufeisenformen von Ungarn bis ins Innere Chinas gefunden wurden.
Die „Hunneneisen-Theorie“ ist aber sehr umstritten. Den berittenen Nomaden der Steppe kann man eine Menge Erfindungen aus dem Gebiet der Ausrüstung von Pferden zuschreiben: den Steigbügel etwa, den hochliegenden Bocksattel, der den Gebrauch des Bogens erlaubte, und das gebrochene Gebiß. Aber man darf mit Recht bezweifeln, daß sie sich über den Hufschutz viele Gedanken gemacht haben. Da sie ohne großes Gepäck am Pferd unterwegs waren und jedem Reiter

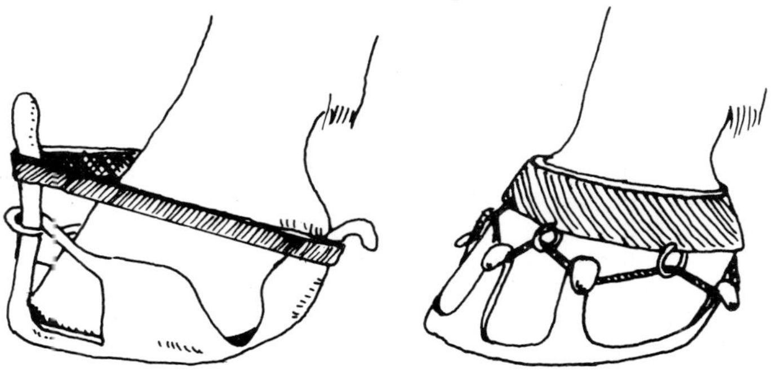

Abb. 94: Römische Pferdesandalen

mehrere Pferde zum Wechseln zur Verfügung standen, kann angenommen werden, daß sich die Hufe ihrer Pferde wohl nie besorgniserregend abnutzten.

Abb. 95: Pferdemokassins aus Rohhaut boten auf grasbewachsenem, trockenen Untergrund einen beachtlichen Abriebwiderstand.

Und doch stand auch ihnen ein fast ideal zu nennender Hufschutz zur Verfügung: die Rohhaut. Diese ungegerbte und von Haaren befreite Tierhaut wurde im nassen Zustand über den (meist verletzten) Huf gezogen und saß nach dem Antrocknen wie ein Mokassin fest. Die Haut bot auf grasbewachsenem, trocknen Untergrund einen durchaus beachtlichen Abriebwiderstand.

Auch die klimatischen Gegebenheiten sprechen gegen die Annahme, Reitervölker des Ostens hätten den Hufschutz erfunden.

In einem heißen trockenen Klima bleibt das Hufhorn hart genug, um sich bei mäßiger Beanspruchung auch ohne Metallschutz nicht allzu sehr abzureiben. Als Beweis dafür können die Trainingsanweisungen der Mittanier gelten.

Die Mittani (auch Mitanni) siedelten um 1400 v. Chr. im Gebiet des heutigen Irak. Sie waren nur etwa 1000 Jahre vom Beginn der Zähmung des Wildpferdes entfernt, besaßen also noch relativ naturbelassene Tiere, deren Hufen man einiges zumuten konnte. (Im Gegensatz zu ihnen sind wir heute etwa 5000 Jahre vom Wildling entfernt.) Auf dem Höhepunkt des Trainings legten die Mittanier mit ihren Streitwagen in sieben aufeinanderfolgenden Nächten jeweils 140 km, in einer Woche also rund 1000 km, zurück (nach Blendinger, S. 104).

Von Hufschutz wird in ihrer überlieferten Trainingsanweisung nichts berichtet. Im 6. Jahrhundert richteten die Perser einen regelmäßigen Kurierdienst zu Pferde ein, der über die Königstraße von Sardis bis nach Susa führte.

Die berittenen Boten brauchten für die 2500 km lange Strecke neun Tage. Sie wechselten allerdings alle 30 km die Pferde. Das ist ungefähr die Strecke, die ein unbeschlagener trainierter Barfußhuf als regelmäßige Arbeitsleistung ohne übermäßige Abnutzung damals aushalten konnte. Heute haben Pferde mit solchen Hufen Seltenheitswert.

Wer aber gilt nun als der wahre Erfinder des Hufeisens? Es sind die Kelten. Die Stämme dieses über ganz Europa verstreuten Volkes waren erfahren in der Herstellung und Bearbeitung von Eisen. Ihre Schmiede stellten vor allem landwirtschaftliche Geräte und Waffen her. Da die Kelten ein streitbares Volk waren, mit bewaffneten Reitern und eisenbereiften Kampfwagen, liegt die Vermutung nahe, daß sie bald den Vorteil erkannten, der sich aus dem Aufnageln eines Eisenrandes unter die Hufe der Pferde ergab.

Der Schlüssel zu dieser Erfindung liegt wahrscheinlich in der Tatsache begründet, daß der keltische Schmied über das Stadium eines Grobschmieds hinausgelangt war und auch kleinere Gegenstände, z. B. schlanke Hufnägel, herstellen konnte. Verglichen mit unseren maschinengefertigten Eisen und Nägeln sind die keltischen natürlich noch sehr primitiv. Trotzdem steckt in der Ausführung schon sehr viel Überlegung und wohl auch einiges Wissen über den Bau des Pferdehufes. Die handgeschmiedeten, aus sehr zähem Eisen bestehenden Hufnägel wurden anfangs nicht abgezwickt und vernietet, sondern zu einer Spirale zusammengerollt und an die Hufwand angelegt.

Somit verdankt man die Tatsache, daß man

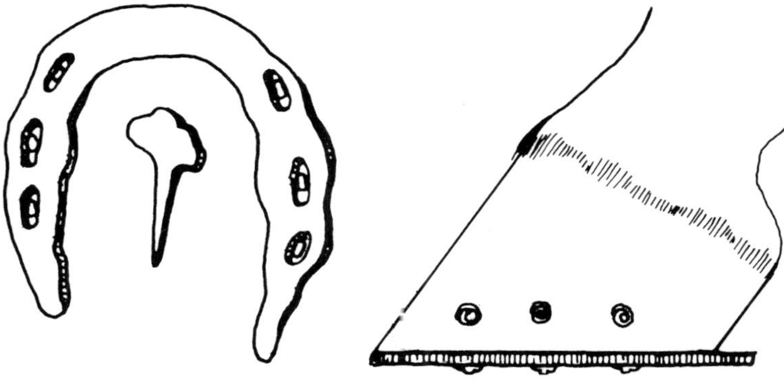

Abb. 96: Die Kelten waren wahrscheinlich die ersten, die den Huf mit einem Eisenrand schützten, der mit Nägeln befestigt war.

ein Eisen am Huf befestigen kann, in erster Linie den Männern, die Eisen bearbeiten konnten. Die Erfindung an sich könnte durchaus ein anderer, selbst ein Nichthandwerker, gemacht haben.

Die klassischen Kelteneisen mit ihrem gewellten Rand und den breitköpfigen ovalen Nägeln wurden später von römischen Handwerkern verbessert. Man nimmt an, daß im 2. Jahrhundert n. Chr. die ersten glatten Eisen mit quadratischen Nagellöchern auftauchten. Diese Eisenform wurde dann für die nächsten tausend Jahre ohne wesentliche Änderungen beibehalten.

Ab dem 9. Jahrhundert etwa war der Hufbeschlag in Europa allgemein bekannt. Durch die Jahrhunderte des Mittelalters hindurch wurde in Deutschland eine Hufeisenform mit breiterer Tragefläche benutzt, als dies die Kelteneisen zeigen. Zum Spätmittelalter hin wurden die Eisen dann deutlich größer, ein Beweis dafür, daß es den Menschen gelungen war, größere Pferde zu züchten.

Großpferde im heutigen Sinn gibt es daher erst seit etwa 300 Jahren. Die Keltenpferde würden heute unter der Bezeichnung „Pony" laufen. So ist es auch zu erkären, daß Karl der Große, der mächtigste Fürst im 9. Jahrhundert, mit einem Pferdchen beritten war, dessen Stockmaß 1,30 m wohl kaum überschritten haben mag.

Das Mittelalter brachte keine nennenswerte Weiterentwicklung in der Kunst des Hufbeschlags, aber man erkannte seine Bedeutung. Jedes Handwerk, das mit dem Pferd zusammenhing, stand in hohem Ansehen. Und die Leistung der Handwerker wurde dadurch gewürdigt, daß die Fürsten ihnen erlaubten, sich zu Zünften zusammenzuschließen.

In England war dies besonders früh der Fall. Schon 1261 entstand dort die Zunft der Gebiß- und Steigbügelschmiede, 1272 folgte die „Hochwohllöbliche Gesellschaft der Sattler". Ein Jahrhundert später entstand (1356) die Bruderschaft aller Schmiede unter dem Namen „Marshalls of the City of London".

Abb. 97: Mittelalterliches Hufeisen

Die Zunft fühlte sich für jedes Mitglied verantwortlich und garantierte ein hohes einheitliches Leistungsniveau. Sie achtete darauf, daß keiner den Beruf des Hufschmieds ausübte, der nicht eine siebenjährige (!) Lehre durchlaufen hatte.

Ab dem 16. Jahrhundert, also etwa 500 Jahre nach der „allgemeinen" Einführung des Hufbeschlags, beschäftigten sich auch die Wissenschaftler mit dem Huf und dem Hufschmied – die ersten Bücher speziell zu diesem Thema erschienen.

Das bedeutendste ist eine Abhandlung des Italieners Caesar Fiaschi, die bald ins Französische übersetzt und 1564 in Paris als Buch

herausgegeben wurde. Der Autor beschreibt alle damals gängigen Eisenformen und macht zum erstenmal Angaben zum Ausschneiden der Hufe und über die Form der Nägel.
Gegen Ende des 16. Jahrhunderts kam ein mehr veterinärkundliches Werk auf den Markt, das sich ausführlich mit der Anatomie des Pferdes beschäftigt. Der Autor, Carlo Ruini, warnte bereits damals vor dem Mißbrauch, die Sohle zu beschneiden, die Hornballen zu öffnen und mit hohen Stollen zu beschlagen.
In Deutschland war Martin Böhme der erste, der 1618 ein veterinärkundliches Buch herausbrachte; er nannte es „Ein new buch von bewehrter ross-Artzeney".
Die bedeutendsten Beiträge zur Schmiedekunst jedoch lieferte der Franzose Jaques Labessie de Solleysel. Er versuchte als erster, die handwerkliche Kunst des Schmieds auf eine wissenschaftliche Basis zu stellen. Und er formulierte wohl auch als erster den noch immer gültigen Lehrsatz: **„Das Eisen muß dem Huf angepaßt werden, nicht umgekehrt!"** Auch er warnte vor dem Beschneiden der Sohle und empfahl, mit möglichst dünnen Nägeln im vorderen Bereich des Hufs zu nageln.
Mit der Gründung von Veterinärschulen im 18. und 19. Jahrhundert wurde erstmals auf einer breiten Basis Wissen über Anatomie und Funktion des Hufs vermittelt. Dennoch sollte es viele Jahre dauern, bis die Erkenntnisse der Wissenschaft allgemeine Anerkennung fanden und in der Hufbeschlagspraxis verwendet wurden. Widersprüchliche, jedoch von Professoren, Tierärzten und Hufbeschlaglehrmeistern hartnäckig vertretene Ansichten verwirrten und verärgerten Pferdebesitzer wie Hufschmiede. In dieser Zeit des Dogmatismus entstanden viele schädliche Praktiken, die auf unrichtigen Schlußfolgerungen basierten. Einige, z. B. das „Lüften" der Eckstreben zur Verbesserung des Hufmechanismus, haben sich bis in unsere Zeit gehalten.
In England erfuhr der Hufbeschlag gemeinsam mit der zunehmenden Bedeutung der Pferdezucht einen deutlichen Aufschwung. Vor allem die technische Herstellung der Hufeisen und das zweckmäßige Zurichten des Hufs nach Sir Frederick Fitzwyckgrams „Notes on shoeing horses" von 1863 übten ihren Einfluß auf ganz Europa aus.
Graf von Einsiedel führte die englische Art des Hufbeschlags in Deutschland ein. Sie wurde in der damals sehr bekannten sächsischen Lehrschmiede Milkel übernommen. Auf diesem Prinzip baute später Dominik den Armeehufbeschlag auf, der 1887 einheitlich im preußischen Heer eingeführt wurde. Dominik arbeitete an der Militärlehrschmiede in Berlin von 1868–1891 und wurde bekannt durch seine Forderung, daß nicht allein der Huf, sondern das Pferd unter Beachtung seines Körperbaus und Gebrauchszweckes beschlagen werden muß. Aus dem Hufeisen nach Dominik ging das 1887 beim preußischen Heer eingeführte Armeeisen C 87 hervor.
Auffallend bei diesem Eisen sind die vielen dicht zusammen liegenden Nagellöcher, die es dem Schmied erlauben, den neuen Nagel jeweils neben das alte Nagelloch zu setzen. Die abgedachte innere Tragefläche entsprach der Forderung, die Sohle nur „strohhalmbreit" aufliegen zu lassen und zum Tragen heranzuziehen.
Diese Eisen wurden noch im Ersten Weltkrieg bei der Kaiserlichen Reiterei und bespannten Artillerie benutzt.
Da die Pferde häufig nach längeren Märschen an Hufrehe (Pflasterrehe) erkrankten, entwickelten der Tierarzt Stark und der Beschlagschmied Guther das nach ihnen benannte Stark-Guther-Eisen. Bei diesem Eisen wurde die Hufsohle sehr stark zum Tragen herangezogen. Die abgeschnittenen Schenkelenden ermöglichten eine ausgesprochen gute Strahlfreiheit. Dieses Eisen bewährte sich jedoch wegen seines hohen Gewichts in der Praxis nicht.
Die Erfahrungen mit dem schmalen Eisen C 87 und dem breiten Stark-Guther-Modell fanden ihren Niederschlag in der Entwicklung des Heereshufeisens 32, das fabrikmäßig hergestellt wurde. H 32 war das Eisen der letzten deutschen Kavallerie.
Die Möglichkeiten, die das Eisen heute bietet, sind längst ausgereizt. Schon seit Jahrzehnten hat sich am Prinzip „Hufeisen" nichts verändert.
Lediglich am Material können Veränderungen vorgenommen werden oder an der Herstellungstechnik. So bot auf der Equitana 93

Abb. 98: Arten von Hufeisen
Oben links: ungarischer Fahrbeschlag mit Gummipuffer an den Schenkelenden. Unten links: Shire- und Shetty-Eisen. Oben rechts: Wenn das Pferd sich greift, helfen auch vier Nägel nichts: abgetretenes Hufeisen. Unten rechts: Heereshufeisen 32; die Anzahl der Nagellöcher erlaubte es dem Schmied, den neuen Nagel neben einen bestehenden Nagelkanal zu setzen. In die Gewindelöcher konnten Griffe (vorn) und Stollen (hinten) eingeschraubt werden.

eine Firma aus Bayern das maßgeschneiderte Hufeisen an; Computertechnik macht es möglich.
Die Zeitschrift Geo brachte 1990 einen Artikel mit dem Aufmacher „Das härteste Eisen kommt aus einem Reisfeld". Gemeint war ein Hufeisen aus dem neuen Werkstoff „Keramik", aber was soll das bringen, wenn schon der vergleichsweise weiche Schmiedestahl so stark „zurückdröhnt"?

Der Beschlag – ein notwendiges Übel?

Waren es im Altertum in der Hauptsache die aus pflanzlichem oder tierischem Material hergestellten Pferdesandalen, so begann man etwa ab dem 6. Jahrhundert n. Chr. den Huf mit Metall zu schützen. Schon bald wurden eiserne Schutzplatten mit Nägeln am Horn befestigt, und bis ins Maschinenzeitalter galt der Hufschmied als der beste, der die feinsten Nägel herstellen konnte.

Die Entwicklung über die Jahrhunderte ergab den stabilen, dauerhaften, eisernen Hufschutz, der sich – zuerst breit, zum Schutz der Sohle gegen Steine, später schmal, zum Schutz des Tragrands wegen der zunehmend befestigten Wege – bis in unsere Tage gehalten hat.
Sein Wert blieb unangetastet all die Jahre hindurch, auch wenn man schon im letzten Jahrhundert wußte, daß dieser Eisenbeschlag ein „Übel" darstellt. Die alten Autoren bezeichneten dieses Übel mit dem Wort „Rückdröhnung" und fanden damit einen Ausdruck, der treffender nicht sein konnte, und das durch bloße Beobachtung.

Die wissenschaftliche Bestätigung dieser Beobachtung fand sich erst im letzten Jahrzehnt (siehe „alternativer Hufschutz“). Auch wenn die alten Pferdeleute des letzten Jahrhunderts bis hin zu den Rittmeistern des Zweiten Weltkriegs um die Schädlichkeit des Eisens wußten, sie konnten diesen Schutz nicht durch einen anderen ersetzen, da es keine anderen Materialien gab.
Versuche mit alternativem Hufschutz gab es zwar immer wieder einmal, sie blieben aber im Ansatz stecken.
Der Ruf des Eisens als dauerhafter Schutz, gefestigt durch die Jahrhunderte und in vielen Kriegszügen bewährt, war nicht zu erschüttern. Man nannte daher das Eisen ein „notwendiges Übel“.
Dieser Ausdruck findet sich sogar noch in der neuesten Auflage der „Schmiedebibel“ von Ruthe, obwohl im Erscheinungsjahr 1988 das Eisen so notwendig nicht mehr war (zumindest in der Freizeitreiterei) und schon erprobte und bewährte Alternativen aufgezeigt werden konnten.
Aber so ist das: Da stellt auch heute noch das beste deutschsprachige Lehrbuch des Hufbeschlages mit dem Wissen und der Technik von gestern den Hufschutz für unsere Pferde von heute und morgen dar. Und so werden die Schmiede immer noch ausgebildet: rückständig!
Was aber macht das Eisen so notwendig, daß man nicht von ihm lassen kann?
Nun, mit Hufschutz kann der Mensch der Natur ein Schnippchen schlagen und mehr vom Pferd verlangen, als die Natur zu geben in der Lage ist.
Daß diese „Ausbeutung“ oft auf Kosten der Pferde geht, weiß der Mensch, seit er sich mit Pferdekrankheiten, insbesondere mit Schäden an Knochen, Gelenken und Sehnen, beschäftigt.

Die Nachteile des Eisenbeschlags

Was ist so Übles dran am Eisen, daß es „ein Übel“ genannt werden muß?
Bei näherer Betrachtung lassen sich durchaus Nachteile finden.

A) Das Brennen
Da das Eisen nicht 100%ig plan gerichtet werden kann, versucht man mit Brennen eine vollkommene Auflage zu erreichen. Dies geschieht sehr oft bei roter Hitze, also bei etwa 600–800 Grad Celsius. Da man das Hufhorn aber schon mit einem leistungsfähigen Fön versengen kann, ist diese Hitze deutlich zu stark.
Verformungen im Bereich des Röhrchen- und Blättchenhorns sind die Folge, vor allem dann, wenn das überheiße Eisen nicht nur für einen kurzen Moment darauf gehalten wird, sondern für länger, weil der Schmied sich beim Beraspeln der Tragefläche keine Mühe gab oder sich keine Zeit ließ, statt dessen lieber stärker und länger brennt. Die Geschichte von der „Brandkruste, die das Eisen hält“, will ich hier deutlich als Märchen herausstellen!
Wie kommt es aber zu diesem offensichtlichen Fehler?
Der Schmied setzt seinen ganzen Stolz als Handwerker daran, mit „einer Hitze“ auszukommen. Das bedeutet, er muß das Richten des Eisens, das Aufdornen der Nagellöcher, das Brennen und evtl. das Nachrichten ausführen können, ohne das Eisen noch einmal heißmachen zu müssen. Die Aussage „Der läuft bei einem Huf dreimal ans Feuer“ ist für einen Schmied fast genau so schlimm, wie wenn man von ihm sagt: „Seine Eisen halten nicht!“.
Regelmäßiges, vor allem starkes Brennen aber schädigt den Huf im Bereich der Lamellenschicht, trocknet ihn aus (was beim Brennen aufsteigt, ist in erster Linie Wasserdampf) und macht ihn auf Dauer so weich und mürbe, daß das Pferd selbst auf ebenem Untergrund nicht mehr barfuß laufen kann. Böse Zungen behaupten sogar, der Schmied wolle sich mit dieser Methode seine Beschlagkundschaft sichern!

B) Das Nageln
Jeder Nagel verdrängt Horn, das irgendwo Druck ausübt.
Das Prinzip „Hornverdrängung“ ist beim Nageln wichtig. Der Rückdruck des verdrängten Horns hält den Nagel in erster Linie in der Wand, nicht der umgebogene Niet, wie viele meinen.
Wenn Sie schon einmal versucht haben,

einen frisch eingeschlagenen Nagel wieder herauszuziehen, wissen Sie, wie stark die Preßwirkung des verdrängten Horns den Nagel hält.
Dieses verdrängte Horn drückt auf jeden Fall auf die Blättchenschicht. Wenn der Nagel korrekt sitzt, verliert sich dieser Druck, ehe er an die „fühligen" Fleischplättchen kommt. Deswegen ist der Hufnagel auch nicht rund, sondern rechteckig geformt und doppelt so breit wie dick.
Er verdrängt also mehr Horn parallel zur Hufwand, weil dies sonst zu Nageldruck und im folgenden zu einer entzündlichen Reaktion der Lederhaut führen würde.
Beim Zumachen mit Hammer und Nietvorrichtung der Hufzange zieht der Schmied Spannung in die Hufwand, die sich durch zögerndes Laufen beim Vorführen zeigen kann. Der Schmied hat dann den Spruch parat: „Das Pferd muß sich an die neuen Schuhe erst gewöhnen."
Unsinn! Das Pferd soll nach dem Beschlag besser laufen als vorher. Ein verzögertes Gehen zeigt, daß das Pferd etwas spürt. Das darf nicht sein. Entweder wurde das Pferd zu abrupt in seiner Stellung korrigiert, oder es wurde zu stark gebrannt, entweder wurde die Sohle zu stark ausgeschnitten, oder es wurde zu stramm genagelt oder beides oder alles. Jedenfalls zeigt uns das Pferd mit seinem Gang, ob Fehler gemacht wurden oder nicht. Auch deswegen ist das Vorführen vor dem Beschlag und hinterher so wichtig.
Nageldruck allerdings zeigt sich erst nach 2–3 Tagen an vermehrter Wärme im Huf und stärker werdender Pulsation der Fesselkopfarterie. Nach der Entfernung des Nagels, der so heiß sein kann, daß wir uns, wenn wir ihn an die Lippen halten, daran verbrennen, braucht das Pferd vorübergehend Ruhe. Sonst riskieren wir eine entzündliche Reaktion der Huflederhaut.
Nägel oxidieren und gehen mit dem umliegenden Horn eine chemische Verbindung ein. So lassen sich die Schwarzfärbung des Hufnagels und die Verfärbung des umliegenden Hornes (Hof) erklären.
Nägel rotieren im Horn, und zwar um so mehr, je schlechter das Hufhorn ist. Der Nagelkanal wird dadurch größer, die Schwächung der Hufwand auch.
Die Hufwand ist bei regelmäßig beschlagenen Pferden in der Regel achtmal durchbohrt und damit geschwächt. Nur bestes Horn, nur eine optimale Verbindung der Blättchenschicht kann die Belastung beim Reiten aushalten. Geschwächtes Horn bricht irgendwann aus.

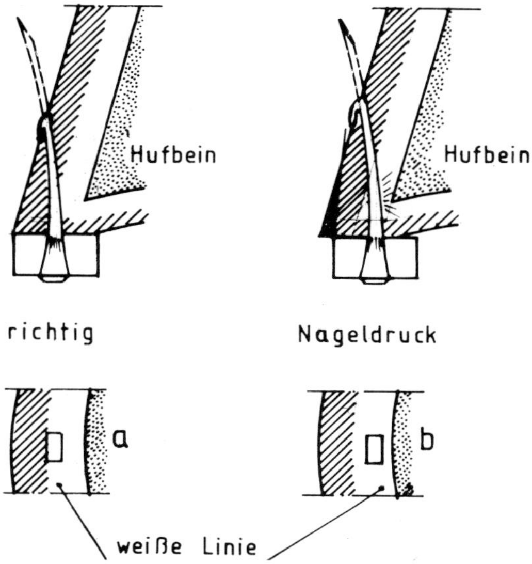

Abb. 99: Der Nagel sitzt richtig in der äußeren Hälfte der weißen Linie, also im Bereich der Hornblättchen.

C) Horn und Eisen
Beim Eisenbeschlag kommen Starres und Bewegliches zusammen.
Der Huf ist kein starrer Klumpen Horn, sondern elastisch und beweglich, vor allem in seinem hinteren Teil. (Erinnern Sie sich noch an die Vorgänge des Hufmechanismus?)
Diese notwendige Bewegung wird durch das Eisen immer beeinträchtigt, weniger, wenn die Schenkelenden blank poliert sind, mehr, wenn dies nicht der Fall ist.
Ohne polierte Schenkel reiben sich die Trachten vermehrt ab. Ein so beschlagenes Pferd kann zwischen den Beschlagperioden nicht zur Erholung barfußlaufen. Die Unterlassung dieses Arbeitsschrittes könnte man daher ebenfalls als „Kundensicherung" auslegen!
Bei schlecht ausgeführtem Beschlag wird die Hornkapsel gestaucht oder verbogen, der Hufmechanismus sogar ausgeschaltet,

das Pferd also systematisch unbrauchbar gemacht. Und dafür zahlen Sie auch noch Geld!
Machen Sie sich bitte folgendes klar: Der Huf befindet sich beim Anpassen des Eisens in seinem kleinsten Volumen – weil unbelastet. Der Beschlag muß also so geformt sein, daß die Tragefläche des belasteten (vergrößerten) Hufs immer genügend gedeckt ist, auch noch nach Wochen.
Ich habe bereits darauf hingewiesen, daß der Huf stärker und gesünder wird bei entsprechender Bewegung. Eisen, die diese Bewegung einschränken, sind an den Hufen junger Pferde also ein Übel!
Aber auch die Hufe erwachsener Pferde müssen sich weiter bewegen. Wenn nun das Hufeisen der Bewegung des Hufs folgen sollte, würde das Metall sehr schnell ermüden und brechen.
Das heißt, das Eisen muß so steif gebildet werden, daß die metallische Ermüdung nicht eintreten kann.
Hier begegnen sich zwei verschiedene Welten und werden zum Zusammenwirken gezwungen. Jeder, auch der kleinste Fehler schädigt die schwächere der beiden Komponenten, und das ist immer der Huf.

D) Die Rückdröhnung
Auf die erwähnten Übel A–C kann man durchaus Einfluß nehmen durch gute handwerkliche Arbeit.
Die Rückdröhnung allerdings ließ sich lange Zeit nicht beeinflussen. Ihre Auswirkungen – Pflasterlahmheit, klammer Gang, Belastungsrehe – kennt man zwar schon länger, ihre negative Wirkung konnte aber erst mit modernen Apparaten nachgewiesen werden.
Ich möchte auf diese Rückdröhnung und den damit verbundenen Auftrittsstoß genauer im Kapitel XIII eingehen und hier nur so viel verraten: Das Eisen verstärkt den Auftrittsstoß des Hufs und versetzt die Hornkapsel in eine Schwingung, die auf Dauer zu Schäden führt.

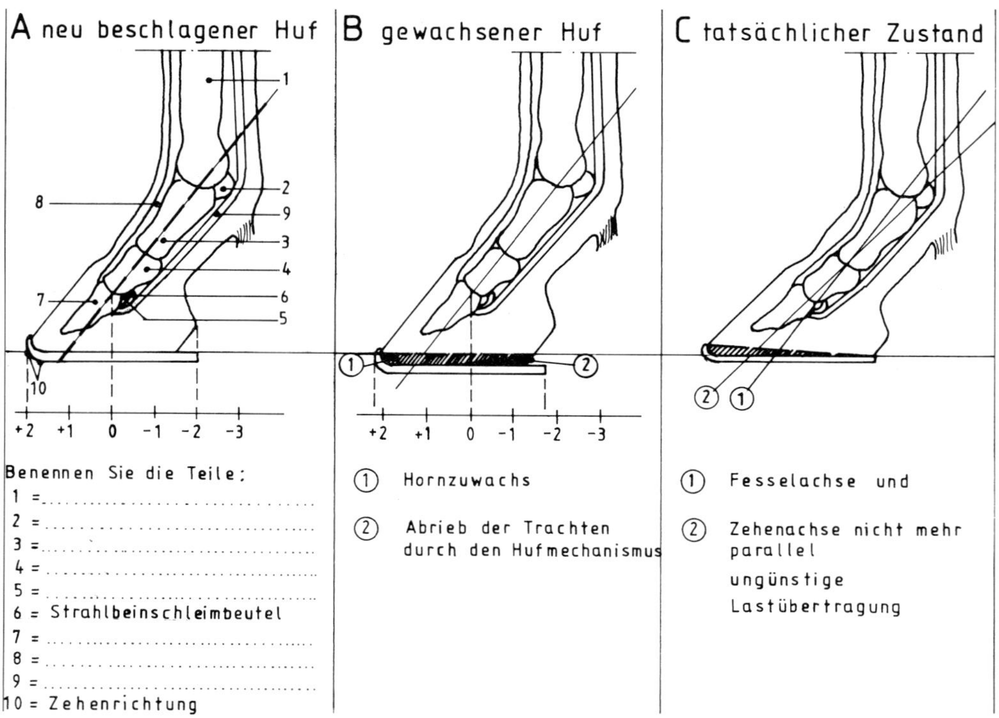

Abb. 100: Die Änderung von Fußachse und Fußlänge während einer Beschlagperiode. Überprüfen Sie bei A noch einmal Ihr anatomisches Wissen.

Aber auch dieses Übel kann man verkleinern durch das Zwischenschieben schlagdämpfender Einlagen zwischen Eisen und Huf.

E) Die Änderung von Fußachse und Fußlänge

Der mit Eisen geschützte Huf reibt sich nicht auf seiner ganzen Tragefläche am Boden ab. Er wächst immer länger, dies aber nicht senkrecht nach unten, sondern schräg von hinten-oben nach vorn-unten. Die Unterstützungsfläche der Gliedmaße verschiebt sich also im Laufe der Wochen immer weiter nach vorn. Das hat eine sich stetig steigernde Belastung der hinteren Hufhälfte zur Folge.
Diese Entwicklung wird noch dadurch verstärkt, daß sich der Tragrand im Bereich der Trachten abschleift, weil sich die Trachten durch den Hufmechanismus bewegen. So entstehen die als „Scheuerrinnen" bezeichneten Vertiefungen auf dem Eisen.
Die Selbstkürzung der Trachten führt zu einem Kippen des Hufs nach hinten, damit zu einer vermehrten Anspannung der tiefen Beugesehne, die ihrerseits einen verstärkten Druck auf ihr Schmierlager (Schleimbeutel) und ihre Gleitrolle (Strahlbein) ausübt.
Die erhöhte Beanspruchung dieses Hufbereichs kann zu einer chronischen Entzündung ausarten. Deshalb zählen lange Beschlagperioden und überfällige Beschläge zu den typischen Ursachen der Verschleißerscheinung, die man kurz „die Hufrolle" nennt (siehe Kapitel XIV).

F) Ehrenrettung

Trotz der aufgezeigten Nachteile, die einen (schlechten) Eisenbeschlag eigentlich verbieten, muß ich aus eigener Erfahrung folgendes sagen: Ich pflege in der Regel heftig zu widersprechen, wenn ich in Fachgesprächen mit der beliebten, oft aber unreflektierten Aussage, der Hufbeschlag sei ein notwendiges Übel, konfrontiert werde, und zwar aus zwei Gründen.
Zum einen: Von Übel ist eigentlich nicht der Hufbeschlag, sofern er korrekt ausgeführt ist, sondern der Umstand, daß Hufbeschlag notwendig geworden ist, um die von uns Menschen geschaffenen unnatürlichen Daseinsumstände des Pferdes auszugleichen. Es geht hier um den übermäßigen Verschleiß der wenig widerstandsfähigen Hufe hochgezüchteter Kulturrassen auf unnatürlich rauhem oder harten Boden. Im Gegensatz dazu steht die natürliche Abnutzung der festen Hufe robuster Rassen in ihrem arteigenen Lebensraum, der Grassteppe.
Zum zweiten sollte das Schlagwort auch deshalb außer Kurs geraten, weil die darin ausgedrückte pauschale Abwertung der Hufschmiedekunst auch noch die letzten mit Passion im Hufbeschlag tätigen Schmiede (unsere Gesprächspartner) vollends „sauer" machen könnte.
Wir sollten das Eisen also nicht verteufeln, wie es seit einiger Zeit Mode geworden ist. Wir sollten das Eisen in unserer Zeit als eine der vielen Varianten des Hufschutzes ansehen und uns nach den Anforderungen unseres Beritts dafür oder dagegen entscheiden.
Bei korrekter Ausführung des Beschlags und entsprechend angepaßter Reit- oder Fahrweise kann ein Pferd auch mit Eisenbeschlag alt werden.
Unser erstes Pferd, der Isländer Faxi, konnte zeit seines Lebens nie gut ohne Hufschutz laufen. Nach der Barfußphase im Winter, die er auch mitmachen mußte, freute er sich immer auf den ersten Beschlag im Frühjahr. Nur mit Eisen war er belastbar, nur mit Eisen ging er frei voran. Beim ersten Ausritt im Jahr war es immer eine Freude zu sehen, wie Faxi, der als Barfußpferd immer ging wie auf Eiern, auf einmal laufen konnte.
Auch die alternativen Formen des Hufschutzes, die er zu Testzwecken ab und zu tragen mußte, behagten ihm nicht. Er fühlte sich nur wohl mit Eisen. Seine Hufe waren immer topfit, wenn auch das Wachstum zu wünschen übrig ließ. Aber das lag nicht am Beschlag. Er starb im 28. Lebensjahr an Altersschwäche.
Faxi war ein Freizeitpferd, das nie sehr stark gefordert wurde. Deshalb noch ein Beispiel: Indianer, Deutschlands Wanderreitpferd Nr. 1, mittlerweile 18 Jahre alt, hat nachweislich 8000 „Betriebsstunden" in den Beinen (das entspricht bei durchschnittlich 6 km/h 48 000 km), und das mit einem Reiter, der 110 kg wiegt. Ohne einen guten Eisenbeschlag von einem guten Schmied hätte er diese Leistung nie erbringen können. Er läuft noch immer und ist zu besichtigen und zu reiten auf dem Fischerhof in 56410 Reckenthal, dem Sitz der Deutschen Wanderreiter-Akademie.

Der Beschlag des Reitpferdes

Einen Spezialbeschlag für den Reitsport gibt es genaugenommen nicht. Es gibt eigentlich nur einen Hufbeschlag, nämlich den, der sich primär nach der Anatomie und der Bewegungsphysiologie des Hufs richtet.
Dieser Hufbeschlag berücksichtigt die Statik und Dynamik des gesamten Pferdekörpers und die wissenschaftlichen Erkenntnisse der Biomechanik und ist nur in recht engen Grenzen variabel. Die verschiedenen Variationen dieses Grundprinzips richten sich nach der jeweiligen Verwendung der Pferde.
Sonderbeschläge gibt es natürlich im Galopprennsport. Sie haben dort aber nicht die Aufgabe, den Huf vor übermäßiger Abnutzung zu schützen, sondern dienen auf dem kurzen Rasen oder dem gewalzten Sand der Rennbahn als Gleitschutz.
Bei den Trabern finden wir darüber hinaus noch die sogenannten Gewichtseisen, die durch Fliehkraftwirkung die Trittlänge z.B. vergrößern sollen. Auch für die Korrektur einer von Natur aus nicht ganz sauberen Bein- oder Hufstellung werden Gewichtseisen eingesetzt. Auf den damit verbundenen größeren Verschleiß der Gelenke wird in der Regel nicht geachtet, solange das Pferd Geld bringt.
Auf der Rennbahn finden wir auch die besten Schmiede, denn dort, wo's ums Geld geht, können sich Pfuscher nicht halten.
Pferde, die nicht widerstandsfähig sind, sind dem konsequenten Training nicht gewachsen und kommen schon früh zum Metzger. Dazu gehören meist alle diejenigen, die trotz ihrer „krummen Knochen" schnell sind, die Belastung im Training und Wettkampf, verbunden mit den Manipulationen an den Hufen, aber nicht lange aushalten.
Die anderen werden am Ende ihrer Hochleistungsphase gut trainiert verkauft. Sie sind oft günstig zu haben. Bei entsprechender Haltung und Behandlung verlieren sie meist recht schnell ihren antrainierten Sportsgeist und sind als Freizeitpferde für alle diejenigen, die einen solchen Pferdetyp mögen, gut zu gebrauchen.
Spezialeisen für Jagdpferde und Military, die in diversen Varianten entwickelt wurden und im Gebrauch sind, stellen keine wesentliche Abweichung vom normalen Beschlag dar. Sie sind Modifikationen des Standardbeschlages mit verschiedenen Gleitschutzprofilen.
In der Westernreiterei hat sich mit Einführung des *Sliding Stop* in die Turnierdisziplinen ebenfalls ein Sonderbeschlag entwickelt. Während beim Geländepferd die Griffigkeit des Beschlags erhöht werden muß, um das Leben und die Gesundheit von Pferd und Reiter zu schützen, entwickelte sich hier eine gegenteilige Form.
Durch die *Sliding Plates* soll der Stop des Westernpferdes zu einem gleitenden Stop werden, bei dem die Vorderbeine noch einige Schritte weiterlaufen, während das Pferd mit untergeschobener Hinterhand auf den Hintereisen rutscht. Dieser Stop ist eigentlich ein Widerspruch in sich, und jeder Cowboy, der mit seinem Pferd noch am Rind arbeitet, würde sein Leben riskieren, wenn er nicht dort zum Stehen käme, wo er gestoppt hat.
Für das Turnierpublikum aber ist ein gleitender Stop, wenn sich das Pferd nach maximaler Beschleunigung ohne nennenswerte Zügeleinwirkung auf die Hinterhand setzt und das Sägemehl der Reitbahn wie aus Rohren geschossen in die Luft stiebt, ein spektakuläres Ereignis.
Doch auch dieser Gleitbeschlag ist nur eine Variante. Das Eisen ist breiter als normal, reicht an den Trachten weiter nach hinten, hat keinen Nagelfalz, dafür so große Nagellöcher, daß der bremsende Nagelkopf ganz darin verschwinden kann. Das Eisen wird vorne und hinten leicht angebogen oder angeschliffen und wird so zum Miniski für die Hinterhufe.

Der Beschlag des Fahrpferdes

Mängel, selbst Fehler des Beschlags wirkten sich früher, als Fahrpferde noch in der Hauptsache auf weichem Ackerboden verwendet wurden, weniger nachteilig aus. Diese Situation ist aber heute nicht mehr gegeben. Auch Fahrpferde werden in aller Regel nur noch

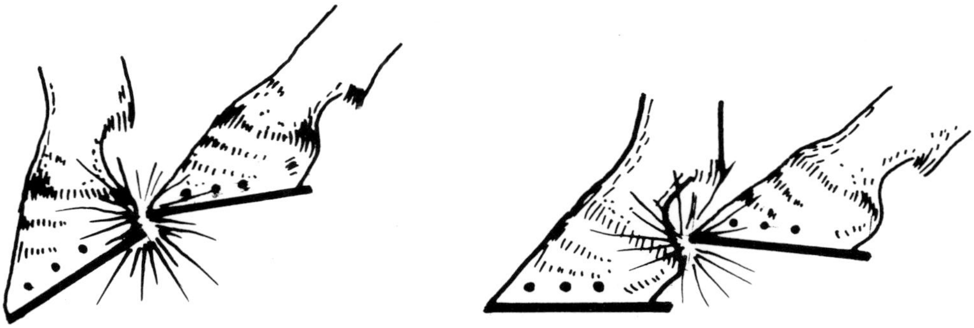

Abb. 101: Das Greifen ist eine Bewegungsstörung, bei der die vorschwingenden Hinterhufe an den Vorderfuß anschlagen.

für den Fahrsport gehalten, gehen daneben auch schon einmal unter dem Sattel, aber kaum noch im Arbeitsgeschirr.
Als Kutschpferde jedoch bekommen sie selbst auf den Turnierplätzen nicht immer und überall nur weichen Rasen unter die Hufe. Bei Streckenfahrten müssen sie sich sogar überwiegend auf harten Straßen bewegen. Deshalb muß man an den Beschlag der Fahrpferde strengere Anforderungen stellen als an den des Reitpferdes. Die Aussage „Kutschpferde müssen kein Gewicht tragen" ist kein Argument und schon gar keine Entschuldigung für einen schlecht ausgeführten Beschlag.
Hufeisen speziell für Wagenpferde unterscheiden sich grundsätzlich nicht von denen für Reitpferde. Sie müssen aber besonders korrekt gearbeitet und angepaßt sein, weil Mängel nicht durch ausgleichend entgegenkommende Bodenverhältnisse abgemildert werden, wie dies meist bei Reitpferden der Fall ist. Auch die Beschlagsintervalle müssen so wie beim Reitpferd eingehalten werden, denn auch ein Kutschpferd bekommt Probleme, wenn es mit gebrochener Fußachse läuft.
Die fehlerhaften Gangarten „Streichen" und „Einhauen", die man bei Kutschpferden häufig findet, sind meist kein Beschlagproblem. Das Einhauen kann auftreten, wenn die viel zu lang gewordenen Hufe der vorschwingenden Hinterbeine auf die Vorderhufe treffen, die wegen der gleichen Überlänge nicht rechtzeitig wegkommen.
Einhauen ist also kein technisches, sondern ein „taktisches" Problem.
Eisenklingen („Schmieden") bei korrekter Fußachse kommt im starken Trab einer Wagenpferdeprüfung von Überforderung im Tempo oder abrupter Tempoverstärkung — kein Fall für den Schmied.
Je nach Situation kann Einhauen auch auftreten, wenn im starken Trab die Rückenverbindung zwischen Vorhand und Hinterhand nicht ungehindert schwingen kann, weil etwa im Schnelltrab durch tiefes Geläuf die Pferde sehr stramm in die Stränge gehen —

Abb. 102: Beim Einhauen oder „Schmieden" treffen die Hinterhufe die Bodenfläche der vorschwingenden Vorderhufe.

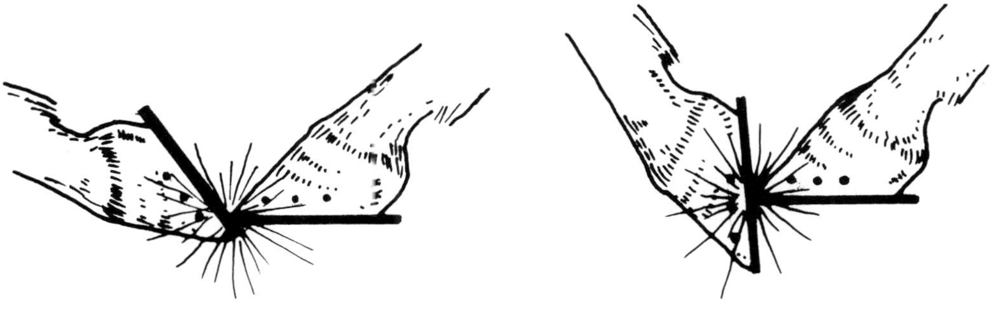

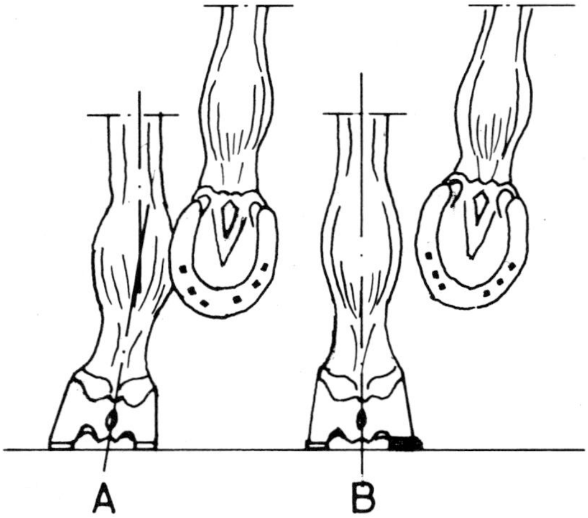

Abb. 103: Unter Streichen oder Streifen versteht man das Gegenschlagen des vorschwingenden Hufs gegen die stützende Gliedmaße. A: Abknicken in der Fessel, B: Beschlagkorrektur.

kein Grund, dem Schmied einen Vorwurf zu machen.
Einhauen kann auch vorkommen, wenn die Pferde auf einer Gefällstrecke den nachschiebenden schweren Wagen halten müssen. Auch hier wird der Schmied oft verantwortlich gemacht – sehr zu Unrecht.
Streichen kann aus sehr verschiedenen Ursachen entstehen. Bei jungen Pferden tritt es auf, wenn ihr Gleichgewichtssinn noch nicht genügend geschult ist und sie unter Reiterbelastung oder ins Geschirr gespannt gehen. Auch mangelnde Kondition oder fehlerhafte Einwirkung des Reiters oder Fahrers kann die Ursache sein.
Liegt der Fehler allerdings im Bewegungsmechanismus, kann der Schmied Abhilfe oder wenigstens eine Besserung durch Beschlagmaßnahmen versuchen.
Hierzu muß noch ein verbreiteter Denkirrtum korrigiert werden. Meist nimmt man an, die Ursache des Streichens liege im vorschwingenden Bein. Oft ist es aber so, daß das stützende Bein unter der Körperlast im Fesselbereich nach innen kippt und dem vorschwingenden Huf im Wege ist.
In diesem Fall (Videoaufnahmen bringen hier Aufklärung) muß der Schmied das belastete Bein mit einem entsprechend gelegten Eisen stützen.

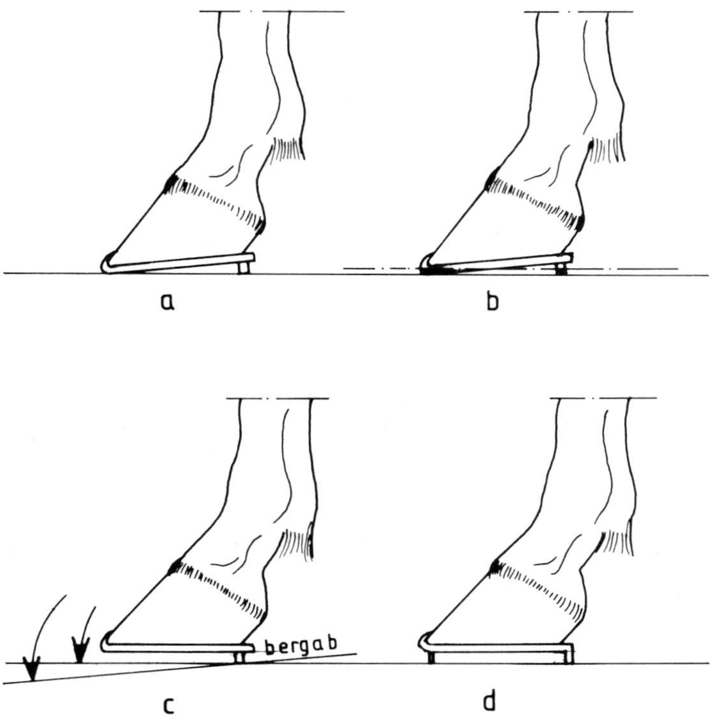

Abb. 104: Stollenbeschlag
a) Stollen bringen den Fuß aus dem Gleichgewicht.
b) Der Zehenteil nutzt sich stärker ab.
c) Bei planer Fußung erhält das Pferd bei jedem Schritt einen Schlag auf die Zehe.
*d) Arbeitsbeschlag für tiefen Boden mit Griff **und** Stollen.*

Die Frage nach einem wirksamen und huffreundlichen Gleitschutz wird in letzter Zeit gerade im wachsenden Freizeitfahrer-Lager häufig diskutiert, weil mit der Zunahme von Streckenfahrten mehr und mehr Asphaltstraßen benutzt werden müssen. Aber auch auf schmierglattem Turnierrasen ist Gleitschutz notwendig. Stollen bieten hier eine Lösung, sie steigern allerdings die ungesunde Entfernung des Strahls vom Boden und verlagern die Belastung, und zwar um so mehr, je höher sie sind.

Eine praktikable Lösung bieten niedrige Hartmetallkornstollen oder Stiftstollen. Beide Formen sind als Schraubstollen erhältlich, denn Stollen gehören nur zum Gebrauch an die Eisen. Danach sollten sie wieder abgeschraubt werden, um jede Verletzungsgefahr auszuschalten.

Kronentritte sind mit das Schlimmste, was einem Huf passieren kann, denn die Stollen zerstören oft die Wachstumszone im Kronbereich, so daß nach dem Abheilen der Verletzung das Horn nur noch gespalten nach unten wächst.

Das Prinzip der Kornstollen kann in folgender Art besonders huffreundlich modifiziert werden: Man schweißt ausgeschmolzene Körner breitflächig an der Zehe und am Schenkelende auf und erhält so einen ausgezeichneten Gleitschutz ohne die Nachteile eines hochstehenden Stollens in Kauf nehmen zu müssen.

Bewährt haben sich auch die Widia-Stifte, die in vorgebohrte Löcher eingeschlagen werden. Sie überragen die Bodenfläche des Eisens nur um wenige Millimeter und bieten dem Geländepferd auf anstehendem Gestein, auf Asphalt und auf betonierten Wirtschaftswegen einen ausgezeichneten Gleitschutz und einen guten Griff. Auch Schloßschrauben mit Unterlegscheiben, in ein M 6-Gewinde gedreht, eignen sich; sie lassen sich auf Überlandfahrten auch recht leicht ersetzen.

Der gute Beschlag

Pferde in Europa wurden bis zum Zweiten Weltkrieg in der Regel in der Landwirtschaft, beim Gütertransport, bei der Post oder beim Militär eingestellt; es waren also Gebrauchspferde. Sie wurden beschlagen, um ihre Einsatzfähigkeit zu gewährleisten.

Diese Ausrüstung wurde auch im zivilen Freizeit- und Sportreitbetrieb übernommen. So gehört der Hufbeschlag auch heute noch bei den Hallenreitern z. B. zur Grundausrüstung, obwohl die Pferde fast ausschließlich auf Reitplätzen und in Reithallen gearbeitet werden und diesen Schutz nicht bräuchten.

Daß Pferde „Schuhe“ tragen sollen, glauben viele zu wissen, und in manchen Reitbetrieben gibt es nichts Schlimmeres als den Vorwurf: „Du läßt dein Pferd ja barfuß gehen!“ Wie der Beschlag allerdings beschaffen sein soll, um wirklich hufgerecht und damit gesunderhaltend und leistungsfördernd zu wirken, darüber machen sich die wenigsten Gedanken.

Der Beschlag muß, wie bereits erwähnt, dem Bau und der Bewegungsmechanik von Huf und Gliedmaßen angepaßt sein. Da die Hufform der individuell verschiedenen Stellung

Abb. 105: Arbeitsbeschlag mit Griff und Stollen Überprüfen Sie Ihr Wissen: Welche Hufform liegt hier vor? Welche Hufwand ist steiler?

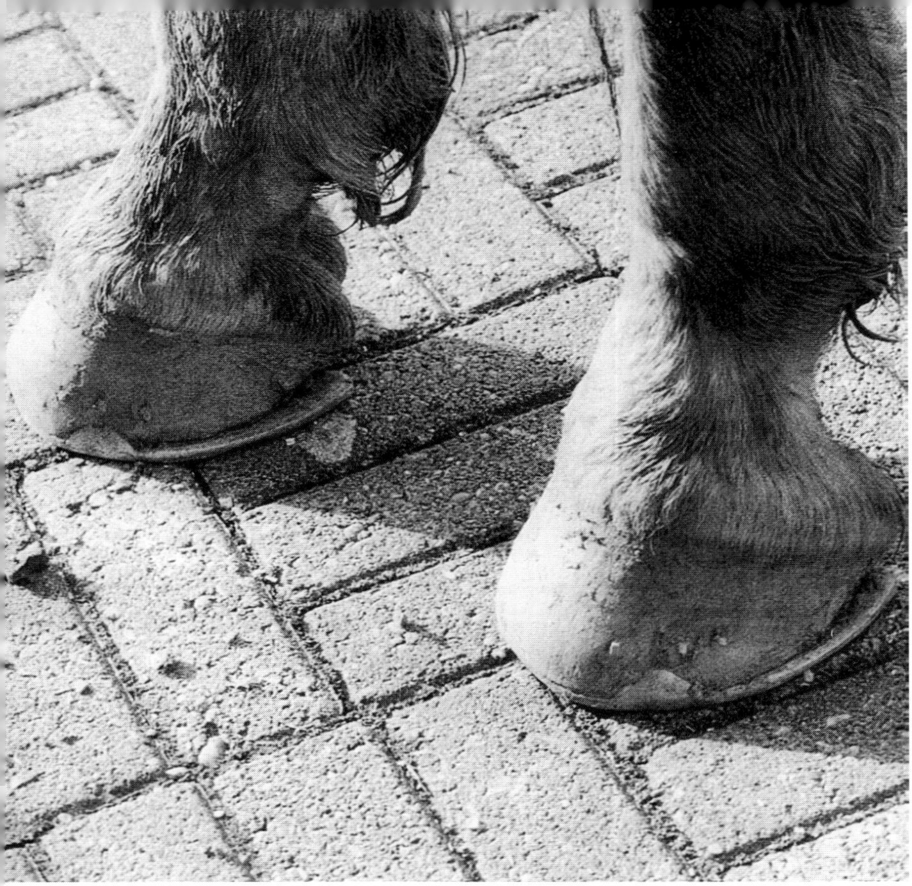

Abb. 106: Korrekturbeschlag bei untergeschobenen Trachten: Die Zehenwand ist gekürzt, das Eisen ist im Zehenbereich relativ weit nach hinten und über die Trachten hinaus lang gelegt. Das Eisen folgt ab der weitesten Stelle des Hufs dem Kronrand. Die Schenkelenden sind blank und leicht nach außen abfallend geschliffen. Die langen Schenkel entlasten den Bereich der Hufrolle.

und Bewegung der Gliedmaße entspricht, kann der Schmied in der Regel die Form des jeweiligen Hufs als Richtmodell für die Anpassung des Eisens nehmen. Nur bei ausgesprochen fehlerhaften Gangarten kann deren negative Auswirkung beim Formen und Richten des Eisens berücksichtigt werden. Das Eisen muß also in den meisten Fällen nach dem Huf gerichtet werden, nicht umgekehrt! Diesen fundamentalen Leitsatz kennt jeder Schmied.
Da aber nicht nur die Form des Hufs, sondern auch seine Funktion berücksichtigt werden muß, ergeben sich für die Praxis folgende Forderungen:
a) Das Eisen folgt im vorderen Bereich des Hufs bis zur weitesten Stelle exakt dem Tragrand.
b) Ab der weitesten Stelle folgt das Eisen dem Kronrand. Dadurch entsteht ab der weitesten Stelle ein Überstand, „auf dem eine Fliege spazieren gehen kann". Damit wird sichergestellt, daß der Huf bei seiner Erweiterung nicht über den Tragrand hinausragt (siehe Abb. 90).
c) Das Eisen reicht so weit nach hinten, daß die Trachtenecken gut gedeckt sind. Bei einem normal laufenden Pferd soll das Eisen einen Überstand haben, der bis zur Hälfte der Strecke Eckstreben – Ballen reicht. Dadurch wird sichergestellt, daß die Eckstreben auch dann noch unterstützt werden, wenn sich das Eisen infolge des Hufwachstums nach vorne verschiebt.
Bei flachstehender Fußachse ist dieser Überstand besonders wichtig, da er den Bereich der Hufrolle entlastet.

Rechte Farbseite:
Oben links: Fohlenhuf am ersten Tag. Die Zotten sind noch deutlich zu sehen.
Oben rechts: Hinterhuf eines erwachsenen Ponys mit prominentem Strahl
Unten links: Die quadratischen Nagelköpfe zeigen, daß diese Sagimex-Platte mit Wanderreiter-Nägeln am Huf befestigt wurde.
Unten rechts: Wenn Sohle und Strahl gegen Fäulnis geschützt werden sollen, dann ist Blauspray besser als Teer!
Mit Faure-Eisen beschlagener Huf. Der letzte Nagel sitzt deutlich vor der weitesten Stelle.

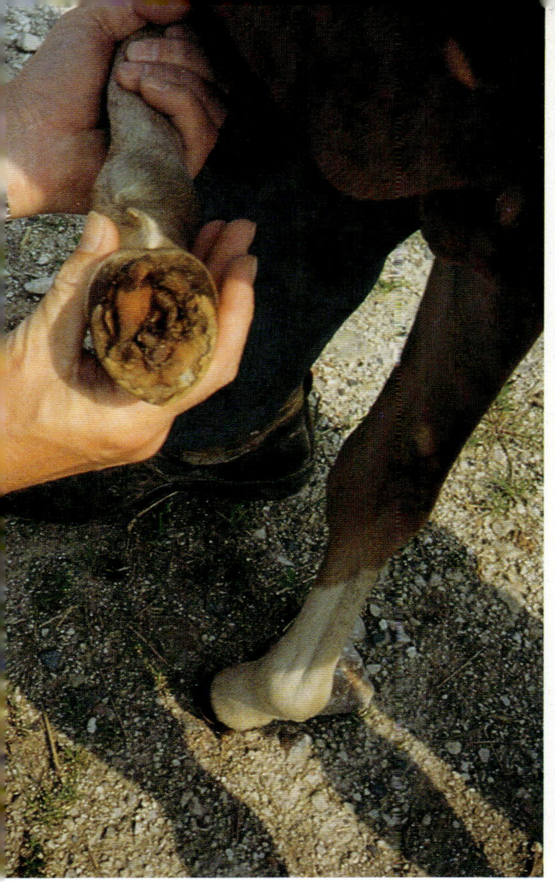

d) Seitenaufzüge dürfen nicht hinter der weitesten Stelle angebracht werden, damit der Hufmechanismus nicht behindert wird.
e) Die Schenkelenden werden vom letzten Nagelloch an blank poliert, um der Trachtenbewegung wenig Widerstand entgegenzusetzen und um ein übermäßiges Abschleifen der Trachten zu verhindern.
f) Das Eisen wird mit den kleinstmöglichen Nägeln befestigt; kein Nagel sitzt hinter der weitesten Stelle des Hufs.
g) Der Huf hat im Stand, mehr noch in der Bewegung, auf sehr kleiner Stützfläche gewaltige Lastdrücke auszuhalten. Erinnern Sie sich: Ein 500 kg schweres Pferd belastet seine Vorderhufe mit je 150 kg – das sind 3 Zentner!
Zu dieser Leistung ist der Huf nur fähig, wenn alle Teile seiner komplizierten, aber höchst zweckmäßigen Konstruktion intakt sind. Das gilt besonders für die Sohle. Da die Tragfähigkeit der Sohle von ihrer Wölbung und von der Hornstärke abhängt, darf hier nur bröckliges Althorn mit dem Messerrükken entfernt werden, um Druckstellen oder Fäulnisherde freizulegen. Jedes Schneiden mit der scharfen Seite der Messerklinge muß unterbleiben. (Ausnahme siehe Kapitel IX)
h) Für den Strahl gilt: Er wird auf Fäulnisherde und Taschen untersucht, indem man einen ca. 2 mm dicken Streifen Horn entfernt. Macht man das dreimal, so wird beim ersten Schnitt der Strahl tiefergelegt; bei den nächsten beiden Schnitten werden die Seiten so umgekantet, daß die äußeren Strahlfurchen etwas breiter werden und sich so besser reinigen (lassen). Auch die mittlere Strahlfurche wird nachgeschnitten.
Faule Stellen müssen natürlich ganz entfernt werden; hier wird es schon einmal nötig, etwas mehr Horn wegzunehmen.
i) Die Eckstreben werden dort, wo sie sich umbiegen, so weit gekürzt, daß sie so tief liegen wie die Sohle. Auf keinen Fall werden sie „gelüftet", d. h. dünner geschnitten.
k) Der Huf paßt zum Fesselstand. Die Fußachse ist ungebrochen und hat den gleichen Winkel zum Boden wie das Schulterblatt.

Formen des alternativen Hufschutzes
Hufschutz mit Klammern: Die Gummiplatte nach Zaugg

Hufschutz zum Kleben: weiß: Mustad-Klebeschuh „Easy Glue"; grau: Dallmer Hufschuh und Fohlenschühchen

Die Arbeit des Schmieds

Verfolgen wir nun die einzelnen Arbeitsgänge eines Schmieds und nehmen sie kritisch unter die Lupe.
Gehen wir davon aus, der Schmied sei einer derjenigen, die nach guter deutscher Beschlagmethode vorgehen.
Er wird Sie oder seinen Aufhalter zunächst bitten, einen Huf hochzuhalten, in der Regel den linken Vorderhuf. Dann wird er seine Hauklinge ansetzen und von hinten nach vorn, von den Trachten zur Zehe, den überstehenden Tragrand wegschlagen.
Das ist nicht unbedingt falsch, trägt aber in der Mehrzahl der Fälle dazu bei, daß der Huf im hinteren Bereich zu flach wird. Die Fußachse ist dann oft schon 14 Tage nach dem Beschlag gebrochen.
Um die Hauklinge durch das Horn treiben zu können, muß der Schmied wenigstens einen Ansatz von 3–5 mm haben. Diese Tiefe kann er nur dann halten, wenn auch der Tragrand an der Zehe deutlich übersteht. Ist dies nicht der Fall, käme er im Zehenbereich zu tief, immerhin braucht er ja noch etwas Horn zum Brennen („Und ist die Sohle durchgebrannt, dann paßt der Huf zum Fesselstand").
Er wird also die abgeschlagene Hornkante nach vorne verjüngen oder sogar kurz vor der Zehe auf Null auslaufen lassen. Haben Sie ein Pferd mit starkem Trachtenwachstum (das sind etwa 10–15% der Pferde), dann war der Arbeitsgang richtig. Haben Sie ein „normal" stehendes Pferd mit deutlich wachsender Zehe, die sich auch aufgrund der Haltung nicht abnutzt, so haben Sie jetzt ein Pferd mit tiefen Trachten und wenig Abstand der Ballen zum Boden.
Legen Sie sich bitte einmal hinter dem Huf so tief Sie können auf den Boden (ich gehe davon aus, Ihr Pferd schlägt nicht, sonst müs-

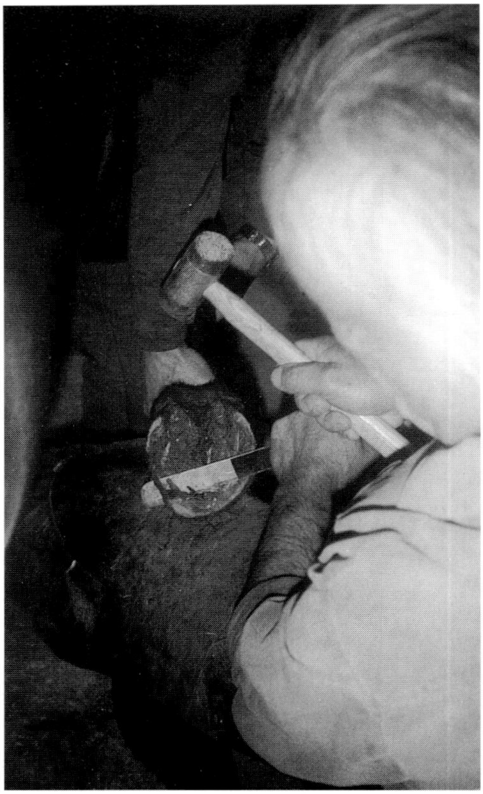

Abb. 107: Bei niedrigen Trachten darf mit der Hauklinge nicht zusätzlich Trachtenhorn abgeschlagen werden. In diesem Fall wird die Hauklinge erst weiter vorn angesetzt.

sen Sie einen deutlichen Sicherheitsabstand einhalten). Wie dick kann ein Stein sein, ohne die Ballen zu berühren und evtl. zu verletzen?

Kontrollieren Sie auch die Fußachse von der Seite. Steht Ihr Pferd im Vergleich zum Winkel des Schulterblattes zu flach, kommt Ihr Einwand jetzt zu spät.

Haben Sie eigentlich darauf geachtet, ob der Schmied vor Beginn seiner Arbeit die Fußachse kontrolliert hat? Hat er nicht? Dann können wir in der kurzen Zeit schon auf zwei Fehler zurückblicken. Wenn der Schmied Ihnen jetzt, wo Sie ihn darauf hinweisen, den Vorschlag macht, das Pferd mit Stollen etwas höher zu stellen, schicken Sie ihn zum Teufel, und passen Sie bitte beim nächstenmal vorher schon auf.

Nehmen wir einmal an, der Einsatz der Hauklinge war korrekt, und der Schmied nimmt nun sein Messer zur Hand. Sie haben inzwischen den Huf abgesetzt, Ihr Kreuz etwas gestreckt, sich Ihre Handschuhe angezogen und halten wieder auf. Da das Pferd beschlagen werden soll, stellen Sie sich im Geist vor, wie hoch das 8 mm starke Eisen über den Tragrand zu liegen kommt und wie tief demnach der Strahl gelegt werden darf, wenn er noch Kontakt zum Boden – wenigstens bei weichem Untergrund – haben soll.

Bitten Sie also den Schmied, der gerade ein tüchtiges Stück Strahlhorn abschneiden will, nur so viel wegzunehmen, wie nötig ist, um den Strahl auf versteckte Taschen und Fäulnisherde zu untersuchen. Das ist manchmal schon mehr, als einem lieb sein kann.

Dem ungläubigen Blick Ihres Gegenübers müssen Sie natürlich standhalten. Und auf die Frage: „Sonst noch was?“ haben Sie auch gleich eine Antwort parat: „Bitte nehmen Sie von der Sohle nur das weg, was Sie mit dem Messerrücken abkratzen können, ja, und die Eckstreben bitte nur bis auf die Sohle angleichen, mehr nicht!“

Wenn der Schmied Ihnen jetzt nicht die Brokken vor die Füße wirft, haben Sie gewonnen. Aber mehr können Sie nicht mehr verlangen. Sollten Sie im Ablauf des Beschlagvorgangs andere „Auffälligkeiten“ bemerken, so müssen Sie sie „schlucken“, wenn der Schmied noch einmal wiederkommen soll. Bereden Sie all dies mit ihm vielleicht nach dem Beschlag bei einem Bier. Beim nächsten Mal sind Sie dann schon einen Schritt weiter. Ich wünsche es Ihnen!

In der Zwischenzeit hat der Schmied das Eisen heißgemacht, gerichtet und kommt zum Brennen an den Huf.

Kirschrot schwimmt das Eisen auf dem Huf, dicke Qualmwolken steigen auf, schmurgelnd quillt schwarzes Horn aus den Nagellöchern. „Tief durchatmen!“ hören Sie Ihren Schmied durch die Wolkenwand sagen, da zieht Ihnen das Pferd auch schon den Huf aus der Hand.

„Gut gebrannt hält so gut wie ein Nagel!“ verkündet der Schmied und steckt das Eisen ins Wasser, während Sie sich verschämt die brennenden Augen auswischen und den beißen-

den Qualm aus der Lunge husten. Zufrieden? Nein!
„Der Schmied brennt mit brauner Hitze", so steht es in den Lehrbüchern, und: „Das Eisen wird nur kurz aufgelegt, um Unebenheiten auf der Tragefläche festzustellen". Die schwarz markierten Stellen werden weggeraspelt, danach wird wieder kurz gebrannt, danach geraspelt, bis die plane Tragefläche vom Eisen bedeckt wird und ihre Farbe nach dem letzten kurzen Brennen in ein dunkles Braun verändert. Nach dem Motto „Zeit ist Geld" schenken sich viele Schmiede das Raspeln und brennen dafür etwas länger, meist zu lange.
Horn ist ein schlechter Wärmeleiter. Wenn aber das Pferd seinen Huf wegzieht, anschließend vielleicht nur zögernd aufsetzt, heißt das, die Hitze ist bis dorthin gedrungen, wo das Pferd sie wahrnehmen kann: ins Leben. Dann war das Eisen zu heiß, zu heiß für die weiße Linie und die Lamellenschicht. Das Kitthorn löst sich, und nach dem nächsten Beschlag hat Ihr Pferd dort, wo die Hitze am größten war, eine lose Wand.
Aber nehmen wir an, Ihr Schmied hat nicht zu heiß gebrannt und nicht zu lange, das Pferd hat nicht gezuckt, und es kommt zum Nageln.
Der Schmied schlägt die beiden Zehennägel ein, Sie setzen den Huf ab, der Schmied kontrolliert den Sitz des Eisens und schlägt den Aufzug an die Hornwand. Dann schlägt er auf jeder Seite noch drei Nägel, biegt sie um, kneift sie ab, schlägt mit dem Unterhauer ein Nietbett, zieht die Nägel mit Hammer und Nietvorrichtung an, feilt noch einmal darüber und sagt: „Gut."
Jetzt erst fällt Ihnen ein, daß Sie ja eigentlich nur drei Nägel wollten. „Kein Problem", sagt der Schmied und holt den zweiten Nagel wieder heraus. „Den letzten? Nein, der hält am meisten!"
So geht es an allen vier Hufen, Sie zahlen, der Schmied fährt ab. Jetzt erst erinnern Sie sich daran, daß Sie wegen des Abriebs der Trachten den Schmied bitten wollten, die Schenkelenden der Eisen zu polieren — zu spät.
Auch erinnern Sie sich an die Fliege, die ab der weitesten Stelle des Hufs auf dem überstehenden Rand des Eisens herumlaufen können sollte, ohne herunterzufallen. Aber die Rutenenden Ihres Beschlags sind fast bündig mit der Kante der Trachtenhornwand. Und das Eisen ragt im Bereich der Eckstrebe gerade einmal 3 mm nach hinten heraus. Hinausgeworfenes Geld! Dieser Beschlag muß schon in spätestens 3—4 Wochen wieder herunter, egal wie dick die Eisen noch sind.

Partnerschaft

Natürlich gibt es keinen Schmied, der all diese Fehler macht, natürlich habe ich diese Situation konstruiert. Und so wäre es korrekt gewesen, wobei man natürlich berücksichtigen muß, daß jeder Schmied seine ganz individuelle Note hat und auch haben soll:

A) Vorbereitung einer sauberen Arbeitsfläche mit stabiler Anbindevorrichtung
Abenteuerspielplätze sind eine herrliche Sache, Abenteuer-Arbeitsplätze eine Zumutung.
Zugige Toreinfahrten, dunkle Garagen, matschige Grasflächen sind schlechte Voraussetzungen für gute Arbeit am Huf. Wie soll ein Schmied so das Gangwerk beurteilen und die korrekte Fußachse ermitteln?
Es muß auch nicht sein, daß erst dann, wenn der Schmied bereits eingetroffen ist, das Pferd von der Weide geholt wird und womöglich naß dasteht, mit Dreck an Beinen und Hufen, der Raspel und Messer stumpf macht!
Auch sollte der Schmied nicht der erste sein, der nach monatelangem Weideaufenthalt die Hufe Ihres Pferdes hebt. Gerade Freizeitreiter sollten in dieser Hinsicht etwas selbstkritischer sein.
Also: Wenn irgend möglich präsentieren Sie dem Schmied ein geputztes Pferd oder Pony mit sauberen, am besten gewaschenen Hufen auf einer möglichst festen, ebenen und sauberen Beschlagsfläche.

B) Präsentation eines erzogenen Pferdes
Es gibt heute kaum noch einen Schmied, der neben der Oberlippenbremse und dem Schweiffesselband nicht auch ein Pülverchen oder eine Paste mit sich führt.
Diese Schmiede haben erfahren, daß ein

Kampf mit einem ungezogenen Pferd nur Unannehmlichkeiten bringt und Zeit kostet. Sie haben sich daher für die „chemische Keule“ entschieden und stellen das Pferd ruhig, noch bevor sie ein Werkzeug ausgepackt haben.
Hier lebt der alte Glaube an den Schmied als Wundermann wieder auf, und nicht wenige Pferdehalter erbetteln sich geradezu das Wundermittel, um ohne Zeitaufwand, ohne geduldige Erziehung ihr Pferd in bestimmten Situationen problemlos vorführen zu können.
Das aber ist kein Weg, allenfalls ein Holzweg. Der erste Schritt zum Doping beginnt in solchen Situationen. Der Trainer, der dem jungen Pferd, das beim Einreiten nervös ist oder beim Schmied nicht steht oder nicht sofort auf den Hänger geht, gleich ein Mittelchen verpaßt, statt sich mit Geduld zu wappnen, setzt ein Beispiel. Dann braucht man sich nicht zu wundern, wenn seine Schüler mehr auf die Wirkung von Medikamenten als auf *horsemanship* setzen.
Also: Präsentieren Sie dem Schmied ein erzogenes, anbindesicheres und beschlagfrommes Pferd.
Sollten Sie trotz aller Bemühungen mit Ihrer Erziehung noch nicht so weit sein, informieren Sie den Schmied vorher, und bitten Sie ihn um seine Hilfe und um Geduld beim Arbeiten. Dies ist vor allem beim ersten Beschlag wichtig.

C) Die Begrüßung des Schmieds
Das Herstellen einer positiven Arbeitsstimmung gelingt fast von selbst, wenn A) und B) in Ordnung sind. Ein gut gelaunter Schmied wird immer besser arbeiten als ein mißgelaunter. In Freundlichkeit zu investieren, zahlt sich für Sie und Ihr Pferd immer aus.

D) Das Vorführen des Pferdes
Laufen Sie mit dem Pferd am langen Zügel, d. h. ohne seinen Kopf zu beeinflussen, gerade vom Betrachter weg. Suchen Sie sich dafür einen Punkt am Horizont, und steuern Sie, ohne zu schlenkern, auf ihn zu. Wenn Sie Bögen laufen, das Pferd einmal auf sich zu ziehen, einmal von sich wegdrücken, kann der Schmied das Auffußen, die gleichmäßige oder ungleichmäßige Belastung eines Beines, das Kopfnicken als Zeichen einer Lahmheit, den Bogen des fliegenden Hufs usw. nicht genau beobachten und beurteilen.
Am Ende der Vorführstrecke (ca. 20–30 m) oder auf Kommando bringen Sie Ihr Pferd zum Stehen und drehen es in einer Hinterhandwendung rechts herum. Ihr Pferd muß Ihnen also weichen, und weil Sie um Ihr Pferd herumgehen, versperren Sie dem Betrachter nicht den Blick auf Beine und Hufe. Üben Sie diese Drehung auf jeden Fall vorher. Der Schmied erkennt an der Art und Weise, wie das Pferd in der Drehung die Beine setzt, ob es Probleme hat oder nicht.
Laufen Sie nun wieder mit langem Zügel auf den Betrachter zu und auf Wunsch an ihm vorbei. Drehen Sie dann Ihr Pferd wieder korrekt auf der Hinterhand herum, ohne dem Betrachter die Sicht zu versperren.
Während der Vorführung sollte keine Musik laufen, damit der Schmied den Klang der auftreffenden Hufe hört. Gangungenauigkeiten zeigen sich oft an unterschiedlichen Auffußklängen.
Diese Art der Vorstellung gilt übrigens auch bei einer Überprüfung Ihres Pferdes durch den Tierarzt.

E) Abnehmen und Kontrolle des alten Beschlags
Haben Sie den Beschlag selbst abgenommen, legen Sie ihn dem Schmied zur Begutachtung vor. Nimmt ihn der Schmied ab, achten Sie darauf, ob er ihn achtlos beiseite legt oder wenigstens kurz einen Blick darauf wirft und die Abnutzung der einzelnen Eisen kontrolliert. Der alte Beschlag zeigt nämlich, wie der neue sein soll. Hat Ihr Pferd z. B. die alten Eisen an der Zehe besonders stark abgenutzt, sollte der Schmied das neue Eisen mit einer stärkeren Zehenrichtung versehen.

F) Information
Danach sollten Sie Ihrem Partner berichten, was Ihnen beim Reiten aufgefallen ist, z. B.
a) Das Pferd schlägt mit den Hinterbeinen an die Vordereisen. Die Schlagspuren müßten an der Bodenfläche des Vordereisens und an der Zehe des Hintereisens zu sehen sein.
b) Das Pferd bleibt vorn hängen, stolpert oft.
c) Das Pferd streift sich innen und schlägt sich die über dem Kronrand wachsenden Haare ab.

Zu all den Auffälligkeiten müßte der Schmied eine Lösung durch den Beschlag anbieten.

G) Das Aufheben des Hufs
Lassen Sie dem Pferd Zeit, sein Gewicht zu verlagern. Heben und halten Sie anatomisch richtig. Ziehen Sie das Vorderbein nicht zu hoch, halten Sie das Röhrbein waagrecht, ziehen Sie das Bein nicht zu weit nach außen, Scharniergelenke kann man nicht drehen. Falten Sie das Hinterbein zuerst unter dem Knie. Folgen Sie dann der Streckbewegung des Pferdes. Ziehen Sie das Bein nicht gegen den Widerstand des Pferdes nach hinten heraus, halten Sie im Falle eines Widerstandes einfach nur gegen, bis dieser sich löst. Überstrecken Sie die Gelenke nicht, und heben Sie den Huf nicht höher als das Sprunggelenk im Stand. Bei kleinen Pferden muß sich der Schmied leider etwas mehr bücken.

H) Das Beseitigen des Tragrands
Den überstehenden Tragrand kneift man am besten mit dem Nipper ab, da man mit diesem Werkzeug von vorn nach hinten, von der Zehe zu den Trachten arbeiten kann.

I) Die Kontrolle des Strahls
Der Strahl sollte nur so viel tiefer gelegt werden, wie unbedingt notwendig ist.

K) Raspeln
Mit Hilfe der Hufraspel (oder eines modernen elektrischen Hufschneiders?) stellen Sie oder der Schmied eine plane Tragefläche her. Evtl. muß die Wandstärke im Bereich der Zehe verändert und auf die Dicke der Seitenwand zurückgeraspelt werden, um eine korrekte Fußachse erzielen zu können.

L) Kontrollieren
Kontrollieren Sie die Fußachse von vorn, von der Seite und von hinten. Berücksichtigen Sie dabei, ob das Pferd auf einer ebenen Fläche steht oder nicht. Vergleichen Sie den Winkel des Schulterblattes mit der Fußachse. Kontrollieren Sie wenn möglich mit Hilfe eines Huf-Winkelmessers den Winkel der Hufwand beider Vorder- und Hinterhufe.
Einige Arbeitsschritte können Sie nach dem Besuch eines Hufkurses z.B. selbst ausführen – vorausgesetzt, Sie haben Spaß daran.

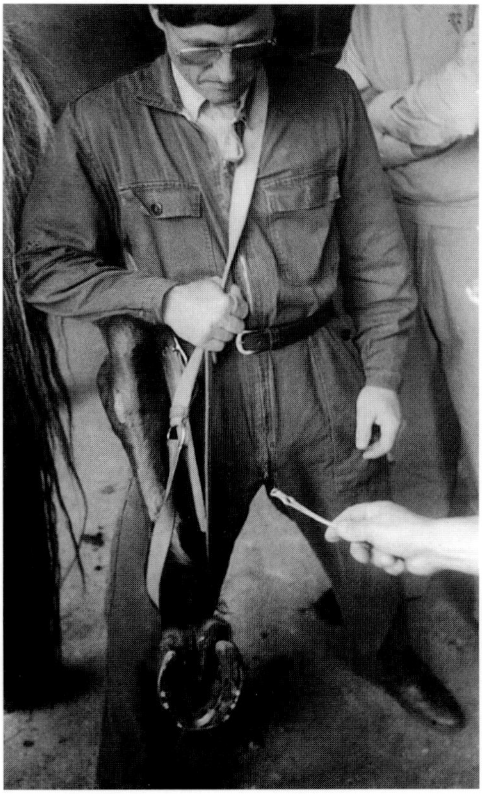

Abb. 108: Bandscheibenschonendes Aufhalten eines Hinterbeins mit Hilfe eines Haltegurts. Das freie Ende des Gurts liegt in der Hand und kann bei Bedarf sofort gelöst werden.

In diesem Fall präsentieren Sie dem Schmied ein Pferd, dessen Hufstellung und Tragrand er kaum verändern muß. Er kann sich also verstärkt auf den Beschlag konzentrieren und spart Zeit – d. h., er verdient bei Ihnen mehr.
Wenn Sie zwischen den einzelnen Beschlagperioden das Pferd barfuß laufen lassen, achten Sie bitte darauf, daß der Huf sich nicht zu weit abnützt.

M) Das Anpassen des Eisens
Das Eisen folgt ab der weitesten Stelle dem Verlauf des Kronrands, nicht der Trachtenwand (denken Sie an die Fliege!). Die Eisenlänge sollte so bemessen sein, daß die Eck-

strebenwinkel gut gedeckt sind und deutlich überragt werden.
Hintereisen können etwas länger sein als Vordereisen, vor allem dann, wenn das Pferd nur sehr wenig Trachtenwachstum hat. Die längeren Eisenschenkel entlasten den Hufrollenbereich.
Achten Sie beim Anpassen des Eisens auf Paßform und Länge, und weisen Sie den Schmied auf erkannte Ungenauigkeiten hin.

N) Das Aufdornen

Die vorgestanzten Nagellöcher werden normalerweise von der Trageseite her etwas aufgedornt, damit der kopfnahe Teil der Nagelklinge etwas Spiel hat und sich nicht aufspant. Dieser Arbeitsschritt kann u. U. entfallen, wenn der Schmied bei gutem Hufhorn die kleinstmöglichen Nägel nehmen kann.

O) Das Schleifen

Das Eisen wird an der Innen- und Außenkante der Trageseite geschliffen – manche Schmiede brechen die Innenkante auch mit Hammerschlägen, um einen übermäßigen Druck auf die Sohle zu vermeiden.
Wichtig ist auch – und das sollten Sie auf jeden Fall verlangen –, daß der Schmied die Rutenenden vom letzten Nagelloch an so blank poliert, wie er nur kann, mit leichtem Abfall der Oberfläche nach außen (wissen Sie noch, warum?), bei Hufen mit Tendenz zum Engerwerden mit einem deutlichen Abfall nach außen.
Dadurch wird gewährleistet, daß der Hufmechanismus möglichst wenig behindert wird. Der abfallende Schenkel stellt sicher, daß die Hornkapsel bei Belastung nach außen abweichen kann und nicht auf der Stelle gestaucht wird.
Das Trachtenhorn kann auf der spiegelglatten Oberfläche gleiten und nutzt sich weniger ab; die Scheuerrinnen am Ende der Beschlagperiode sind deutlich weniger tief.

P) Das Nageln

Der Schmied sollte die kleinsten Nägel verwenden, die möglich sind. Bis Hufeisengröße 3 genügt es, drei Nägel, und zwar die ersten drei, zu setzen.
Am Hinterhuf nagele ich nur zwei Nägel je Seite, und zwar den ersten und dritten. In der Höhe des zweiten Nagels sitzt der Aufzug, der dessen Aufgabe mit übernimmt.
Falls Sie dem Schmied ein Pferd mit gutem Horn vorstellen können, genügen drei bzw. zwei Nägel pro Hufseite, um einen 8 mm-Beschlag zu halten. Nehmen Sie das Weglassen des vierten Nagels ruhig auf Ihre Kappe. Sie werden sehen, es geht.
Wenn Sie mit weniger Nägeln auskommen, haben Sie beim neuen Beschlag eine weniger zernagelte und damit geschwächte Wand, und der neue Beschlag hält besser.

Abb. 109: Zernagelte Wand

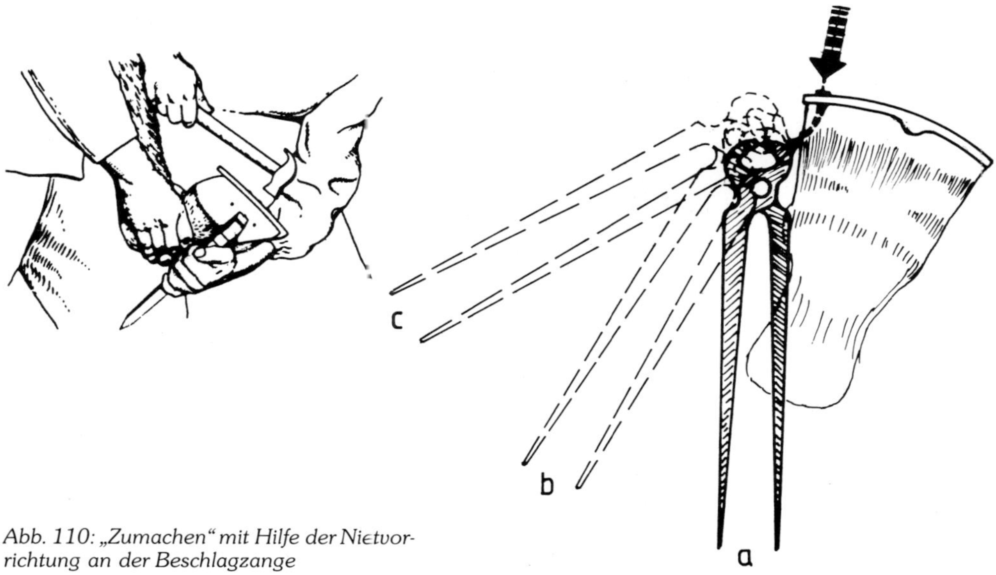

Abb. 110: „Zumachen" mit Hilfe der Nietvorrichtung an der Beschlagzange

Q) Das Nietbett
Zum Versenken des Nagelniets schlägt der Schmied mit Hammer und Unterhauer eine kleine Kuhle in die Hornwand. Dieser Arbeitsschritt soll das spätere Aufbiegen des Niets verhindern und Verletzungen vorbeugen, schwächt aber zusammen mit den Nagelkanälen die Hornwand.
Das Nietbett sollte daher nicht tiefer als unbedingt nötig ausgehoben werden. Oft genügt es, das durch den austretenden Nagel herausgedrückte Horn wegzunehmen und die untere Kante des Niets etwas abzufeilen.
Bei der täglichen Kontrolle fährt man mit der Hand über die Niete und schlägt einen aufgebogenen Niet wieder zurück.

R) Das Zumachen
Ist das Nietbett geschaffen, geht es ans Zumachen. Nach der herkömmlichen Methode setzt man die Nietvorrichtung der Beschlagszange unter den Niet und schlägt mit mäßig kräftigen Schlägen auf den Nagelkopf. Nach jedem Schlag ändert man den Ansetzwinkel der Nietvorrichtung und zieht so den Niet herum. Zum Schluß schlägt man den Niet mit dem Hammer an die Hornwand. Dazu aber muß der Huf abgesetzt werden, sonst weicht der Nagel wieder zurück.
Junge Pferde und Pferde mit dünnen Hufwänden mögen diesen Arbeitsschritt überhaupt nicht, weil ihnen das Klopfen unangenehm ist. Hier bietet sich als Arbeitsgerät der Clincher an. Sein Einsatz wird in Kapitel XII erklärt.

S) Der Abschluß
Nach dem Zumachen fahren Sie mit der Fingerkuppe über die Nagelniete und feilen überall dort, wo Sie eine scharfe Kante spüren, zart mit der feinen Seite der Raspel darüber. Währenddessen kann der Schmied sein Werkzeug schon einräumen.
Danach traben Sie mit dem Pferd an der Hand noch einmal vor, damit der Schmied die Gliedmaßenführung mit dem neuen Beschlag kontrollieren kann.
Zum Schluß lassen Sie sich noch ein paar Hufnägel geben und legen zusammen mit Ihrem Partner schon den nächsten Beschlagtermin fest.
Wie Sie sich bis dahin bei kleinen Hufpannen selbst helfen können, erfahren Sie im nächsten Kapitel.

XII. Mein Pferd ist platt
Pannenhilfe zu Hause und unterwegs

Je mehr Sie Ihrem Schmied zur Hand gehen, je mehr Handgriffe Sie sich in seiner Gegenwart oder auf einem Hufkurs aneignen, desto leichter fällt es Ihnen, kleine Pannen selbst zu beheben.
Verfolgen Sie deshalb die in Kapitel XI beschriebenen Arbeitsschritte des Schmieds ganz genau, und üben Sie in seiner Gegenwart oder mit einem fortgeschrittenen Gleichgesinnten den Umgang mit dem einen oder anderen Werkzeug.
Was kann nun mit dem Beschlag passieren? Für welche Panne sollten Sie gerüstet sein? Im Grunde genommen gibt es nur vier Möglichkeiten:

a) Ein Nagelkopf ist abgerissen.
b) Ein Hufeisenschenkel ist hochgebogen.
c) Das Hufeisen ist locker.
d) Das Hufeisen ist weg.

Das größte Problem im Falle einer solchen Panne ist – die Beschaffung von passenden Hufnägeln. Deshalb noch einmal: Lassen Sie sich immer nach dem Beschlag vom Schmied einige Hufnägel geben, am besten auch einige Nägel, die eine Nummer größer sind als die verwendeten. Heben Sie diese Nägel trocken auf, damit sie keinen Rost ansetzen.
Das passende Werkzeug findet sich leichter, denn Sie brauchen zur Behebung einer Panne nicht unbedingt Schmiedewerkzeug. Ein ganz normaler Hammer (nicht zu schwer), eine Zange zum Abkneifen und evtl. noch eine Feile, um die scharfe Kante des Nagelniets zu entschärfen, tun es auch.
Wenn Sie allerdings Spaß am Arbeiten finden, sollten Sie sich mit der Zeit einen Beschlaghammer, einen Nipper, einen Clincher, einen Unterhauer, eine Nietklinge und eine Raspel zulegen. Diese Werkzeuge läßt man sich am besten von einem Menschen schenken, den man in guter Erinnerung behalten möchte. Ich z. B. denke immer an meine Abschlußklasse 1982 („Die fliegenden Holländer") zurück, wenn ich am Huf arbeite, weil ich dabei noch heute den Clincher benutze, den mir meine damaligen Schülerinnen und Schüler geschenkt haben.
Und so sollten Sie vorgehen:
Sie entdecken beim Auskratzen und bei der Kontrolle der Nagelniete und -köpfe, daß ein Nagelkopf fehlt. Wenn der Niet noch an der Hornwand zu sehen ist, können Sie davon ausgehen, daß der Nagel etwa in Höhe der Tragefläche des Eisens gebrochen ist. Bevor Sie ihn ersetzen können, müssen Sie das verbliebene Stück herausholen.
Das ist keine so einfache Angelegenheit. Da die Nagelklinge zum Nagelkopf hin etwas breiter wird, reißt der Nagel meist ab, wenn man ihn mit einer Zange allzu ungestüm nach oben – also am Nagelniet – herausziehen will. Hier sollte man ganz behutsam vorgehen und nicht von der Hufwand weg, sondern in Verlängerung des Nagelkanals ziehen.
Bietet der Nagel deutlichen Widerstand, ist er mit Sicherheit dicht am Kopf abgerissen und kann – wegen seines dicken Endes – nicht nach oben entfernt werden. Versucht man es aber mit Gewalt, reißt der Nagel meist ab, und ein Rest bleibt im Nagelkanal zurück. Dieses Nagelstück sollten Sie auf keinen Fall im Nagelkanal lassen, da es beim nächsten Beschlag den neuen Nagel in eine falsche Richtung ablenken könnte.
Am besten treiben Sie mit einem Splinttreiber den Nagel von oben nach unten heraus.

Dazu aber müssen Sie, um ihn unten, also an der Sohle, packen zu können, alle anderen Nägel entfernen und das Eisen abnehmen.

Das Entfernen eines Nagels

Setzen Sie Ihre Nietklinge, ersatzweise einen Schraubenzieher oder einen kleinen Meißel, von unten unter den Niet, und schlagen Sie ihn mit leichten Hammerschlägen hoch. Der Niet sollte etwa in Verlängerung des Nagelkanals stehen. Schlagen Sie nur mit dem Hammer senkrecht auf den hochgebogenen Niet, und zwar so fest, daß der in der Nagelfalz festsitzende Nagelkopf sich löst. Fassen Sie den Nagelkopf mit der Zange, und ziehen Sie ihn heraus. Lassen Sie dabei die Backe der Zange auf dem Eisen abrollen, d.h. hebeln Sie den Nagel ein Stück heraus, und fassen Sie dann noch einmal nach. Wenn Sie auf diese Weise alle Nägel entfernt haben, fällt das Eisen ab, und Sie können den abgerissenen Nagel unten herausziehen.

Abb. 111: Mit Wanderreiternägeln kann man einen Beschlag verlängern, wenn Eisen und Fußachse dies zulassen. Hier ist der hintere Nagel bereits ersetzt, der vordere ist so weit zurückgeschlagen, daß er mit der Zange herausgezogen werden kann.

Das Nachschlagen eines neuen Nagels

Der neue Nagel sollte eine Nummer größer sein als der alte. Die neue Nagelklinge sitzt dann mit Kontakt zum Horn im Nagelkanal; der Nagel hält besser. Sollte das Eisen schon abgelaufen sein, so daß der Nagelkopf deutlich über dem Falz steht, hilft man sich, indem man den Nagelkopf etwas abschleift.
Wanderreiternägel eignen sich wegen ihres flachen Kopfes sehr gut zum Nachschlagen. Leider werden diese Nägel (es sind in Wirklichkeit Kuhnägel) nicht mehr hergestellt; es sind nur noch Restbestände auf dem Markt.
Drücken Sie den neuen Nagel nun mit dem Daumen in das Nagelloch. Achten Sie dabei darauf, daß die Nagelzwicke zum Strahl hin zeigt; nur so wird der Nagel richtig nach außen abgelenkt. Auch das Herstellerzeichen hilft Ihnen, den richtigen Dreh zu finden. Es sitzt auf der gleichen Seite wie die Zwicke, muß also zum Strahl hin zeigen (siehe Kap. XV, „Der Hufnagel").
Drücken Sie den Nagel mit dem Daumen so tief es geht in das Nagelloch, und schlagen Sie ihn dann mit leichten Hammerschlägen so tief ein, bis Sie seine Spitze in der alten Austrittsöffnung der Hornwand sehen können.
Nun können Sie ganz sicher sein, daß der Na-

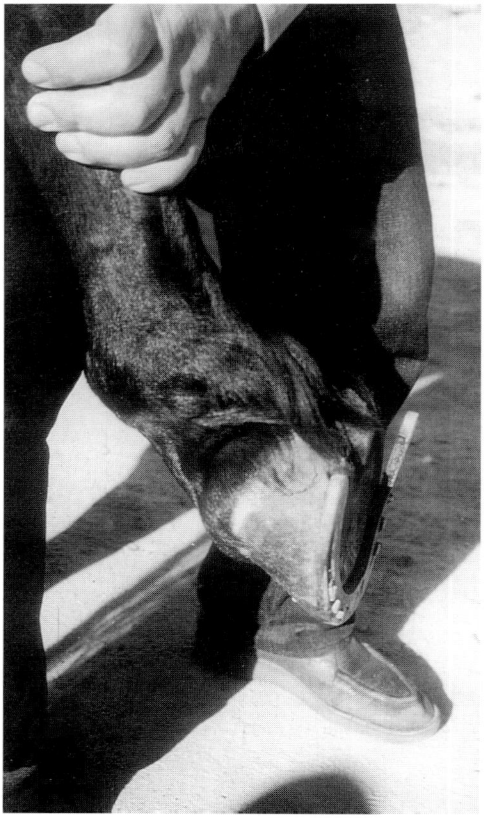

Abb. 112: Abgebogener Eisenschenkel. Das Eisen muß abgenommen und neu gerichtet werden.

gel richtig „kommt"; schlagen Sie ihn ganz durch.
Beim Nachnageln ist die Gefahr des Vernagelns sehr gering, da der vorhandene Nagelkanal den neuen Nagel in die richtige Richtung zwingt. Dies ist selbst dann der Fall, wenn der Nagel falsch angesetzt wurde.
Wenn der Nagelkopf im Eisenfalz sitzt, ziehen Sie die herausstehende Spitze herum und legen sie an die Hornwand an, um Verletzungen zu vermeiden.
Wenn Sie einen Nagel ersetzen können, gelingt Ihnen dies auch mit sechs Nägeln. Das heißt: Sie können ein abgenommenes oder verlorenes Hufeisen wieder in den alten Nagellöchern befestigen.
Wenn das Eisen verbogen ist, müssen Sie es vorher richten oder besser noch richten lassen. Jeder Schlosser, jeder Automechaniker, jeder Landwirt kann Ihnen auf dem Amboß ein Hufeisen wieder gerade hämmern. Nageln können diese Handwerker natürlich nicht – aber das können Sie!
Hier noch einmal die Arbeitsschritte, die Sie beim Lesen in Gedanken nachvollziehen können. Stellen Sie sich vor Ihrem inneren Auge vor:

- Ich hebe den Huf hoch, wie ich es gelernt habe.
- Ich halte den Huf zwischen den Knien, wie ich es schon oft geübt habe.
- Ich lege das gerichtete Eisen auf den Huf.
- Ich schiebe die beiden vorderen Nägel (Zehennägel) mit dem Daumen so weit in die alten Löcher, wie ich kann. So kann das Eisen seitlich nicht mehr verrutschen.
- Ich achte auf den richtigen Ansatz des Nagels: Die Zwicke bzw. das Herstellerzeichen zeigt zum Strahl.
- Ich klopfe nun den ersten Nagel mit dem Hammer so weit ein, bis ich seine Spitze in der Austrittsöffnung sehen kann.
- Ich schlage den Nagel ganz durch und lege die Spitze an die Hufwand an.
- Ich schlage nun den zweiten Nagel.
- Ich setze den Huf ab und klopfe den Aufzug an die Hornwand.
- Ich nehme den Huf wieder auf und schlage die restlichen Nägel.
- Ich kneife jeden Nagel ca. 3 mm vor der Hufwand ab.
- Ich mache den Niet zu.

Das Clinchen

Neben dem Zumachen mit der Beschlagzange (siehe Kapitel XI) gibt es noch die Methode mit dem Clincher, die ich Ihnen sehr empfehlen kann.
Der Clincher ist eine Spezialzange zum Schließen des Niets. Es gibt sie in verschiedenen Ausführungen. Mir scheint das „Krokodil" die geeignetste für den Hobby-Schmied zu sein.
Abb. 113 zeigt den Einsatz dieses Werkzeugs. Wichtig dabei ist, daß man den Niet in zwei Phasen schließt und nicht mit einem Ratsch, wie man es oft sehen kann.
In der ersten Phase holt man mit der gebogenen Wange den Niet nach unten. Die Gegenhaltewange sitzt dabei genau über dem Na-

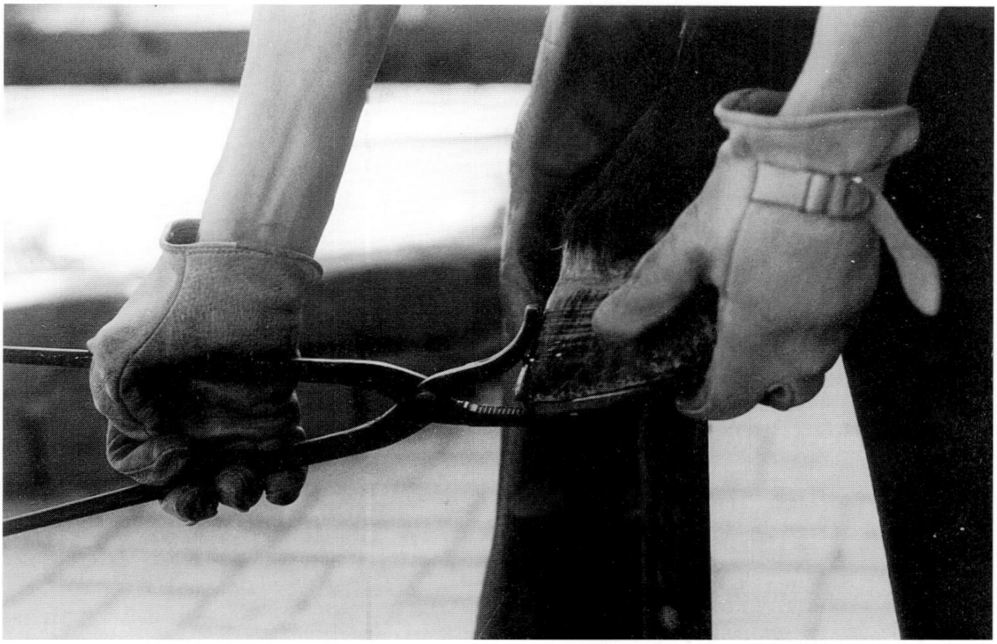

Abb. 113: Der Einsatz des Clinchers

gelkopf und verhindert, daß dieser zurückgedrückt wird.
Ist der Niet nach unten gebogen, ändert man den Ansatzwinkel des Clinchers nach unten und drückt den Niet an die Hufwand an.
Mit dem Clincher zieht man nicht soviel Spannung in die Wand wie beim Zumachen mit Zange und Hammer. Die Pferde laufen nach dem Beschlag sofort frei. Wenn Sie aber mit dem Clincher nicht sorgfältig in zwei Phasen arbeiten, kann es passieren, daß Sie den Nagelniet nicht nach unten umbiegen, sondern zurückdrücken. Da die Gegenhaltewange ein Zurückweichen des Nagelkopfes verhindert, staucht sich die Nagelklinge in der Hornwand. In diesem Fall haben Sie nach ein bis zwei Tagen einen Nageldruck.
Bitte arbeiten Sie deshalb sorgfältig!
Üben Sie den Ansatz des Clinchers schon, bevor Sie ihn bei einer Hufpanne einsetzen müssen.
Wenn sich Ihr Pferd ein Eisen abgerissen hat, haben Sie einen Arbeitstag gespart. Richten Sie das Eisen wieder gerade (oft ist es erstaunlicherweise nicht einmal verbogen), und nageln Sie es wie beschrieben wieder auf.
Sollten Sie das abgerissene Eisen nicht wiederfinden, müssen Sie leider Ihren Schmied bemühen.

Das Notwerkzeug des Wanderreiters

Am Anfang der achtziger Jahre, als die Wanderreiterei noch in den Kinderschuhen steckte und die Industrie die Marktlücke „Freizeitreiterei" noch nicht entdeckt hatte, mußte man alles, was man unterwegs brauchte, selbst zusammensuchen oder herstellen. Der Becksche Anbindestrick, die Fedalla (das Mehrzwecktuch der Feuerkreis-Distanzler) und das Kodel-Pad sind Beispiele dafür.
In dieser Zeit begann auch die Entwicklung des Wanderreiter-Hufbestecks, und zwar in Form eines privaten Wettbewerbs zwischen meinem Reiterkameraden Wolfgang Ernst und mir.

Zunächst formulierten wir die Aufgabenstellung:

— Welche Hufpannen können auf einer Reise zu Pferd auftreten?
— Welche Arbeitsgänge müssen ausgeführt werden?
— Welches Werkzeug wird normalerweise benutzt?

Die Aufgabenstellung machte deutlich, daß die Tätigkeiten „Klopfen", „Abkneifen" und „Raspeln" ausgeführt werden mußten. Also entwickelten wir das erforderliche Notwerkzeug.

1986 konnten wir in der Zeitschrift „Freizeit im Sattel" (5/86) zwei brauchbare Varianten für den „reitenden Wandervogel" vorstellen.

— Hufbesteck nach Wolfgang Ernst: Klopfraspel und Nietzange, Gewicht: 500 g.
— Hufbesteck nach Armin Kasper: Clinch-Klopf-Zange mit angeschliffenem Nietstößel, Gewicht: 250 g.

Durch die integrierte Clinchvorrichtung

Abb. 114: Das Freizeitreiter-Hufbesteck nach Wolfgang Ernst

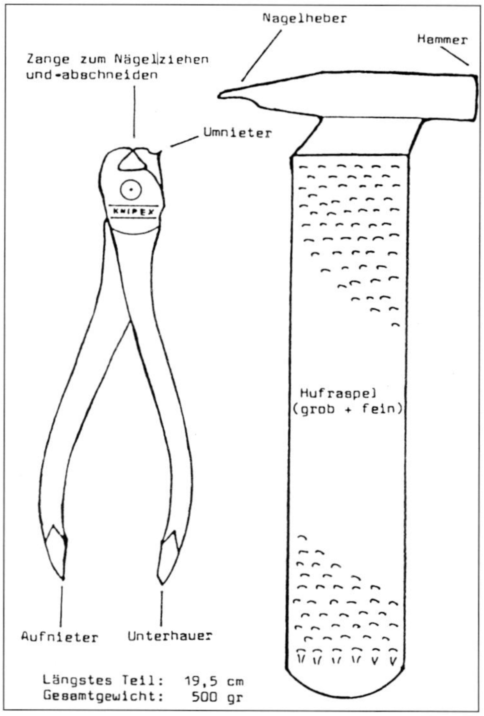

kann man nun mit nur einem Werkzeug alle notwendigen Arbeitsschritte bei einer Beschlagpanne ausführen. Der Gewichtsvorteil — das Werkzeug des Hufschmieds wiegt komplett fast 4 kg — ist beachtlich.

Ich muß allerdings folgendes gestehen: Anfangs, als ich noch den Ehrgeiz hatte, mit einem Werkzeug auszukommen, hatte ich oft Probleme, wenn Mitreiter mich baten, z. B. einen Nagel zu ersetzen.

Ich lege nämlich bei meinem Beschlag die Nagelniete auf die Hornwand, um die Wand durch ein tiefes Nietbett nicht weiter zu schwächen. Diese Niete konnte ich mit dem Nietstößel meiner Zange aufstoßen, indem ich den Stößel ansetzte und mit der handschuhbewehrten Hand ein paarmal auf die Zange schlug. Oft war auch ein Stock in der Nähe, der als Schlegel dienen konnte. Selbst Steine konnte ich verwenden, wenn ich vorher die Zange mit einem Taschentuch umwikkelt hatte; Stein auf Metall tut nicht gut.

Wenn es aber an das Öffnen regulär vernieteter Nägel ging, sah ich immer „alt" aus. Hier mußte ich zwangsläufig ein zweites Werkzeug verwenden.

Ich erinnerte mich also an die Anfangsjahre und legte mir einen kleinen Meißel zu, den ich entsprechend anschliff: scharf die eine Hälfte der Spitze, um unter den Niet fahren zu können, stumpf die andere Hälfte, um den hochgebogenen Niet zurückschlagen zu können.

Außerdem gehört zu meiner Notausrüstung noch ein Leder-Locher-Set mit auswechselbaren, verschieden großen Lochpfeifen. Auch hier wird zum Ausstanzen eines Loches die Klopfzange eingesetzt. So bin ich als Wanderreiter für Pannen am Lederzeug und am Beschlag bestens gerüstet.

Eine Raspel, die ich vier Jahre lang im Set hatte, habe ich nie gebraucht; sie fällt daher bei mir weg. Beide Hufbestecke haben sich in Notsituationen bewährt. Ihr Nachbau kann empfohlen werden. Vielleicht findet sich unter Ihnen, liebe Leserinnen und Leser, sogar ein/e Tüftler/in, der/die sich zu einer Verbesserung inspirieren läßt.

Zur Klarstellung sei noch gesagt: Das Notwerkzeug soll und kann das Werkzeug des Schmieds nicht ersetzen. Es ist gedacht für Einzelreiter, die mit jedem Gramm Gewicht geizen müssen. Bei Gruppenausflügen kann

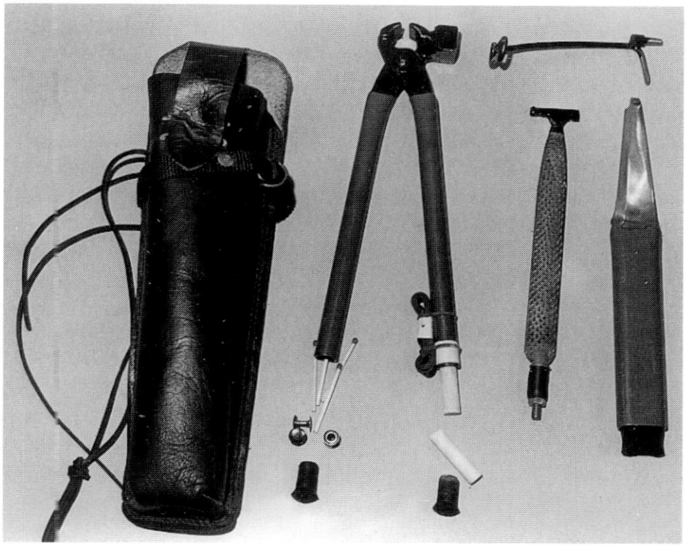

Abb. 115: Notwerkzeug-Variante für Bastler zum Nachbauen:
– Etui aus Leder mit Halteriemchen
– Klopfzange mit Hohlgriffen
– im Hohlraum werden Nieten, Streichhölzer, Kreide etc. transportiert
– Gummistöpsel-Verschluß
– Feile mit angeschweißtem Unterhauer mit Gummiadapter zum Aufstöpseln auf einen Hohlgriff
– Hauklinge mit Hohlgriff zur Aufnahme von Hufnägeln
– oben quer: aus Draht gebogener Hufkratzer

man „ordentliche" Werkzeuge auf die einzelnen Reiter verteilen.
Der Einsatz des Notwerkzeugs setzt Kenntnisse im Umgang mit dem Schmiedewerkzeug voraus, ist also nichts für Anfänger in diesem Geschäft.
Oft taucht die Frage auf: Soll man überhaupt Werkzeug mitnehmen? Selbstverständlich sollte man nur mit einem Pferd auf Reisen gehen, dessen Hufschutz vorher sorgfältig angepaßt und vor dem Abritt überprüft wurde. Dennoch passieren Hufpannen, für die man gerüstet sein muß. Seit einigen Jahren gibt es im Fachhandel die aus Italien stammende Hufzange „Tot-one", auch eine Clinch-Klopf-Zange, allerdings professioneller im Design als meine. Auch sie eignet sich als Notwerkzeug recht gut. Leider ist „Tot-one" nicht billig in der Anschaffung, was eine größere Verbreitung im Freizeitreiterbereich bisher unterbunden hat.

Abb. 116: Italienische Notwerkzeug-Variante „Tot-one" und die vom Autor entwickelte Clinch-Klopf-Zange

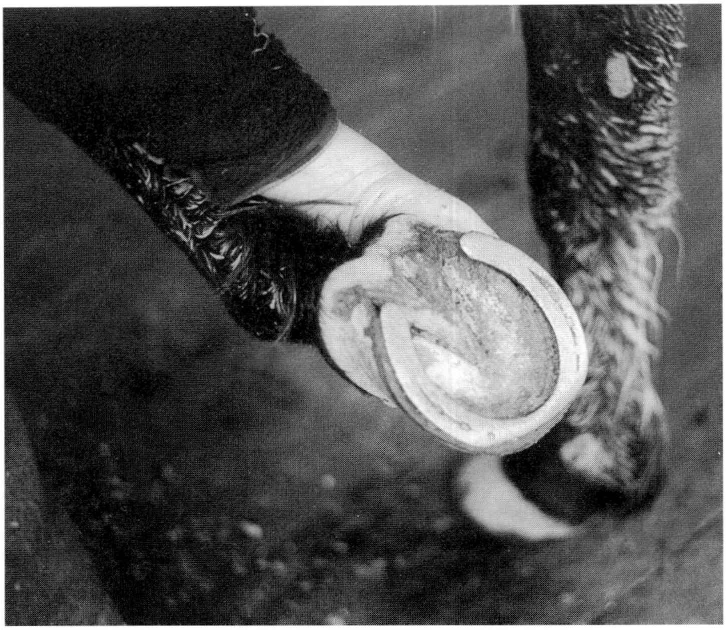

Abb. 117: Überfälliger Beschlag. Der äußere Hufeisenschenkel liegt schon ab dem zweiten Nagel nicht mehr auf dem Tragrand auf und drückt an seinem Ende vermehrt auf die Eckstrebe.
Das Pferd mußte sich eine Zehenrichtung anlaufen. Wenn ein solches Eisen im vorderen Bereich bricht, reißen die hinteren Nägel aus, und die Eisenschenkel drehen sich wie Sicheln nach außen.

Beschlag-Inspektion

Vor dem Abritt und nach der Ankunft sollte man immer eine kleine Beschlag-Inspektion durchführen. So können Pannen schon im Ansatz erkannt und frühzeitig, wenn es noch nicht zur Katastrophe gekommen ist, behoben werden.
Kontrollieren Sie:
a) Sind alle Nagelniete vorhanden und liegen an der Hufwand an?
b) Sind alle Nagelköpfe vorhanden?
c) Lassen sich die Eisen durch Zug an den Schenkelenden bewegen, haben sie Spiel?
d) Liegen die Eisen noch weit genug, oder ist der Tragrand bereits übergewachsen?
e) Sind die Eisen im Zehenbereich schon deutlich abgelaufen und dünn?
Bei Beanstandungen müssen Sie folgendes ändern:
zu a) Drücken Sie den abstehenden Nagelniet mit dem Clincher an, oder ziehen Sie ihn mit Hammer und Nietvorrichtung an.

> Vorsicht: Wird der Nagelniet ohne anzuziehen beigeklopft, schiebt sich der Nagel meist ein Stück zurück; der Kopf erhält Spiel und reißt leicht ab. Bei der Arbeit mit dem Clincher achten Sie bitte darauf, daß die Gegenhaltewange auf dem Nagelkopf sitzt.

zu b) Läßt sich ein Nagelkopf aus der Falz herauslösen oder fehlt er bereits, muß nachgenagelt werden.
zu c) Lassen sich die Eisen etwas anheben, haben sie Spiel, müssen die Nägel nachgezogen oder ersetzt werden.
zu d) Bei deutlich übergewachsenem Horn muß neu beschlagen werden. Die eng liegenden Eisenenden (Ruten) drükken meist auf die Eckstreben und verursachen klammen Gang oder Lahmheit.
zu e) Eisen, die im Zehenbereich sehr dünn sind, können brechen, auch wenn die Schenkel noch genügend Substanz haben. Sie müssen erneuert werden.

XIII. Das Ende der Eisenzeit

Formen des alternativen Hufschutzes

Alternatives ist in – in allen Bereichen, auch im Bereich „Hufschutz". Das Ende der Hufeisen-Zeit kündigt sich an, denn die moderne Technik stellt ein Material zur Verfügung, das dem Eisen echte Konkurrenz macht: Kunststoff. Schwaeblein war einer der ersten im deutschen Sprachraum, der sich mit der „Verwendung moderner Kunststoffe im Hufbeschlag" beschäftigte (Dissertation Berlin 1960). Richter informierte über „Erste Erfahrungen mit einem stoßbrechenden Kunststoff im Hufbeschlag" in den Monatsheften für Veterinärmedizin (Nr. 27, 1972).
Aber diese und andere Beiträge in Fachzeitschriften, Ergebnisse wissenschaftlicher Arbeit, drangen nicht in die breite Öffentlichkeit. Einen ersten entscheidenden Durchbruch erzielte Dallmer erst im Jahr 1981 durch eine Arbeit von Professor Preuschoft von der Ruhr-Universität Bochum.
Professor Preuschoft formulierte als Ergebnis seiner Studie über „Die Verformung von Hufen unter dem Einfluß von Dallmer Hufschuhen" folgendes:
Vor allem sehen wir sehr deutlich, daß die von Ihnen entwickelten Hufschuhe dem Huf offenbar den gleichen Spielraum lassen wie die konventionellen Eisen – eher noch etwas mehr.
Nun – dieses Ergebnis und seine Formulierung war sicher nicht das, was der Erfinder sich erhofft hatte. Es genügte aber zur damaligen Zeit, um das Hauptargument, der Kunststoff schade dem Huf, zu entkräften. Wurde der Kunststoffschutz damals noch auf eine Stufe mit dem Eisen gestellt, so argumentiert man heute von einer ganz anderen Warte aus. Man stellt die Nachteile des Eisenbeschlags heraus und verweist auf die entscheidenden Vorteile des alternativen Produkts. Denn bei aller Konkurrenz sind sich die Hersteller der modernen Formen des Hufschutzes in einem einig: Das alte Eisen hat ausgedient.
Die Geschichte der alternativen Formen liest sich wie die Entstehungsgeschichte des Pferdes. Immer wieder tauchen neue Erfindungen auf, halten sich eine kurze oder auch längere Zeit auf dem Markt und verschwinden dann wieder. Wer weiß heute noch etwas von „Steppers" (Slogan: „Der neue Hufbeschlag, dem alten Eisen um Längen voraus"), oder von „Choplin" (Slogan: „Schützend, sicher, dauerhaft") oder von „Hufing" (Slogan: „Optimaler Hufschutz ohne Beschlagprobleme")? Selbst der Hufschutz nach Zaugg (siehe Seite 146 oben), die Schweizer Variante, in der Presse als die Hoffnung für geschundene Pferdehufe hochgelobt, ist heute auf dem Markt nicht mehr zu haben.
Das ist m. E. auch nicht weiter schlimm, denn der Hufschutz nach Zaugg war eine sehr exotische Variante, bei der eine Gummiplatte (anfangs ein Stück aus einem Autoreifen) mit Drahtbügeln an der Hufwand befestigt wurde. Zur Befestigung der Bügel wurden von der Hufunterseite her Löcher durch die Hufwand gebohrt! Wichtig aber ist, daß am Ende der Entwicklung dieser Gummiplatte eine aufschlußreiche Untersuchung stand. Dr. Luca Bein, ein Tierarzt aus Basel, prüfte diesen Hufschutz im Rahmen seiner Doktorarbeit und kam zu bemerkenswerten Ergebnissen, die im Prinzip auf alle anderen Formen des alternativen Hufschutzes angewendet werden können. Hier die wichtigsten Untersuchungsergebnisse seiner Messungen:

1. Nach dem Auffußen folgt mit einer Verzögerung von ca. 1/100 Sekunde die eigentliche Auftrittserschütterung im Huf.

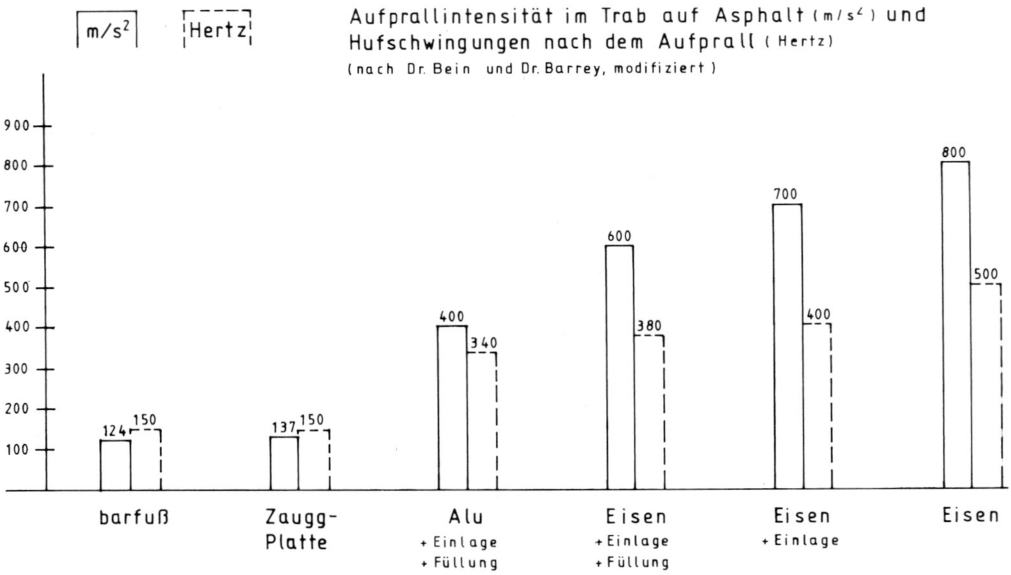

2. Dieser Auftrittsstoß versetzt den Huf in Schwingungen.
3. Die Schwingungen betragen sowohl beim Barfußhuf als auch beim gummigeschützten Huf ca. 150 Hertz und halten 2–3/100 Sekunden an.
4. Beim Eisenbeschlag vibriert die Hornkapsel mit einer Frequenz von ca. 800 Hertz während 4/100 Sekunden.

Was bedeuten diese Ergebnisse für die Praxis?

Der Gummihufschutz nach Zaugg dämpft den beim Auftritt entstehenden Stoß im Schritt um 90%, im Trab um 78%; das natürliche Schwingungsverhalten der Hornkapsel wird nicht beeinflußt. Diese Ergebnisse können auf alle alternativen Formen des Hufschutzes übertragen werden, wenn auch die dämpfenden Eigenschaften der Kunststoffe nicht ganz so gut sind wie die der Zauggschen Gummiplatte. Gemeinsam ist beiden der geringe Einfluß auf das natürliche Schwingungsverhalten der Hornkapsel, ganz einfach deswegen, weil Gummi und Kunststoff keine nennenswerten eigenen Schwingungen aufbauen.

Ganz anders sieht es beim Eisen aus. Gewicht und Eigenschwingung des Metalls wirken sich nachteilig auf den Huf aus. Der Auftrittsstoß des beschlagenen Pferdes im Schritt, im Durchschnitt 41,7 g (1 g = 9,86 m/sec²), ist mehr als dreimal so hoch wie der Wert des unbeschlagenen Pferdes im Trab (im Durchschnitt 12,7 g).

Die durchschnittlichen Stoßkräfte, welche im Trab eines beschlagenen Pferdes entstehen, werden vom Barfußpferd höchstens in Extremsituationen (z. B. Galopp auf Asphalt) erreicht.

Die Vibration der „eisengeschützten“ Hornkapsel liegt mit ca. 800 Hertz mehr als fünfmal höher als der Wert, der für ein barfußlaufendes Pferd gemessen wurde. Diese Schwingungen übersteigen die physiologischen Verhältnisse des Hufs in solchem Maße, daß das bekannte Untersuchungsergebnis der Distanztierärzte, „unsauberer Gang – ohne deutliche Lahmheit“, jetzt eine plausible Erklärung gefunden hat.

Formen des alternativen Hufschutzes
Rechts oben: Easy Boots

Rechts unten: Swiss Horse Boots

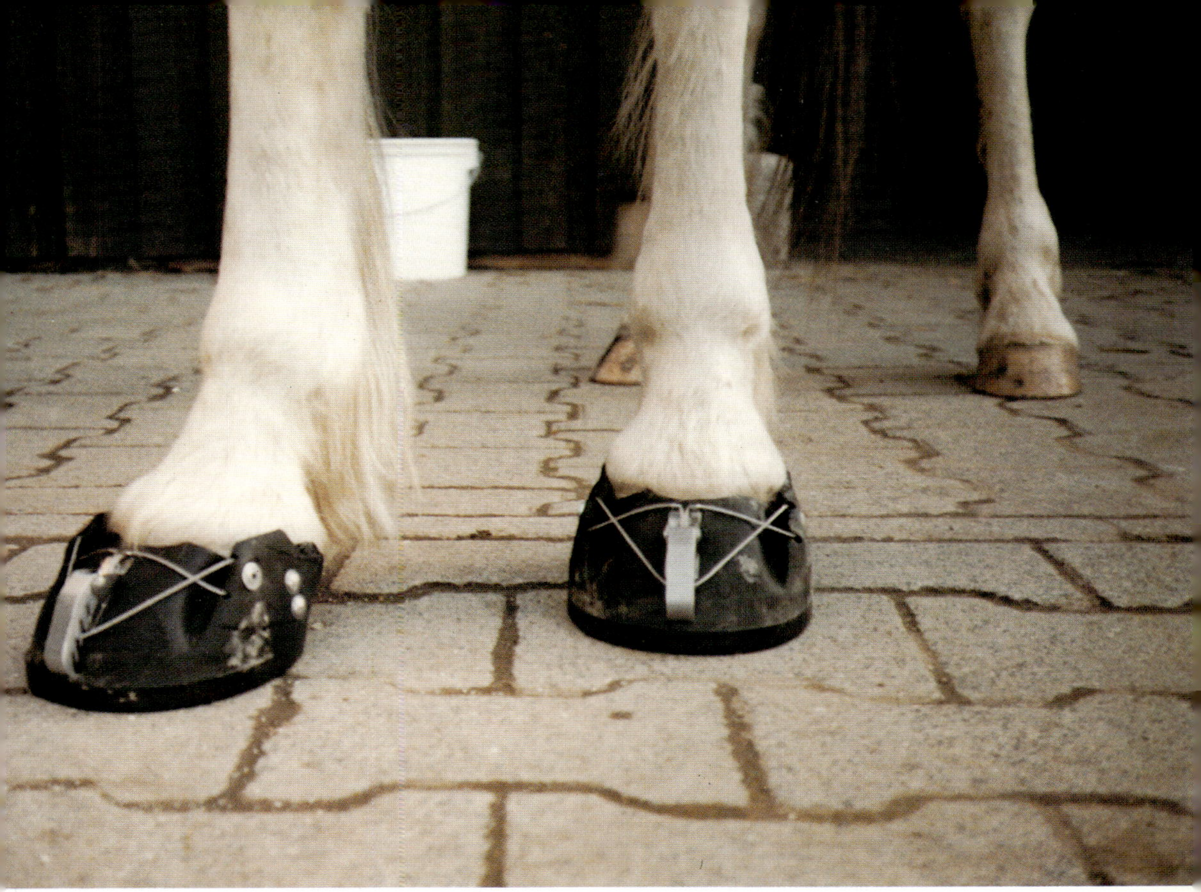

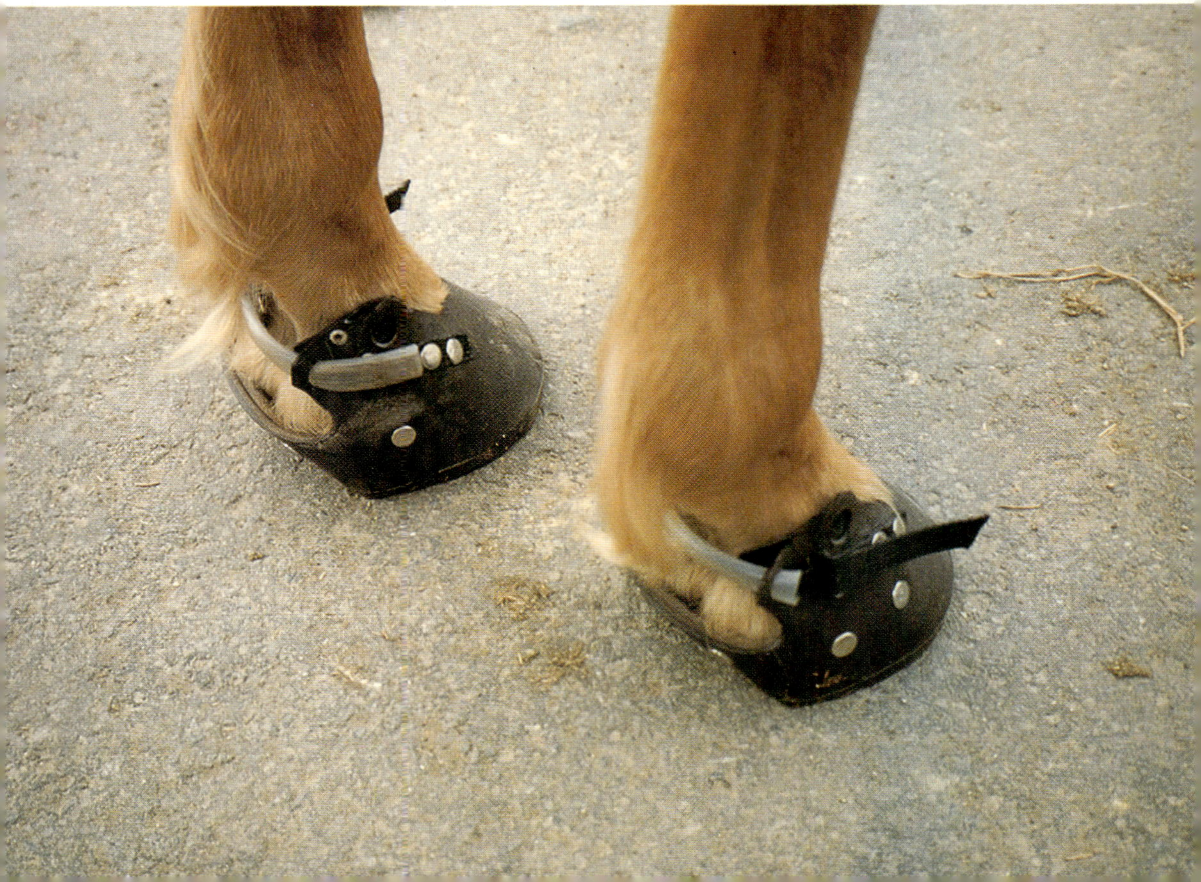

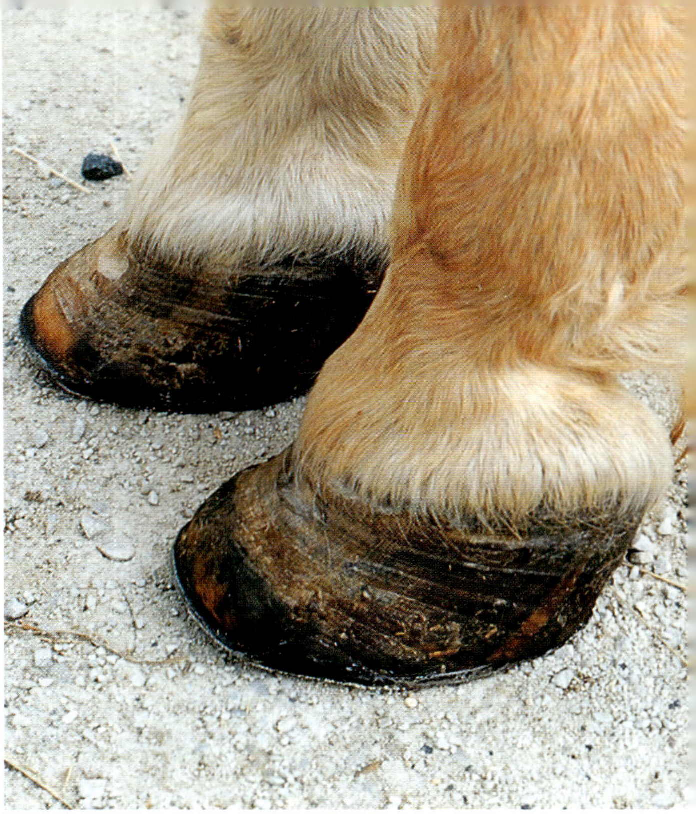

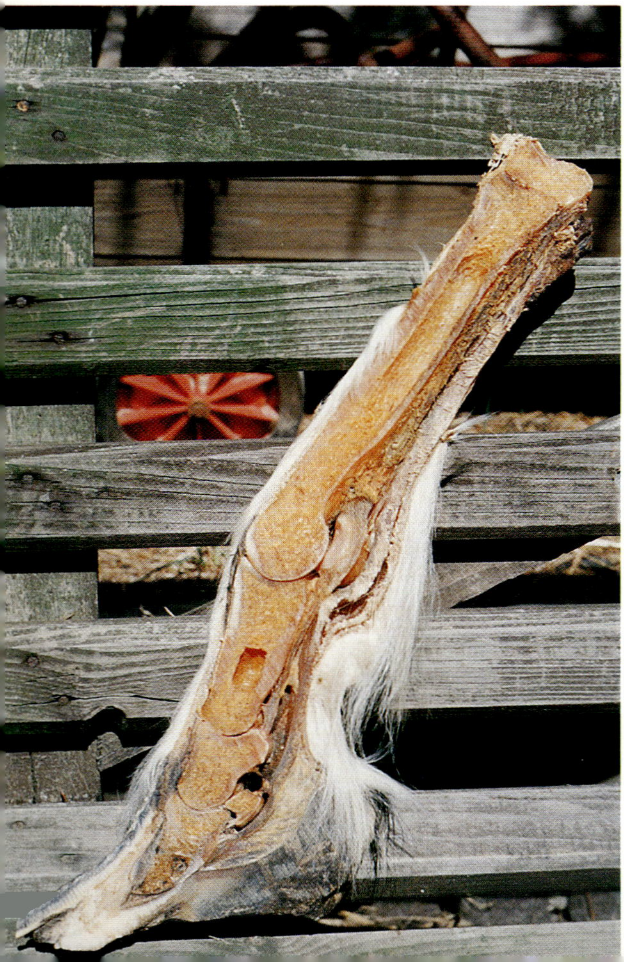

Die Erkenntnisse, die Dr. Bein 1934 bei der Untersuchung von 7 Pferden gewonnen hat, wurden in den folgenden Jahren immer wieder durch neuere Messungen bestätigt. 1991 veröffentlichte die Zeitschrift „Der Huf“ eine brandneue Studie von Dr. Barrey, der zu ähnlichen Resultaten kam (siehe Seite 162).

Seine Studie zeigt, daß sowohl die Aufprallenergie als auch das Schwingungsverhalten des Eisens durch Einlagen von Plastikplatten zwischen Huf und Eisen und durch das Ausgießen des Sohlenhohlraums deutlich verbessert werden kann. Die durch den heftigen Aufprall des Eisens auf den Boden hervorgerufenen Vibrationen werden so abgeschwächt, die Fortpflanzung der Schockwelle in den Huf und die höherliegenden Gelenke vermindert.

Neben den wichtigen Aussagen zu Stoßkräften und Schwingungsverhalten, die für sich alleine schon höchst aufschlußreich sind, ergab sich noch eine wichtige Erkenntnis.

Dr. Bein konnte mit Hochgeschwindigkeitsaufnahmen nachweisen, „daß das Pferd den nach vorne schwingenden Huf mit einer fast tastend zu nennenden Bewegung senkrecht nach unten aufsetzt und plan auffußt“. (Voraussetzungen sind natürlich ein ebenfalls planer Untergrund, eine korrekte Stellung der Gliedmaßen und ein korrekt zubereiteter Huf.)

Damit war eines der am häufigsten angebrachten Argumente der Kunststoffgegner entkräftet. Diese behaupteten nämlich, daß Kunststoff den Gang des Pferdes hemme, weil er **die Gleitphase** nicht zulasse.

Tatsächlich gleitet das eisenbeschlagene Pferd auf glattem Untergrund, und zwar in dem Moment, in dem sich das Körpergewicht über die auffußende Vordergliedmaße schiebt.

Kann man aber daraus ableiten, daß das Pferd grundsätzlich den Kontakt mit dem Boden in einer Vorwärtsbewegung herstellt? Fußt das Pferd also wie ein Schlittschuhläufer, der im Moment des Aufsetzens nach vorne weggleitet?

Nein — diese Annahme stellt die Entwicklungsgeschichte auf den Kopf. Jeder kann mit einer Videokamera die Erkenntnisse von Dr. Bein überprüfen: Das natürlich laufende Pferd stoppt den vorschwingenden Huf wenige Zentimeter vor dem Boden ab und setzt ihn senkrecht auf.

Wenn Pferde nach der Umstellung auf eine der alternativen Formen des Hufschutzes zuerst etwas zögernd gehen, dann ist das der Beweis dafür, daß sie sich mit Eisen einen unnatürlichen Gang angewöhnt haben, bei dem sie den Gleiteffekt des Eisens durch Muskelhaltekraft ausgleichen müssen. Deswegen erleichtert eine vorausgehende Barfußphase dem Pferd die Umstellung.

Die hier knapp dargestellten Untersuchungsergebnisse von Dr. Bein und Dr. Barrey zeigen also, daß man an einen alternativen Hufschutz folgende Fragen stellen muß:

1. Hat der alternative Hufschutz im Vergleich zum Eisenbeschlag eine stoßdämpfende Wirkung?
2. Besteht eine Beeinflussung der Fortbewegung?
3. Welche Auswirkungen hat der alternative Hufschutz auf den Huf und das Horn?
4. Wie stabil und dauerhaft ist der Schutz?

Wenn wir die zur Zeit wichtigsten auf dem Markt befindlichen Formen untersuchen, ergibt sich folgendes Ergebnis:

Produkte der Firma **Dallmer** werden wohl an erster Stelle genannt, wenn es um die Alternativen geht. Herr Dallmer hat es verstanden, sich über die Jahre hin einen ständig steigenden Marktanteil zu sichern, selbst in den USA, wo der Widerstand gegen Alternativen weniger stark, die Konkurrenz dafür um so größer ist. Heute bietet seine Firma eine breite Palette von Hufschutzvarianten vom Fohlenschühchen über den klassischen anklebbaren Hufschuh bis zum anschnallbaren Clog. Im Ausbildungszentrum in Putensen werden interessierte Fachleute und auch Lai-

Rehehufe
Oben links: Rehebeschlag: angefräste Hufwand, Schwebe an der Zehe

Oben rechts: vernachlässigter Rehehuf mit schlechtem Beschlag

Unten links: Rehehuf-Präparat. Beachten Sie den Verlauf von Hufbein und Hufwand.

Unten rechts: Rehebeschlag, Bodenansicht: Ein breiter Steg, mit Lederkitt unterfüttert, erzeugt Gegendruck im Bereich der Hufbeinspitze.

en in Kursen in die Kunst des Beklebens eingeführt.
Der **Dallmer Hufschutz** erfüllt alle Forderungen, die man an einen alternativen Schutz stellen muß:
zu 1: Die Produkte haben auf hartem Geläuf eine deutlich schlagdämpfende Wirkung.
zu 2: Die Pferde bewegen sich bei richtiger Befestigung ähnlich wie beim Barfußlaufen, sie brauchen bei Umstellung allerdings eine Eingewöhnungszeit.
zu 3: Dallmer Hufschuhe werden mit Kleber an der Hornwand befestigt. Leider wird eine gute Klebeleistung nur erzielt, wenn die Glasurschicht aufgerauht, d. h. zerstört wird. Das macht sich, wenn mehrmals hintereinander beklebt wird, nachteilig bemerkbar. Deswegen sollte nach meiner Erfahrung nach zwei Klebeperioden eine Barfußphase eingeschaltet werden.
zu 4: Dallmer Hufschuhe halten etwa so lange wie ein normales, d. h. nicht vergütetes, 8-mm-Eisen. Eine Wiederverwendung ist meist ausgeschlossen, da beim Abnehmen des Hufschuhs die Klebelasche von dem unteren Teil des Schuhs getrennt werden muß.
Auch die Firma **Mustad** hat ein breitgefächertes Angebot. Neben den Klebevarianten für Fohlen und Pferde bietet sie auch den **„Nail-Shoe“** an. Dieser Schutz besteht aus einem Aluminium-Eisen, das in Polyurethan-Kunststoff eingegossen ist. Er wird mit normalen Hufnägeln am Huf befestigt.
Diese Variante hat einen entscheidenden Vorteil – ganz abgesehen vom Material –: Mit Nail-Shoe kann der Schmied seinem Handwerk treu bleiben und wird nicht zum Kunststofformer oder muß sich mit Hufefegen begnügen, weil der Schutz anschließend angeschnallt wird.
Beim Nail-Shoe wird das Metall weiterhin auf dem Amboß geformt – wenn auch nicht heiß –, wird weiterhin geraspelt, genagelt, untergehauen und vernietet. Dem Schmied werden also Arbeitsgänge „gestattet“, die ihn vom Grobschmied, vom Schlosser und vom Kunststoffwerker unterscheiden und auf die er stolz ist. Auch die Mustad-Varianten besitzen gute stoßdämpfende Eigenschaften, sie sind sehr leicht, was sich vor allem auf Distanzritten positiv bemerkbar macht, und sie haben ein griffiges Profil.
Nachteile sehe ich wie bei Dallmer in der Tatsache, daß zum Befestigen der Klebemodelle „Easy Glue“ und „Baby Glue“ die so wichtige Glasurschicht abgeschmirgelt werden muß, da sonst der Kleber keinen Halt findet. Dies verbietet – wie bei Dallmer – die ständige Anwendung.
Deswegen heißt es auch im Werbeprospekt: „Schadhafte oder deformierte Hufe, dünne, vernagelte oder ausgebrochene Wände, aber auch harter Einsatz oder zu geringes Wachstum können Probleme beim Hufbeschlag mit sich bringen. Easy Glue überbrückt diese Probleme bis zur Gesundung des Hufes und schafft die Voraussetzung für einen späteren konventionellen Beschlag.“
Nachteilig ist auch die geringe Haltbarkeit der Ummantelung im Bereich der Zehe. Im Zusammenhang mit sich lösenden Klebelaschen liegt die Nutzungsdauer von Mustad-Schuhen bei 4–6 Wochen. Das erscheint vielen im Hinblick auf die Materialkosten zu kurz.
Eine schmiedefreundliche Variante bietet auch die Firma **Sleipner Sport**. Ihr Hufschutz besteht aus einem Basisschuh aus Metall und einer austauschbaren Verschleißsohle aus Kunststoff.
Der Basisschuh wird kalt geformt und wie ein herkömmliches Hufeisen aufgenagelt. Anschließend wird die Kunststoffsohle eingesetzt. Sie drückt sich unter dem Gewicht des Pferdes fest ein.
Sleipner Sport stellt die stoßdämpfenden Eigenschaften des Hufbeschlagsystems besonders deutlich heraus. Das elastische Material soll die Stoßkräfte um bis zu 80% senken und somit Schäden an Gelenken und Sehnen vorbeugen.
Im Sleipner-System nimmt der Schmied eine zentrale Stellung ein. Er tritt nicht nur als Handwerker auf, sondern auch als Verkäufer.
Dazu muß er an einem Schulungskurs der Firma teilnehmen, erhält eine Urkunde und ist danach autorisierter Händler. Damit will die Firma nicht nur ihren Absatz verbessern, sie will auch den „negativen Folgen, die auf verkehrte Beschlagsarbeit zurückzuführen sind, effektiv entgegenwirken. . .“
Eine bemerkenswerte Aussage!

Unter den Pferdeleuten, die alternative Formen des Hufschutzes benutzen, nehmen die

Abb. 119, Hufschuhe, von links nach rechts: Dallmer Clog, Equi-Boot, Ribot-Shoe und eine spanische Variante Marke „Eigenbau"

Anwender von **Hufschuhen** eine Sonderstellung ein.
Diese Reiterinnen und Reiter sind größtenteils Barfußfreaks, die den Hufen ihrer Pferde größte Beachtung schenken. Oft sind es Wander- oder Distanzreiter, die erkannt haben, daß man zum Durchqueren rauher Landstriche auch für gute Barfußpferde einen Kurzzeit-Hufschutz braucht, der Sohle und Tragrand schützt, die Barfußlaufeigenschaften des Hufes aber nicht verändert (siehe Seite 163).
Das sind die Käufer von anschnallbaren Hufschuhen, die oft als Reiter von „Pantoffeltierchen" verlacht werden.
Hufschuhe bestehen aus Kunststoff, Gummi oder Kautschuk und werden auf den Huf geschnallt. Sie eignen sich besonders bei Hufdefekten. Ausgebrochene Hornwände, Hufe nach Hufgeschwüren, stark abgelaufene Hufe z. B. finden im Hufschuh Zeit zur Regeneration. Und sie eignen sich als vorübergehender, schnell an- und abschnallbarer Schutz für Barfußpferde in rauhem Gelände.
Die Anwendung von Hufschuhen ist leider nicht so einfach, wie viele glauben. Hufschuhe sind Rohlinge und müssen — wie das Eisen — vor Ort an den Huf angepaßt werden. Dazu wird der Huf zuerst zum Barfußgehen zubereitet (siehe Kapitel IX). Der Tragrand wird in der Regel breiter gelassen als sonst, weil so weniger Raum zwischen Schuh und Hornwand entsteht, in den sich Fremdkörper setzen könnten.
Der Strahl wird lediglich von Hornfetzen gesäubert und nur wenig verkleinert. Je nach Hufform wird die Tragrandkante stärker oder auch gar nicht berundet. Je weiter der Huf von der regelmäßigen Form abweicht, desto größer wird der Aufwand. Das korrekte Anpassen erfordert am Anfang sehr viel Mühe. Selbst Schmiede sind dabei oft überfordert. Wegen der relativ hohen Materialkosten haben selbst sie nicht immer den Mut, den Hufschuh kreativ zu verändern.
Folgende Möglichkeiten muß man zum Erreichen einer optimalen Paßform ins Auge fassen:

- Die Paßform kann verändert werden, indem man Lederstreifen dort einnietet, wo die Hufform der Schuhform nicht entspricht.
- Der Hufschuh kann verkleinert werden, indem man den Boden mit Filz oder Teppichboden auslegt.
- Durch V-förmige Einschnitte und Zusammennieten der Schnittstelle lassen sich größere Formveränderungen durchführen.
- Form und Winkelung des Hufschuhs lassen sich durch Erwärmen mit einer Heißluftpistole geringfügig verändern.

Bei der Anprobe sollte der Schuh satt am Huf sitzen. Danach muß das Pferd erst einmal probelaufen. Wenn sich der Schuh dabei schon lockert oder sich verdreht, weil er sich unter dem Einfluß der Belastung weitet, müssen Korrekturen vorgenommen werden.

Beim Probereiten wird das Pferd in allen Gangarten bewegt. Dies geschieht am besten in einer Bahn, denn hier findet man einen verlorengegangenen Schuh leichter. Anschließend werden der Huf, die Ballen und der Kronrand auf Druck- und Scheuerstellen untersucht. Sind deutliche Druckstellen zu erkennen, ist der Schuh zu eng, bei Scheuerstellen ist er zu weit.

Da auch gut sitzende Hufschuhe gegen die Bewegung des Hufs arbeiten, sind kleinere Scheuerstellen nicht zu vermeiden. Deshalb muß der Huf im Bereich der Ballen und des Kronrandes an die neue Beanspruchung nach und nach gewöhnt werden.

Marktführer unter den „Pantoffeln" ist schon seit Jahren der **Dallmer Clog**. Das neueste Modell hat zwei Verschlüsse, die vorn auf der Zehenwand liegen. Zwei Nylonbänder kreuzen sich über dem beweglichen Ballenteil und ziehen so den Schuh auf den Huf. Mehrere Verstellmöglichkeiten bieten eine gute Anpassung an unterschiedliche Hufformen.

Ribot Shoe ist die italienische Variante unter den anschnallbaren Alternativen. Der Hufschuh paßt in 7 verschiedenen Größen auf ideal geformte Vorderhufe. Er hat durch seine Sohlendicke und das gummiähnliche Material ausgezeichnete stoßdämpfende Eigenschaften. Leider ist der Schuh recht schwer. Das Pferd, das ich mit ihm laufen sah, bewegte sich wie ein Elefant.

Als Transportschuh zum Schutz von Ballen und Kronrand von Pferden, die im Hänger unruhig stehen, könnte ich mir diesen Schuh recht gut vorstellen. Zu diesem Zweck würde sich sogar die Anschaffung trotz des hohen Preises lohnen (ca. 150,– pro Stück), da durch das Material eine lange Haltbarkeit garantiert ist.

Easy-Boots, die amerikanische Variante (siehe Seite 163), die mit einer Art Skibindung am Huf festgeschnallt wird, sind zwar etwas leichter, beeinflussen den Gang und vor allem die Leichtfüßigkeit des Pferdes aber ebenfalls negativ. Sie sind ein echter Kurzzeit-Notbehelf zur Überquerung rauher Geländestriche.

Easy-Boots schnüren durch die Art ihrer Befestigung den Huf zusammen, auch deswegen sind sie zur Daueranwendung m.E. nicht geeignet. Sie halten außerdem nur gut an ideal geformten (Trapez-)Hufen. Ist der Huf säulenförmig, geht der Boot gern verloren. Pferde mit flachen Hufen haben Probleme mit den Ballen, die sich am hinteren Halteband aufscheuern können. Man kann dieses Band aber bis auf ein Drittel seiner ursprünglichen Stärke ausschneiden.

Außerdem wird die Hufwand durch innenliegende Haltekrallen beschädigt. Feilt man sie stumpf oder dreht das Metallstück um, fehlt eine wichtige Haltekomponente.

Seit der Equitana 93 gibt es in der bunten Palette der alternativen Formen **„Equi-tec"** – einen Kunststoffschutz, der geklebt und gedübelt wird (siehe Abb. 120 und 120 a).

Erste Versuche brachten folgende Erkenntnisse:

- Der Barfußhuf muß sehr sorgfältig zubereitet werden. Der Einsatz der Raspel alleine genügt nicht zum Herstellen einer planen Auflage. Hier hat sich ein Schleifbrett (Schleifpapier auf einem Brett befestigen) gut bewährt.
- Der Einsatz des Schleifbretts ergibt eine plane und leicht rauhe Tragefläche, an der der Kleber gut haftet.
- Das Vorbohren der Löcher zur Aufnahme der Dübel ist problematisch bei Pferden mit dünnen Hufwänden, vor allem im Bereich der Seiten- und Trachtenwand.
- Der Kleber hält gut bis zum dritten Tag. Am vierten Tag kann man verfolgen, wie sich der Kontakt zur Hufunterseite löst. Am fünften Tag fällt der Hufschutz ab.

– Die Dübel dienen nur zur Anpassung des Kunststoffstreifens an die Hufform, sie alleine können den Hufschutz nicht halten.
– Der Abriebswiderstand des Kunststoffs ist erstaunlich groß. Die Dicke der Platte war nach 120 km lediglich von 4,5 mm auf 4 mm reduziert.

Beurteilung: Equi-Tec ist als vorübergehender Schutz für 3 Tage brauchbar. So lange sitzt der Schutz so fest, daß man ihn selbst mit Gewalt nicht abreißen kann.
Warum aber fällt Equi-Tec am fünften Tag von selbst ab?
Weil die Hufsohle und die weiße Linie Feuchtigkeit aufnehmen und abgeben; dagegen kommt kein Kleber auf die Dauer an. Das hat der Hersteller wohl nicht bedacht.
James Bond ist Ihnen sicher ein Begriff – aber **„Hoof-Bond"**?
„Bond" bedeutet u. a. (Ver-)Bindung, und das ist es, was der Hersteller dieser alternativen Form verspricht: Stärkung des Hufs durch die Verbindung mit einem „atoxischen, flexiblen, flüssigen Film. Er bildet eine molekulare Schicht mit dem Protein des Horns, welche wiederum die Härte und Stabilität des Hufs verbessert."
Der Inhaltsstoff stammt aus dem zahnmedizinischen Bereich und wird dort zum Härten von Zahnschmelz verwendet.
Die Anwendung ist denkbar einfach. Man überzieht die Hufwand und den Tragrand

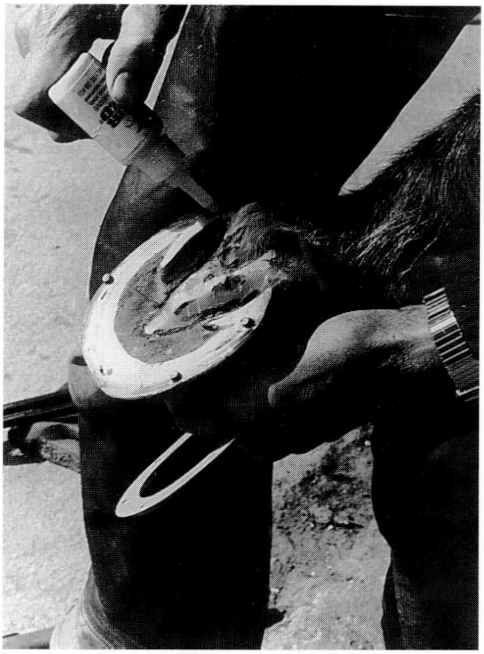

Abb. 120: Equi-tec, ein Kunstoffschutz, der geklebt und gedübelt wird.

mit der Flüssigkeit. Danach soll der Huf 30 Sekunden von Sonnenlicht bestrahlt werden.
Nach den Erfahrungen, die wir vor Jahren schon im VFD-Teststall gemacht haben,

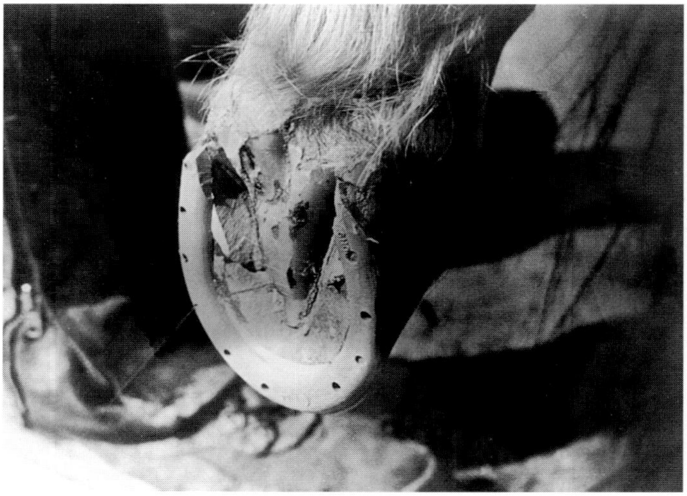

Abb. 120 a: Equi-tec, fertig angepaßt

Abb. 121: Hufschutz zum Nageln: Die Sagimex-Platte (oben links) und ihre Verwandten

reicht dies aber nicht aus. Für diesen Fall bietet der Hersteller eine UV-Lampe an. Hoof-Bond kann einen guten Huf besser machen, einen schlechten aber nicht gut.

Einlagen zwischen Eisen und Huf sind brauchbare Alternativen zur Reduzierung von Auftrittsstoß und Schwingungen. Aber auch diese Variante hat ihren Nachteil: Der Huf „versifft" unter der Platte, wenn Feuchtigkeit und Schmutz sich einnisten können. Oder er trocknet aus, wenn der Sohlenraum ausgefüllt wurde. Deswegen sollten Einlagen nicht ständig benutzt werden, sondern nur so lange, wie mit stärkeren Erschütterungen gerechnet werden muß.

Von all den Einlagen, mit denen ich experimentierte, hat sich Leder am schlechtesten bewährt. Leder ist schmierig, wenn es naß ist, und hart, wenn die Feuchtigkeit fehlt; immer aber wird der Hufmechanismus auf ein Minimum reduziert.

Heute gibt es auf dem Markt eine Menge Einlagen aus Material, auf dem der Huf gleiten kann. Die besten Erfahrungen habe ich mit Tupper-Ware gemacht. Das Material ist äußerst widerstandsfähig, dabei aber elastisch, und das bei allen Temperaturen. Es ist dünner als die meisten Einlagen, und das hat den Vorteil, daß sich das Eisen weniger lockert.

Mein persönlicher Favorit unter all den alternativen Möglichkeiten ist die **Sagimex-Platte** (links). Dieser Plastik-Hufschutz wird in Freizeitreiterkreisen so genannt, weil die gleichnamige Firma ihn als erste vertrieb. Heute ist die Platte überall im Schmiedefachhandel zu haben. Der Preis ist unterschiedlich; er liegt bei etwa 10,– DM pro Stück.

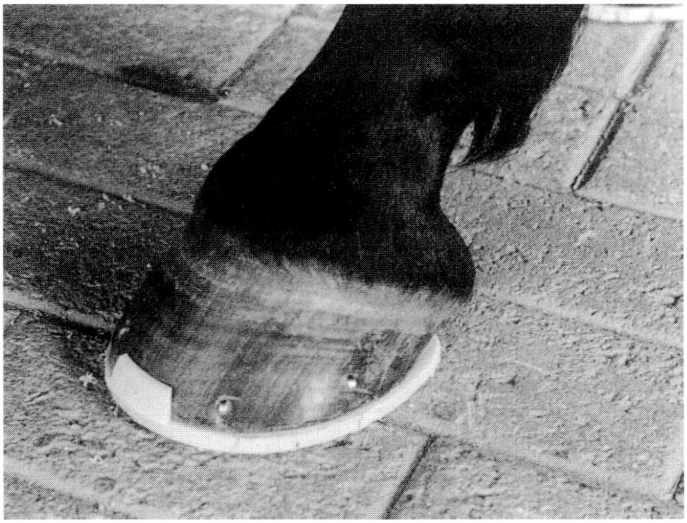

Abb. 122: Die Sagimex-Platte frisch nach dem Beschlag. Zwei Nägel genügen. Der letzte sitzt an der weitesten Stelle des Hufs.

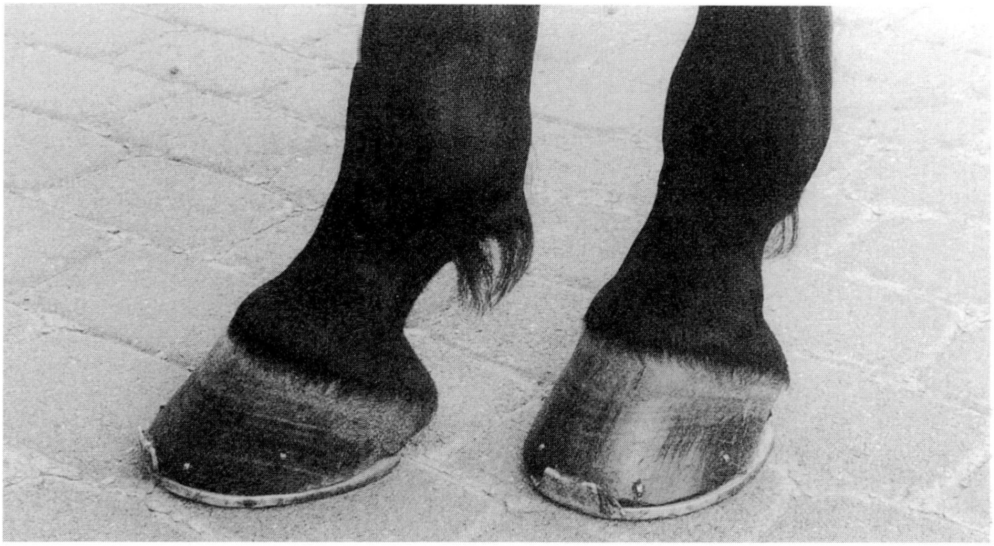

Abb. 122 a: Die Sagimex-Platte nach vier Wochen: Der Beschlag hat gehalten, der Kunststoff hat sich nicht einmal um die Hälfte abgenutzt.

Bei diesem Materialpreis können Sie sich die Platte sogar vom Schmied befestigen lassen, ohne allzu tief ins Portemonnaie greifen zu müssen. Wenn Sie allerdings Spaß daran haben, am Huf zu arbeiten, wenn Sie handwerkliches Geschick besitzen und auch bereit sind, die nötige Sorgfalt walten zu lassen, dann können Sie mit der Sagimex-Platte zum Selbstversorger in Sachen Hufschutz werden. Wie man das macht, lesen Sie in Kapitel XV.

Die Kunststoffplatte hat sich in meinem Beritt schon seit Jahren bewährt. Der Abriebwiderstand ist gut, nicht so stark wie bei einem Eisen, aber doch so gut, daß die Platte auf Hunsrücker Geläuf durchaus 4–6 Wochen hält bei 1–2 Stunden Reitzeit pro Tag. Natürlich muß man ein bißchen auf den Untergrund achten und Wege mit steiniger, rauher Oberfläche nach Möglichkeit meiden.

Das Gang- und Rutschverhalten ist ähnlich wie beim Barfußhuf. Das Pferd spürt den Untergrund, allerdings durch die Plastikplatte gedämpft. Gefährlich wird es im Sommer auf trockenem Gras; hier rutscht das Pferd wie auf Eis. Dieses Problem hat man aber bei allen Kunststoffvarianten und sogar beim Eisen. Der wohl größte Vorteil der Platte ist der, daß sich das Hufhorn auf dem glatten Material nicht abnutzt. Man kann mit der Platte im wahrsten Sinne des Wortes Trachten züchten.

Die Platte kann mit Raspel, Messer und Stichsäge gut bearbeitet werden, d. h. sie kann auch unterwegs – auf langen Wanderritten beispielsweise – gut angepaßt werden. Zwei Ersatzplatten mit Nägeln wiegen gerade einmal 250 Gramm.

Natürlich hat auch dieser Schutz seine Nachteile. Stellungskorrekturen im Sinne eines orthopädischen Beschlags kann man mit der Platte nicht durchführen. Sie eignet sich auch nicht für Westernpferde, die gleitend stoppen, „spinnen" und Roll-backs springen sollen.

Und sie eignen sich nach meiner Erfahrung nicht für Großpferde mit Hufgrößen über 3. Die größte Platte (Größe TG) deckt zwar die Hufeisengröße 4 und 5 noch ab, wird aber bei Pferden mit entsprechend großen Hufen und vor allem mit dem entsprechenden Körpergewicht leicht instabil. Die Platte wölbt sich dann stark nach innen und verstärkt so die Ausweitungstendenz des Hufes. Es kommt auch vor, daß sie sich seitlich verschiebt, vor allem dann, wenn das schwere Pferd auch noch unkorrekt fußt.

Für Distanz-, Wander- und Spazierreiter mit kleinen bis mittelgroßen Pferden aber ist diese Platte eine wirkliche Alternative mit guten stoßdämpfenden Eigenschaften, ohne negative Auswirkungen auf die Fortbewegung, mit positiver Auswirkung auf das Trachtenwachstum und mit einem akzeptablen Abriebverhalten.
Aber es muß auch hier ganz deutlich gesagt werden: Die Sagimex-Platte ist ein alternativer Schutz für Pferde mit gutem Barfußhuf. Langjährig mit Eisen beschlagene Pferde haben bei der Umstellung fast immer Schwierigkeiten, sie werden hufführig (siehe Kapitel VIII).
Zum Schluß möchte ich Ihnen die allerneueste Variante vorstellen:
„Hoof-Guard“, der Hufschutz aus der Tube!
Hoof-Guard ist eine Paste, die mit einem Spachtel auf den Tragrand aufgetragen wird und dort innerhalb weniger Sekunden zu einem widerstandsfähigen Überzug aushärtet.
Hoof-Guard besitzt auch nach dem Aushärten eine dem Horn verwandte Elastizität und behindert die Hufbewegung in keiner Weise. Eingelagerte Borium-Körnchen garantieren eine immer leicht rauhe Oberfläche, so daß auch auf Asphalt die Trittsicherheit des Pferdes nicht beeinträchtigt wird.
Hoof-Guard wird auf langen Ritten in der Satteltasche mitgeführt und bei Bedarf aufgetragen. Es nutzt sich je nach Untergrund mehr oder weniger stark ab und bietet im Vergleich zum Horn etwa den doppelten Abriebwiderstand.
Hoof-Guard greift das Horn nicht an und nicht den Geldbeutel des Reiters, denn es ist als Abfallprodukt der Raumfahrt sehr preiswert zu haben.
Hoof-Guard ist — ein Hirngespinst des Verfassers. Leider. Wie lange noch?

XIV. Soweit die Hufe tragen
Veterinärkunde für Reiter

Hufrehe

Seit die Menschen den Pferden Körner füttern, ist ihnen die krankhafte Reaktion der Hufe, die wir heute „Rehe“ nennen, bekannt. Da sie besonders oft nach Verfütterung von Gerste auftrat, wurde sie im griechischen Sprachraum *krithaisis* (von *krithe* = Gerste) genannt. Bei den Römern hieß sie *hordeatio* (von *hordeum* = Gerste).
Xenophon (430–354 v. Chr.) schreibt in seiner klassischen Reitlehre, daß die *krithaisis* nur sehr schwer zu heilen sei.
Der Scharfrichter Tobias Velten erwähnt 1838 in seinem Büchlein „100jährige scherfrichterkuren am pferde...“ ebenfalls die „rähe“. Seine Kuren gegen diese Krankheit, deren Heilung bis dahin als Geheimnis betrachtet wurde, waren so intensiv, daß das Pferd sonst schon kerngesund sein mußte, wenn es überleben wollte.
Unsere heutige Bezeichnung „Rehe“ stammt aus dem Altdeutschen, wo das Wort „räch“ oder „räk“ die Bezeichnung für „steif“ war. Noch heute findet man in Gegenden, in denen Mundart gesprochen wird, alte Formen dieses Wortes in der Bedeutung „steif“. In Rheinhessen, meiner alten Heimat, sagt man zum Beispiel: „Was bin isch haut widder so rakk!“
Auch die tierärztliche Wissenschaft beschäftigt sich schon von jeher mit der Hufrehe. So alt die Erkrankung auch ist, so bekannt die auslösenden Ursachen auch sind, die Therapie ist immer noch umstritten und uneinheitlich.
Die alten Erfahrungen, die sich mehr auf praktische Beobachtungen gründeten, werden seit etwa 1970 durch systematische experimentelle Untersuchungen – besonders amerikanischer Tierärzte – unterstützt und ergänzt. Dabei wurde deutlich, daß die bisher üblichen Behandlungsmethoden in Frage gestellt werden müssen. Hufrehe wird heute als „multisystemische Krankheit“ gewertet, als ein Komplex verschiedener Ursachen, in dem der Huf, wegen seiner einzigartigen Anatomie, einen kritischen Angelpunkt darstellt.

Was ist Hufrehe?

Bisher verstand man unter Hufrehe lediglich eine Entzündung der Huflederhaut. Lahmheit, Pulsation der Mittelfußarterie und Wärme sah man als Symptome dieser Entzündung. Die mehr oder weniger große Gewebezerstörung im Bereich der Lamellenschicht und die nachfolgende Absenkung des Hufbeins wurden als Folge dieser Entzündung angesehen.
Heute aber weiß man, daß es gerade umgekehrt ist: Die Entzündung ist die Folge der Gewebezerstörung und diese wiederum die Folge einer mangelhaften Durchblutung.
Wie aber kommt es zu dieser Durchblutungsstörung im Huf?
Um diese Frage beantworten zu können, müssen wir wieder das Pferd als Ganzes erfassen.
Das Pferd ist ein ganz besonderes Lebewesen, weil es nämlich aus eigentlich unverdaulichen Pflanzenfasern ein Höchstmaß an Bewegungsenergie gewinnen kann. Dazu aber sind zwei anatomische Besonderheiten notwendig:

a) ein relativ großer Energieumwandler: das ist der Dickdarm;
b) eine relativ kleine Reibungsfläche: das ist der Huf.

Der Dickdarm stellt eine Art Brennkammer dar. In ihr schließen eine Unzahl von Bakterien und Einzellern die zunächst relativ minderwertige Pflanzennahrung auf, so daß das Pferd daraus Energie gewinnen kann.

Bei diesem Prozeß entstehen große Mengen von giftig wirkenden Stoffen, die unbedingt ausgeschieden werden müssen. Sie dürfen auf keinen Fall in den Blutkreislauf gelangen. Dafür sorgt die für diese Stoffe undurchlässige Darmschleimhaut.
Eine „Verdauungskrise“ (siehe „Krankheitsursachen“) aber kann diese Darmschranke aufbrechen und einen Reheanfall auslösen. Die durch die Darmwand in die Blutbahn tretenden Giftstoffe gelangen auch in den Huf. Dort aber sind die Blutgefäße so eng, daß selbst die kleinen Blutkörperchen „den Bauch einziehen“ müssen, um durchzukommen. Giftstoffe passen hier nicht durch, also entsteht wie an einem Autobahnengpaß ein Stau, hier ein Blutstau.
Die danach entstehende Gewebezerstörung zieht eine Entzündung nach sich. Als Folge dieser Entzündung bildet sich ein Flüssigkeitserguß zwischen Huflederhaut und Hornkapsel, der zu erheblichem Druckschmerz führt.
Stellen Sie sich vor, Sie schlagen einen Nagel in die Wand und treffen Ihren Daumen. Der Schmerz, der nach dem Abklingen des Auftreffschmerzes bleibt, weil sich unter dem Nagel (dort, wo eigentlich gar kein Platz ist) ein Erguß bildet, dieser Schmerz ist vergleichbar mit dem, den das Pferd auszuhalten hat. Natürlich entsprechend der betroffenen Huffläche um das Dreißigfache vergrößert. Ja, wir können den Schmerz sogar noch verdoppeln, denn in der Regel werden beide Vorderhufe befallen.
Die Erkrankung kann innerhalb weniger Tage in das chronische Stadium übergehen, wenn nicht sofort eine Behandlung einsetzt. In schweren Fällen löst sich das Hufbein von der Hornwand und bricht mit seiner Spitze durch die Hufsohle. Das heißt, um beim Vergleich zu bleiben, Ihr blutunterlaufener Daumennagel wird jetzt auch noch aus seinem Nagelbett herausgerissen.
Da der Vergleich nur ganz wenig hinkt, können Sie sich vorstellen, welche Schmerzen ein Pferd nach einem akuten Reheschub auszuhalten hat. Kein Wunder, daß es da in die Rehehaltung ausweicht und keinen Schritt mehr laufen will. Hier muß Hilfe schnellstens einsetzen.
Neuere Forschungsergebnisse zeigen, daß es sich bei der Hufrehe um die Erkrankung peripherer (am Rand liegender) Gefäße handelt. Diese zeigt sich
a) in verminderter Durchblutung der feinen Kapillaren im Huf,
b) durch „arteriovenöse Shunts“,
c) durch eine „ischämische Nekrose der Lederhaut (siehe Seite 175, „Krankheitsverlauf“),
d) durch starke Schmerzen.

Krankheitsursachen

Die Futterrehe

Sie entsteht durch die Aufnahme größerer Mengen Futter. Die am häufigsten beteiligten Getreidesorten sind Mais, Weizen und Gerste. Die Aufnahme von Hafer in entsprechenden Mengen ist meist nicht ganz so problematisch, deshalb sind die Anzeichen der Hufrehe nach übermäßiger Haferaufnahme in der Regel geringgradiger. Aber das ist kein Grund zur Beruhigung, denn die reheauslösende Menge an Getreide ist von Pferd zu Pferd unterschiedlich.
Wenn zwei Pferde gemeinsam die Haferkiste aufbrechen, kann es durchaus vorkommen, daß eines davon eine hochgradige Hufrehe bekommt und eingeschläfert werden muß, während das andere munter weiterlebt, insbesondere dann, wenn das eine ein Pony, das andere ein Großpferd war.
Die Aufnahme einer großen Menge an Kohlehydraten (Getreide) verändert die Bakterienflora im Darm. Es kommt zu einer Zunahme der milchsäureproduzierenden Bakterien, die die Zellwände der gram-negativen Bakterien schädigen. Dadurch werden Toxine (Giftstoffe) freigesetzt. Ob diese Giftstoffe nun durch die geschädigte Darmschranke in das Blutgefäßsystem eintreten oder auf anderem Weg, ist wissenschaftlich noch nicht ganz geklärt. Sie entfalten jedenfalls ihre schädliche Wirkung und beeinflussen direkt oder in umgewandelter Form die Blutgefäße im Hufbereich (siehe a).
Auch die Aufnahme von Gras im Frühjahr führt zu solchen toxischen Reaktionen, vor allem dann, wenn das Pferd abrupt aus dem Stall auf die schon deutlich grüne Frühjahrswiese gestellt wird. Gut genährte, fette Pferde und vor allem Ponys sind hier sehr empfindlich, und es bedarf oft genug nur einer

kleinen Menge Gras, um den Reheschub auszulösen. Diese Tiere sollte man wirklich nur im Viertelstundentakt auf die Wiese entlassen.
Wolter weist in seinem Bericht „Hufrehe der Pferde" auf das Wiesenschaumkraut hin, das er ebenfalls als auslösenden Faktor bei Rehe sieht, insbesondere bei Ponys, die im Frühjahr in ihrer Gier nach Grünem selbst die Pflanzen nicht verschonen, die sie sonst meiden. Auch Rübenblätter, die heute noch in der Rinderfütterung eine Rolle spielen, können beim Pferd Rehe auslösen.
Relativ häufig erkranken Pferde und Ponys, welche diese Form der Rehe durchgemacht haben, im Winter bei Kleeheufütterung erneut. Allerdings können gut genährte Pferde und Ponys, die im Winter bei wenig Bewegung mit reichlich Kleeheu gefüttert werden, auch ohne vorhergehende Schädigung an Rehe erkranken. Die Futterrehe ist also keine typische Frühjahrskrankheit, wie man immer wieder liest!

Hufrehe nach Aufnahme von kaltem Wasser

Trinkt ein überhitztes Pferd große Mengen von kaltem Wasser, so kann die dadurch entstehende Gastroenteritis auch Ursache für eine Hufrehe sein.
Geländereiter, vor allem Distanzreiter, müssen also darauf achten, daß ihr Pferd an den Stopps zuerst nicht mehr als die obligatorischen 10 Schluck säuft.
Wanderreiter sollten tagsüber jede Möglichkeit, ihr Pferd zu tränken, ausnutzen, damit das Pferd am Ziel nicht ausgetrocknet ankommt. Trotzdem muß das Wasserangebot kontrolliert werden. Das Pferd sollte sich direkt nach dem Einlaufen nicht aus der Selbsttränke bedienen dürfen. Auch eine daraus entstehende Kolik darf nicht unterschätzt werden.

Die Belastungsrehe (Pflasterrehe)

Diese Form der Rehe ist das Ergebnis starker Erschütterung der Hufe, ist also rein mechanisch bedingt.
Früher trat sie in erster Linie bei schweren Wagenpferden auf, die stundenlang auf harten Straßen arbeiten mußten. Heute tritt sie immer dann auf, wenn — vor allem eisenbeschlagene — Pferde in schneller Gangart auf festem oder sogar hartem Untergrund geritten oder gefahren werden, daß die Erde dröhnt.
Vor allem Stallpferde mit dünnen Hufwänden und dünner Sohle, die sonst meist auf weichem Untergrund (Halle, Reitbahn) gearbeitet werden, sind anfällig. Oft genügt bei einer Herbstjagd schon ein Galopp über einen befestigten Flurweg, um die Symptome einer Rehe auszulösen.

Die Geburtsrehe

Stuten zeigen diese Form der Rehe gelegentlich kurz nach dem Abfohlen, wenn es durch den gestörten Abgang der Nachgeburt oder aus sonstigen Gründen zu einer Infektion in der Gebärmutter gekommen ist. Auslöser für die Erkrankung scheinen Bakteriengifte zu sein, die in die Blutbahn geraten.
Auch im Verlauf anderer fieberhafter bakterieller Infektionen kann Hufrehe auftreten.

Hufrehe aufgrund anderer Ursachen

Weitgehend ungeklärt ist die Rehe, die nach einer Behandlung mit bestimmten Geschlechtshormonen oder Kortisonpräparaten auftreten kann. Hier kommt es meist zu einer milden Form der Rehe ohne große oder bleibende Veränderungen im Bereich der Hufe.
Hufrehe kann außerdem nach Viruserkrankungen der Atemwege oder nach Einnahme der dagegen verabreichten Medikamente auftreten. Hier zeigen sich meist deutliche Veränderungen in der Hufsohle. Wie Ted S. Stashak in seinem Beitrag „Lahmheit" berichtet, kann es dabei innerhalb von 72 Stunden zur Hufbeinrotation und in nur 10 Tagen zum Durchbruch der Hufbeinspitze durch die Hufsohle kommen. Auch das Ausschuhen, das Ablösen der gesamten Hornkapsel, kann als schlimmstmögliche Reaktion vorkommen. Das Pferd ist dann nicht mehr zu retten und sollte wegen der überaus großen Schmerzen erlöst werden.

Krankheitsverlauf

Zu Beginn kommt es zu einer mangelhaften Blutversorgung des Hufbereichs, die sich vor allem durch Blutmangel (Ischämie) und einen Blutstau in den Kapillaren des Zehenbereichs zeigt.

Als Reaktion auf diesen Blutstau kommt es zu einer Steigerung der Blutzufuhr zum Huf, die durch die Pulsation der Beinarterien angezeigt wird.
Diese Verstärkung kann jedoch den Stau nicht lösen und fließt, wahrscheinlich durch Umleitungen – der Tierarzt spricht hier von „arteriovenösen Shunts" (siehe b) an diesem vorbei. So bleibt der Blutmangel in den Kapillaren des vorderen Wandabschnittes bestehen, das Lamellenhorn der Wand wird nicht mehr versorgt und beginnt abzusterben (siehe c: Nekrose der Lederhaut).
Diese Entdeckung war einer der bedeutendsten Schritte zum modernen Verständnis der Hufrehe.
Bei Untersuchungen des Blutflusses im Huf betäubter Pferde hat man festgestellt, daß die kleinen und kleinsten Arterien, die die Huflederhautplättchen (primäre und sekundäre, Sie erinnern sich?) versorgen, die letzten sind, die sich mit Kontrastflüssigkeit füllen. Dies erklärt, warum es nach einem Blutmangel im Huf zuerst zu einem Absterben der normalerweise gut durchbluteten Lederhautblättchen kommt.
Durch die mangelnde Versorgung und das Absterben immer weiterer Teile der Lederhautblättchen kommt es schließlich zu einer Aufweichung der Verbindung mit den hornigen Blättchen. Je weiter diese Abtrennung fortschreitet, desto ungleicher wirken die am Hufbein ansetzenden Zugkräfte der vorderen Strecksehne und der tiefen Beugesehne. Da die Beugesehne einen besseren Ansatzpunkt hat, veranlaßt ihr Zug eine Drehung der Hufbeinspitze in Richtung auf die Sohle. Die aufgelöste Blättchenschicht kann das Hufbein nicht mehr an der Hornkapsel halten, die Spitze senkt sich ab (siehe Seite 164). Der durch die Skelettknochen kommende Druck des Körpergewichts bewirkt zusätzlich eine Senkung des gesamten Hufbeins. Dies alles geschieht unter beachtlichen Schmerzen, denen das Pferd nur unvollkommen durch Entlastung des Zehenbereichs entgehen kann.

Wie erkennt man Hufrehe?

Der akute Reheanfall ist besonders durch die eigentümliche Haltung des Pferdes gekennzeichnet (Rehehaltung).
Da die vordere Hornwand höchst schmerzhaft ist, wird diese entlastet, indem die Vorderbeine weit vorgestellt werden; so ruht das Gewicht vermehrt auf den Trachten. Die Hinterhand wird unter den Körper gestellt, um Gewicht zu tragen und die schmerzenden Vorderhufe zu entlasten. Diese unnatürlich steife Haltung gab der Krankheit ihren Namen. Beim Abtasten des Fußes spürt man die deutlich pulsierende Mittelfußarterie im Bereich des Fesselgelenks.
Die Hufe sind am Kronsaum deutlich wärmer als sonst. Zeigt sich die Rehe nur an den Vorderhufen, ist ein deutlicher Wärmeunterschied zwischen Hinterhufen und Vorderhufen zu spüren.
Das Pferd zittert, atmet schnell, schwitzt und macht einen insgesamt verängstigten Eindruck; es ist nur schwer von der Stelle zu bewegen.
Nach Obel unterscheidet man vier Lahmheitsgrade der Hufrehe:

1. Das Pferd hebt in Ruhe ständig abwechselnd die betroffenen Hufe. Im Schritt ist kaum Lahmheit zu erkennen, im Trab geht das Pferd deutlich kurz und steif.
2. Das Pferd geht im Schritt steif und zögernd, es fällt nach wenigen Trabschritten in den Schritt zurück.
3. Das Pferd bewegt sich auch im Schritt nur widerwillig; es läßt sich einen Fuß nur gegen Widerstand aufheben.
4. Das Pferd steht deutlich steif in Rehehaltung und ist nur mit Zwang von der Stelle zu bewegen.

Die Erkrankung geht in das chronische Stadium über, wenn die Behandlung nicht rechtzeitig einsetzt und es bereits zu einer Senkung und Rotation des Hufbeines gekommen ist.

Behandlung

Die akute Hufrehe ist als eine dringende Notfallsituation anzusehen. Wenn Sie je in diese Situation kommen sollten und Ihrem Tierarzt die beschriebenen Symptome nennen, wird er sofort alles stehen und liegen lassen und Ihrem Pferd zu Hilfe eilen.
Die Erstbehandlung wird darauf ausgerichtet sein, die Schmerzen zu lindern, die Durchblutung zu fördern und eine Absenkung des Hufbeins zu verhindern. Sie sollte späte-

stens 12 Stunden nach Auftreten der ersten Symptome aufgenommen werden. Wegen der mit der Rehe verbundenen Schmerzen wäre es natürlich besser, wesentlich früher mit der Behandlung zu beginnen.
Bis zum Eintreffen des Tierarztes können Sie schon einiges tun: Stellen Sie Ihr Pferd auf einen Untergrund aus Torf, Sägemehl, Sand o. ä. Im Notfall können Sie ihm zwei Eimer Sand vor die Füße schütten und jeden Huf einzeln daraufstellen. Sand paßt sich der Hufsohle optimal an und wirkt unterstützend, wodurch ein Teil des Drucks von der schmerzenden Zehe genommen wird. Durch das Einsinken der Zehe in den nachgiebigen Untergrund wird außerdem der Zug der tiefen Beugesehne verringert.
Falls Ihr Pferd einen Hufschutz trägt, sollten Sie mit der Abnahme so lange warten, bis die Schmerzen mit Hilfe eines Medikaments abgeklungen sind. Wechselnd warme und kalte Umschläge können die gestörte Durchblutung der Kapillaren anregen.
In leichten Fällen der Rehe kann das Pferd etwa 10 Minuten pro Stunde bewegt werden, um durch die Bewegung den gestörten Blutfluß anzuregen. In schweren Fällen (siehe Lahmheitsgrade) sollte die Bewegung entfallen, da sie zur Hufbeinrotation beitragen kann.
Da die Hufrehe, vereinfacht gesagt, eine Form der Vergiftung ist, die sich im Huf zeigt, kann man durch die Entleerung des Dickdarms dazu beitragen, die dort befindlichen Giftstoffe zu entfernen. Dies ist vor allem wichtig bei der übermäßigen Aufnahme von Getreide. Auch wenn die Rehesymptome noch nicht aufgetreten sind – sie zeigen sich frühestens ca. 10 Stunden nach der Futteraufnahme –, sollten Maßnahmen getroffen werden, um den Darmtrakt zu leeren.
Hier wird als Mittel Speiseöl verwendet. Das Öl wird mit der Nasenschlundsonde eingegeben; es hat eine abführende Wirkung und überzieht außerdem schützend die Darmwand, wodurch eine weitere Absorption von Toxinen erschwert wird. Das Einflößen kann in Abständen von 4–6 Stunden wiederholt werden, bis kein Getreide mehr in den Pferdeäpfeln zu finden ist.
Danach beginnt der Tierarzt mit der medikamentösen Behandlung, hoffentlich mit der richtigen.

Wolter sagt dazu folgendes:
„Die Rehe wird als eine diffuse, aseptische Entzündung der Huflederhaut bezeichnet. Das schließt eine antibiotische Therapie von vornherein aus. Da aber fast als Routinebehandlung ein Kortikosteroid gegeben wird, muß konsequenterweise auch ein Antibiotikum verabreicht werden. Man sollte derartige Behandlungen als das bezeichnen, was sie sind, als Kunstfehler, da Schäden gesetzt werden, die vermeidbar sind, wenn man das Wesen der Rehe betrachtet und danach die Therapie einsetzt. An dieser Stelle spricht die Homöopathie wieder ein gewichtiges Wort mit in der täglichen Therapie."

Rehetherapie mit homöopathischen Mitteln

Und so beschreibt Dr. Wolter seine Rehebehandlung:
„Als Anfangsmittel für diese Therapie ist im hochakuten Stadium *Belladonna* zu nennen. Belladonna ist nach dem Aderlaß zu geben, der nach meiner Meinung unerläßlich ist, und zwar als D4.
Zunächst eine Injektion von 5 ml s. c. (= subkutan = unter die Haut) und weiter für mehrere Tage peroral 3mal täglich 15–20 Tropfen. Wasserentzug ist selbstverständlich. Nach einer intensiven Vorbehandlung mit allopathischen (= der Krankheit entgegengesetzten) Mitteln (gemeint ist die herkömmliche klassische Methode, die Wolter einen Kunstfehler nennt) ist zunächst eine Entgiftung anzustreben. Dafür ist *Nux vomica* das Mittel der Wahl. Als D 6 (das ist die Bezeichnung für die homöopathische Verdünnung) wird es entweder injiziert (5–10 ml s. c.) oder peroral auf etwas Brot (3- bis 4mal täglich 20 Tropfen) gegeben.
Die Entgiftung über die Leber und die anderen Ausscheidungsorgane ist intensiv und rasch. Nach etwa drei Tagen gibt man das spezifische homöopathische Mittel für Rehe: *Gingko biloba*.
Warum? Sehr wichtig für den Erfolg ist, durch intensive Durchblutung die in der Lederhaut vorhandenen Toxine auszuschwemmen. Da *Gingko biloba* sowohl die venöse als auch die arterielle Durchblutung fördert, ist dieses Mittel hier voll am Platze, und zwar in der Potenz D 1.

Bekommt man die erkrankten Tiere ohne allopathische Vorbehandlung in die Finger, so sollte man doch Gingko als D 3 geben, um evtl. Schäden im Gefäßsystem durch die massive Therapie nicht noch zu vergrößern."
Da staunt der Fachmann, und der Laie wundert sich! Aber es kommt noch besser. Im Verlauf seines hochinteressanten Artikels gibt Dr. Wolter auch den Grund an, warum er bei Hufrehe keine herkömmliche Behandlung zuläßt:
„Der Grund ... ist der, daß es bei den Tieren immer wieder zu Rezidiven (Rückfällen) kommt, so daß an eine Benutzung als Reit- oder Wagenpferd nicht zu denken ist. Ich habe vorbehandelte Fälle bekommen, bei denen Kollegen dreimal und öfter Cortisone gespritzt haben, ohne auch nur einen anderen Behandlungsnachweis dem Besitzer zu geben. Es ist natürlich verblüffend, wenn nach wenigen Tagen völlige Beschwerdefreiheit da zu sein scheint. Um so ärgerlicher ist es dann für den Besitzer zu beobachten, wie nach und nach die Steifheit wiederkehrt und bald der alte Zustand wieder erreicht ist."
Man kann wirklich nur staunen, was die Homöopathie in einem solchen Fall zuwege bringt. Selbst wenn das Pferd vorher mit „schweren Geschützen", mit Breitbandantibiotika und Cortisonen, behandelt wurde, kann im nachhinein noch mit der sanften Medizin — weil sie nicht die Symptome bekämpft, sondern das Übel an der Wurzel packt — Entscheidendes geleistet werden.
Ich würde das hier nicht so deutlich herausstellen, wenn mein Haustierarzt dies nicht in seiner Praxis erlebt hätte. Dieser, Vertreter der klassischen Medizin und skeptischer Pragmatiker, war selbst überrascht, als er nach einer Rehetherapie, die er auf Wunsch des Kunden homöopathisch durchgeführt hatte, einen durchschlagenden Erfolg feststellen konnte.
„In all den Jahren, in denen ich Rehe klassisch behandelt habe, gab es nie einen Fall, in dem der Schaden wieder völlig behoben werden konnte. Die Tiere blieben weiterhin anfällig für Rehe und mußten entsprechend gehalten werden. Meist trugen sie für den Rest ihres Lebens einen Rehebeschlag", sagte er mir in einem Gespräch.
Seine Erfolgstherapie ist ähnlich wie die von Dr. Wolter. Er gibt nach dem Aderlaß Belladonna D 4 gegen die Schmerzen und Nux vomica D 6 zur Entgiftung jeweils 10 ml mit einer Spritze unter die Haut. Dieselben Medikamente werden eine Woche lang in Tropfenform täglich 3mal 20 Tropfen auf Brot verabreicht.
Am dritten Tag kommt Gingko biloba D 3 hinzu. Er gibt zuerst wieder 10 ml unter die Haut und anschließend zweimal am Tag 20 Tropfen peroral.
Das Pferd wird aufgestallt auf einer weichen Einstreu. Futter und Wasser werden auf das Allernötigste reduziert. Setzt die Behandlung innerhalb der ersten 6 Stunden ein, erübrigt sich meist sogar ein spezieller Rehebeschlag.

Rehebeschlag

Bei der klassischen Behandlungsmethode mußte das Rehepferd sobald wie möglich einen orthopädischen Beschlag erhalten. Aber mit dem Aufschlagen eines Reheeisens (die Pferde mußten wegen der Schmerzen dafür oft zusätzlich betäubt werden) war die Behandlung nicht beendet. Die Trachten wurden gekürzt, um eine Entlastung der Zehe zu erreichen, oft fräste der Schmied auch das Horn der Zehenwand vorsichtig bis auf die Wandplättchen ab, bis die darunterliegende Lederhaut sich vorwölbte; das brachte dem Pferd eine leichte Druckentlastung.
Forsche Schmiede stachen die Beule sogar an, Blut und Gewebeflüssigkeit quollen hervor, und der Huf wurde augenblicklich von dem Druckschmerz entlastet.
Diese klassische Rehebehandlung durch den Schmied ist heute nicht mehr unumstritten. Das Anstechen führte oft zu weiteren Entzündungen, wenn der Huf nicht peinlich saubergehalten wurde. Das Kürzen der Trachten steigert nachweislich die Zugbelastung der tiefen Beugesehne. Da die Entlastung der Zehe diesen Nachteil nicht aufwiegt, sollte das Kürzen der Trachten unterbleiben. Einig ist man sich über das Einstellen der Pferde in Sandstreu. Hier ergibt sich durch das Einsinken der Zehe eine anatomisch bessere Entlastung.
Als Ersatz für den Quersteg des Reheeisens, der eine mechanische Stütze des Hufbeins darstellt, empfehlen die Praktiker aus den USA mittlerweile eine typisch amerikani-

sche Lösung: Eine Gazerolle von ca. 5 cm Durchmesser wird der Länge nach auf den Strahl gelegt und mit einem Klebeband fixiert. Diese verblüffend einfache Lösung beugt einem Druck des Hufbeins auf die Sohle wirksam vor. Vor allem ist sie schnell und problemlos und von jedermann herzustellen und zu befestigen. Außerdem muß das Pferd an seinen schmerzenden Hufen keine Beschlagsbehandlung mit Raspeln, Hämmern und Vernieten dulden.

Wir als Reiter sind durch die neuesten Erkenntnisse der Wissenschaft noch mehr gefordert, die Gesundheit unseres Pferdes im Auge zu haben. Wir können lernen, durch ständige Beobachtung Krankheiten, Hufdefekte, Beschlagprobleme schon im Ansatz zu erkennen, und — wir können schon helfend eingreifen, bevor die Fachleute eintreffen.

Wenn Sie, liebe Leserin, lieber Leser, ein reheanfälliges Pferd haben, legen Sie sich doch jetzt schon ein Erste-Rehe-Hilfe-Päckchen mit folgendem Inhalt zurecht:

- 1 Flasche Belladonna D 4
  (10 ml s.c. gegen den Schmerz, sofort)
- 1 Flasche Nux vomica D 6
  (10 ml s.c. zur Entgiftung, sofort)
- 1 Flasche Gingko biloba D 3
  (am 2./3. Tag 10 ml s.c. zur Förderung der Durchblutung)

Die Mittel werden anschließend noch eine Woche lang zweimal täglich 20 Tropfen eingegeben.

- 1 Gazerolle
- 1 Klebeband
- 1 Spritzen-Set

Wenn Sie die Möglichkeit haben, lernen Sie subcutan (s.c.), also unter die Haut, zu spritzen. Dazu heben Sie eine Hautfalte an, am besten an der Brust, und stecken die Nadelspitze flach mit einem kleinen Ruck hinein.

Chronische Hufrehe

Haben Sie ein Pferd, dessen Reheschub unbehandelt blieb oder falsch behandelt wurde, dann haben Sie ein Pferd mit chronischer Rehe.

Das Allgemeinbefinden eines solchen Pferdes ist in der Regel nicht mehr oder nur wenig gestört. Puls, Atmung und Temperatur sind normal oder nur geringgradig erhöht. Am Fuß direkt sind die Kennzeichen der Rehe, Pulsation der Mittelfußarterie und vermehrte Wärme, noch spürbar.

Das Abklopfen der Zehenwand erzeugt Schmerz. Dort, wo der Ton sich ändert, wo es hohl klingt, hat die Ablösung der Lederhaut von der Wand stattgefunden.

Beim Vorführen zeigt das Pferd einen zähen, gebundenen Gang.

Bei der Betrachtung der Hufe stellt man oft ein Einsinken im Bereich der Krone fest; die normalerweise gerade Linie der Hufwand ist jetzt eingedellt.

Einen Knollhuf, wie er oft als typischer Rehehuf angebildet wird, findet man aber erst sehr viel später (siehe Seite 164).

Betrachtet man den Huf von unten, fällt zuerst die oft bis zu 2 cm verbreiterte weiße Linie auf. Das Zerfallshorn ist so lose, daß man es mit dem Hufkratzer leicht herauskratzen könnte. Man sollte dies aber unterlassen, weil man sonst dem Eindringen von Fäulniserregern Vorschub leistet.

Die Wölbung der Sohle ist meist verlorengegangen. Vor der Strahlspitze entdeckt man bisweilen eine dunkle Stelle. Im ungünstigsten Falle ist diese Stelle weich, blutig bis eitrig, mit einem Durchbruch der Hufbeinspitze.

Um die Heilungsaussichten und die spätere Einsatzmöglichkeit des Pferdes beurteilen zu können, muß man mit Hilfe einer Röntgenaufnahme feststellen, wie weit das Hufbein bereits abgesunken ist. Normalerweise verläuft der vordere Rand des Hufbeins mit der Hornwand parallel. Die Abbildung 123 auf der nächsten Seite zeigt links eine leichte und rechts eine starke Hufbeinrotation. Das Pferd zu a) war nach 12 Monaten geheilt. Der Zustand des Pferdes zu b) konnte zwar verbessert, aber nicht geheilt werden. Das Pferd ist ohne Sonderbeschlag nicht mehr einsatzfähig, aber auch mit Beschlag nicht stark belastbar.

Man geht heute davon aus, daß Pferde oder Ponys mit einer Hufbeinrotation von max. 5 Grad durch sofort (!) einsetzende Behandlung und Strahlunterstützung geheilt werden können. Ab etwa 10 Grad Rotation ist keine Heilung mehr möglich. Die dazwischenliegenden Fälle sind später, je nach Schwere, mehr oder weniger einsatzfähig. Meist heißt es jedoch: Nur noch zur Zucht zu gebrauchen!

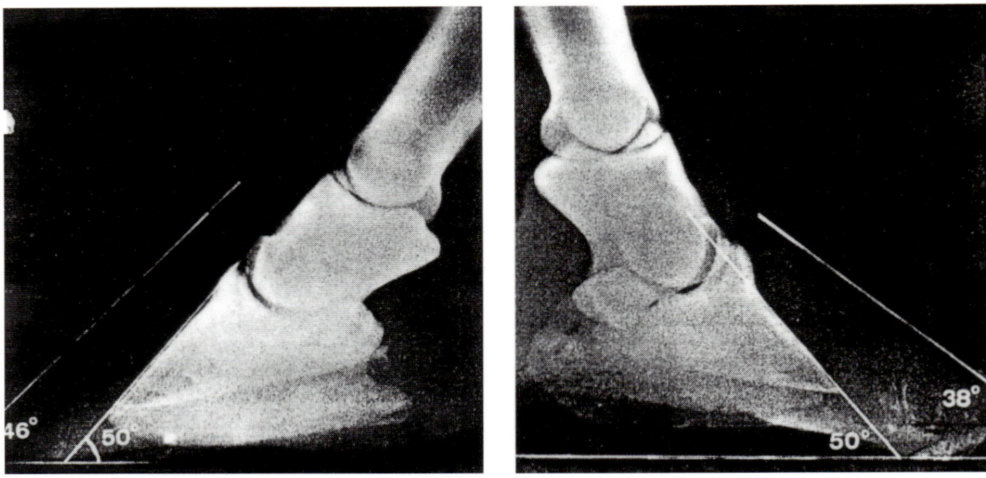

Abb. 123: Links: Röntgenbild eines Hufs mit leichter Hufbeinrotation. Dieses Pferd galt nach 12 Monaten als geheilt.
Rechts: Röntgenbild eines Hufs mit starker Hufbeinrotation. Der Zustand konnte zwar verbessert, das Tier aber nicht geheilt werden.

Abb. 124: Beschlag nach leichtem Reheschub auf Anraten des Tierarztes nach amerikanischem Vorbild. Die offene Zehe erleichtert das Abrollen, der Trachtenbereich wird gut unterstützt. Die Trachtenrichtung erleichtert die Fußung.

Es ist unbedingt notwendig, durch eine frühzeitige Röntgenuntersuchung die Lage des Hufbeins zu kontrollieren. Nach der Röntgenuntersuchung, die u. U. nach jedem Beschlag wieder neu durchgeführt werden muß, richtet der Schmied den Huf zu und fertigt den Beschlag an.

Das Eisen wird mit breiten Schenkelenden geschmiedet, die nach hinten dünn auslaufen und etwas hochgebogen sind: So wird

die Trachtenfußung nicht behindert. Damit die Zehe das Eisen nicht berührt und die losgelösten vorderen Wandabschnitte keiner Belastung ausgesetzt sind, wird die Zehe so weit weggeraspelt, daß eine Schwebe, das ist eine Lücke zwischen Eisen und Horn, entsteht. Um dem Pferd das Abrollen zu erleichtern, wird eine zwar kurze, aber deutliche Zehenrichtung angeschmiedet oder angeschliffen.
Unten in das Eisen wird ein Quersteg eingeschweißt. Dieser soll 1 cm hinter der Strahlspitze liegen und über Strahl und Strahlpolster die Hufbeinmitte unterstützen. Er wird mit Huflederkitt unterpolstert.
Die Zehenkappe (der vordere Aufzug) wird entfernt. Statt dessen kann der Schmied zwei Seitenkappen anschmieden, was aber nicht unbedingt sein muß.
Beim Nageln wird der erste, wenn der Huf dies zuläßt oder braucht, auch der zweite Nagel weggelassen. Solange das Pferd noch deutlich auf den Trachten fußt, ist der Hufmechanismus sowieso ausgeschaltet, so daß in diesem Fall ausnahmsweise auch hinter der weitesten Stelle genagelt werden darf.
Bei der chronischen Hufrehe wächst das Horn unregelmäßig wegen der stellenweise zerstörten Lederhaut. Daher muß der Beschlag alle 6 Wochen gewechselt und der Huf neu zubereitet werden. Die Heilung dauert so lange, wie das Horn braucht, um vom Kronsaum bis zum Tragrand herunterzuwachsen (siehe „Hornwachstum"). Eine Zufütterung von Biotin beschleunigt diesen Vorgang nur unwesentlich, kann aber dazu beitragen, daß das neue Horn von besserer Qualität ist.
Durch konsequente Diät werden die Heilungschancen heraufgesetzt, denn jedes Pfund weniger Gewicht vermindert den Druck der Hufbeinspitze auf die Sohle. In den meisten Fällen muß der Sonderbeschlag beibehalten werden.
Wenn die beschriebene Behandlung nach Wolter rechtzeitig, also innerhalb der ersten 6 Stunden nach Auftreten der ersten Anzeichen, einsetzt, kann man einige Tage nach dem Rollen-Klebeband-Verband ein Hufeisen in Gegenrichtung aufnageln. Dieses Eisen unterstützt den hinteren Teil des Hufes besser und hält die kurzgeraspelte Zehe frei von Belastung.
Ist weiterhin Druck auf das Hufbein angebracht, kann man dies durch Einlegen einer Plastiksohle mit entsprechender Unterpolsterung aus Huflederkitt oder Werg ohne Schwierigkeit erreichen.

Die Hufrolle

Die neben Kolik und Atemwegsproblemen häufigste Ursache für das kurze Leben unserer Sportpferde ist die Erkrankung der Hufrolle. In der Literatur wird sie oft als Hufrollenentzündung dargestellt. Diese Bezeichnung trifft die Art der Krankheit jedoch nicht genau, sie ist sogar irreführend, da weniger Roll- als vielmehr Gleitbewegungen ablaufen, auch sind Entzündungsvorgänge nicht – wie man früher annahm – vorherrschend. Man sollte daher treffender **„Strahlbeinlahmheit"** sagen, denn der wissenschaftliche Name **„Podotrochlose"** geht einem nicht so leicht über die Zunge.

Was ist die Hufrolle?

Die Bezeichnung „Strahlbeinlahmheit" weist auf den Bereich hin, in dem der Defekt auftritt.
Das Strahlbein, so wissen Sie es bestimmt noch aus Kapitel III, ist der kleine weberschiffchenartige Knochen, der unter dem Hufbein liegt. Er bildet zusammen mit dem hinteren Teil des Hufbeins die Gelenkpfanne für das Kronbein.
Auf der unteren Seite dieses Knöchleins liegt die tiefe Beugesehne. Sie ändert unter dem Strahlbein ihre ursprüngliche Verlaufsrichtung und strebt zum Hufbein, an dem sie breitflächig festgewachsen ist. Da das Strahlbein hierbei praktisch als „Umkehrrolle" für die tiefe Beugesehne dient, nennt man den gesamten Bereich kurzerhand „die Hufrolle". Neben Strahlbein und tiefer Beugesehne gehört zu diesem Bereich auch noch ein dazwischenliegender Schleimbeutel *(bursa podotrochlearis)*. Und da das Strahlbein durch mehrere Bänder mit den benachbarten Knochen (Hufbein, Kronbein) und dem Hufknorpel verbunden ist, gehören auch diese noch dazu.

Die Aufgabe der Hufrolle

Die Hufrolle — besser gesagt: alle Teile der Hufrolle — unterstützt und erleichtert im wesentlichen die Tätigkeit der tiefen Beugesehne, die vor allem für das Abstemmen des Hufs mit der Hufspitze vom Boden zuständig ist.
Über die Kräfte, die hierbei auf den Huf, seine Sehnen, Bänder und hornigen Strukturen einwirken, habe ich schon gesprochen. Im Bereich der Hufrolle summieren sie sich; deswegen ist dieser Bereich für jede falsche Belastung so anfällig.
Beim Auffußen trifft ein Teil des Körpergewichts über die Gelenkflächen der Vorhand auf das Strahlbein. Beim Abstemmen drückt die tiefe Beugesehne massiv von unten gegen das Strahlbein, wobei der Schleimbeutel sehr stark gepreßt wird. Zu diesen Druck- und Zugkräften kommen noch Reibungskräfte der Sehne, die der Schleimbeutel abpolstern soll, sowie sehr große Zugbelastungen von seiten der verschiedenen Haltebänder.
Je länger die Zehe des Hufs ist und je niedriger die Trachten sind, desto spitzer wird der Winkel, den die Beugesehne mit dem Boden bildet. Mit jedem Winkelgrad weniger aber erhöhen sich die auf das Strahlbein einwirkenden Zug- und Druckkräfte beträchtlich.

Krankheitsursachen

Für die Entstehung der Strahlbeinlahmheit kommen eine ganze Reihe von Faktoren in Frage.
An erster Stelle muß man hier die einseitigen starken oder — auf den Turniersport bezogen — stärksten Belastungen nennen, denen das Strahlbein über die Bänder und die Sehne ausgesetzt wird. Diesen Beanspruchungen ist der Strahlbeinknochen auf die Dauer nicht gewachsen, und er reagiert mit Umbildungen. An zweiter Stelle stehen fehlerhafte Gliedmaßenstellungen (z.B. rückständig), durch die auch eine „normale" Belastung mit der Zeit zur schädlichen Belastung wird.
Auch Fehlstellungen im Hufbereich oder falsches Zurichten des Hufs haben dieselben Auswirkungen.

Abb. 125: Das Pferd ist aufgrund der Anatomie seiner Vorderbeine zum Springen nicht konstruiert, wie ein Blick auf die Statik des Stützbeins zeigt.

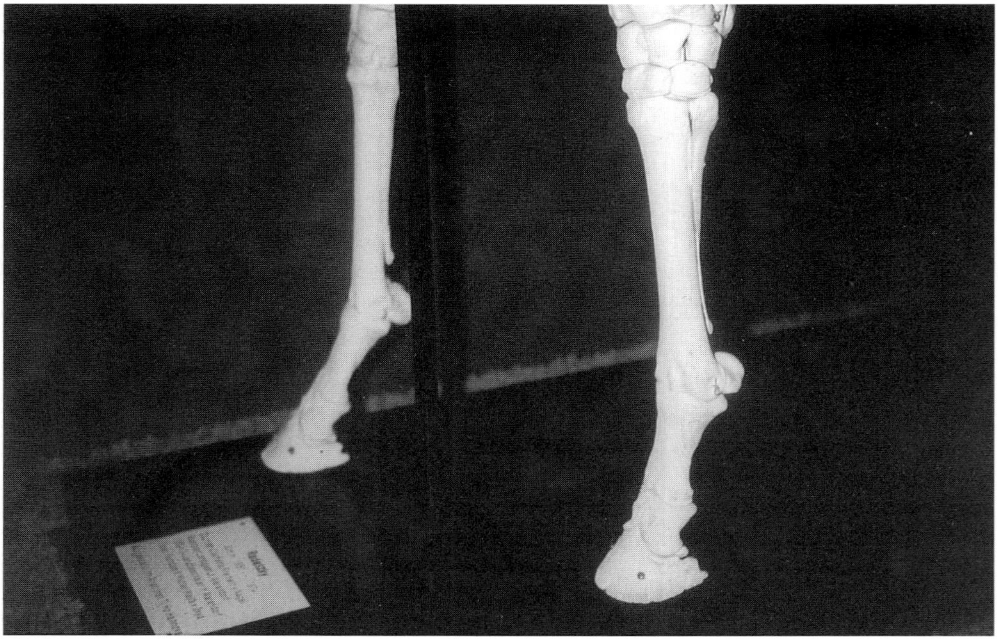

Weiterhin sind Fehler in der Ausführung des Beschlags für die Rolle verantwortlich zu machen: zu kurze Schenkel, die die Trachten nicht entlasten, sowie unregelmäßiger und überfälliger Beschlag. Ausschlaggebend für das Entstehen der Hufrolle ist jedoch in aller Regel die Überbeanspruchung im Turniersport, vor allem im Springsport.
Das Pferd ist aufgrund seiner Anatomie der Vorderbeine zum Springen nicht konstruiert. Tiere, die springen und landen – die Katzenfamilie zum Beispiel –, haben breite, stoßabpuffernde Tatzen mit Ballen, haben tiefsitzende Gelenke und ideal kleine Gelenkwinkel. Das im Verhältnis dazu steife Stützbein des Pferdes ist für zusätzliche Energien, die aus einer hoch-weiten Flugbahn erwachsen, nicht ausgelegt. Deswegen finden wir „die Hufrolle" fast ausschließlich an den Vorderhufen.
Auch Trabverstärkungen, Leichttraben immer auf demselben Bein, enge Wendungen beispielsweise im Springparcours und abrupte Westernstopps begünstigen die Ausbildung einer Strahlbeinlahmheit.
Zu diesen Reiterfehlern kommen oft noch: ein hohes Reitergewicht, schnelle Gangarten auf hartem Boden oder Reiten auf der Vorhand.
Ich nehme diesen Gesichtspunkt einmal zum Anlaß, an dieser Stelle Frau Dr. Straßer vehement zu widersprechen:
Nein, Frau Strasser, das Pferd, das in der leichten Reitweise bei viel Aktionsfreiheit laufen kann, wie es will, wird nicht die nach seinen anatomischen Möglichkeiten schonendste Haltung einnehmen, und der Verschleiß an diesem Pferd wird nicht gering sein!
Wie ich in der Einleitung am Beispiel meines „Torro" dargestellt habe, ist dieses reiterliche Entgegenkommen für ein Pferd leider tödlich.
Ein Pferd muß – und diese Erkenntnis setzt sich zum Glück immer mehr auch bei Freizeitreitern durch – ein Pferd muß, wenn es Reitergewicht tragen soll, dies in einer Reithaltung tun mit angespanntem Nackenband, Rückenbogen und aktiver Hinterhand.
Sie nennen diese Haltung unnatürlich. Natürlich ist dies nicht die Selbsthaltung, die die Natur dem Pferd vorschreibt. Aber – es ist die einzige Haltung, die ein Reitpferd alt werden läßt.

Ein böses Erbe

Die bisher aufgezählten negativen Einwirkungen auf die Rolle sind durch entsprechendes Verhalten von seiten der Reiter und Besitzer beeinflußbar.
Anders ist es bei der erblichen Veranlagung zur Hufrolle (Wolf Kröbers Meinung dazu wurde bereits an anderer Stelle dargelegt.)
Es gibt Fälle genug, bei denen an den Vorderbeinen von Jährlingen, Zweijährigen und nicht gearbeiteten Dreijährigen bereits deutliche Veränderungen an den Strahlbeinen in Röntgenuntersuchungen festgestellt wurden. Oft wiesen die Mütter dieser Tiere schwerwiegende Strahlbeinumformungen auf. Leider heißt es immer noch viel zu oft: „Stuten mit geringgradiger Lahmheit sollte man für eine Saison aus dem Sport nehmen und während dieser Zeit zur Zucht nutzen."
Diese nach wie vor geübte Praxis ist als Hauptursache dafür zu sehen, daß immer mehr junge, rohe Pferde, Pferde, die noch keinerlei Belastung erfahren haben, Schäden im Bereich der Rolle erkennen lassen.
Aber auch von bestimmten Hengstfamilien weiß man, daß unter den Nachkommen gehäuft Hufrollenerkrankungen vorkommen, und dies nicht erst nach hartem Turniereinsatz.

Wie erkennt man „Hufrolle"?

Das Leitsymptom einer Podotrochlose ist natürlich die Lahmheit, die meist ganz allmählich auftritt, manchmal aber auch ganz plötzlich.
Leider sind die ersten Anzeichen so gering, daß sie häufig gar nicht wahrgenommen werden. Oft gehen die Pferde nur, wenn sie aus dem Stall kommen, etwas „kurz", laufen sich aber während des Ritts ein.
Mit zunehmender Dauer der Krankheit wird die Lahmheit stärker, hält länger an, springt manchmal auch von einem zum anderen Bein um, so daß ein wenig geschulter Beobachter schon irritiert werden kann.
Vergessen wir dabei nicht: Das Pferd hat eine wesentlich höhere Schmerztoleranz als wir. Das Pferd ist hier dem Menschen eines Naturvolkes vergleichbar, der weitaus höhere Schmerzen ertragen kann als die Vertreter der Kulturvölker.

Wenn uns diese Schmerztoleranz beim Gebrauch des Pferdes auch oft von Vorteil ist, im Hinblick auf die Hufrolle ist sie von Nachteil, denn wenn das Pferd Schmerzen im Gang äußert, sind die Veränderungen meist schon so weit fortgeschritten, daß keine Heilung mehr möglich ist. Dies ist immer dann der Fall, wenn sich bereits Veränderungen in der Hufform zeigen (die Trachten werden enger) oder das Pferd in Ruhestellung die am stärksten betroffene Gliedmaße durch Vorstellen entlastet.
Die Keilprobe, vom Tierarzt vorgenommen, bestätigt dann oft alle Befürchtungen, die Röntgenuntersuchung gibt letzte Gewißheit. Auf der Röntgenplatte zeigen sich deutliche Veränderungen des Strahlbeinknochens. Die ständig aus verschiedenen Richtungen angreifenden Be- und Überlastungen führen zum Schwund der festen Knochensubstanz (Osteoporose), zu einer Zerklüftung der Strahlbeinränder und im fortgeschrittenen Stadium zum Bruch des geschädigten Knochens.
Die Sehne, die ja weiterhin über die „rauh" gewordene Knochenoberfläche laufen muß, fasert auf und kann zerreißen. Erschwerend kommt hinzu, daß die Zug- und Druckbelastung sich auch negativ auf die Blutversorgung des Strahlbeins auswirkt, wodurch ein Teil des Gewebes absterben kann.

Behandlung

Die Podotrochlose ist ähnlich der Arthrose beim Menschen eine degenerative Erkrankung und kann wie diese nicht geheilt, bestensfalls auf dem Stand gehalten werden, den sie erreicht hat.
In den letzten Jahren wurde bei wertvollen Pferden versucht, durch die Injektion von Knochenmarkextrakten eine Regeneration des geschädigten Knorpels anzuregen, jedoch ohne nennenswerten Erfolg. Ende der 70er Jahre gab es noch einmal einen Hoffnungsschimmer, als man in England feststellte, daß ein Rattengift die Hufrolle heilen kann.
Da Ratten besonders schlau sind und ausgelegte Gifte erst durch Vorkoster ausprobieren lassen, kam man auf die Idee, ein Gift auszulegen, das nicht sofort wirkt. Die Vorkoster blieben also am Leben (vorerst jedenfalls), und der gesamte Rattenclan machte sich über die ausgelegten Köder her. Diese enthielten den Wirkstoff Dicumarol, der die Blutgerinnung verhindert. Die Ratten verbluteten über kurz oder lang meist innerlich.
Mit „Cumarin", wie das Mittel genannt wird, wollte man also die verstopften Strahlbeinarterien wieder öffnen und so die Ernährung des Knochens sicherstellen.
Natürlich versprach diese Behandlung nur Erfolg, solange die Veränderung noch nicht allzu weit fortgeschritten war. Trotz anfänglicher Behandlungserfolge wurde das Mittel von den Kunden nicht recht angenommen, denn so ganz ungefährlich ist die Behandlung nicht.
Natürlich darf die Dosierung nur so hoch sein, daß die Thromben aufgelöst werden, die Blutgerinnung aber nicht ganz ausgeschaltet ist, sonst könnten die Pferde wie die Ratten innerlich verbluten.
Die Gefährlichkeit der Therapie, die lästigen Blutuntersuchungen hielten viele davon ab, dieses Mittel einzusetzen. Nur im großen Sport – so hört man – hat man sich mit Cumarin-Präparaten eingedeckt und gibt sie den Pferden – vorbeugend!
Als Behandlung ist man heute weitgehend von den Gerinnungshemmern abgekommen und setzt statt dessen durchblutungsfördernde Mittel ein. Besser wäre es natürlich, den teuren Pferdeathleten mehr Bewegung und ein ausreichendes Aufwärmprogramm vor Arbeit und Wettkampf zu bieten, anstatt sie 23 Stunden einzusperren (siehe Kapitel VII, „Bewegung").

Der Nervenschnitt

Die einzige sichere Möglichkeit, die Lahmheit bei Hufrolle verschwinden zu lassen, ist nach wie vor der Nervenschnitt (Neurektomie).
Diese leider immer noch empfohlene Operation unterbricht die Reizleitung, die den Schmerz vom Huf zum zentralen Nervensystem meldet. Das Pferd spürt also nicht mehr, daß ihm etwas wehtut! Es lahmt nicht mehr und wird infolgedessen wieder eingesetzt.
Der krankhafte Prozeß an der Hufrolle jedoch geht unaufhaltsam weiter, ja, er beschleunigt sich sogar noch, da das Pferd sich nicht mehr schont.

Früher oder später führt dies zum Abriß der Haltebänder, zum Ausriß der Beugesehne aus dem Hufbein.
Manchmal stellt sich vorher auch durch die Wiedervereinigung der Nervenenden (Neurombildung) die Lahmheit wieder ein.

Der Beschlag bei Podotrochlose

Pferde mit Hufrolle fußen normalerweise zuerst auf der Zehe, um den schmerzhaften hinteren Bereich zu entlasten.
Um den Unterschied zur Rehe-Fußung deutlich zu machen, lasse ich meine Hufkurs-Teilnehmer zuerst ein Stück auf den Fersen (Rehe) und dann ein Stück auf den Fußspitzen (Rolle) laufen, das bringt eine Menge Spaß und prägt sich gut ein, wenn es auch von der menschlichen Anatomie her nicht ganz stimmt.
Der Rolle-Beschlag hat also die Aufgabe, den hinteren Teil des Hufes zu entlasten und das Abrollen über die Zehe zu erleichtern. Dies gelingt am besten mit einem Eisen, das im hinteren Bereich mit einem Steg geschlossen ist und eine deutliche Zehenrichtung hat. Auch das herzförmig geschlossene Eisen – die Amerikaner nennen es *heart bar shoe* – eignet sich gut, nur darf in diesem Fall der Steg den Strahl nicht berühren, denn bei der Rolle muß der Bereich, der bei der Hufrehe unterstützt werden muß, entlastet werden.
Zur Entlastung der tiefen Beugesehne sollte der Huf im hinteren Bereich höher gestellt werden. Dies gelingt durch verdickte Eisenschenkel oder – besser noch – durch das Einlegen eines Plastikkeils, der gleichzeitig die Erschütterungen etwas dämpft. Nach außen abfallende Trageflächen begünstigen die Ausdehnung der Hufwand und wirken der Bildung eines Zwangshufs entgegen.

Konsequenzen

Die Hufrollenerkrankung kommt bei wildlebenden Formen nicht vor, sie ist also „hausgemacht".
Das sollte uns zu denken geben!
Hier sind alle aufgerufen: die Richter der Leistungsschauen und Körungen, die Reiter, die Tierschützer.
Es soll hier nicht über die Verwerflichkeit schmerzstillender Mittel diskutiert oder ein Angriff gestartet werden auf diejenigen, die – entschuldigend – die Hufrolle als „Berufskrankheit der Springpferde" hochstilisieren. Hier muß bekannt werden, daß wir die Natur des Pferdes mißachten, wenn wir vom jungen Pferd zu früh zuviel verlangen.
Auch die Tierärzte sind verpflichtet, nicht fast routinemäßig den Rolle-Pferden durch Neurektomie zu helfen, ohne an die daraus resultierenden Konsequenzen für Pferd und Reiter zu denken. Aussagen wie: „Die Tiere sind bei entsprechender Behandlung noch über einen längeren Zeitraum als Freizeitpferde oder zur Zucht verwendbar" sollten nicht mehr gemacht werden.
Und die Züchter? Sie müssen sich den Vorwurf gefallen lassen, nur wegen des Profits gegen die Natur des Pferdes zu verstoßen. Diesem hochbrisanten Thema ist der nächste Beitrag gewidmet.

Schnelles Wachstum – früher Verschleiß

Wachstumsstörungen des Skeletts sind bei großwüchsigen Hunderassen, bei Mastschweinen und Mastbullen seit langem bekannt. Man hat sich fast schon daran gewöhnt, daß diese Tiere kaum noch in der Lage sind, ihr eigenes Körpergewicht zu tragen. In die Reihe der Masttiere müssen wir seit neuestem auch das Pferd einreihen. Alarmierend sind die Meldungen über zunehmende Knochenschäden schon bei jungen Tieren.
Wo liegen die Gründe?
Es gibt bei Tieren wie bei Menschen eine angeborene Bereitschaft für Wachstumsstörungen. Diese Bereitschaft fällt seit einigen Jahren mehr und mehr ins Gewicht. Sie kommt bei Warmblutfohlen häufiger vor als bei Vollblutfohlen, Hengste und Wallache zeigen öfter Veränderungen als Stutfohlen.
Ein weiterer Faktor ist die fehlende Selektion der Elterntiere auf Skelettgesundheit. Chronisch lahme Tiere dürften in der Zucht einfach nicht verwendet werden.

Die wohl wichtigste Rolle aber spielt in den letzten Jahren tatsächlich die Fohlenmast. „Pushen" heißt das im Züchterjargon, wenn die Fohlen mit eiweiß- und energiereichem Futter vollgestopft werden.
Dieses Überangebot in der täglichen Nahrung beschleunigt das Skelettwachstum. Es bilden sich größere, d. h. längere, Knochen. Die Belastungsfähigkeit nimmt allerdings nicht in entsprechendem Maße zu.
Die Mast fördert auch das Wachstum der Skelettmuskulatur. Das bedeutet eine verstärkte Belastung der weniger belastbaren langen Knochen durch die einwirkenden Muskelkräfte. Aus dieser Ungleichheit zwischen Belastung und Belastbarkeit entsteht die gefürchtete Epiphysitis.
Was ist das?
Die Röhrenknochen haben während des Wachstums in Gelenknähe knorpelige Knochenspalten, von denen das Längenwachstum ausgeht; das sind die Epiphysenfugen, die Wachstumszonen. Erst wenn das Wachstum beendet ist, verschließen sich diese Fugen und können dann nicht mehr erkranken.
Am unteren Ende des Röhrbeinknochens verschließt sich die Epiphysenfuge zwischen 8–14 Monaten (so lange kann die Stellung des Fußes noch relativ gut korrigiert werden; erinnern Sie sich noch an die entsprechende Aussage in Kapitel III und IV?)
An vielen anderen Knochen aber ist das Wachstum erst deutlich später beendet, am oberen Ende des Röhrbeinknochens etwa zwischen 2–3 Jahren.
Solange Sie hier mit dem Daumennagel noch eine „Rinne" spüren, sollten Sie Ihr Pferd nicht anreiten.

Was ist der Grund für das Pushen?

Pferde, die älter sind als drei Jahre, sind für den Züchter uninteressant, es sei denn, er kann sie zur Zucht verwenden. (Ich behaupte das hier einfach einmal so pauschal, obwohl ich weiß, daß es auch Ausnahmen gibt.)
Dreijährige können in der Regel nur dann mit Gewinn verkauft werden, wenn sie ausgebildet, wenn sie eingeritten sind.
Ausbildung aber kostet Geld. Also müssen die Dreijährigen schon fertig aussehen und fertig sein, damit sie vom Käufer gleich in Gebrauch genommen werden können.
Zwei- bis Dreijährige, die so aussehen, wie zwei- und dreijährige Pferde auszusehen haben: mager, struppig, unproportioniert, aber voller Saft und Kraft und Tatendrang, solche Jungpferde sieht man heute nur noch selten.
Aber: Schnelles Wachstum — früher Verschleiß!
Gepushte Fohlen haben entzündete, gezerrte und gequetschte Epiphysenfugen. Gepushte Fohlen haben überlastete Gelenke und Hufe. Gepushte Fohlen haben Knochenwucherungen. Gepushte Fohlen haben einen ungünstigen Stoffwechsel, das macht die rein mechanisch auftretenden Schäden noch schlimmer, weil nicht mehr umkehrbar.
Dummerweise kann man diese Schäden nicht auf Anhieb sehen. Man läßt sich täuschen durch die Größe, durch die Oberlinie, die Muskelpakete.
In Wahrheit aber sieht man einen Frühinvaliden!

XV. Vom Stahlroß zum Pantoffeltierchen
Sagimex-Workshop

Der Workshop ist der Höhepunkt des Hufkurses. Hier können Sie nun all das, was Sie bisher erkannt und gelernt haben, anwenden, um den Huf Ihres Pferdes mit einer Kunststoffplatte zu schützen – wenn Sie dies wollen. Sollten Sie allerdings bei der Umsetzung der vorhergehenden Kapitel noch irgendwo Unsicherheiten spüren, rate ich Ihnen von diesem Schritt ab.
Bevor Sie aber praktisch tätig werden, will ich Ihnen noch ein paar Überlegungen zu Ihrem wichtigsten Werkzeug vorstellen:
Das ist der **Hammer**.
Wenn Sie bis jetzt glaubten, das Rad sei die wichtigste technische Erfindung des Menschen gewesen, so möchte ich Sie bitten umzudenken: Es war der Hammer. Unsere Vorfahren nannten ihn je nach Landschaft *hamar, hamur, hammare* und bezeichneten damit zuerst einmal jedes Schlagwerkzeug oder eine Waffe. Die Vorsilbe *ham* bedeutet ursprünglich „Fels" oder „Stein". Der Urahn unseres Hammers entpuppt sich also als Faustkeil aus Stein.
Als man diesen Stein, den Hammerkopf also, an einem Stiel befestigte, war die erste Kraftmaschine erfunden.
„Aber was ist daran schon Besonderes?" werden Sie sich fragen. „Was hat ein durchbohrter Stein oder ein Stück Metall auf einen Stiel gesteckt, mit Erfindergeist zu tun?"
Die Antwort liefert uns die Physik.
1. Erkenntnis: Je größer der Hammerkopf, desto mehr Energie ist in ihm gespeichert und um so wuchtiger fällt er auf die Unterlage.
2. Erkenntnis: Die Bewegungsenergie steigt mit dem Quadrat der Geschwindigkeit. Schlägt man also doppelt so schnell, steigt die Energie um das Vierfache.
(Wenn wir hier statt Hammer das Wort „Huf" einsetzen, erkennen wir: Wenn wir doppelt so schnell reiten, hämmert der Huf mit vierfacher Energie auf den Boden!) Aber zurück zum Hammer.
Die im Hammer gespeicherte Bewegungsenergie verdichtet sich im Moment des Auftreffens zu einer regelrechten Kraftexplosion. Bei diesem Vorgang kommen physikalische Größen ins Spiel. Eine davon ist das sogenannte Elastizitätsmodul. Stahl wird nämlich beim Schlag im mikroskopischen Bereich von tausendstel Millimetern zusammengedrückt und schnellt dann elastisch wieder zurück.
Dies geschieht in Bruchteilen von Sekunden, ist aber meßbar. In dieser kürzesten Zeit entstehen Schwingungen, die sich im Eisen ausbreiten und an der Energieübertragung beteiligt sind.
So bestätigen sich bei der Betrachtung des Hammers die Erkenntnisse, die den alternativen Formen des Hufschutzes zum Durchbruch verholfen haben: die „Energieschwingungen" sind es, die dem eisenbeschlagenen Huf so zu schaffen machen und die die Alten mit dem Begriff „Rückdröhnung" gekennzeichnet haben.
Der Hammerkopf setzt weiterhin in Sekundenbruchteilen einen Druckstoß frei, der sein Gewicht um das Hundertfache übertreffen kann.
Wer beim Nageln versehentlich seinen Fingernagel auch nur mit einem kleinen Hämmerchen bei reduzierter Schlagkraft getroffen hat, wird diesen Kraftzuwachs auch ohne mathematischen Formelbeweis glauben.
Die Energie, die mit einem Hammer freigesetzt werden kann, zeigte ein Schmied in der Sendung „Wetten, daß". Der Kandidat wette-

te, daß er innerhalb von zwei Minuten eine Zigarette mit einem Hammer in Brand setzen könne.
Die Wette wurde gewonnen!
Wie?
Der Schmied legte einen Eisenstab auf einen Amboß und begann, mit wuchtigen Schlägen im Sekundentakt die Spitze zu bearbeiten. Durch die gezielten Schläge wurde das Eisengefüge gleichsam durchgeknetet und mit so viel Energie versehen, daß die Spitze schon nach gut einer Minute rot zu glühen begann. Mit dem ersten Zug aus der Zigarette des Quizmasters war die Wette dann gewonnen.
Sollten Sie als Freizeithandwerker diesen Versuch nachvollziehen wollen, seien Sie vorsichtig! Schon nach 10—15 Schlägen haben Sie keine Kraft mehr in der Hand, und der Hammer wird, sich überschlagend, durch die Gegend fliegen—wenn er nicht schon vorher an Ihrer Stirn gelandet ist. Ungeübte beugen sich nämlich, wenn die Kraft nachläßt, gerne nach vorne und geraten so in den Bereich des zurückschnellenden Hammers.
Früher haben die Schmiede mit dieser Übung ihre Kraft gemessen, Gesellen ihre Anerkennung erworben. Nicht nur deswegen bleibt der Beruf des Schmieds bis in unsere Zeit sagenumwoben.
Nun aber das Wichtigste: Warum brauchen Sie unbedingt einen Beschlaghammer, wenn Sie richtig nageln wollen?
Oder anders gefragt: Wie muß ein Hammer gebaut sein, der richtig in der Hand liegt und einen Nagel zielgenau durch das Hufhorn treiben kann?
Oder noch einmal gefragt: Wenn Sie Ihrem Schmied Ihren Schlosserhammer anbieten und er ihn mit den Worten: „Der hat keinen richtigen Zug!“ ablehnt — was meint er damit?
Die Antwort liefert wieder die Physik. Ein Hammer, der einen 5×5 mm großen Nagelkopf treffen soll, darf kein dicker Klotz sein. Besser ist eine relativ kleine, wenig breite und gestreckte Form. Einen solchen Hammer kann man enorm beschleunigen, er verdreht sich nicht in der Hand und bringt die Energie des Schlages auf den Punkt.
Ein Hammer, der genau treffen soll, muß eine nach hinten gebogene Finne haben. Durch die Biegung der Finne sitzt der Schwerpunkt des Hammerkopfes nicht exakt über dem Mittelpunkt der Schlagfläche, sondern näher bei der Schlaghand. Trifft die Hammerbahn (die Schlagfläche) den Nagelkopf, entsteht eine Drehkraft, die den Hammerstiel nach oben drückt und dadurch die Schlaghand fixiert. Der Hammerkopf wird dadurch wie automatisch wieder nach oben gehoben.
Diese wichtige Nebensächlichkeit wird einem erst dann bewußt, wenn man mit einem Hammer arbeitet, der diese gebogene Finne nicht hat oder der verkehrt herum auf dem Stiel sitzt. Probieren Sie es spaßeshalber einmal aus. Sie spüren deutlich, daß Ihre Hand nicht fixiert wird, daß der Hammerkopf seine Rücksprungkraft verloren hat und daß kein Schlagrhythmus möglich ist.
Vermutlich wird der Hammer auch das Computerzeitalter überleben. Auf Jahrmärkten jedenfalls hat er sich neben allen technischen Neuerungen bis heute gehalten. Beim „Hau den Lukas“ geht es um die uralte Lust am Hammerschlag, um jenes Gefühl, das die Hufkursteilnehmer auch spüren, nachdem sie ihren ersten Nagel geschlagen haben, und das man fast Euphorie nennen könnte.
Nehmen Sie jetzt Ihren Hammer einmal ganz bewußt in die Hand. Spüren Sie, zu welcher Gewalt Sie auf einmal fähig sind? Spüren Sie das Lustgefühl, das sich auf Ihren ganzen Körper überträgt?
Es könnte auch am Hammer liegen, wenn Ihr Schmied es ablehnt, Ihr Pferd zu bekleben!

Die Nagelproben

Nun sollen Sie mit diesem phantastischen Gerät „Hammer“ auch umgehen. Dazu kaufen Sie sich ein Pfund Nägel (50er oder 60er) und machen die Nagelproben.

Probe 1
Stecken Sie zehn Nägel auf ein Kantholz o. ä., und schlagen Sie sie nacheinander hinein!
Wie viele Nägel konnten Sie gerade einschlagen? Wenn Sie Probleme hatten, achten Sie auf die Führung des Hammers. Ungeübte drücken den Hammer mit steifem Handge-

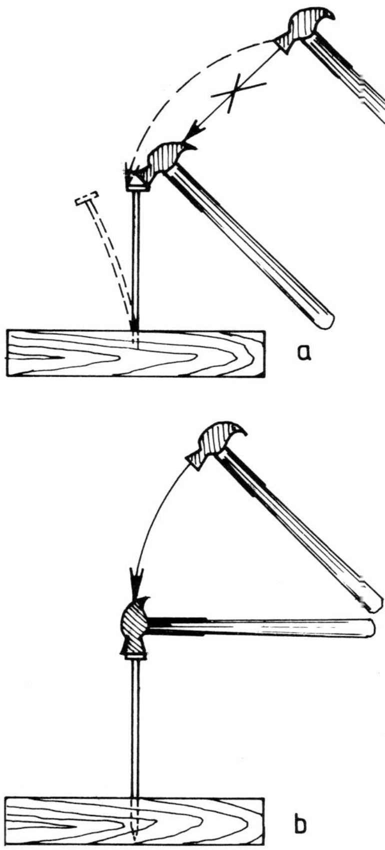

Abb. 126: Die Führung des Hammers: Der Hammer wird nicht mit steifem Handgelenk auf den Nagelkopf gedrückt (a). Lassen Sie den Nagel zuerst durch das Gewicht des fallenden Hammers in Holz eindringen (b).

lenk und treffen mit der Hammerbahn schräg auf den Nagelkopf: Der Nagel wird krumm.
Tip: Lassen Sie den Hammer im Bogen auf den Nagelkopf fallen, und kippen Sie dabei Ihr Handgelenk nach vorn etwas ab. Spüren Sie den Gegendruck des Hammerstils in Ihrer Handfläche im Moment des Auftreffens? So ist es richtig (Abb. 126 b).

Probe 2
Treiben Sie eine zweite Nagelserie auf diese Art ins Holz. Verstärken Sie den Schlag noch nicht. Lassen Sie den Nagel allein durch das Gewicht des fallenden Hammers ins Holz eindringen.
Wie viele krumme sind es diesmal?
Üben Sie so lange, bis Sie wenigstens acht von zehn Nägeln gerade und zügig einschlagen können.

Probe 3
Bei der dritten Probeserie sollten Sie jetzt schon die Schlagstärke variieren. Lassen Sie den Hammer 2- bis 3mal wie in Probe 2 auf den Nagelkopf fallen, und führen Sie ihn dann mit etwas mehr Kraft.
Wie, Sie haben den Nagel schon wieder krumm gehauen?
Das ist ganz normal!
Ungeübte versteifen im Moment des größeren Krafteinsatzes ihr Handgelenk wieder und arbeiten dann wie bei Probe 1. Aber Sie haben ja reichlich Nägel zum Üben. Schätzen Sie Ihr handwerkliches Können nach diesen drei Proben richtig ein, und hämmern Sie einige Zehnerserien ins Holz, bis Sie ein gutes Gefühl für den Hammer in Ihrer Hand entwickelt haben.

Der Nageltest

Testen Sie danach Ihr Können unter „wettkampfmäßigen" Bedingungen, indem Sie gegen Ihre Frau/Ihren Mann/Ihren Arbeitskollegen/Ihren Schmied u. a. antreten.
Für den Nageltest gibt es viele Varianten. Man zählt die krummgeschlagenen Nägel, die benötigten Hammerschläge, man legt die Hammerschläge pro Nagel oder pro Serie vorher fest, man mißt die am Ende noch herausstehenden Nagelteile, man hämmert um Geld, um Bier, um die Ehre ...
Erst wenn Sie in einem solchen Test nicht immer wieder schlecht abschneiden, können Sie anfangen, daran zu denken, einen Nagel in die Hufwand Ihres Pferdes zu treiben.

Probe 4
Vor der Umsetzung des Gedankens in die Praxis aber sollten Sie auf jeden Fall noch die vierte Probe durchgeführt haben: das Fühlen mit dem Hammer.
Ja, Sie haben richtig gelesen. Wenn Sie jemals einen Weidezaunpfosten mit einem dikken Vorschlaghammer eingeschlagen haben, wissen Sie, was ich meine. Wenn der

Pfahl nicht mehr zieht, d. h. dem Hammerschlag nicht mehr nachgibt, weil er z. B. auf einem Stein aufsitzt, dann spürt man das im Hammerstiel — er vibriert leicht.
Beim Beschlaghammer ist die Vibration natürlich wesentlich geringer, trotzdem müssen Sie sie wahrnehmen können, wenn Sie gefahrlos nageln wollen.
Üben Sie daher das Nageln in zwei verschiedene Widerstände.

Übung 1: Styropor und Holz
Schlagen Sie einen Nagel langsam durch eine Styroporplatte, und versuchen Sie zu fühlen, wann die Nagelspitze das darunterliegende Holz erreicht hat. Es ist gar nicht so schwer, wie man glaubt.

Übung 2: Bierdeckel und Holz
Treiben Sie jetzt einige Nägel mit Gefühl durch zwei oder drei Bierdeckel, und fühlen Sie wieder den Moment des Auftreffens der Nagelspitze auf dem Holz. Benutzen Sie für diese Übung auch schon Hufnägel, und versuchen Sie, die Veränderung im Klang bewußt wahrzunehmen.
Wenn die Spitze das Holz erreicht hat, der Nagel bei gleicher Schlagstärke also nicht mehr zieht und der Klang sich von „tock-tock" zu „tack-tack" geändert hat — dann schlagen Sie zweimal fest zu, ohne den Nagel krumm zu hauen.

„Was soll das Spielchen?" werden Sie sich fragen. Meine Antwort: Da Sie im Huf den Nagel zuerst durch Weichhorn (Blättchenschicht) treiben, müssen Sie den Moment, in dem die Nagelspitze von innen das feste Horn (Wand) erreicht, mit dem Hammer fühlen lernen.
Die Änderung im Klang bestätigt Ihnen Ihre Feststellung. Sie kontrollieren also mit zwei Sinnen Ihre Arbeit. Das ist auch notwendig, immerhin arbeiten Sie ja nur Millimeter entfernt vom Leben!
Üben Sie also fleißig mit Bierfilz und Holzbrett so lange, bis Sie eine gewisse Sicherheit feststellen und nur noch in Ausnahmefällen einen krummen Nagel produzieren.

Probe 5 — Übung 1
Besorgen Sie sich einige alte Hufeisen und ein Rundholz, auf das die Eisen einigermaßen passen. Malen Sie den Strahl auf. Lassen Sie einen Helfer das Rundholz wie einen aufgehaltenen Pferdehuf halten. Knien Sie sich vor das Holz, und nageln Sie das alte Eisen auf.
Setzen Sie die Nägel korrekt an (die Zwicke zeigt zum Strahl), und treiben Sie sie mit gezielten Schlägen ins Holz. Auch wenn das Holz einen etwas anderen Widerstand bietet als der Huf, sollten die Nägel möglichst korrekt an der Seite austreten.
Noch wichtiger aber ist, daß Sie die Hammerschläge zählen, die weder den Nagel noch das Eisen treffen. Sie erkennen die Fehlschläge an den Macken im Holz. Solche recht fest geführten Schläge auf die Sohle können bei empfindlichen Pferden schon zu Hufgeschwüren führen.
Außerdem ziehen Pferde bei Fehlschlägen gern den Huf zurück, was zu unangenehmen Verletzungen führen kann, wenn die Nagelspitze bereits ausgetreten ist. Vernachlässigen Sie deswegen auch nicht die Schutzkleidung!

Übung 2
Nehmen Sie anschließend das Rundholz wie in Kapitel IX beschrieben zwischen die Knie, und versuchen Sie, ob Sie den Arbeitsschritt „Aufnageln" auch nach der amerikanischen Aufhaltemethode ausführen können. Wenn Sie sich unsicher fühlen, sollten Sie beim Befestigen der Platte auf jeden Fall mit einem Aufhalter arbeiten.

Das Zurichten der Sagimex-Platte

Wenn Sie Glück haben, paßt eine der fünf Größen so gut, daß Sie gar nichts oder nur ganz wenig ändern müssen.
Wenn Sie Pech haben und Ihr Pferd eine außergewöhnliche Hufform hat, müssen Sie die Platte bearbeiten. Wählen Sie die Größe aber nicht zu knapp. Im Zweifelsfall nehmen Sie die größere Nummer, damit Sie Ihrem Pferd einen deutlichen Überstand bieten können.
Der Markt bietet folgende Modelle:

Größe	TP	P	M	G	TG
Länge (mm)	135	140	145	150	160
Breite	120	130	135	140	145
Dicke	8	8	8	8	8
Gewicht (g)	100	110	115	120	135

Die Angaben beziehen sich auf die Serie FP. Daneben gibt es noch die Serie FC mit verstärkten Schenkeln, die Serie FS mit eingelassenen Metallstiften und die Serie T, das sind die Plastikkeile.

Und so gehen Sie im Workshop vor:

1. Richten Sie den Huf zum Barfußgehen.
2. Feilen Sie die Zehenwand etwas flach, damit der Aufzug besser anliegt.
3. Legen Sie die Platte auf den Huf, und fahren Sie mit einem Folienschreiber um den Tragrand. Halten Sie dabei den Stift senkrecht. Kennzeichnen Sie die Platten mit vl, vr, hl, hr, Sie werden sie sonst mit Sicherheit verwechseln.
4. Schneiden Sie nun den angezeichneten Rand mit einer Stichsäge ab. Sie können ihn auch mit einer scharfen Zange abkneifen, mit einer Blechschere abtrennen oder wegraspeln.

   Achten Sie auch auf den hinteren Überstand. Sie können die Platte deutlich länger lassen als ein Eisen, also bis zur Senkrechten vom Ballen. Damit haben Sie

Abb. 127: Übertragen Sie die Hufform auf die Sagimex-Platte. Überstehende Teile können Sie abschneiden oder abraspeln. Die Platte kann im Trachtenbereich deutlich überstehen.

Abb. 128: Kennzeichnen Sie die Stellen, an denen die Nägel sitzen sollen. Übertragen Sie den Abstand zwischen Tragrandkante und äußerer Hälfte der weißen Linie auf die Platte.

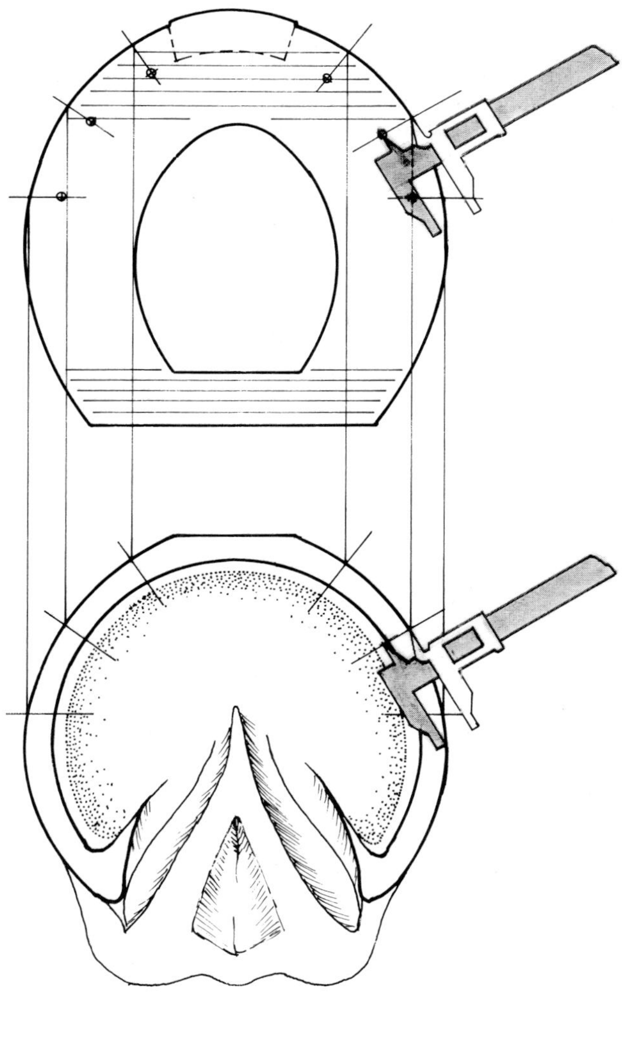

einen ausgezeichneten Ballenschutz fürs Gelände. Sollten Sie beim Reiten öfter einmal ein deutliches „schlapp" hören, so ist das ein Zeichen dafür, daß Ihr Pferd diese Länge nicht verträgt und sich greift. Schneiden oder raspeln Sie dann den Überstand etwas kürzer.

5. Kennzeichnen Sie nun die Stellen, an denen die Nägel sitzen sollen, mit einem Strich auf dem Tragrand und auf der Außenseite der Hufwand. Setzen Sie den ersten Nagel/Strich etwa 1,5 cm neben den Aufzug und den zweiten kurz vor die weiteste Stelle des Hufes. Ist der Abstand der beiden Nägel/Striche größer als 4 cm, setzen Sie noch einen Nagel/Strich genau dazwischen.
6. Halten Sie nun die Platte wieder auf den Huf, und übertragen Sie die Striche auf den Rand der Platte.
7. Messen Sie nun an den gekennzeichneten Stellen den Abstand von der Tragrandkante bis zur Mitte der weißen Linie, und übertragen Sie den Wert auf die Platte. Achtung: Wo ist innen, wo ist außen?
8. Bohren Sie an der markierten Stelle ein 3-mm-Loch in die Platte, damit Sie die Nagelspitze korrekt ansetzen können. Lassen Sie sich nicht dazu verleiten, durch die Platte zu nageln, solange Sie noch nicht genau wissen, wie der Nagel in dem Plastikmaterial zieht. Das Vorbohren dient wieder der Sicherheit von Pferd und Hobby-Schmied.

Der Hufnagel

Zum Abschluß der Vorüberlegungen und der vorbereitenden Übungen schauen Sie sich den Hufnagel noch einmal ganz genau an. Im Vergleich mit Ihren Übungsnägeln fallen Ihnen sofort vier Unterschiede auf:

a) der Hufnagel ist nicht rund, sondern ekkig,
b) der Hufnagel hat eine leicht gebogene Klinge,
c) der Hufnagel hat eine schräge Spitze (Zwicke),
d) der Hufnagel hat ein eingeprägtes Firmenzeichen am Nagelkopf.

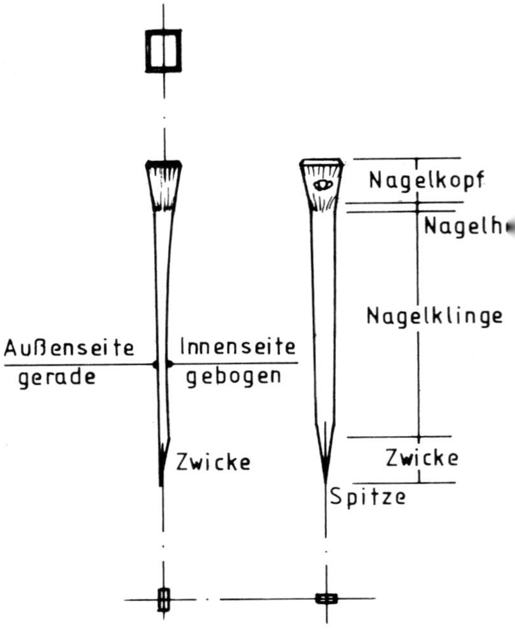

Abb. 129: Der Standard-Hufnagel

a) hängt mit der Hornverdrängung zusammen, wie Sie schon wissen.
b), c) und d) sind Hilfen des Herstellers, die uns beim Nageln unterstützen. Klinge und Zwicke drängen den Hufnagel nach außen zur Hornwand hin und damit weg vom „Leben"—wenn der Nagel richtig angesetzt und gedreht ist.
Die richtige Drehung zeigt uns die Prägung, sie zeigt immer zum Strahl.

Der Nagelansatz

Sie haben nun den Hammer als Werkzeug kennen und anwenden gelernt. Sie wissen um die Besonderheiten des Hufnagels, Sie haben die Nagelproben bestanden, und Sie haben Ihre Platte auf den Millimeter genau bearbeitet.
Jetzt kommt nach den vielen Proben die Premiere: die Befestigung der Plastikplatte am Huf. (Sollten Sie eine Generalprobe vorschalten wollen, besorgen Sie sich beim Pfer-

demetzger oder im Schlachthof einen Huf, und üben Sie am „toten“ Objekt.)
Und so wird der Nagel angesetzt:

a) <u>Der Angstansatz</u>
So wie in Abb. 130 dargestellt nageln alle Hufkünstler, die keine Ahnung vom Aufbau des Hufs und von der Konstruktion des Hufnagels haben. Da sie irgendwelche ominösen Vorstellungen von dem haben, was man landläufig im Huf „das Leben“ nennt, nageln sie wie in Holz. Das aber ist falsch.
Der schräg angesetzte Nagel findet nach dem Eindringen zuwenig „Futter“. Meist spaltet er den Tragrand von unten, weil die Nagelspitze nicht in die weiße Linie dringt. Das führt im Verlauf der Beschlagperiode zu Hornrissen.
Durch den schrägen Ansatz sitzt der Nagelkopf nicht senkrecht im Nagelfalz (bei der Platte: im vorgebohrten Loch). Auch ist der Nagel nicht dort herausgekommen, wo die Spitze hingezeigt hat, sondern die Zwicke hat ihn – wie es ihre Aufgbe ist – abgelenkt. Dadurch entsteht kurz unterhalb des Nagelkopfs eine starke Verbiegung mit Stauchung auf der einen und Zerrung auf der anderen Nagelseite. Dieser Belastung kann der Nagel nur eine gewisse Zeit standhalten und wird an dieser Stelle mit Sicherheit bald abreißen. Das ist auch deswegen nicht besonders schön, weil man das bei der Kontrolle nicht erkennen kann. Meist bleibt der Nagelkopf im Falz und der Nagelniet in seinem Bett. Der Hufschutz aber wird an dieser Stelle nicht gehalten.
Passiert dieses Mißgeschick aus Unkenntnis bei allen Nägeln, fliegt einem bald die Platte beim Galopp um die Ohren.

b) <u>Der Sicherheitsansatz</u>
Kenner der Materie nageln anders. Sind sie noch neu im Geschäft, entscheiden sie sich zuerst für den Sicherheitsansatz. Das sollten Sie auch tun. Wenn die Hornwand eine entsprechend günstige Winkelung hat, kann man den Nagel einfach senkrecht auf der weißen Linie ansetzen. Ein solchermaßen in der äußeren Hälfte der weißen Linie angesetzter Nagel würde sogar ohne Zwicke die Hornwand durchbohren, ohne Schaden anzurichten.
Die Zwicke aber läßt ihn zusätzlich noch etwas nach außen abweichen, so daß die Nagelspitze etwa 2 cm hoch austritt. Ein solcher

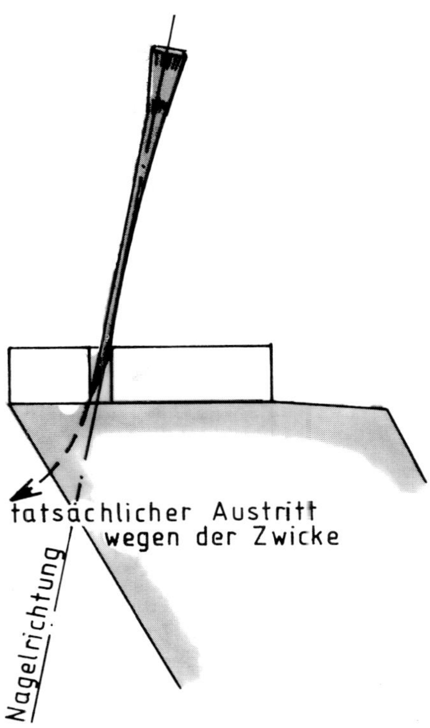

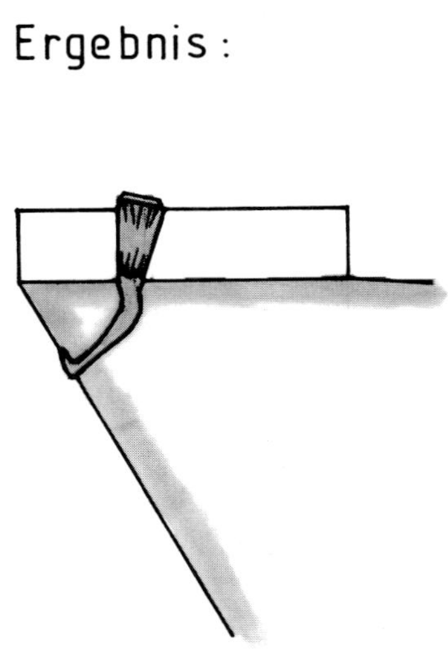

Abb. 130: Der Angstansatz und das Ergebnis

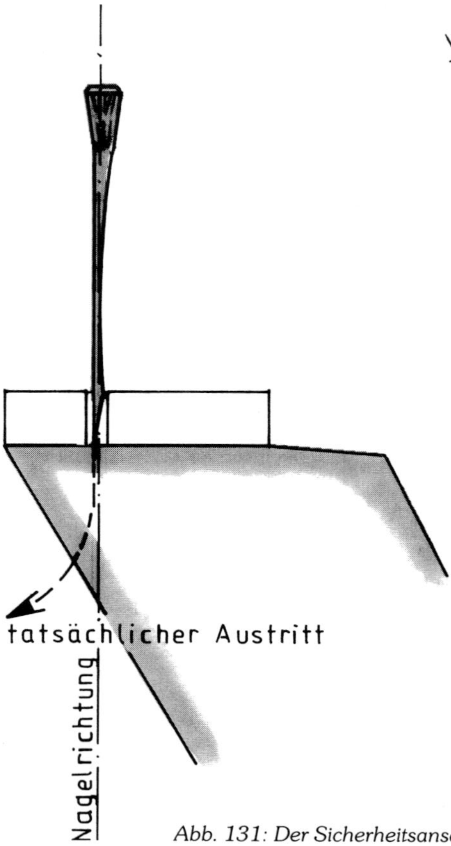

Abb. 131: Der Sicherheitsansatz

Nagel hat genügend Futter und genügend Horn verdrängt, um das an ihm hängende geringe Gewicht der Platte in allen Gangarten zu halten. (Die Gewichtserhöhung durch die Fliehkraft ist bei dieser Aussage berücksichtigt.)
Beim Eisen geht man mit dem Nagel etwas höher, etwa bis zum ersten Drittel der Wandhöhe.

c) <u>Der Ansatz des Hobby-Schmieds</u>
Hobby-Schmiede, die bereits einige Erfahrung haben und mit dem Hammer gut umgehen können, setzen ihren Nagel zuerst parallel zur Außenwand an und verschieben ihn dann um die Breite des Nagelkopfes nach innen, zum Strahl hin. Sie treiben dann den Nagel mit mäßig festen Schlägen ca. 2 cm tief ein, bis der Ton sich ändert und der Nagel nicht mehr zieht. Jetzt, so wissen sie, sitzt die Nagelspitze innen an der Hufwand.

Abb. 132: Der Ansatz des Hobby-Schmieds

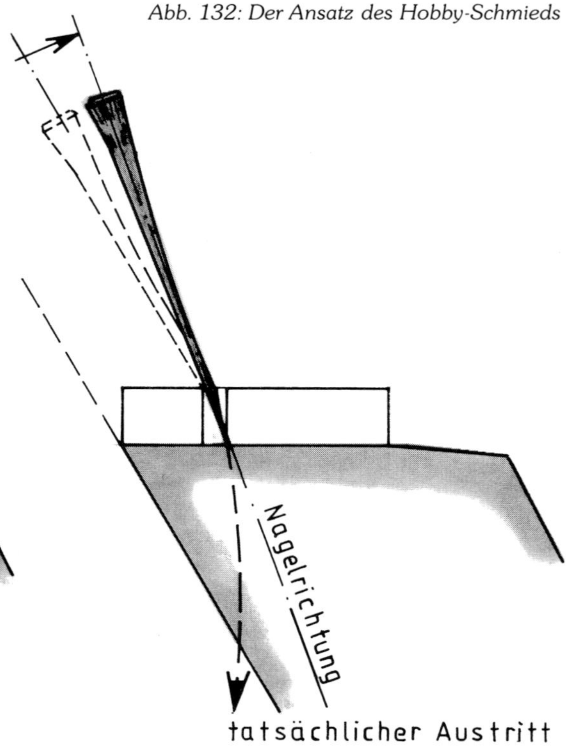

Mit einem, höchstens zwei kräftigen Schlägen wird die Spitze nun durch die Hornwand getrieben und sofort umgebogen.
Jetzt wird Ihnen der Sinn der beiden Übungen in Probe 4 noch einmal deutlich. Für diesen Nagelansatz brauchen Sie unbedingt die Fähigkeit, mit dem Hammer fühlen zu können, und das handwerkliche Geschick, einen kräftigen, gezielten Schlag senkrecht auf den Nagelkopf führen zu können.
Warum dürfen es nur höchstens zwei Schläge sein? Und warum müssen sie kräftig sein?
Wenn die Zwicke von innen an das Wandhorn anstößt, gibt es für die Nagelspitze zwei Wege. Entweder sie dringt nach außen durch die Wand; dazu braucht sie Energie von hinten, die ihr ein fester Hammerschlag vermittelt.
Erhält sie aber keinen Kraftstoß von hinten (d.h.: Schlagen Sie aus Angst nicht fest genug, nur halbherzig), dann rutscht die Spitze immer höher an der Innenwand entlang und kommt im Extremfall gar nicht zum Vor-

schein, obwohl der Nagelkopf bereits im Nagelfalz sitzt.
Und warum nur zwei Schläge?
Besser wäre sogar nur ein fester Schlag, wenn er ausreicht, die Spitze durch die Hornwand nach außen zu treiben. Danach muß wieder mit mäßig festen Schlägen genagelt werden.
Viele Anfänger schlagen in ihrer Aufregung auch dann noch fest weiter, wenn die Spitze bereits draußen ist und der Nagelkopf im Falz sitzt — mit manchmal blutigen Folgen. Die festen Hammerschläge, die das Pferd durch das Eisen oder den Kunststoff hindurch spürt (schlagen Sie sich bitte mit dem Hammer auf Ihre Schuhsohle!), veranlassen es, den Huf abrupt wegzuziehen. Gnade Gott dem Self-made-Schmied, der jetzt keinen Lederschutz trägt! Die vorstehende Nagelspitze reißt unangenehme Wunden!

d) Der Ansatz des Profi-Handwerkers
Könner setzen den Nagel parallel zur Außenwand ohne den Sicherheitstick nach innen und treiben den Nagel mit dem Hammer dorthin, wo sie ihn haben wollen. Sie wissen, wie die Zwicke auf die Energie des Hammers reagiert, nämlich anders, als man im ersten Moment denkt. Feste Hammerschläge treiben die Zwicke schneller zur Wand, der Nagel tritt also früher (niedriger) aus; schwache Schläge lassen den Nagel innen höher ziehen; er tritt also später (höher) aus der Wand aus.
Dieses gefühlvolle Treiben des Nagels mit mehr oder minder festen Hammerschlägen wird immer dann angewendet, wenn es gilt, einen neuen Nagel hinter einen bestehenden Nagelkanal zu treiben und ihn über dem alten Nagelloch austreten zu lassen. Diese Technik, das sehen Sie sicher ein, ist nur etwas für Fortgeschrittene — aber ein lohnendes Übungsziel!

e) Der Ansatz bei steilen Wänden
Bei Hufen mit steilen Wänden ist es oft nicht möglich, den Nagel nur mit energischen

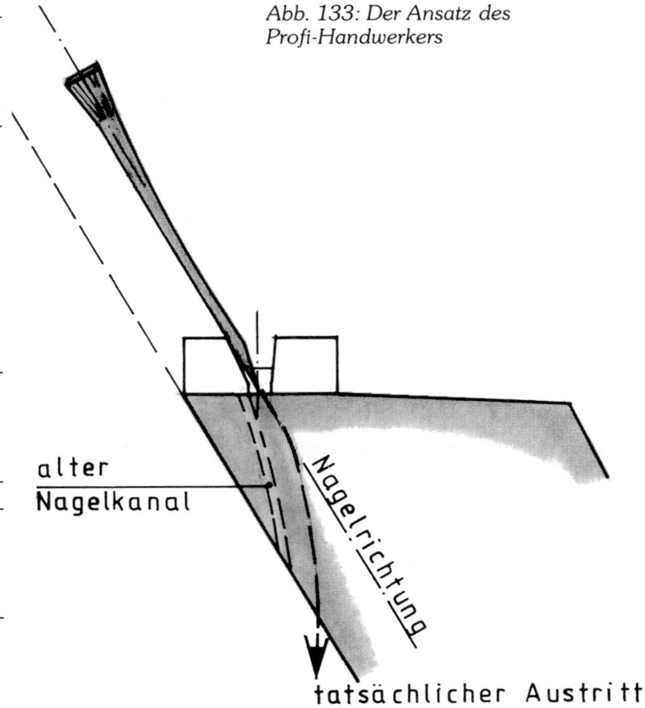

Abb. 133: Der Ansatz des Profi-Handwerkers

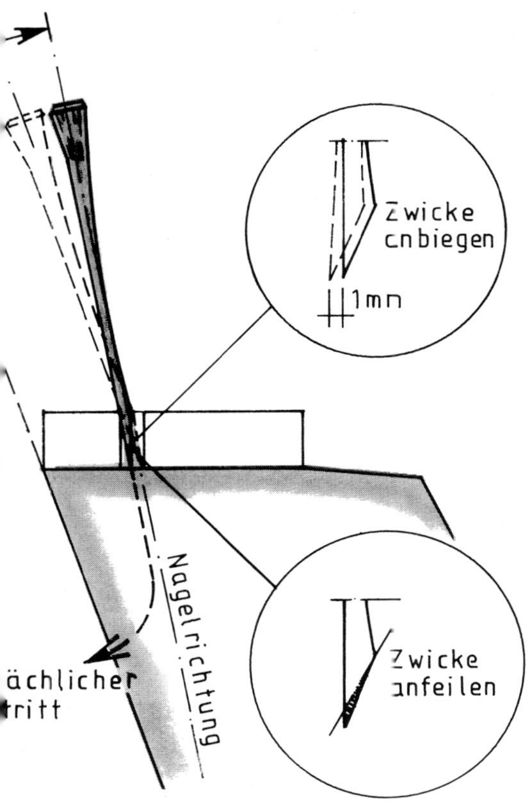

Abb. 134: Der Ansatz bei steilen Wänden

Hammerschlägen aus der Wand zu treiben. Schauen Sie sich Abb. 134 an, und vergleichen Sie sie mit Abb. 132. Es fällt Ihnen sicher auf, daß die Winkel, die die Zwicke mit der Hornwand bildet, sich deutlich unterscheiden.
Bei einem steilen Huf kann der Winkel so spitz werden, daß die Zwicke keinen Ansatz findet und trotz energischer Hammerschläge nicht austritt. Hier hat man verschiedene Möglichkeiten, sich zu helfen:
— Man verfährt nach Ansatz c).
— Man biegt die Zwicke leicht an.
— Man feilt die Zwicke leicht an.
Bei Hinterhufen, insbesondere mit steilen Wänden, sollte man die Zwicke anbiegen oder anfeilen. Hier gilt der Grundsatz: Je kürzer bzw. steiler die Zwicke, desto stärker zieht der Nagel nach außen. Die Veränderung der Nagelspitze beim Anbiegen bewegt sich im Bereich von 0,5—1,0 mm; beim Anfeilen genügt schon ein leichter Feilenstrich.

Und noch ein Tip:
Ganz gleich, in welcher Art, mit wieviel Geschick und wie vorsichtig Sie arbeiten — wenn Sie den Nagel angesetzt haben, drükken Sie ihn leicht mit dem Daumen an. Bleibt er stehen, sitzt die Spitze in der weißen Linie. Fällt er um, sitzt die Spitze auf dem Tragrand (dann spalten Sie die Wand) oder auf der Sohle (dann gibt es einen Nageldruck).
Überprüfen Sie daraufhin noch einmal Ihren Nagelansatz, die Nageldrehung, das gebohrte Loch und die Platte!

Die Anwendung

Sie haben durch die Ansatz-Überlegungen folgendes erkannt:
— Die Nagelspitze sitzt auf der weißen Linie, wenn der Nagel auf Daumendruck stehenbleibt.
— Der Hufnagel ist sinnvoll konstruiert.
— Der Hufnagel zieht wegen der Zwicke nach außen.
— Die Austrittshöhe des Nagels kann durch Hammerschläge beeinflußt werden.
— Der Winkel zwischen Zwicke und Hornwand beeinflußt ebenfalls den Austritt des Nagels, insbesondere bei steilen Wänden.

Abb. 135a: Nageln am Hinterhuf
Beide Zehennägel werden in die vorgebohrten Löcher gedrückt und „stehen" auf der weißen Linie.

Abb. 135 b: Die Nägel werden angeklopft und fixieren die Plastikplatte. Auch beim eigenen Pferd, dessen Reaktionen man kennt, sollte man nie ohne Beinschutz nageln. Der Hammer ist an der richtigen Stelle gefaßt und ist soeben auf den inneren Zehennagel gefallen.

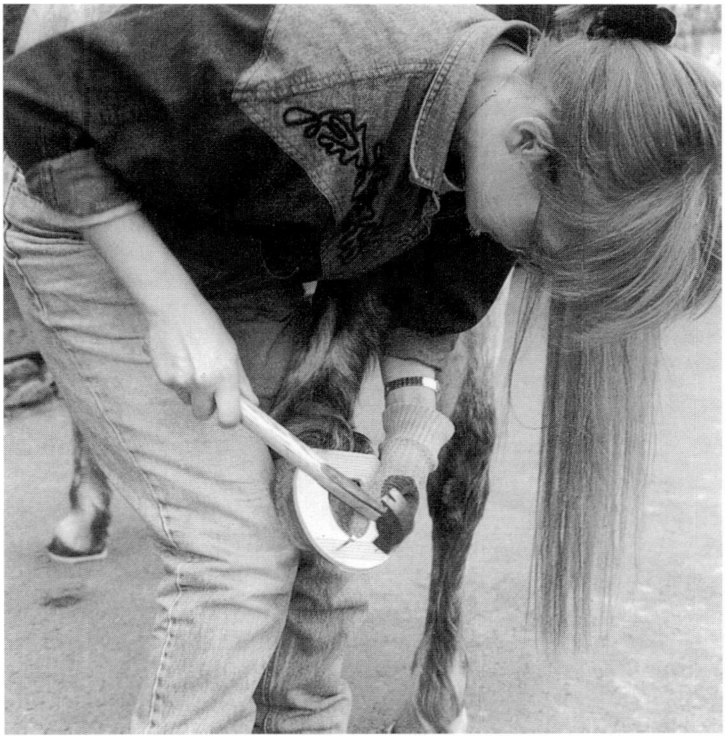

Abb. 135 c: Die Zehennägel sitzen bereits. Der zweite Nagel ist jetzt so weit eingeschlagen, daß seine Spitze innen die Hufwand berührt. Der nächste fest geführte Schlag treibt ihn durch die Wand nach außen.

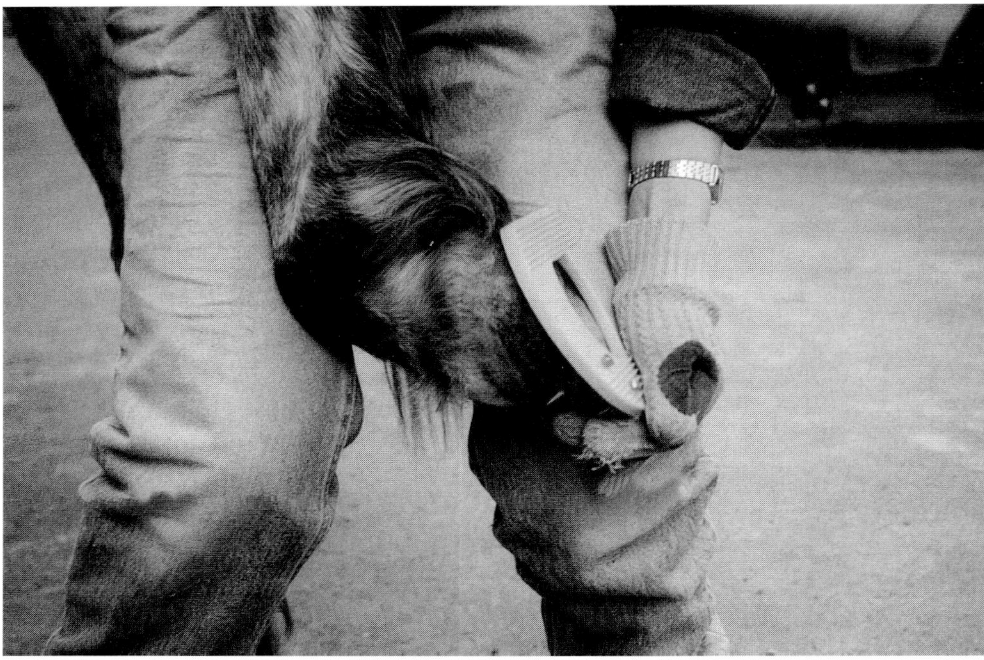

Abb. 135 d: Der Nagel ist richtig „gekommen“ und wird jetzt schleunigst umgebogen, um Verletzungen zu vermeiden. Der Schutzhandschuh sollte aus Glattleder bestehen und nicht aus Strickware, in der sich der Hufnagel verhaken kann.

Abb. 136: Durch die Variation der Schlagstärke kann man erreichen, daß die Nagelniete auch bei unterschiedlich steiler Hufwand auf gleicher Höhe sitzen.

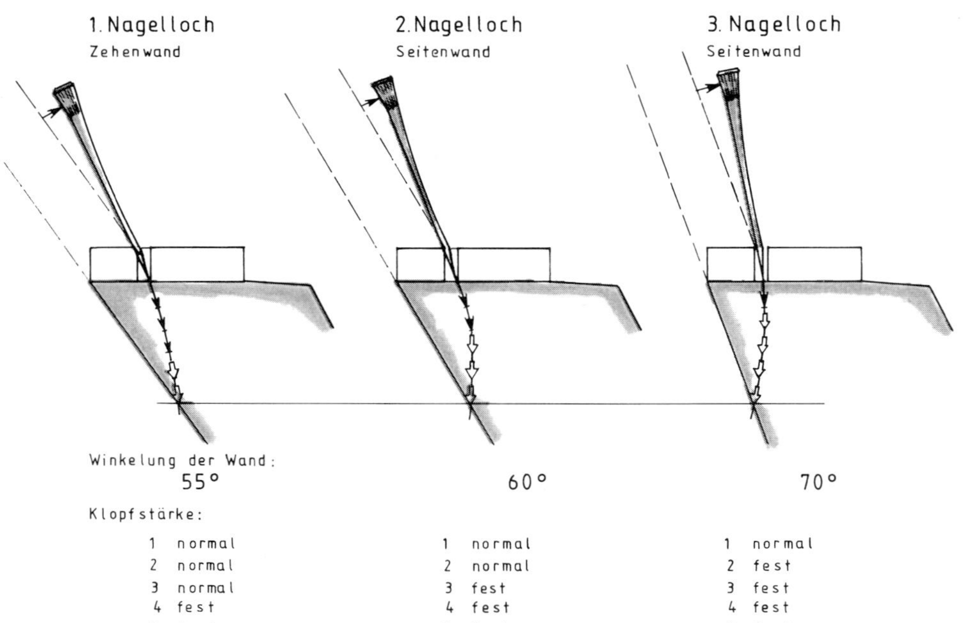

Auf Ihre Nagelpraxis übertragen heißt das: Bei gleichem Ansatz und gleicher Schlagstärke zieht der Nagel an der steileren Wand höher.
„Wie erreicht man es aber", werden Sie sich fragen, „daß die Nagelniete auf einer Höhe sitzen? Denn man muß ja davon ausgehen, daß die Hufwand in der Regel nach hinten zu steiler wird."
Nun, Sie müssen schon vorher, d. h. bevor die Nagelspitze anstößt, fester schlagen. Schauen Sie sich Abb. 136 an. Die Zahlen stehen für normale Schläge, „fest" steht für den entsprechend geführten Schlag. Um die Nagelspitzen in gleicher Höhe austreten zu lassen, müssen Sie beim zweiten Nagel früher und beim dritten noch früher Ihre Schläge verstärken. Das ist nicht einfach und braucht viel Übung. Deswegen kann man die Handwerkskunst eines Schmieds auch daran erkennen, wie seine Nagelniete sitzen.
Sitzen sie auch bei einem nicht regelmäßig geformten Huf auf gleicher Höhe oder ganz leicht ansteigend nebeneinander, ist er ein Könner. Sitzen die Niete wie auf einer Achterbahn mal oben, mal unten, nagelt der Schmied halt, wie's kommt und ohne große Überlegung.
Zur Entschuldigung führen diese Hufklempner dann oft an, sie wollten die Spannung im Huf etwas verteilen, damit das Eisen besser halte. Ha!
Übertragen Sie nun Ihre Kenntnisse und die beim Üben gewonnene Erfahrung mit der nötigen Vorsicht in die Praxis. Das Zumachen kennen Sie ja noch aus Kapitel XII.

Viel Erfolg!

XVI. Anhang

Danksagung

Liebe Leserin, lieber Leser!
Ein Buch wie das vorliegende hat viele „Väter". Deswegen ist es mir ein Bedürfnis, all denjenigen zu danken, die — jeder auf seine Art — mitgeholfen haben, daß dieses Buch entstehen konnte.
Zu ganz besonderem Dank bin ich verpflichtet:
Meinen Hufkursteilnehmern, deren Briefe mich immer wieder ermunterten weiterzumachen.
Meiner Lektorin Sigrid Eicher, die mich ermutigte, mein altes Manuskript noch einmal aus der Schublade zu holen.
Herbert Fischer, der mir aus der Sicht des Wanderreiter-Profis immer wieder konstruktive Impulse vermittelte.
Lioba Wagner, die schon seit Jahren meine Ansprechpartnerin für Problemfälle ist.
Klaus Ditzig, der sein Wissen und seine Nachtstunden bereitwillig zur Verfügung stellte, um Korrektur zu lesen.
Oli für die Bereitstellung des Computers und Alex, der immer dann zur Stelle war, wenn dieser schlauer war als ich.
Und nicht zuletzt meiner Frau und meinen Kindern, die meine Tiere versorgten, während ich „auf Hufkurs" war.

Morbach, im Sommer 1993

Literaturverzeichnis

Barrey, Dr. E., Die modernen Hufbeschläge; in: Der Huf, European Farriers Journal, Vol 3/No 2
Bauer, Theodor, Handbuch des Hufbeschlags; Verlag E. S. Mittler & Sohn, Berlin 1944
Bein, Luca P., Prüfung eines elastischen Pferdehufbeschlages mit Hilfe ungulographischer Untersuchungen im Vergleich zum Eisenbeschlag; Dissertation, Zürich 1984
Blendinger, Wilhelm, Psychologie und Verhaltensweise des Pferdes; Erich Hoffmann Verlag, Heidenheim an der Brenz 1971
Böckmann, Walter, Botschaften der Urzeit; Econ Verlag, Düsseldorf, Wien 1979
Butler, Doug, The Principles of Horseshoeing; Library of Congress, Catalog of Congress, Catalog Card Number 73-88 039, 1976
Clabby, John, Naturgeschichte des Pferdes; Erich Hoffmann Verlag, Heidenheim an der Brenz 1978
Gohl, Christiane, Ein Fohlen aus unserer Stute; Franckh-Kosmos Verlags-GmbH, Stuttgart 1993
Haug, Anton, Der Hufbeschlag bei Reit- und Wagenpferden; in: St. Georg Nr. 6 und Nr. 7 1976
Hertsch, Bodo, Anatomie des Pferdes; FN-Verlag, Warendorf 1984
Hickman, John, Der richtige Hufbeschlag; BLV Verlagsgesellschaft, München, Wien, Zürich 1983
Köhler, Hans-Joachim, Mehr Reitqualität, in: St. Georg Nr. 11 und Nr. 12 1986 und Nr. 1 1987
Körber, Dr. H. D., Huf, Hufbeschlag, Hufkrankheiten; Franckhsche Verlagshandlung, Stuttgart 1981

Lungwitz, A., Lehrmeister im Hufbeschlag; FN-Reprint, Warendorf 1987
Preuschoft, H., Studien zu den Bewegungen von Sportpferden; FN-Verlag, Warendorf 1987
Prietz, G., Huf- und Klauenkunde mit Hufbeschlagslehre; S. Karger Verlag, Basel 1985
Rödder, F., Ohne Huf kein Pferd; A. Müller Verlag, Rüschlikon 1977
— ders., Gesunder Huf, gesundes Pferd; A. Müller Verlag, Rüschlikon 1982
Ruthe, H., Der Huf; Gustav Fischer Verlag, Stuttgart 1988
Solinski, Sadko G., Reiter, Reiten, Reiterei; Olms Verlag, Hildesheim 1983
Spohr, P., Die Bein- und Hufleiden der Pferde; Bengt Birck Verlag, Hersbruck 1980 (Faksimile)
— ders., Die Logik in der Reitkunst; Olms Presse, Hildesheim, New York 1979
Stashak, T. S., Adam's Lahmheit bei Pferden; Verlag M. + H. Schaper, Alfeld 1989
Steinbrecht, Gustav, Das Gymnasium des Pferdes; Verlag Dr. Rudolf Georgi, Aachen 1983
Stern, Horst, Bemerkungen über Pferde; rororo Sachbuch Nr. 6841, Reinbek 1974
Straßer, H., Ohne Eisen; Ahnert Verlag, Friedberg 1988
— dies., Huforthopädie; Beate Danker-Verlag, Friedberg/H 1991
Wolter, H., Hufrehe der Pferde; in: H. Wolter (Hrsg.), Homöopathie für Tierärzte, Schlütersche Verlagsanstalt und Druckerei
Wrangel, C. G., Das Buch vom Pferde; Olms Presse, Hildesheim 1983
Xenophon, Über die Reitkunst; Erich Hoffmann Verlag, Heidenheim an der Brenz 1977
Zweifel, F., Problematische Pferde; Ahnert Verlag, Friedberg o. J.